Praktische Algorithmik mit Python

von
Tobias Häberlein

Oldenbourg Verlag München

Tobias Häberlein ist seit 2006 Professor an der Hochschule Albstadt-Sigmaringen im Studiengang Kommunikations- und Softwaretechnik.

Bibliografische Information der Deutschen Nationalbibliothek

Die Deutsche Nationalbibliothek verzeichnet diese Publikation in der Deutschen Nationalbibliografie; detaillierte bibliografische Daten sind im Internet über http://dnb.d-nb.de abrufbar.

© 2012 Oldenbourg Wissenschaftsverlag GmbH
Rosenheimer Straße 145, D-81671 München
Telefon: (089) 45051-0
www.oldenbourg-verlag.de

Lektorat: Dr. Gerhard Pappert
Herstellung: Constanze Müller
Titelbild: thinkstockphotos.de
Einbandgestaltung: hauser lacour
Gesamtherstellung: Grafik & Druck GmbH, München

Dieses Papier ist alterungsbeständig nach DIN/ISO 9706.

ISBN   978-3-486-71390-9
eISBN   978-3-486-71444-9

Vorwort

Pseudocode vs. Python

Man kann die Algorithmik sowohl der Theoretischen Informatik als auch der Praktischen Informatik zuordnen, je nachdem auf welchen Aspekten der Algorithmik man den Schwerpunkt legen möchte. Eine theoretische Betrachtung der Algorithmik, die viele Berührungspunkte zur Komplexitätstherie besitzt, hat dabei durchaus ihre Berechtigung. Das vorliegende Buch wählt jedoch eine praktischere Betrachtung der Algorithmik, die mehr Berührungspunkte zur Programmiermethodik und zu Programmiertechniken aufweist.

Viele (nicht alle!) Bücher präsentieren Algorithmen in Pseudocode – wohl vor allem aus didaktischen Gründen: Pseudocode ist kompakter, abstrahiert lästige Details (wie die Realisierung von Datenstrukturen, die konkrete Ausgestaltung von Schleifen, usw.) und ermöglicht es dem Leser, sich auf das Wesentliche, nämlich die Funktionsweise des entsprechenden Algorithmus, zu konzentrieren. Pseudocode ist jedoch nicht ausführbar; das erhöht die Barriere des Lesers, die Algorithmen „auszuprobieren" und mit ihnen zu „spielen".

Dieses Buch verwendet statt Pseudocode Python, eine *ausführbare* Programmiersprache, zur Beschreibung der Algorithmen. Python hat auch im Vergleich zu anderen Programmiersprachen einige didaktische Vorzüge:

- Python besitzt eine kompakte, einfach zu erlernende Syntax. Wir werden sehen: Die Beschreibung der Algorithmen mit Python ist in den meisten Fällen weder länger noch schwerer verständlich als eine Pseudocode-Beschreibung.
- Python besitzt eine interaktive „Shell", die es dem Leser erlaubt, die Algorithmen interaktiv auszuprobieren. Dies befriedigt nicht nur den vielen Informatikern eigenen „Spieltrieb", sondern ist auch ein didaktisch wertvolles Mittel, die Funktionsweise der Algorithmen zu verstehen.
- Python lässt dem Programmierer die Wahl, objekt-orientiert, funktional oder klassisch prozedural zu programmieren. Besonders funktionale Programmierkonstrukte wie Listenkomprehensionen oder Funktionen höhrerer Ordnung wie *map* oder *reduce* ermöglichen in vielen Fällen eine sehr kompakte und verständliche Beschreibung von Algorithmen.

Algorithmen verstehen durch Ausprobieren

Neben dem im Buch vermittelten formalen Zugang zum Verständnis der Algorithmen und Datenstrukturen bietet sich durch die beschriebenen Implementierungen in Python auch ein spielerischer Zugang. So kann man sich beispielsweise die FIRST- und FOLLOW-Mengen von Grammatik-Variablen erzeugen lassen, die Laufzeit von Fibonacci-Heaps mit Pairing-Heaps vergleichen, die Laufzeit einer Skip-Liste mit der Laufzeit eines AVL-

Baums vergleichen, sich große Rot-Schwarz-Bäume erzeugen und anzeigen lassen oder sich eine „gute" Lösung des Travelling-Salesman-Problems mit Ameisenalgorithmen erzeugen.

Objekt-orientierte Programmierung

Tatsächlich vermeide ich in einigen Fällen objekt-orientierte Programmiertechniken, die manch Einer womöglich als sinnvoll empfunden hätte, insbesondere die Konstruktion einer Vererbungshierarchie für Bäume und Suchbäume. Objekt-orientierte Programmierung mag geeignet sein, Konzepte der realen Welt auf Datenstrukturen im Rechner abzubilden. Sie ist jedoch weniger geeignet, überwiegend algorithmische Probleme anzugehen. OO-Programmierer verbringen erfahrungsgemäß einen großen Teil ihrer Zeit damit, die passende Klassenhierarchie und die passenden Interfaces zu entwerfen und eher weniger Zeit damit, sich mit der algorithmischen Seite eines Problems zu befassen.

Umfang

Dieses Buch ist als eine Einführung in die Algorithmik gedacht und kann (und will) nicht alle Teilbereiche der Algorithmik abdecken. Während es die wichtigsten (teils auch sehr modernen) Sortier-, Such-, Graphen- und Sprach-/String-Algorithmen abdeckt und ein ganzes Kapitel der in der Praxis häufig benötigten Verwendung von Heuristiken widmet, deckt es die folgenden Algorithmenklassen nicht ab:

- Numerische Algorithmen: Fast-Fourier-Transformation, schnelle Matrixmultiplikation, Kryptographische Algorithmen, usw.
- Spiel- und KI-Algorithmen: Alpha-Beta-Pruning und optimierte Suche in zu konstruierenden Bäumen
- Lineare Programmierung und lineare Optimierungsverfahren: Der Simplexalgorithmus, die Ellipsoidmethode, usw.
- Randomisierte Algorithmen: Las-Vegas-Algorithmen, Monte-Carlo-Algorithmen, usw.
- Parallele Algorithmen

Weitere Informationen

Lösungen zu vielen der im Buch enthaltenen Aufgaben, den Code der präsentierten Algorithmen, Foliensätze, Errata, usw. finden Sie auf meiner Homepage
www.tobiashaeberlein.net

Dank

Herzlichen Dank an alle, die die Entstehung dieses Buches ermöglicht haben, insbesondere an meine Familie (die mir den notwendigen Freiraum zugestanden hat) und meinen Vater, Karl-Heinz Häberlein (für das mühsame Korrekturlesen).

Ich wünsche allen Lesern viel Spaß bei der Lektüre und vor allem beim Ausprobieren der Algorithmen.

Tobias Häberlein

Für Mona, Carlo und Matilda

Inhaltsverzeichnis

1 Algorithmen-Grundlagen und Algorithmen-Implementierung

Wir skizzieren in diesem Abschnitt die Grundlagen der Laufzeitanalyse von Algorithmen und gehen insbesondere der Frage nach, warum man den Formalismus der Groß-Oh-Notation benötigt, um die Laufzeit eines Algorithmus sinnvoll angeben zu können. Wir erklären, was man unter praktisch lösbaren Problemen versteht und skizzieren die Eigenschaft der NP-Vollständigkeit und einige wichtige NP-vollständige Probleme.

Dieses Buch legt einen besonderen Augenmerk auf die Implementierung der Algorithmen. Es gibt meistens mehrere Möglichkeiten einen Algorithmus zu implementieren, bzw. eine Datenstruktur zu repräsentieren. Wir besprechen in diesem Abschnitt die folgenden Implementierungsdimensionen:

- Iterative vs. rekursive Implementierung eines Algorithmus.
- Destruktive vs. nicht-destruktive Implementierung eines Algorithmus.
- Verwendung einer Klasse vs. Verwendung einer Liste, eines Tupel oder einer Hashtabelle zur Repräsentation einer Datenstruktur.

1.1 Laufzeitanalyse von Algorithmen

In der Informatik hat es sich seit Mitte der 60er Jahre eingebürgert, die sog. Landau-Symbole zur Beschreibung der Laufzeit von Algorithmen zu verwenden.

1.1.1 Landau-Symbole

Die nützlichste Methode, die Laufzeit von Algorithmen zu beschreiben, verwendet die sog. *Landau-Symbole*, insbesondere die sog. „Groß-Oh-Notation“, geschrieben $O(\dots)$. Nehmen wir an, ein Algorithmus wird auf einen Datensatz einer bestimmten Größe n angewendet, so sind wir zwar an der prinzipiellen Laufzeit dieses Algorithmus interessiert; wir wollen jedoch bei der grundsätzlichen Analyse von Algorithmen die Laufzeit auch so abstrakt angeben, dass sie ...

... unabhängig von dem konkreten Computer ist, auf dem der Algorithmus abläuft.

... unabhängig von dem konkreten Compiler ist, der den im Allgemeinen in Hochsprache programmierten Algorithmus in vom Computer ausführbare Maschinensprache übersetzt.

Nur wenn wir in der Lage sind, diese technologischen Details auszuklammern, können wir von einer eigenständigen Disziplin „Algorithmik" überhaupt erst sprechen und können Algorithmen technologieunabhängig analysieren.

Die Laufzeit eines Algorithmus geben wir immer in Abhängigkeit von der „Größe" (was auch immer Größe im konkreten Fall bedeutet) der Eingabedaten an – oft auch als *Problemgröße* bezeichnet. Beim Sortieren einer aus n Einträgen bestehenden Liste ist beispielsweise die Problemgröße gleich n. Mit Hilfe der sog. „Groß-Oh-Notation" kann man technologieunabhängig die Laufzeit eines Algorithmus in Abhängigkeit von der Problemgröße angeben. Behaupten wir beispielsweise unter Verwendung der Groß-Oh-Notation, ein bestimmter Sortieralgorithmus habe eine Laufzeit von $O(n^2)$, so bedeutet das eine Laufzeit, die (höchstens) quadratisch mit der Größe der Eingabe – in diesem Fall die Länge der zu sortierenden Liste – zunimmt. Ausgeklammert wird dabei die Frage, ob die Laufzeit bei einer Eingabegröße n etwa $2 \cdot n^2$ oder $4 \cdot n^2$ ist; aber ein solches „Detail" (wie ein konstanter Multiplikationsfaktor) hängt ja in der Tat von der Leistungsfähigkeit des ausführenden Rechners ab, interessiert uns also – zumindest wenn wir uns im Fachgebiet „Algorithmik" bewegen – weniger.

Die formale Definition zeigt, dass die Groß-Oh-Notation eigentlich eine (mathematische) Menge von Funktionen beschreibt. Es gilt:

$$O(g(n)) := \{ \; f(n) \mid \text{es gibt } C \geq 0 \text{ und } n_0 \in \mathbb{N} \text{ so dass für alle } n \geq n_0 \text{ gilt:}$$
$$|f(n)| \leq C \cdot |g(n)| \; \}$$

$$\Omega(g(n)) := \{ \; f(n) \mid \text{es gibt } C \geq 0 \text{ und } n_0 \in \mathbb{N} \text{ so dass für alle } n \geq n_0 \text{ gilt:}$$
$$|f(n)| \geq C \cdot |g(n)| \; \}$$

$$\Theta(g(n)) := O(g(n)) \; \cap \; \Omega(g(n)) \qquad .$$

Mit der Konstanten C bringt man mathematisch zum Ausdruck, dass Konstanten keine Rolle spielen; bei der Frage, ob sich eine Funktion in $O(g(n))$ befindet ist nur das ungefähre Wachstum entscheidend. Ist etwa $g(n) = n^3$, so ist die Intention der Groß-Oh-Notation, dass *jede* kubische Funktion in $O(n^3)$ ist, etwa auch $f(n) = 9n^3$; in diesem Falle müsste man $C \geq 9$ wählen. Indem man verlangt, dass die gewünschte Eigenschaft nur von Funktionswerten ab einer bestimmten Größe ($n \geq n_0$) erfüllt wird, bringt man zum Ausdruck, dass man nur an dem asymptotischen Wachstumsverhalten interessiert ist, d.h. dem Wachstumsverhalten für „große" Funktionswerte – durch Wahl von n_0 kann man selbst bestimmten, was „groß" ist. Für die konstante Funktion $f(x) = 5$ wäre beispielsweise $f(x) \in O(\ln(x))$, was sich durch Wahl von $n_0 = \lceil e^5 \rceil = 149$ leicht bestätigen lässt.

Es hat sich eingebürgert, statt $f(n) \in O(g(n))$ einfach $f(n) = O(g(n))$ zu schreiben. Man sollte jedoch nicht vergessen, dass das hier verwendete Symbol „$=$" eigentlich ein „$\in$" darstellt und daher auch nicht kommutativ ist.

Aufgabe 1.1

Geben Sie konkrete Werte der Konstanten C und n_0 an, die zeigen, dass gilt:

(a) $3n^2 + 10 \in O(n^2)$

(b) $3n^2 + n + 1 \in O(n^2)$

Aufgabe 1.2

Entscheiden Sie die Gültigkeit der folgenden Aussagen (nicht notwendigerweise formal; sie dürfen auch intuitiv argumentieren):

(a) $n^{100} = O(1.01^n)$

(b) $10^{\log n} = O(2^n)$

(c) $10^{\sqrt{n}} = O(2^n)$

(d) $10^n = O(2^n)$

Während Konstanten tatsächlich oft technologische Besonderheiten widerspiegeln (moderne Rechner sind etwa 10 bis 100 mal schneller als die Rechner vor 10 Jahren), so spiegeln die durch die Groß-Oh-Notation ausgedrückten Laufzeiten eher prinzipielle Eigenschaften der zugrunde liegenden Algorithmen wider. Beispielsweise würde der modernste und schnellste Rechner mit einem schlecht implementierten Sortieralgorithmus (Laufzeit $O(n^2)$) um Größenordnungen langsamer sortieren als ein sehr alter langsamer Rechner, der einen schnellen Sortieralgorithmus (Laufzeit $O(n \log(n))$) verwendet – wenn die Länge der zu sortierenden Liste nur lang genug ist.

Aufgabe 1.3

Wir lassen einen schnellen Rechner A (100 Millionen Instruktionen pro Sekunde) mit einem langsamen Sortieralgorithmus (Laufzeit $O(n^2)$) gegen einen sehr langsamen Rechner B (100000 Instruktionen pro Sekunde) mit einem schnellen Sortieralgorithmus (Laufzeit $O(n \log(n))$) gegeneinander antreten.

Füllen Sie die folgende Tabelle mit den ungefähren Laufzeiten.

	Länge der Liste				
	100000	1 Mio	10 Mio	100 Mio	1 Mrd
Rechner A					
Rechner B					

1.1.2   Worst-Case, Average-Case und amortisierte Laufzeit

In der Laufzeitanalyse von Algorithmen unterscheidet man häufig zwischen ...

- *Worst-Case-Laufzeit*: Dies ist die Laufzeit, die der Algorithmus im schlechtest denkbaren Fall brauchen würde. Auch dann, wenn dieser „schlechteste" Fall sehr unwahrscheinlich ist bzw. sehr selten auftritt, mag eine sehr ungünstige Worst-Case-Laufzeit – wenn man Wert auf konstantes, vorhersagbares Verhalten legt – kritisch sein.

- *Average-Case-Laufzeit*: Dies ist die Laufzeit, die der Algorithmus im Mittel benötigt, mathematisch modelliert durch den Erwartungswert der Laufzeit. Bei der Berechnung dieses Erwartungswerts wird die Laufzeit aller Situationen nach der Wahrscheinlichkeit gewichtet, mit der die entsprechende Situation eintritt; die Laufzeit unwahrscheinlicher Konstallationen fällt entsprechend weniger ins Gewicht als die Laufzeit wahrscheinlicher Konstellationen.

  Häufig interessiert man sich für die Average-Case-Laufzeit eines Algorithmus.

- *Amortisierte Laufzeit*: Bei dieser Art der Laufzeitanalyse betrachtet man Folgen von Operationen auf einer Datenstruktur; die Laufzeit einer Rechenzeit-aufwändigen Operation kann hierbei durch die Laufzeit von weniger aufwändigen Funktionen ausgeglichen werden. Es gibt mehrere Methoden eine amortisierte Laufzeitanalyse durchzuführen; für die Laufzeitanalyse von Fibonacci-Heaps (siehe Abschnitt 4.3 verwenden wir etwa die sog. Potentialmethode.

1.1.3   Praktisch lösbar vs. exponentielle Laufzeit

Wir wollen Probleme, für die es einen Algorithmus mit Laufzeit $O(n^p)$ mit $p \in \mathbb{N}$ gibt, als *praktisch lösbar* bezeichnen; manchmal werden sie lax auch als *polynomiell* bezeichnet, da ihre Laufzeit begrenzt ist durch ein Polynom in der Eingabegröße. Genaugenommen wäre jedoch ein Algorithmus mit Laufzeit von beispielsweise $O(n^{100})$ für große Werte von n eigentlich nicht wirklich „praktisch", denn schon für eine Eingabegröße $n = 10$ wäre die Laufzeit für die Lösung eines solchen Problems astronomisch groß. Zwar kann man sich theoretisch für jedes gegebene $p \in \mathbb{N}$ ein Problem konstruieren, für dessen Lösung ein Algorithmus mit Laufzeit $O(n^p)$ nötig ist, für alle praktisch relevanten Probleme ist, sofern sie polynomiell sind, jedoch $p \leq 4$; insofern macht es tatsächlich Sinn polynomielle Probleme als „praktisch lösbar" zu bezeichnen.

In der Komplexitätstheorie wird die Menge aller Probleme, zu deren Lösung ein polynomieller Algorithmus existiert, als P bezeichnet. P ist ein Beispiel für eine *Komplexitätsklasse*. Probleme, für die nur Algorithmen bekannt sind, deren Laufzeit exponentiell mit der Größe der Eingabe steigt, mögen zwar theoretisch nicht jedoch praktisch lösbar sein.

Aufgabe 1.4

Angenommen ein bestimmtes Problem, z. B. die Primfaktorzerlegung einer n-stelligen Zahl, benötigt $O(2^n)$ viele Schritte; die Laufzeit ist also exponentiell in der Größe der Eingabe.

(a) Angenommen, uns steht ein äußerst leistungsfähiger Rechner zur Verfügung, der für eine elementare Operation $50ps$ benötigt. Füllen Sie nun folgende Tabelle mit den ungefähren Laufzeiten aus:

	Länge der zu zerlegenden Zahl					
	10	20	50	100	200	1000
Laufzeit						

(b) Wir nehmen Kontakt zu einer außerirdischen Zivilisation auf, die der unseren technologisch sehr überlegen ist. Sie können Rechner bauen, die 1 Mio mal schneller sind als die unsrigen; nehmen wir weiter an, jeder Außerirdische auf dem mit 20 Mrd Individuen hoffnungslos überbevölkerten Planeten besitzt einen solchen schnellen Rechner. Zudem sind sie in der Lage alle 20 Mrd Rechner zu einem Cluster zusammen zu schließen, das dann tatsächlich etwa 20 Mrd mal schneller ein bestimmtes Problem lösen kann als ein einzelner Rechner. Füllen Sie nun die folgende Tabelle mit den ungefähren Laufzeiten aus, die dieses Alien-Cluster zur Primfaktorzerlegung benötigt.

	Länge der zu zerlegenden Zahl				
	50	100	200	1000	5000
Laufzeit					

Eine weitere wichtige Komplexitätsklasse ist die Klasse NP, die alle Probleme beinhaltet, die durch eine nicht-deterministische Rechenmaschine in polynomieller Zeit „berechnet" werden können. Einer nicht-deterministischen Rechenmaschine (mathematisch modelliert durch eine nicht-deterministische Turingmaschine) kann man mehrere alternative Rechenwege zur Verfügung stellen; die „Ausführung" eines Programms auf einer solchen Maschine besteht darin, dass sie sich (durch „Magie") immer die richtige zum Ziel führende Alternative auswählt. Es gilt $P \subseteq NP$, da jeder polynomielle Algorithmus auch genauso gut auf einer nicht-deterministischen Maschine (oh-

ne jedoch dieses Nicht-Determinismus-„Feature" zu nutzen) in polynomieller Zeit ausgeführt werden kann. Interessanterweise konnte bisher noch nicht gezeigt werden, dass $P \neq NP$, auch wenn die meisten Spezialisten dies stark vermuten.

Es gibt eine Klasse von Problemen, die sog. NP-vollständigen Probleme, die (intuitiv gesprochen) „schwersten" Probleme in NP; zudem kann man (wiederum intuitiv gesprochen) sagen, dass alle NP-vollständigen Probleme in gewissem Sinne gleich schwer sind. Wenn man für eines dieser NP-vollständigen Probleme einen polynomiellen Algorithmus finden würde, so wäre man in der Lage, dieses polynomielle Verfahren auf alle anderen *NP*-vollständigen Probleme zu übertragen und – da diese gewissermaßen die schwersten Probleme in *NP* sind – somit auf alle Probleme in *NP* zu übertragen. Dann hätte man gezeigt, dass $P = NP$. Bisher hat jedoch noch niemand einen polynomiellen Algorithmus für ein solches *NP*-vollständiges Problem gefunden und somit bleibt weiterhin unbewiesenermaßen zu vermuten, dass $P \neq NP$ ist.

Rabin Karp „entdeckte" diese Ähnlichkeit der NP-vollständigen Probleme; in seinem ursprünglichen Artikel [11] beschrieb er insgesamt 21 solche Probleme. Wir geben hier eine kleine Auswahl davon an:

- 3SAT: Das Erfüllbarkeitsproblem (Satisfiability) für 3-KNF-Formeln, d. h. für boolesche Formeln in Konjunktiver Normalform (also Konjunktionen von Disjunktionen), wobei jede Klausel genau drei Variablen enthält, besteht darin, nach einer Belegung der Variablen zu suchen, so dass die Formel erfüllt ist (d. h. den Wahrheitswert „True" liefert).

- Rucksack-Problem: Das Problem besteht darin, aus einer Menge von Objekten, die jeweils einen Wert und ein Gewicht haben, eine Teilmenge so auszuwählen, dass deren Gesamtgewicht eine vorgegebene Schwelle nicht überschreitet und der Wert der Objekte maximal ist.

- Clique: Gegeben sei ein Graph. Das Problem besteht darin, einen vollständigen Teilgraphen mit k Knoten zu finden. (Ein Graph heißt vollständig, wenn jeder Knoten mit jedem anderen verbunden ist).

- Travelling-Salesman-Problem (Kurz: TSP). Das Problem besteht darin, eine Reihenfolge für den Besuch einer gegebenen Anzahl von Orten so auszuwählen, dass die zurückgelegte Wegstrecke minimal ist.

1.2   Implementierung von Algorithmen

Insbesondere dann, wenn man Algorithmen in ausführbaren Programmiersprachen beschreiben möchte, muss man sich Gedanken um die Implementierung machen. Es gibt immer mehrere Möglichkeiten einen Algorithmus zu implementieren. Man muss sich entscheiden, ob man einen Algorithmus durch rekursive Funktionen oder durch Iteration implementiert. Man muss sich entscheiden, ob ein Algorithmus eine Datenstruktur verändern soll, oder ob er die „alte" Struktur belässt und als Rückgabewert eine „neue" Datenstruktur zurückliefert. Und man muss sich entscheiden, ob man eine Datenstruktur durch eine Klasse oder etwa durch eine Liste oder gar durch eine Hash-Tabelle implementiert.

1.2.1   Rekursive vs. iterative Implementierung

Ein Funktion heißt genau dann rekursiv, wenn der Funktionskörper mindestens einen Aufruf der Funktion selbst enthält, die Funktion also die folgende Form hat:

def *rekFunc*(*x*):

   ...

   ... *rekFunc*(*i*) ...

   ...

Intuitiv vermutet man hier eine Endlos„schleife" (die Funktion ruft sich endlos selbst auf) – wir werden jedoch gleich sehen, dass dies nicht notwendigerweise der Fall sein muss.

Beispiel: Implementierung der Fakultätsfunktion. Betrachten wir als erstes Beispiel die Implementierung einer Funktion, die die Fakultät einer Zahl n berechnet. Eine iterative Implementierung könnte folgendermaßen aussehen:

```
1  def facIter(n):
2     erg = 1
3     for i in range(1, n+1)
4        erg = erg*i
5     return erg
```

Aufgabe 1.5

Verwenden Sie die Python-Funktion *reduce*, um eine Funktion *prod*(*lst*) zu definieren, die als Ergebnis die Aufmultiplikation der Zahlen in *lst* zurückliefert. Mathematisch ausgedrückt, sollte für *prod* gelten:

$$\mathtt{prod(lst)} \stackrel{!}{=} \prod_{x \in \mathtt{lst}} x$$

Implementieren Sie nun *facIter* mit Hilfe von *prod*.

Man kann die Fakultätsfunktion auch rekursiv definieren, wie in Listing 1.1 gezeigt. Man beachte, dass diese Funktionsdefinition im Gegensatz zur iterativen Definition keine Schleife benötigt.

```
1  def fac(n):
2     if n==0:
3        return 1
4     else:
5        return n*fac(n-1)
```

Listing 1.1: Rekursive Implementierung der Fakultätsfunktion

Um zu verstehen, wie *fac* einen Wert berechnet, zeigt Abbildung 1.1 im Detail an einem Beispiel, wie etwa ein Aufruf von *fac*(4) abläuft. Für den Programmierer ist es interessant zu wissen, dass der rekursive Abstieg immer mit einer zunehmenden

Belegung des Stacks[1] einhergeht; ein zu langer rekursiver Abstieg kann hierbei evtl. in einem „Stack Overflow", d. h. einem Überlauf des Stackspeichers, enden.

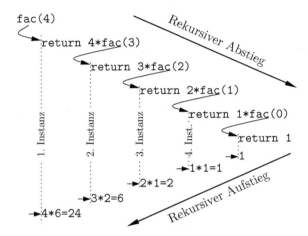

Abb. 1.1: *Bei einem Aufruf von fac(4) wird (da 4==0 nicht zutrifft) sofort die Anweisung* **return** *4*fac(3) (Zeile 5, Listing 1.1) ausgeführt, was zu dem Aufruf fac(3), also einem rekursiven Aufruf, führt. Ab diesem Zeitpunkt sind zwei* Instanzen *der Funktion fac zugleich aktiv: Die erste Instanz wartet auf die Ergebnisse, die die zweite Instanz liefert und die Befehle der zweiten Instanz werden aktuell ausgeführt. Alle Anweisungen dieser zweiten Instanz sind in der Abbildung eingerückt dargestellt. Bei diesem Aufruf von fac(3) wird (da 3==0 nicht zutrifft) sofort die Anweisung* **return** *3*fac(2) ausgeführt, was zu dem Aufruf fac(2), also einem weiteren rekursiven Aufruf führt, usw. Dieser Prozess des wiederholten rekursiven Aufrufs einer Funktion (in Richtung auf den Rekursionsabbruch) nennt man auch den rekursiven Abstieg. In der 5. Instanz schließlich ist mit dem Aufruf fac(0) der Rekursionsabbruch erreicht: nach Beenden der 5. Instanz kann der Wert der* **return**-*Anweisung der 4. Instanz bestimmt werden und anschließend die 4. Instanz beendet werden, usw. Dieses sukzessive Beenden der durch rekursive Aufrufe entstandenen Instanzen nennt man auch den rekursiven Aufstieg.*

Damit eine rekursive Funktion sich nicht endlos immer wieder selbst aufruft, sollte sie die beiden folgenden Eigenschaften haben:

1. Rekursionsabbruch: Es muss eine Abfrage vorhanden sein, ob das Argument des Aufrufs „klein" genug ist – „klein" muss in diesem Zusammenhang nicht notwendigerweise „numerisch klein" bedeuten, sondern kann je nach involviertem Datentyp auch strukturell klein bedeuten. In diesem Fall soll die Rekursion beendet werden; es sollen also keine weiteren rekursiven Aufrufe stattfinden. In diesem Fall sollte der Rückgabewert einfach direkt berechnet werden. In Listing 1.1 besteht der Rekursionsabbruch in Zeile 2 und 3 darin zu testen, ob die übergebene Zahl eine Null ist – in diesem Fall ist die Fakultät definitionsgemäß 1.

---

[1]Der Zustand der aufrufenden Funktion – dazu gehören unter Anderem Werte von lokalen Variablen und die Werte der Aufrufparameter – wird immer auf dem Stack des Rechners gespeichert. Jede Instanz einer Funktion, die sich noch in Abarbeitung befindet, belegt hierbei einen Teil des Stacks.

2. Rekursive Aufrufe sollten als Argument (strukturell oder numerisch) „kleinere" Werte übergeben bekommen. Handelt es sich bei den Argumenten etwa um natürliche Zahlen, so sollten die rekursiven Aufrufe kleinere Zahlen übergeben bekommen. Handelt es sich bei den Argumenten etwa um Listen, so sollten die rekursiven Aufrufe kürzere Listen übergeben bekommen; handelt es sich bei den Argumenten etwa um Bäume, so sollten die rekursiven Aufrufe Bäume geringerer Höhe (oder Bäume mit weniger Einträgen) übergeben bekommen, usw.
   Die in Listing 1.1 gezeigte rekursive Implementierung der Fakultätsfunktion erfüllt diese Voraussetzung: Der rekursive Aufruf in Zeile 5 erfolgt mit einem Argument, das um eins kleiner ist als das Argument der aufrufenden Funktion.

Rekursive Aufrufe mit kleineren Argumenten stellen einen rekursiven Abstieg sicher; der Rekursionsabbruch beendet den rekursiven Abstieg und leitet den rekursiven Aufstieg ein.

Offensichtlich erfüllt also die in Listing 1.1 gezeigte rekursive Implementierung der Fakultätsfunktion diese Eigenschaften und ist somit wohldefiniert.

Aufgabe 1.6

Angenommen, eine rekursive Funktion erhält als Argument eine reelle Zahl. Warum ist es für eine korrekt funktionierende rekursive Funktion nicht ausreichend zu fordern, dass die rekursiven Aufrufe als Argumente kleinere reelle Zahlen erhalten als die aufrufende Funktion?

Aufgabe 1.7

(a) Definieren Sie die Funktion $sum(n)$, die die Summe der Zahlen von 1 bis n berechnen soll, rekursiv.

(b) Definieren Sie die Funktion $len(lst)$, die die Länge der Liste lst berechnen soll, rekursiv.

Beispiel: Beschriftung eines Meterstabs. Wir haben gesehen, dass das vorige Beispiel einer rekursiv definierten Funktion auch ebenso einfach iterativ programmiert werden konnte. Das gilt für die folgende Aufgabe nicht: Sie ist sehr einfach durch eine rekursive Funktion umzusetzen; die Umsetzung durch eine iterative Funktion ist in diesem Fall jedoch deutlich schwerer[2]. Wir wollen ein Programm schreiben, das Striche auf ein Lineal folgendermaßen zeichnet: In der Mitte des Lineals soll sich ein Strich der Höhe h befinden. Die linke Hälfte und die rechte Hälfte des Lineals sollen wiederum vollständig beschriftete Lineale sein, in deren Mitten sich jeweils Striche der Höhe $h - 1$ befinden, usw. Abbildung 1.2 zeigt solch ein Lineal (das mit dem Pythonskript aus Listing 1.2 gezeichnet wurde).

---

[2]Dies gilt allgemein auch für alle nach dem sog. Divide-And-Conquer Schema aufgebauten Algorithmen.

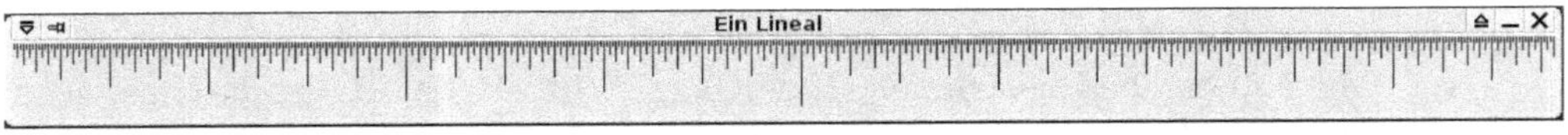

Abb. 1.2: *Das durch Aufruf von lineal (0,1024,45) gezeichnete Lineal in dem durch GraphWin("Ein Lineal",1024,50) (Zeile 3, Listing 1.2) erzeugten Fenster.*

```
1  from graphics import *
2
3  linealCanv = GraphWin('Ein Lineal',1000,50)
4
5  def strich(x,h):
6      l = Line(Point(x,0),Point(x,h))
7      l.draw(linealCanv)
8
9  def lineal(l,r,h):
10     step = 5
11     if (h<1): return
12     m = (l+r)/2
13     strich(m,h)
14     lineal(l,m,h-step)
15     lineal(m,r,h-step)
```

Listing 1.2: *Die rekursiv definierte Funktion lineal zeichnet das in Abbildung 1.2 dargestellte Lineal.*

Der Rekursionsabbruch der rekursiv definierten Funktion *lineal* befindet sich in Zeile 11; die rekursiven Aufrufe (mit kleinerem dritten Parameter) befinden sich in Zeile 14 und Zeile 15. Das verwendete *graphics*-Modul ist eine kleine, sehr einfach gehaltene Graphik-Bibliothek, geschrieben von John Zelle, der es in seinem Python-Buch [19] verwendet. Der Konstruktor *GraphWin* in Zeile 3 erzeugt ein Fenster der Größe 1000×50 Pixel; die Funktion *strich(x,h)* zeichnet an Position x des zuvor erzeugten Fensters eine vertikale Linie der Länge h.

Versucht man dieselbe *lineal*-Funktion dagegen iterativ zu programmieren, muss man sich erheblich mehr Gedanken machen: Entweder muss man die rekursive Aufrufhierarchie unter Verwendung eines Stacks „simulieren" (in Abschnitt 2.3.5 ab Seite 30 zeigen wir im Detail am Beispiel des Quicksort-Algorithmus wie man hierbei vorgehen kann) oder man muss entschlüsseln, welche Höhe ein Strich an Position x haben muss.

Aufgabe 1.8

Verwenden Sie Iteration um eine *lineal*-Funktion zu programmieren, die äquivalent zur *lineal*-Funktion aus Listing 1.2 ist.

Aufgabe 1.9

Zeichnen Sie durch eine rekursiv definierte Python-Funktion und unter Verwendung der *graphics*-Bibliothek folgenden Stern:

Aufgabe 1.10

Schreiben Sie eine rekursive Prozedur *baum(x,y,b,h)* zum Zeichnen eines (binären) Baumes derart, dass die Wurzel sich bei (x,y) befindet, der Baum b breit und h hoch ist. Definieren Sie hierzu eine Python-Prozedur *line(x1,y2,x2,y2)*, die eine Linie vom Punkt $(x1,y2)$ zum Punkt $(x2,y2)$ zeichnet. Folgende Abbildung zeigt ein Beispiel für die Ausgabe die der Aufruf *baum*(0,0,16,4) erzeugt.

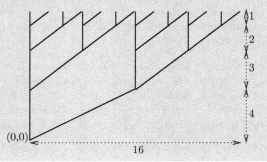

Aufgabe 1.11

Das sog. Sierpinski-Dreieck kann folgendermaßen konstruiert werden. **1.** Man wähle zunächst eine (eigentlich beliebige) Form – wir starten hier mit einem gleichschenkeligen Dreieck, also einem beliebig großen Dreieck mit drei gleichlangen Seiten. **2.** Nun verkleinern wir diese Form um genau die Hälfte ihrer ursprünglichen Größe und positionieren zwei dieser Formen direkt nebeneinander und eine dritte mittig direkt darüber. **3.** Man wiederhole nun mit der so erhaltenen Form den Schritt 2. rekursiv. Das folgende Bild zeigt die ersten 5 Schritte beim Zeichnen eines Sierpinski-Dreiecks.

Schreiben Sie eine rekursive Prozedur *sierpinski* (x, y, n), die ein Sierpinski-Dreieck der Seitenlänge n und Mittelpunkt (x, y) zeichnet.

1.2.2   Warum Rekursion (statt Iteration)?

Rekursive Implementierungen mögen für den Informatik-„Anfänger" schwieriger zu verstehen sein und für manche Compiler/Interpreter problematischer zu übersetzen sein, sie haben jedoch einen entscheidenden Vorteil: Man braucht sich nicht der Lösung des kompletten Problems zu widmen, sondern es genügt, sich über den „Rekursionsschritt" Gedanken zu machen. Man muss sich dabei „nur" überlegen, wie man sich aus einer (bzw. mehrerer) „kleineren"[3] Lösung(en) des Problems eine „größere" Lösung konstruieren kann. Dies ist meist viel weniger komplex als sich zu überlegen, wie die Lösung von Grund auf zu konstruieren ist.

1.2.3   „Kochrezept" für das Entwickeln eines rekursiven Algorithmus

(a) Zunächst kann man sich den Rekursionsabbruch überlegen, also:

- Was ist der „triviale", einfache Fall? Üblicherweise ist der einfache Fall für eine Eingabe der Größe $n = 1$, $n = 0$ oder einem anderen kleinen Wert für n gegeben.

- Was muss der Algorithmus noch tun, wenn er solch einen einfachen Fall vorliegen hat? Üblicherweise sind nur noch (wenn überhaupt) einfache Manipulationen der Eingabe vorzunehmen.

(b) Dann muss man sich eines Gedanken„tricks" bedienen. Man nehme an, dass die Aufgabenstellung schon für ein oder mehrere „kleinere" Probleme gelöst sei und überlegt sich (unter dieser Annahme), wie man aus den Lösungen der kleineren Aufgaben, die Lösung der Gesamtaufgabe konstruieren kann. Die Implementierung dieses Schritts wird auch als der „Rekursionsschritt" bezeichnet.

---

[3]Was auch immer „kleiner" im Einzelfall heißen mag; falls die Eingaben Listen wären, würde man darunter eine kürzere Liste verstehen.

(c) Das Ausprogrammieren der rekursiven Lösung erfolgt dann prinzipiell wie in folgendem Pseudo-Python-Code-Listing gezeigt:

```
1  def rekAlg(x):
2    if groesse(x) is kleingenug:
3      return loesung(x)
4    else:
5      (x1,x2, ... ) = aufteilen(x)  # len(x1) < x, len(x2) < x, ...
6      return rekSchritt(rekAlg(x1), rekAlg(x2), ... )
```

Die rekursive Funktion startet mit dem Test, ob die Rekursion abgebrochen werden kann, was dann der Fall ist, wenn die Größe der Eingabe klein genug ist und so die Lösung einfach berechnet werden kann. Andernfalls wird der Algorithmus rekursiv evtl. mehrmals aufgerufen um so Teillösungen zu produzieren; die Entscheidung, wie die Eingabe aufgeteilt werden soll, überlassen wir der Funktion *aufteilen*, die für jeden rekursiven Algorithmus individuell ausprogrammiert werden muss. Diese Teillösungen werden dann wieder zusammengefügt – hier dargestellt durch Ausführung der Funktion *rekSchritt*. In der Ausprogrammierung dieses Rekursionsschritts besteht im Allgemeinen die eigentliche algorithmische Herausforderung bei der Lösung eines gegebenen Problems.

1.3   Nicht-destruktive vs. In-place Implementierung

Viele in imperativen Programmiersprachen wie C, C++ oder Python implementierte Algorithmen operieren auf ihrer Eingabe „destruktiv", d.h. sie zerstören bzw. überschreiben ihre ursprüngliche Form; sie „bauen" die Struktur des übergebenen Parameters so um, dass das gewünschte Ergebnis entsteht. Dies geschieht etwa, wenn man mit Hilfe der in Python eingebauten Sortierfunktion *sort*() eine Liste sortiert. Eine Liste wird dem Sortieralgorithmus übergeben, der diese in destruktiver Weise sortiert („>>>" ist die Eingabeaufforderung der Python-Shell):

```
>>> lst=[17, 46, 45, 47, 43, 25, 35, 60, 80, 62, 60, 41, 43, 14]
>>> lst.sort()
>>> print lst
[14, 17, 25, 35, 41, 43, 43, 45, 46, 47, 60, 60, 62, 80]
```

Nach Aufruf von *lst.sort*() werden die Werte, die ursprünglich in *lst* standen überschrieben, und zwar so, dass eine sortierte Liste entsteht. Wir können nun nicht mehr auf den ursprünglichen Wert von *lst* zugreifen. Der große Vorteil einer solchen „destruktiven" Implementierung ist jedoch, dass sie i. A. „in-place" – also „an Ort und Stelle" – erfolgen kann, d.h. dass der Algorithmus (so gut wie) keinen weiteren Speicherbereich belegen muss, sondern für die Sortierung ausschließlich den Speicherbereich benötigt, der durch *lst* bereits belegt ist.

Viele in funktionalen Sprachen, wie Haskell, ML oder Lisp, implementierte Algorithmen dagegen verarbeiten die Eingabe „nicht destruktiv", d.h. sie zerstören die Eingabe nicht. Stattdessen erzeugen sie sich als Ergebnis (d.h. als Rückgabewert; in Python durch das

return-Kommando übergeben) eine neue Struktur, die sich teilweise oder ganz in einem neuen Speicherbereich befindet.

Pythons eingebaute Funktion *sorted(xs)* verarbeitet ihre Eingabe nicht-destruktiv:

```
>>> lst = [17, 46, 45, 47, 43, 25, 35, 60, 80, 62, 60, 41, 43, 14]
>>> lst2 = sorted( lst1 )
>>> print lst2
[14, 17, 25, 35, 41, 43, 43, 45, 46, 47, 60, 60, 62, 80]
```

Der Nachteil nicht-destruktiver Implementierungen ist offensichtlich: sie brauchen mehr Speicherplatz, als entsprechende In-place-Implementierungen.

1.3.1   Warum nicht-destruktive Implementierungen?

Wenn nicht-destruktive Implementierungen mehr Speicherplatz benötigen und daher meist auch etwas langsamer sind als destruktive (d. h. In-place-)Implementierungen, warum sollte man nicht-destruktive Implementierung überhaupt in Erwägung ziehen? Der Grund ist einfach: nicht-destruktive Implementierungen sind oft kompakter, leichter zu verstehen und entsprechend schneller und fehlerfreier zu implementieren. Um den Grund dafür wiederum zu erklären, müssen wir etwas weiter ausholen:

- Jedes destruktive Update einer Datenstruktur verändert den internen Zustand eines Programms.

- Je größer die Anzahl der möglichen Zustände im Laufe des Programmablaufs, desto mehr potentielle Abfragen, und desto mehr potentielle Fehler können sich einschleichen.

- Eine Funktion, die keine destruktiven Updates verwendet (die einer mathematischen Funktion also relativ ähnlich ist), führt keine Zustände ein; im optimalen Fall verändert ein gegebenes Programm den globalen Zustand überhaupt nicht, und diese zustandsfreie Situation erlaubt es dem Programmierer, leichter den Überblick zu bewahren.

Viele moderne Compiler und Interpreter sind inzwischen schon „intelligent" genug, den durch nicht-destruktive Implementierungen verwendeten Speicher selbstständig wieder freizugeben, wenn klar ist, dass Daten nicht mehr verwendet werden. Dies ermöglicht es, tatsächlich Programme, die ausschließlich nicht-destruktive Updates beinhalten, in praktisch genauso schnellen Maschinencode zu übersetzen wie Programme, die ausschließlich In-place-Implementierungen verwenden.

1.4   Repräsentation von Datenstrukturen

Möchte man eine Datenstruktur repräsentieren, die aus mehreren Informations-Komponenten besteht, so bieten sich in Python hierzu mehrere Möglichkeiten an. Nehmen wir beispielsweise an, wir wollen einen Baum repräsentieren, der aus den Komponenten Schlüsseleintrag, Werteintrag, linker Teilbaum und rechter Teilbaum besteht.

1.4.1 Repräsentation als Klasse

Das Paradigma der Objektorientierten Programmierung schlägt die Repräsentation als Klasse vor, wie in Listing 1.3 gezeigt.

```
1  class Baum(object):
2    __init__ ( self, key, val, ltree=None, rtree=None):
3      self.key = key ; self.val=val
4      self.ltree = ltree ; self.rtree = rtree
```

Listing 1.3: Repräsentation eines Baums durch eine Klasse

Der rechts gezeigte einfache Baum kann dann folgendermaßen mittels des Klassenkonstruktors erzeugt werden:

$Baum(10,20,Baum(1,2),Baum(3,4))$

Diese Art der Repräsentation ist in vielen Fällen die sinnvollste; die Klassenrepräsentation wird in diesem Buch für viele Bäume (außer für Heaps) und für Graphen verwendet.

1.4.2 Repräsentation als Liste

Eine Klasse ist nicht die einzige Möglichkeit der Repräsentation. Man könnte auch eine Liste verwendet, um die (in diesem Fall vier) Informations-Komponenten zu einem Bündel, das dann den Baum darstellt, zusammenzufassen. Der Baum aus obiger Abbildung ließe sich dann folgendermaßen definieren:

$[10,20,[1,2],[3,4]]$

Mit ebenso viel Recht könnten wir uns aber auch dazu entscheiden, leere Teilbäume explizit aufzuführen und etwa durch „*None*" zu repräsentieren. Dann hätte obiger Baum die folgende Repräsentation:

$[10,20,[1,2,None,None],[3,4,None,None]]$

Diese Art der Darstellung ist kompakter als die Darstellung über eine Klasse, und es kann sich in einigen Fällen durchaus als vernünftig herausstellen, diese Art der Repräsentation zu wählen. Ein „Problem" ist jedoch oben schon angedeutet: Es gibt viele Freiheitsgrade, wie diese Liste zu gestalten ist. Zusätzlich ist eine Repräsentation über eine Klasse typsicherer: Der Wert $Baum(10,20)$ ist *immer* ein Baum; der Wert $[10,20]$ könnte dagegen ebenso eine einfache Liste sein.

Ein Repräsentation über Listen wurde in diesem Buch beispielsweise für Binomial-Heaps gewählt (siehe Abschnitt 4.2).

1.4.3 Repräsentation als Dictionary

Die Repräsentation als Dictionary stellt in gewissem Sinn einen Kompromiss zwischen der mit verhältnismäßig viel Overhead verbundenen Repräsentation als Klasse und der sehr einfachen aber nicht typsicheren Repräsentation als Liste dar. Jede Informations-Komponente erhält hierbei eine Kennung (etwa einen String), und die Datenstruktur stellt dann nichts anderes als eine Sammlung solcher mit Kennung versehener Komponenten dar. Der oben im Bild dargestellte Baum könnte so folgendermaßen repräsentiert werden:

```
{ 'key':10 , 'val':20 ,
   'ltree': {'key':1 , 'val':2 , 'ltree':None , 'rtree':None} ,
   'rtree': {'key':3 , 'val':4 , 'ltree':None , 'rtree':None}
}
```

Tatsächlich erfolgt Python-intern der Zugriff auf die Attribute und Methoden einer Klasse nach dem gleichen Prinzip wie der Zugriff auf die Einträge eines Dictionary-Objektes: nämlich über eine Hash-Tabelle; diese Datenstruktur beschreiben wir in Abschnitt 3.4 ab Seite 72). Insofern ist zumindest technisch gesehen die Repräsentation über ein Dictionary schon recht nah an der Repräsentation über eine Klasse.

Wir verwenden diese Art der Repräsentation beispielsweise für die Implementierung von Fibonacci-Heaps (Abschnitt 4.3 auf Seite 127) und Pairing-Heaps (Abschnitt 4.4 auf Seite 142).

2 Sortieralgorithmen

Laut Donald E. Knuth[12] schätzten Computerhersteller in den 60er Jahren, dass mehr als 25 Prozent der Rechenzeit eines durchschnittlichen Computers dazu verwendet wurde zu sortieren. In der Tat gibt es unzählige Anwendungen in denen Datensätze sortiert werden müssen: Unix gibt beispielsweise die Dateien in jedem Verzeichnis alphabetisch sortiert aus; Sortieren ist vor dem Zuteilen von Briefen notwendig (etwa nach Postleitzahl, Bereich usw.); Suchmaschinen sortieren die Treffer nach Relevanz; Internetkaufhäuser sortieren Waren nach den verschiedensten Kriterien, wie Beliebtheit, Preis, usw.; Datenbanken müssen in der Lage sein, Treffer von Suchanfragen nach bestimmten Kriterien zu sortieren.

Wir stellen im Folgenden vier Sortieralgorithmen vor: Insertion Sort, Quicksort, Mergesort und Heapsort. Insertion Sort ist ein sehr einfacher Sortieralgorithmus, den viele der Leser ohne algorithmische Vorbildung – hätten sie die Aufgabe gehabt, eine Sortierroutine zu implementieren – wahrscheinlich programmiert hätten. Die Beschreibung von Quicksort benutzen wir dazu verschiedene Entwurfstechniken und Optimierungsmöglichkeiten zu beschreiben und auch dazu, genau auf die Funktionsweise von sog. Divide-And-Conquer-Algorithmen einzugehen. Im Zuge der Präsentation des Heapsort-Algorithmus gehen wir auch kurz auf die Funktionsweise einer sog. Heapdatenstruktur ein; detailliertere Beschreibungen von Heaps finden sich in einem eigenen Kapitel, dem Kapitel 4 ab Seite 115.

2.1 Insertion Sort

Vermutlich verwenden die meisten Menschen Insertion Sort, wenn sie eine Hand voll Karten sortieren wollen: Dabei nimmt man eine Karte nach der anderen und fügt diese jeweils in die bereits auf der Hand befindlichen Karten an der richtigen Stelle ein; im einfachsten Fall wird die „richtige Stelle" dabei einfach dadurch bestimmt, dass die Karten auf der Hand sukzessive von links nach rechts durchlaufen werden bis die passende Stelle gefunden ist. Abbildung 2.1 veranschaulicht diese Funktionsweise anhand der Sortierung einer Beispielliste nochmals graphisch.

2.1.1 Implementierung: nicht-destruktiv

Eine mögliche Implementierung besteht aus zwei Funktionen: Der Funktion $insND(l,key)$, die den Wert key in eine schon sortierte Liste l einfügt. Das Kürzel „ND" am Ende des Funktionsnamens steht für „nicht-destruktiv", d. h. die in Listing 2.1 gezeigte Implementierung verändert die als Parameter übergebene Liste l nicht; sie liefert stattdessen als Rückgabewert eine neue Liste, die eine Kopie der übergebenen Liste, mit dem Wert key

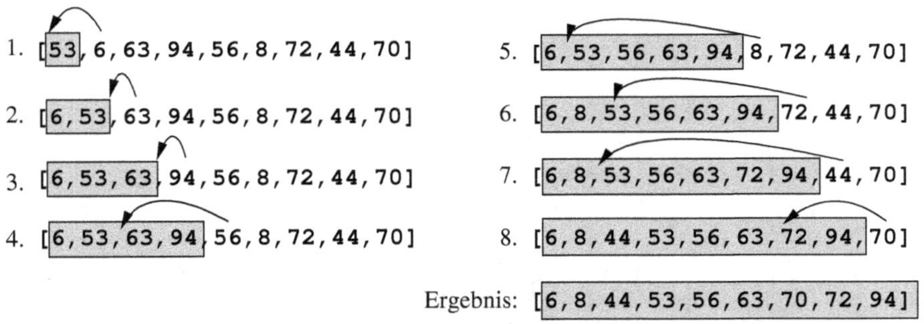

1. [53 , 6 , 63 , 94 , 56 , 8 , 72 , 44 , 70]   5. [6 , 53 , 56 , 63 , 94 , 8 , 72 , 44 , 70]

2. [6 , 53 , 63 , 94 , 56 , 8 , 72 , 44 , 70]   6. [6 , 8 , 53 , 56 , 63 , 94 , 72 , 44 , 70]

3. [6 , 53 , 63 , 94 , 56 , 8 , 72 , 44 , 70]   7. [6 , 8 , 53 , 56 , 63 , 72 , 94 , 44 , 70]

4. [6 , 53 , 63 , 94 , 56 , 8 , 72 , 44 , 70]   8. [6 , 8 , 44 , 53 , 56 , 63 , 72 , 94 , 70]

Ergebnis: [6 , 8 , 44 , 53 , 56 , 63 , 70 , 72 , 94]

Abb. 2.1: *Veranschaulichung der Funktionsweise von Insertion Sort auf der anfänglich unsortierten Liste* [53, 6, 63, 94, 56, 8, 72, 44, 70]. *Wie man sieht, wird immer das jeweils nächste Element in den schon sortierten Teil der Liste (grau markiert) einsortiert.*

an der „richtigen" Stelle, enthält.

```
1 def insND(l,key):
2   return [x for x in l if x ≤key] + [key] + [x for x in l if x>key]
```

Listing 2.1: Einfügen eines Wertes in eine schon sortierte Liste

Die Ergebnisliste besteht zunächst aus allen Werten aus *l*, die kleiner oder gleich *key* sind – diese werden in der linken Listenkomprehension gesammelt –, gefolgt von *key*, gefolgt von allen Werten aus *l*, die größer als *key* sind – diese Werte werden in der rechten Listenkomprehension gesammelt.

Listing 2.2 zeigt, wie nun der eigentliche Insertion-Sort-Algorithmus mit Hilfe von *insND* sehr einfach rekursiv implementiert werden kann.

```
1 def insertionSortRek(l):
2   if len(l)≤1: return l
3   else: return insND(insertionSortRek(l[1:]), l[0])
```

Listing 2.2: Rekursive Implementierung von Insertion Sort

Zeile 2 definiert den Rekursionsabbruch: eine einelementige oder leere Liste ist schon sortiert und kann einfach zurückgeliefert werden. Zeile 3 definiert den Rekursionsabstieg: eine Liste kann dadurch sortiert werden, indem das erste Element entfernt wird, der Rest der Liste durch den rekursiven Aufruf *insertionSortRek*(*l*[1 :]) sortiert wird und anschließend das entfernte Element *l*[0] wieder an der richtigen Stelle eingefügt wird. Für Neulinge der rekursiven Programmierung empfiehlt sich für das Verständnis der Funktionsweise von *insertionSortRek* das strikte Befolgen des in Abschnitt 1.2.3 beschriebenen „Kochrezepts": Man gehe einfach davon aus, dass *insertionSortRek*(*l*[1 :]) für die kürzere Teilliste *l*[1 :] das Richtige tut – nämlich *l*[1 :] zu sortieren. Unter dieser Annahme sollte man sich überlegen, wie man das fehlende Element *l*[0] mit dieser sortierten Teilliste kombinieren muss, damit eine sortierte Gesamtliste entsteht.

Aufgabe 2.1

Implementieren Sie – ebenfalls unter Verwendung von *insND* – eine iterative Variante
von *insertionSortRek*.

2.1.2 In-place Implementierung

Listing 2.3 zeigt als Alternative eine in-place Implementierung des Insertion-Sort-Algorithmus – ohne die Verwendung von Zwischen-Listen (dies ist auch der Grund dafür,
dass die folgende Implementierung etwas schneller ist).

```
1  def insertionSort( l ):
2    for j in range(1, len( l )):
3      key = l[j]
4      i = j-1
5      while i ≥ 0 and l[i] > key:
6        l[i+1] = l[i]
7        i = i - 1
8      l[i+1] = key
```

Listing 2.3: In-Place Implementierung des Insertion-Sort-Algorithmus

In der **for**-Schleife wird in der Variablen j jede Position der Liste durchlaufen; das
j-te Element ($l[j]$) ist dabei immer derjenige Wert, der in den schon sortierten Teil
der Liste eingefügt werden soll. Die **while**-Schleife zwischen Zeile 5 und 7 durchläuft
dabei den schon sortierten Teil der Liste auf der Suche nach der passenden Stelle i –
gleichzeitig werden die durchlaufenen Elemente nach „rechts" verschoben, um Platz für
den einzufügenden Wert zu schaffen.

2.1.3 Laufzeit

Machen wir uns Gedanken über die Laufzeit von Insertion Sort zur Sortierung einer
Liste der Länge n:

Worst Case. Im „schlimmsten" denkbaren Fall muss die bereits sortierte Liste immer
jeweils vollständig durchlaufen werden, um die richtige Einfügeposition zu finden. Im
ersten Durchlauf hat die bereits sortierte Liste die Länge 1, im zweiten Durchlauf die
Länge 2, usw. Im letzten, also $(n-1)$-ten, Durchlauf hat die bereits sortierte Liste die
Länge $n-1$. Insgesamt erhalten wir also als Laufzeit $L_{worst}(n)$ bei einer Eingabe der
Größe n:

$$L_{worst}(n) = \sum_{k=1}^{n-1} k = \frac{(n-1)n}{2} = O(n^2)$$

Best Case. Im günstigsten Fall genügt immer nur ein Vergleich, um die Einfügeposition in den schon sortierten Teil der Liste zu bestimmen. Da es insgesamt $n-1$

Schleifendurchläufe gibt, erhalten wir also als Laufzeit $L_{best}(n)$ im besten Fall bei einer Eingabe der Größe n

$$L_{best}(n) = \sum_{k=1}^{n-1} 1 = n - 1 = O(n)$$

Average Case. Wird eine k-elementige schon sortierte Liste linear durchlaufen um die richtige Einfügeposition für ein neues Element zu suchen, so ist es im besten Fall möglich, dass man nur einen Vergleich benötigt; es ist möglich, dass man 2 Vergleiche benötigt, usw. Schließlich ist es auch (im ungünstigsten Fall) möglich, dass man k Vergleiche benötigt. Geht man davon aus, dass all diese Möglichkeiten mit gleicher Wahrscheinlichkeit auftreten, so kann man davon ausgehen, dass die Anzahl der Vergleiche im Durchschnitt

$$\frac{1 + \cdots + k}{k} = \frac{k(k+1)/2}{k} = \frac{k+1}{2}$$

beträgt, d. h. in jedem der insgesamt $n - 1$ Durchläufe werden im Durchschnitt $\frac{k+1}{2}$ Vergleiche benötigt. Summiert über alle Durchläufe erhält man also

$$\sum_{k=1}^{n-1} \frac{k+1}{2} = \frac{1}{2} \sum_{i=1}^{n-1} (k+1) = \frac{1}{2} \sum_{i=2}^{n} k = \frac{1}{2}\left(\frac{n(n+1)}{2} - 1\right) = \frac{n^2 + n - 2}{4}$$

Somit gilt für die Laufzeit $L_{av}(n)$ im Durchschnittsfall bei einer Eingabe der Größe n

$$L_{av}(n) = O(n^2)$$

Insertion Sort vs. Pythons *sort*-Funktion. Tabelle 2.1 zeigt die Laufzeiten des im vorigen Abschnitt implementierten Insertion-Sort-Algorithmus *insertionSort* im Vergleich zur Laufzeit von Pythons mitgelieferter Suchfunktion *list.sort()* – Pythons Standard- Sortierfunktion – für die Sortierung einer Liste mit 50 000 zufällig gewählten *long int*-Zahlen. Wie kann Pythons Standard- Sortierfunktion so viel schneller sein?

Implementierung	Laufzeit (in sek)
insertionSort	244.65
list.sort	0.01

Tabelle 2.1: *Laufzeiten des im letzten Abschnitt implementierten Insertion Sort Algorithmus im Vergleich zu Pythons Standard-Sortierfunktion sort() für ein Eingabe-Liste mit 50 000 long int-Zahlen*

Im nächsten Abschnitt machen wir uns Gedanken darüber, wie schnell ein Sortieralgorithmus eine Liste von n Zahlen maximal sortieren kann.

Aufgabe 2.2

Die Funktion *insertionSort* durchsucht die bereits sortierte Liste *linear* nach der Position, an die das nächste Element eingefügt werden kann. Kann man die Laufzeit von *insertionSort* dadurch verbessern, dass man eine binäre Suche zur Bestimmung der Einfügeposition verwendet, die Suche also in der Mitte der sortierten Teilliste beginnen lässt und dann, abhängig davon, ob der Wert dort größer oder kleiner als der einzufügende Wert ist, in der linken bzw. rechten Hälfte weitersucht, usw.?

Falls ja: Was hätte solch ein Insertion-Sort-Algorithmus für eine Laufzeit? Implementieren Sie Insertion Sort mit binärer Suche.

2.2 Mindestlaufzeit von Sortieralgorithmen

Will man eine Liste $[a_0, \ldots, a_{n-1}]$ von n Elementen sortieren, so können alle Sortieralgorithmen, die vorab keine besonderen Informationen über die zu sortierenden Elemente besitzen, nur aus Vergleichen zwischen Elementpaaren Informationen über deren sortierte Anordnung gewinnen. Der Durchlauf eines jeden Sortieralgorithmus kann als Entscheidungsbaum modelliert werden; jeder Durchlauf durch den Entscheidungsbaum repräsentiert dabei die Vergleiche, die durch einen Sortieralgorithmus ausgeführt werden, während eine konkrete Liste sortiert wird. Für solch einen Entscheidungsbaum, wie etwa der in Abbildung 2.2 gezeigt, gilt: Jeder innere Knoten repräsentiert einen Vergleich; der linke Teilbaum behandelt den Fall, dass der Vergleich positiv ausfällt, und der rechte Teilbaum behandelt den Fall, dass der Vergleich negativ ausfällt. So sind im linken Teilbaum des mit $a_0 < a_1$ beschrifteten Wurzelknotens des Entscheidungsbaums aus Abbildung 2.2 nur noch Sortierungen denkbar, in denen das 0-te Element links vom 1-ten Element steht.

Jeder Vergleich halbiert die Anzahl der bis zu diesem Zeitpunkt noch denkbaren möglichen Sortierungen. Ist ein Blatt erreicht, so hat der Sortieralgorithmus die passende Sortierung gefunden. Jedes Blatt ist mit einer Permutation der Indizes $i = 0, \ldots n - 1$ markiert, die der gefundenen Sortierung entspricht.

Aufgabe 2.3

Erstellen Sie einen Entscheidungsbaum, der die Funktionsweise von Insertion Sort beschreibt, zum Sortieren einer 3-elementigen Liste.

Aufgabe 2.4

Würde Insertion Sort, was die getätigten Vergleiche betrifft, so vorgehen, wie durch den in Abbildung 2.2 gezeigten Entscheidungsbaum beschrieben?

Die Worst-Case-Komplexität eines Sortieralgorithmus entspricht genau dem längsten Pfad von der Wurzel zu einem Blatt im entsprechenden Entscheidungsbaum, in ande-

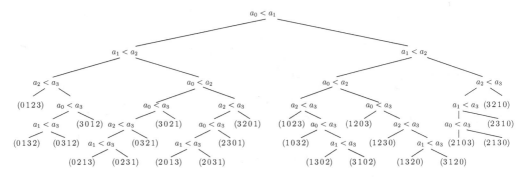

Abb. 2.2: *Ein möglicher Entscheidungsbaum, der modelliert, welche Vergleiche notwendig sind, um eine Liste $[a_0, a_1, a_2, a_3]$ der Länge $n = 4$ zu sortieren. An den Blättern befinden sich alle $n!$ möglichen Permutation. Ein Entscheidungsbaum zum Sortieren einer 4-elementigen Liste muss eine Tiefe von mindestens $\lceil \log_2 4! \rceil = 5$ haben. Der gezeigte Entscheidungsbaum hat eine Tiefe von 6, ist also in diesem Sinne nicht optimal.*

ren Worten: die Worst-Case-Komplexität entspricht der Tiefe des Entscheidungsbaums. Ein Entscheidungsbaum, der die Sortierung einer n-elementigen Liste modelliert, besitzt $n!$ Blätter, d. h. er besitzt mindestens eine Tiefe von $\lceil \log_2 n! \rceil$. Die berühmte *Stirling-Formel* zeigt uns, welches Wachstumsverhalten $\log_2 n!$ besitzt. Die Stirling-Formel besagt, dass $n!$ für große n genauso schnell wächst wie $\sqrt{2\pi n} \cdot (n/e)^n$, und zwar in dem Sinne, dass gilt:

$$\lim_{n \to \infty} \frac{n!}{\sqrt{2\pi n} \cdot (n/e)^n} = 1$$

Somit ergibt sich als untere Schranke für die Worst-Case-Komplexität $L_{worst}(n)$ eines beliebigen Sortieralgorithmus

$$L_{worst}(n) \geq \lceil \log_2 n! \rceil = O(\log_2 (\sqrt{2\pi n} \cdot \left(\frac{n}{e}\right)^n))$$

$$= O(\frac{1}{2} \log_2 2\pi n + n \log_2 \frac{n}{e})$$

$$= O(\log n) + O(n \log n) = O(n \log n)$$

2.3   Quicksort

Quicksort gehört zur Klasse der sog Divide-And-Conquer-Algorithmen. Bevor wir die Funktionsweise von Quicksort beschreiben, gehen wir in folgendem Abschnitt kurz auf die Besonderheiten dieser Algorithmen ein.

2.3.1   Divide-And-Conquer-Algorithmen

„Divide et Impera" (deutsch: Teile und Herrsche; englisch: Divide and Conquer) war Julius Cäsars erfolgreiche Strategie ein großes unüberschaubares Reich zu beherrschen. Ein

Divide-And-Conquer-Algorithmus teilt ein Problem p der Größe n in mehrere kleinere Teilprobleme $tp_0, \ldots tp_{k-1}$ auf (häufig ist, wie auch im Falle des Quicksort-Algorithmus, $k = 2$); diese Teilprobleme werden rekursiv gelöst und die so entstandenen Teillösungen $tl_0, \ldots tl_{k-1}$ werden schließlich zu einer Gesamtlösung zusammengefügt. Folgendes Listing formuliert dies nochmals in Python:

def $divideAndConquer(p)$:
$\quad (tp_0, \ldots, tp_{k-1}) = divide_k(p)$

$\quad tl_0 \quad\;\; = divideAndConquer(tp_0)$
$\quad \ldots \quad\;\; = \quad\quad \ldots$
$\quad tl_{k-1} \;\; = divideAndConquer(tp_{k-1})$

$\quad$**return** $combine_k(tl_0, \ldots, tl_{k-1})$

Die Laufzeit $L(n)$ eines Divide-And-Conquer-Algorithmus kann am natürlichsten durch eine sog. Rekurrenzgleichung ausgedrückt werden – wir nehmen hierbei der Einfachheit halber an, dass der *divide*-Schritt das Problem in k gleichgroße Teile der Größe n/k zerlegt; L_{div} sei die Laufzeit der *divide*-Funktion, L_{comb} sei die Laufzeit des *combine*-Schritts.

$$L(n) = L_{div}(n) + k \cdot L(\frac{n}{k}) + L_{comb}(n)$$

2.3.2   Funktionsweise von Quicksort

Das Vorgehen von Quicksort bei der Sortierung einer Liste $lst = [a_0, a_1, \ldots, a_{n-1}]$ der Länge n kann folgendermaßen beschrieben werden:

1. Quicksort wählt zunächst ein beliebiges Element $lst[j]$ mit $0 \leq j \leq n-1$ aus der zu sortierenden Liste lst aus. Dieses Element wird *Pivot-Element* genannt.

2. Der *divide*-Schritt: Quicksort zerteilt nun die Liste lst in zwei Teil-Listen lst_l und lst_r. Die „linke" Teil-Liste lst_l enthält alle Elemente aus lst, deren Werte kleiner (oder gleich) dem Pivotelement lst_j sind; die „rechte" Teil-Liste enthält alle Elemente aus lst, deren Werte größer dem Pivotelement lst_j sind.

3. Die Listen lst_l und lst_r werden rekursiv mit Quicksort sortiert.

4. Der *combine*-Schritt: Die rekursiv sortierten Teil-Listen werden einfach zusammengehängt; das Pivotelement kommt dabei in die Mitte.

Diese Beschreibung der rekursiven Vorgehensweise lässt sich mittels zweier Listenkomprehensionen und entsprechender rekursiver Aufrufe direkt in Python implementieren: Die Listenkomprehension [x **for** x **in** lst [1 :] **if** $x \leq pivot$] berechnet hierbei die linke Teilliste und die Listenkomprehension [x **for** x **in** lst [1 :] **if** $x > pivot$] berechnet die rechte Teilliste. Listing 2.4 zeigt die Implementierung.

```
1  def quicksort( lst ):
2    if len( lst ) ≤ 1: return lst  # Rekursionsabbruch
3    pivot = lst [0]
4    lst_l = [a for a in lst [1:] if a ≤ pivot]
5    lst_r = [a for a in lst [1:] if a > pivot]
6    return quicksort( lst_l ) + [pivot] + quicksort( lst_r )
```

Listing 2.4: *Implementierung von Quicksort*

Abbildung 2.3 zeigt als Beispiel die Ausführung von Quicksort veranschaulicht durch zwei zusammengesetzte Binärbäume; der obere Binärbaum modelliert den Rekursionsabstieg, der untere Binärbaum den Rekursionsaufstieg. Eine alternative aber ganz ähnliche graphische Veranschaulichung der Ausführung von Quicksort angewandt auf dieselbe Liste ist in Abbildung 2.4 gezeigt.

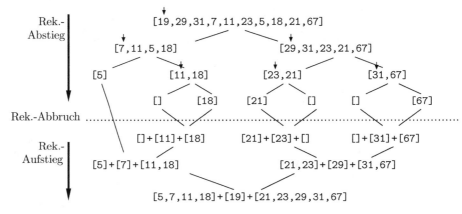

Abb. 2.3: *Darstellung der Funktionsweise von Quicksort am Beispiel der Sortierung der Liste [19,29,31,7,11,23,5,18,21,67] dargestellt durch zwei zusammengesetzte Binärbäume, getrennt mit einer gestrichelten Linie, die den Rekursionsabbruch markiert. Für jeden mit einer Liste lst markierten Knoten im oberen Binärbaum gilt: Der linke Teilbaum modelliert den rekursiven Aufruf quicksort(lst_l) und der rechte Teilbaum modelliert den rekursiven Aufruf quicksort(lst_r). Der Weg von der Wurzel des oberen Binärbaums zu den Blättern markiert also den rekursiven Abstieg. Die Pivot-Elemente der Listen sind jeweils mit einem kleinen Pfeil markiert. Eine Verzweigung im unteren Binärbaum entspricht einem combine-Schritt, der zwei sortierte Listen samt dem Pivot-Element zu einer Gesamtlösung zusammensetzt.*

Aufgabe 2.5

Um *quicksort* noch kompakter zu implementieren, verwenden Sie die Hilfsfunktion:
$$\textbf{def } o(x,s) : \textbf{return } [i \text{ for } i \text{ in } x \text{ if } cmp(i,x[0])==s]$$
(ein Funktions-Body mit nur einer Zeile ist möglich!)

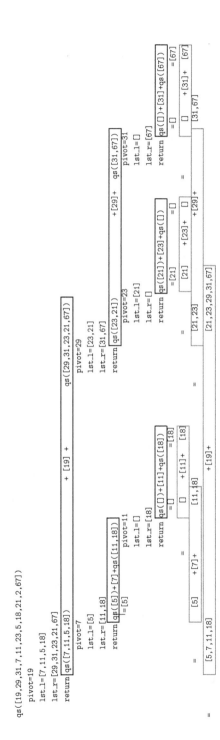

Abb. 2.4: *Darstellung der Funktionsweise von Quicksort am Beispiel der Sortierung der Liste* [19,29,31,7,11,23,5,18,21,2,67] *dargestellt durch die ausgeführten Kommandos und die Hierarchie der rekursiven Aufrufe. Die Ausdrücke, die den rekursiven Abstieg einleiten (also die rekursiven Aufrufe initiieren), sind schwarz umrandet; die berechneten Werte dieser Ausdrücke, nachdem sie im rekursiven Aufstieg bestimmt wurden, sind grau umrandet.*

2.3.3   Laufzeit

Der günstigste Fall entsteht dann, wenn die gewählten Pivotelemente die Listen immer in jeweils zwei gleichgroße Teillisten aufteilen. In diesem Fall ist die Laufzeit $L_{\text{best}}(n)$ von Quicksort:

$$L_{\text{best}}(n) = 2 \cdot L_{\text{best}}(n/2) + \underbrace{L_{\text{div}}(n) + L_{\text{comb}}(n)}_{O(n)}$$

wobei $L_{\text{div}}(n)$ die Laufzeit der Aufteilung in die beiden Teillisten darstellt und $L_{\text{comb}}(n)$ die Laufzeit der Kombination der rekursiv sortieren Teillisten darstellt. Die Lösung dieser Rekurrenz-Gleichung ist $O(n \log n)$ und damit ist die Laufzeit im bestmöglichen Fall in $O(n \log n)$.

Interessanter ist jedoch der Average-Case-Fall:

Average Case. Wir gehen davon aus, dass die Wahrscheinlichkeit, dass das Pivot-Element das i-kleinste Element von insgesamt n-Elementen ist, $1/n$ beträgt; d. h. wir gehen hier von einer Gleichverteilung aus. Wird das i-kleinste Element als Pivot-Element gewählt, so hat die linke Teilliste eine Größe von $i-1$ und die rechte Teilliste eine Größe von $n-i$; für die Average-Case-Laufzeit $L_{\text{av}}(n)$ zur Sortierung einer n-elementigen Liste durch die in Listing 2.4 gezeigte Funktion *quicksort* ergibt sich für die Average-Case-Laufzeit $L_{\text{av}}(n)$ also folgende Rekurrenz-Gleichung:

$$L_{\text{av}}(n) = \underbrace{(n-1)}_{\text{Partition}} + \frac{1}{n} \cdot \sum_{i=1}^{n} (L_{\text{av}}(i-1) + L_{\text{av}}(n-i)) + \underbrace{2}_{\text{+-Ops}} \qquad (2.1)$$

Da

$$\sum_{i=1}^{n} (L_{\text{av}}(i-1) + L_{\text{av}}(n-i)) = L_{\text{av}}(0) + \ldots + L_{\text{av}}(n-1) + L_{\text{av}}(n-1) + \ldots + L_{\text{av}}(0)$$

– also jeder Term $L_{\text{av}}(i)$ in der Summe zweimal vorkommt – kann man die Rekurrenz-Gleichung (2.1) folgendermaßen vereinfachen:

$$L_{\text{av}}(n) = (n+1) + \frac{2}{n} \cdot \sum_{i=0}^{n-1} L_{\text{av}}(i) \qquad (2.2)$$

Auf den ersten Blick scheint die Rekurrenz-Gleichung (2.2) schwer aufzulösen; mit einigen „Tricks" ist sie aber einfacher in den Griff zu bekommen, als so manch andere Rekurrenz-Gleichung. Wir multiplizieren $L_{\text{av}}(n+1)$ mit $n+1$ und $L_{\text{av}}(n)$ mit n:

$$(n+1)L_{\text{av}}(n+1) = (n+1)(n+2) + \frac{2(n+1)}{n+1} \sum_{i=0}^{n} L_{\text{av}}(i) \qquad \text{und}$$

$$nL_{\text{av}}(n) = n(n+1) + \frac{2n}{n} \sum_{i=0}^{n-1} L_{\text{av}}(i)$$

Zieht man nun vom $(n+1)$-fachen von $L_{\mathrm{av}}(n+1)$ das n-fache von $L_{\mathrm{av}}(n)$ ab, so erhält man eine einfachere Rekurrenz-Gleichung:

$$(n+1)L_{\mathrm{av}}(n+1) - nL_{\mathrm{av}}(n) = 2(n+1) + 2L_{\mathrm{av}}(n) \quad\Longleftrightarrow$$
$$(n+1)L_{\mathrm{av}}(n+1) = 2(n+1) + (n+2)L_{\mathrm{av}}(n)$$

Der Trick besteht nun darin, auf beiden Seiten $1/(n+1)(n+2)$ zu multiplizieren; wir erhalten dann:

$$L_{\mathrm{av}}(n+1)/(n+2) = 2/(n+2) + L_{\mathrm{av}}(n)/(n+1)$$

und solch eine Rekurrenz kann man einfach durch eine entsprechende Summation ersetzen:

$$\frac{L_{\mathrm{av}}(n)}{(n+1)} = \frac{2}{n+1} + \frac{2}{n} + \ldots + \underbrace{\frac{L_{\mathrm{av}}(0)}{1}}_{=1}$$

Um möglichst unkompliziert einen konkreten Wert aus dieser Formel zu erhalten, kann man diese Summe durch ein entsprechendes Integral approximieren und erhält dann:

$$2\sum_{i=1}^{n+1} \frac{1}{i} \approx 2 \cdot \int_1^n \frac{1}{x}dx = 2 \cdot \ln n = 2 \cdot \frac{\log_2 n}{\log_2 e} \approx 1,386 \log_2 n$$

Insgesamt erhalten wir also konkret im Durchschnitt

$$L_{\mathrm{av}}(n) \approx 1.386n \log_2 n$$

Vergleiche bei Quicksort bei einer zu sortierenden Eingabe der Länge n. Dies ist – zumindest was die Anzahl der Vergleiche betrifft – nur etwa 38.6% über dem theoretisch möglichen Optimum.

2.3.4   In-Place-Implementierung

Wir stellen hier eine Quicksort-Implementierung vor, die keine neuen Listen anlegt, also keinen zusätzlichen Speicher verwendet und entsprechend etwas performanter ist. Der vorgestellte Algorithmus wird deutlich komplexer sein, als die in Listing 2.4 vorgestellte nicht-destruktive Implementierung. Wir teilen daher den Quicksort-Algorithmus in zwei Teile auf: Zum Einen in die Funktion *partitionIP*, die den *divide*-Schritt ausführt; zum Anderen in eine Funktion *quicksort*, die eine Liste durch wiederholten Aufruf von *partitionIP* sortiert.

Die in Listing 2.5 vorgestellte Funktion *partitionIP* bekommt neben der zu partitionierenden Liste *lst* noch den Teil der Liste – mittels Indizes l und r – übergeben, der partitioniert werden soll. Der Grund dafür, dass bei der In-Place-Implementierung zusätzlich Bereiche mit übergeben werden, liegt darin, dass alle Aufrufe immer auf der gesamten zu sortierenden Liste arbeiten; es muss entsprechend immer noch Information mit übergeben werden auf welchem Bereich der Liste im jeweiligen Aufruf gearbeitet wird.

```
 1  def partitionIP( lst , l, r):
 2     pivot=lst[l]
 3     i=l-1
 4     j=r+1
 5     while True:
 6       while True:
 7         j=j-1
 8         if lst[j]≤pivot: break
 9       while True:
10         i=i+1
11         if lst[i]≥pivot: break
12       if i<j:
13         lst[i], lst[j]=lst[j], lst[i]
14       else:
15         return j
```

Listing 2.5: *C.A.R. Hoare's ursprünglich vorgeschlagene Implementierung[10] einer In-Place-Partition zur Verwendung mit Quicksort.*

Auch hier wird zunächst ein Pivot-Element *pivot* gewählt, und zwar (genau wie in der nicht-destruktiven Implementierung) das Element, das sich am linken Rand des zu partitionierenden Bereichs befindet (Zeile 1: *pivot=lst[l]*). Der Zähler j läuft vom rechten Rand des Bereiches und der Zähler i läuft vom linken Rand des Bereiches über *lst*; die beiden inneren „**while** *True*"-Schleifen bewirken Folgendes:

- Nach Durchlaufen der ersten inneren „**while** *True*"-Schleife (Zeilen 6-8) steht j auf einem *lst*-Element, das kleiner-gleich dem Pivot-Element ist.

- Nach Durchlaufen der zweiten inneren „**while** *True*"-Schleife (Zeilen 9-11) steht i auf einem *lst*-Element, das größer-gleich dem Pivot-Element ist.

Nun müssen *lst[i]* und *lst[j]* getauscht werden – dies geschieht in Zeile 13. Falls $i \geq j$, so wurde der zu partitionierende Bereich vollständig durchlaufen und die Partitionierung ist beendet. Der Rückgabewert j markiert die Grenze zwischen der linken und der rechten Partition.

Die Abbildung 2.5 veranschaulicht die Funktionsweise von *partitionIP* nochmals graphisch.

Der eigentliche Quicksort-Algorithmus kann nun mit Hilfe der Funktion *partitionIP* einfach implementiert werden:

```
 1  def quicksortIP( lst , l, r):
 2     if r>l:
 3       i = partitionIP( lst , l, r)
 4       quicksortIP( lst , l, i)
 5       quicksortIP( lst , i+1, r)
```

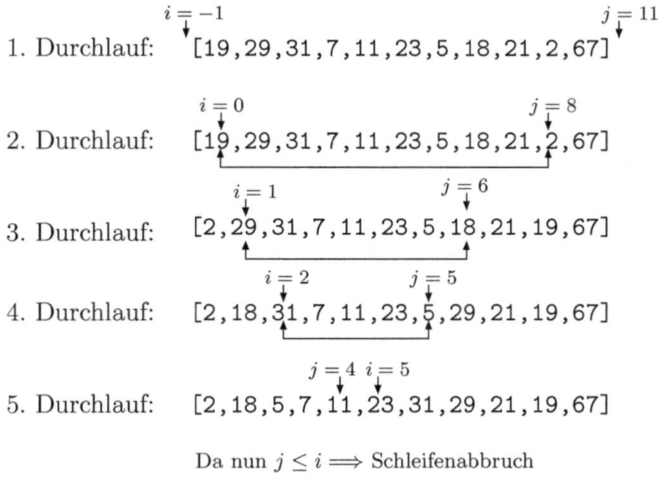

$i = -1$ $j = 11$

1. Durchlauf: $[19,29,31,7,11,23,5,18,21,2,67]$

$i = 0$ $j = 8$

2. Durchlauf: $[19,29,31,7,11,23,5,18,21,2,67]$

$i = 1$ $j = 6$

3. Durchlauf: $[2,29,31,7,11,23,5,18,21,19,67]$

$i = 2$ $j = 5$

4. Durchlauf: $[2,18,31,7,11,23,5,29,21,19,67]$

$j = 4\ \ i = 5$

5. Durchlauf: $[2,18,5,7,11,23,31,29,21,19,67]$

Da nun $j \leq i \implies$ Schleifenabbruch

Abb. 2.5: *Darstellung der Funktionsweise von partitionIP am Beispiel der Sortierung der Partitionierung der Liste [19,29,31,7,11,23,5,18,21,2,67]. Die äußere* „**while** *True"-Schleife wird dabei fünf Mal durchlaufen.*

Aufgabe 2.6

Implementieren Sie eine randomisierte Variante von Quicksort

$$quicksortRandomisiert(\,lst,l,r)$$

die eine Häufung ungünstiger Fälle dadurch vermeidet, dass das Pivot-Element der Partitionierung von $lst\,[\,l:r+1]$ zufällig aus den Indizes zwischen (einschließlich) l und r gewählt wird.

Aufgabe 2.7

Implementieren Sie eine weitere randomisierte Variante von Quicksort

$$quicksortMedian(\,lst,l,r)$$

die das Pivotelement folgendermaßen wählt:

- Es werden zunächst drei zufällige Elemente aus der zu partitionierenden Liste (also aus $lst\,[\,l:r+1]$) gewählt.

- Als Pivot-Element wird der Median – also das mittlere der zufällig gewählten Elemente – ausgewählt.

Aufgabe 2.8

Vergleichen Sie nun die Algorithmen *quicksortIP*, *quicksortRandomisiert* und *quicksortMedian* folgendermaßen:

- Generieren Sie 100 zufällig erzeugte 10.000-elementige Listen, die Werte aus $\{1, \ldots 100.000\}$ enthalten und lassen sie diese 100 Listen durch die drei Quicksort-Varianten sortieren.

- „Merken" Sie sich für jeden der Algorithmen jeweils die folgenden Daten:

  1. Die durchschnittliche Zeit, die der jeweilige Algorithmus zum Sortieren einer 10.000-elementigen Liste brauchte.

  2. Die – aus den 100 Sortierdurchläufen – schnellste Zeit, die der jeweilige Algorithmus zum Sortieren einer 10.000-elementigen Liste brauchte.

  3. Die – aus den 100 Sortierdurchläufen – langsamste Zeit, die der jeweilige Algorithmus zum Sortieren einer 10.000-elementigen Liste brauchte.

Bemerkung: Zum Erzeugen einer Liste mit zufällig gewählten Elementen können Sie das Python-Modul *random* verwenden. Der Aufruf *random.randint(a, b)* liefert eine zufällige *int*-Zahl zwischen einschließlich *a* und *b* zurück.
Zur Zeitmessung können Sie das Python-Modul *time* verwenden. Der Aufruf *time.time()* (unter Windows besser: *time.clock()*) liefert die aktuelle CPU-Zeit zurück.

2.3.5   Eliminierung der Rekursion

Ein Performance-Gewinn kann durch die Überführung der rekursiven Quicksort-Implementierung in eine iterative Implementierung erzielt werden. Warum aber ist ein iterativer Algorithmus unter Umständen schneller? Das hängt damit zusammen, dass jeder Unterprogrammaufruf mit relativ hohen Rechen„kosten" verbunden ist; bei jedem Unterprogrammaufruf wird ein neuer *Stackframe* auf dem Rechner-internen Stack erzeugt, der alle notwendigen Informationen über das aufgerufene Unterprogramm enthält; dazu gehören unter Anderem die Rücksprungadresse zur aufrufenden Prozedur, Werte der lokalen Variablen und die Werte der übergebenen Parameter. Da das Anlegen eines Stackframes viele Zugriffe auf den Hauptspeicher erfordert und da Hauptspeicherzugriffe im Verhältnis zu anderen CPU-internen Operationen sehr teuer sind, kann eine Eliminierung der Rekursion die Performance steigern.

Anders als bei einer rekursiven Implementierung von beispielsweise der Fakultätsfunktion, kann die Rekursion bei Quicksort jedoch nicht durch eine einfache Schleife aufgelöst werden. Der Stack, der bei jedem Prozeduraufruf (insbesondere bei rekursiven Prozeduraufrufen) verwendet wird, muss hier explizit modelliert werden, wenn die Rekursion beseitigt werden soll. Auf dem Stack „merkt" sich der rekursive Quicksort (unter Anderem) welche Arbeiten noch zu erledigen sind. Abbildung 2.6 zeigt nochmals im Detail, wie sich der Programmstack bei jedem rekursiven Aufruf erhöht und wie sich der Stack bei jedem Rücksprung aus einer Quicksort-Prozedur wieder verkleinert. Man sieht, dass die jeweiligen Stackframes die Informationen enthalten, welche Stackframes zu einem evtl. späteren Zeitpunkt noch anzulegen sind.

Eliminieren wir die Rekursion, indem wir den Stack explizit modellieren, gibt uns das mehr Kontrolle und Optimierungspotential: Zum Einen muss nicht jeder rekursive Aufruf von Quicksort mit dem Speichern von Informationen auf dem Stack verbunden sein: ein rekursiver Quicksort-Aufruf, der am Ende der Quicksort-Prozedur erfolgt, muss nichts „merken", denn nach diesem Aufruf ist nichts mehr zu tun (denn die aufrufende Prozedur ist danach ja zu Ende). Solche sog. endrekursiven Aufrufe (im Englischen als tail-recursive bezeichnet) kann man einfach Eliminieren und durch Iteration ersetzten. Nur die nicht end-rekursiven Aufrufe müssen sich diejenigen Aufgaben auf einem Stack merken, die nach Ihrer Ausführung noch zu erledigen sind.

Das folgende Listing 2.6 zeigt eine Quicksort-Implementierung ohne Verwendung von Rekursion. Der Stack wird durch eine Liste modelliert; eine *push*-Operation entspricht einfach der *list.append*-Methode, also dem Anfügen ans Ende der Liste; die *pop*-Operation entspricht der *list.pop*-Methode, also dem Entnehmen des letzten Elements.

```
1  def quicksortIter( lst ):
2      l=0
3      r=len( lst ) −1
4      stack = []
5      while True:
6          while r>l:
7              i = partitionIP( lst , l, r)
8              stack.append(i+1)
9              stack.append(r)
10             r=i
11         if stack==[]: break
12         r = stack.pop()
13         l = stack.pop()
```

Listing 2.6: *Eine nicht-rekursive Implementierung von Quicksort unter Verwendung eines expliziten Stacks*

Die Funktion *quicksortIter* führt im ersten Durchlauf der inneren Schleife das Kommando

$$partitionIP(lst ,0, len(lst -1))$$

aus. Die *push*-Operationen in den Zeilen 8 und 9 „merken" sich die Grenzen der rechten Teilliste; so kann die rechte Teilliste zu einem späteren Zeitpunkt bearbeitet werden. Mittels der Zuweisung $r=i$ in Zeile 10 sind für den nächsten Schleifendurchlauf die Listengrenzen auf die linke Teilliste gesetzt. Es werden nun solange wie möglich (nämlich bis $r \geq i$, was in Zeile 6 getestet wird) linke Teillisten partitioniert. Anschließend holt sich der Algorithmus die Grenzen der als Nächstes zu partitionierenden Teilliste vom Stack; die geschieht mittels der beiden *stack.pop*()-Operationen in den Zeilen 12 und 13.

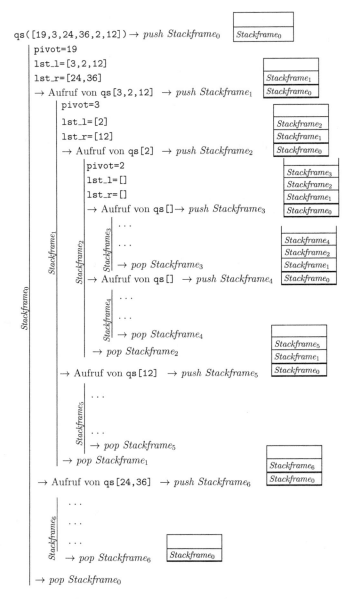

Abb. 2.6: *Darstellung der Aufrufhierarchie der rekursiven Instanzen des Quicksortalgorithmus qs, ähnlich dargestellt wie in Abbildung 2.4 nur diesmal linear in zeitlicher Reihenfolge und mit dem jeweiligen Zustand des Programmstacks bei jedem rekursiven Aufruf von Quicksort. Wie man sieht, „merkt" sich jede Instanz von Quicksort in ihrem jeweiligen Stackframe, welche Arbeit später noch zu erledigen ist. Der Aufruf qs([19,3,24,36,2,12]) beispielsweise ruft rekursiv qs([3,2,12]) auf; der Stackframe$_0$ enthält implizit die Information, dass zu einem späteren Zeitpunkt noch der Aufruf qs([24,36]) zu erledigen ist.*

Aufgabe 2.9

Vergleichen Sie die Laufzeiten von *quicksortIter* und *quicksortIP* miteinander. Erklären Sie Ihre Beobachtungen.

Aufgabe 2.10

(a) Wie viele Einträge könnte der Stack im Laufe der Sortierung einer Liste der Länge n mittels der Funktion *quicksortIter* im ungünstigsten Falle haben?

(b) Man kann die Größe des Stacks dadurch optimieren, indem man immer die größere der beiden entstehenden Teillisten auf dem Stack ablegt. Wie groß kann dann der Stack maximal werden?

(c) Schreiben sie die Sortierfunktion *quicksortIterMinStack* so, dass immer nur die größere der beiden Teillisten auf dem Stack abgelegt wird und vergleichen sie anschließend die Laufzeiten vom *quicksortIter* und *quicksortIterMinStack*.

2.4 Mergesort

Mergesort verwendet – wie Quicksort auch – einen klassischen Divide-And-Conquer Ansatz zum Sortieren einer Liste *lst*. Wir erinnern uns, dass im *divide*-Schritt von Quicksort der eigentliche Aufwand steckt; um die Liste zu teilen müssen viele Vergleiche ausgeführt werden. Der *combine*-Schritt dagegen ist bei Quicksort einfach: die beiden rekursiv sortierten Teillisten mussten lediglich aneinander gehängt werden.

Die Situation bei Mergesort ist genau umgekehrt. Bei Mergesort ist der *divide*-Schritt einfach: hier wird die Liste einfach in der Mitte geteilt. Der eigentliche Aufwand steckt hier im *combine*-Schritt, der die beiden rekursiv sortierten Listen zu einer großen sortierten Liste kombinieren muss. Dies geschieht im „Reißverschlussverfahren": die beiden Listen müssen so ineinander verzahnt werden, dass daraus eine sortierte Liste entsteht. Dies wird in der englischsprachigen Literatur i. A. als *merging* bezeichnet. Das in Listing 2.7 gezeigte Python-Programm implementiert den Mergesort-Algorithmus.

```
1  def mergesort( lst ):
2    if len( lst )≤1: return lst
3    l1 = lst [:len( lst )/2]
4    l2 = lst [len( lst )/2:]
5    return merge(mergesort(l1),mergesort(l2))
6
7  def merge(l1,l2):
8    if l1==[]: return l2
9    if l2==[]: return l1
10   if l1 [0]≤l2 [0]: return [l1 [0]] + merge(l1 [1:],l2)
11   else: return [l2[0]] + merge(l1,l2 [1:])
```

Listing 2.7: Implementierung von Mergesort

Aufgabe 2.11

Geben Sie eine iterative Variante der Funktion *merge* an.

2.5   Heapsort und Priority Search Queues

Ein Heap ist ein fast vollständiger[1] Binärbaum mit der folgenden Eigenschaft: Der
Schlüssel eines Knotens ist größer als die Schlüssel seiner beiden Kinder. Einen solchen Binärbaum nennt man auch oft *Max-Heap* und die eben erwähnte Eigenschaft
entsprechend die *Max-Heap-Eigenschaft*. Dagegen ist ein *Min-Heap* ein vollständiger
Binärbaum, dessen Knoten die Min-Heap-Eigenschaft erfüllen: Der Schlüssel eines Knotens muss also kleiner sein als die Schlüssel seiner beiden Kinder.

Abbildung 2.7 zeigt jeweils ein Beispiel eines Min-Heaps und eines Max-Heaps.

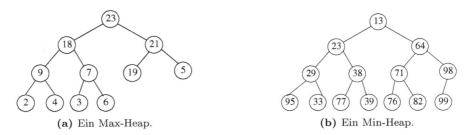

(a) Ein Max-Heap.   (b) Ein Min-Heap.

Abb. 2.7: *Beispiel eines Min-Heaps und eines Max-Heaps: Beides sind binäre Bäume, die
der Min-Heap- bzw. Max-Heap-Bedingung genügen. Im Falle des Max-Heaps lautet die Heap-
bedingung: „Der Schlüssel jedes Knotens ist größer als die Schlüssel seiner beiden Kinder". Im
Falle des Min-Heaps lautet die Heapbedingung: „Der Schlüssel jedes Knotens ist kleiner als die
Schlüssel seiner beiden Kinder".*

2.5.1   Repräsentation von Heaps

Man könnte Heaps explizit als Baumstruktur repräsentieren – ähnlich etwa wie man
einen binären Suchbaum repräsentieren würde (siehe Abschnitt 3.1). Heaps sind jedoch
per Definition vollständige Binärbäume (d. h. innere Knoten besitzen *genau* zwei Nachfolger), haben also eine statische Struktur und können somit Ressourcen-schonender als
„flache" Liste repräsentiert werden; hierbei schreibt man die Einträge des Heaps von der
Wurzel beginnend ebenenweise in die Liste, wobei die Einträge jeder Ebene von links
nach rechts durchlaufen werden. Wir werden gleich sehen, dass es bei der Repräsentation von Heaps günstig ist, den ersten Eintrag der repräsentierenden Liste freizuhalten.
Zwei Beispiele:

---

[1]Mit „fast vollständig" ist die folgende Eigenschaft gemeint: Alle „Ebenen" des Binärbaums sind
vollständig gefüllt, bis auf die unterste Ebene; diese ist evtl. nur teilweise „linksbündig" gefüllt.

- Der Max-Heap aus Abbildung 2.7(a) wird durch folgende Liste repräsentiert:
$$[None, 23, 18, 21, 9, 7, 19, 5, 2, 4, 3, 6]$$

- Der Min-Heap aus Abbildung 2.7(b) wird durch folgende Liste repräsentiert:
$$[None, 13, 23, 64, 29, 38, 71, 98, 95, 33, 77, 39, 76, 82, 99]$$

Repräsentiert man also einen Heap als Liste lst, so ist leicht nachvollziehbar, dass das linke Kind von $lst[i]$ der Eintrag $lst[2*i]$ und das rechte Kind der Eintrag $lst[2*i+1]$ ist.

Aufgabe 2.12

Welche der folgenden Listen sind Repräsentationen von Min-Heaps bzw. Max-Heaps?

- $[None, 13]$

- $[None, 100, 99, 98, \ldots, 1]$

- $[None, 100, 40, 99, 1, 2, 89, 45, 0, 1, 85]$

- $[None, 40, 20, 31, 21]$

Aufgabe 2.13

(a) Implementieren Sie die Funktion *leftChild*, die als Argument eine Liste lst und einen Index i übergeben bekommt und, falls dieser existiert, den Wert des linken Kindes von $lst[i]$ zurückgibt; falls $lst[i]$ kein linkes Kind besitzt, soll *leftChild* den Wert *None* zurückliefern.

(b) Implementieren Sie die Funktion *rightChild*, die als Argument eine Liste lst und einen Index i übergeben bekommt und, falls dieser existiert, den Wert des rechten Kindes von $lst[i]$ zurückgibt; falls $lst[i]$ kein rechtes Kind besitzt, soll *rightChild* den Wert *None* zurückliefern.

(c) Implementieren Sie eine Funktion *father*, die als Argument eine Liste lst und einen Index i übergeben bekommt und den Wert des Vaters von $lst[i]$ zurückliefert.

2.5.2 Heaps als Priority Search Queues

Es gibt viele Anwendungen, für die es wichtig ist, effizient das größte Element aus einer Menge von Elementen zu extrahieren. Beispielsweise muss ein Betriebssystem ständig (und natürlich unter Verwendung von möglichst wenig Rechenressourcen) festlegen, welcher Task bzw. welcher Prozess als Nächstes mit der Ausführung fortfahren darf. Dazu muss der Prozess bzw. Task mit der höchsten Priorität ausgewählt werden. Außerdem kommen ständig neue Prozesse bzw. Tasks hinzu. Man könnte die entsprechende Funktionalität dadurch gewährleisten, dass die Menge von Tasks nach jedem Einfügen eines Elementes immer wieder sortiert wird, um dann das größte Element effizient extrahieren zu können; Heaps bieten jedoch eine effizientere Möglichkeit, dies zu implementieren.

Höhe eines binären Heaps. Für spätere Laufzeitbetrachtungen ist es wichtig zu wissen, welche Höhe ein n-elementiger binärer Heap hat. Auf der 0-ten Ebene hat eine Heap $2^0 = 1$ Elemente, auf der ersten Ebene 2^1 Elemente, usw. Ist also ein Heap der Höhe h vollständig gefüllt, so kann er

$$\sum_{i=0}^{h-1} 2^i = 2^h - 1$$

Elemente fassen. Oder andersherum betrachtet: Ein vollständig gefüllter Heap mit n Elementen besitzt eine Höhe von $\log_2 n$. Ist der Heap nicht ganz vollständig gefüllt, so muss man bei der Berechnung der Höhe entsprechend aufrunden. Es gilt also für die Höhe h eines Heaps mit n Elementen die folgende Beziehung:

$$h = \lceil \log_2 n \rceil$$

Zu den wichtigsten Operationen auf Heaps gehören das Einfügen eines neuen Elements in einen Heap und die Extraktion (d. h. das Suchen und anschließende Löschen) des maximalen Elements bei Max-Heaps bzw. die Extraktion des minimalen Elements bei Min-Heaps. Im Folgenden stellen wir die Implementierung dieser zwei Operationen für Min-Heaps vor.

Einfügen. Soll ein neues Element in einen als Liste repräsentierten binären Heap eingefügt werden, so wird es zunächst an das Ende der Liste angefügt. Dadurch wird im Allgemeinen die Heap-Eigenschaft verletzt. Um diese wiederherzustellen, wird das eingefügte Element sukzessive soweit wie nötig nach „oben" transportiert. Abbildung 2.8 zeigt an einem Beispiel den Ablauf des Einfügens und das anschließenden Hochtransportieren eines Elementes in einem Heap.

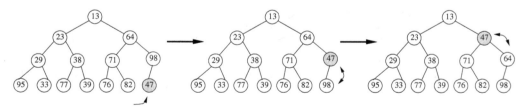

Abb. 2.8: *Das Element 47 wird in einen Heap eingefügt. Anfänglich wird das Element „hinten"
an den Heap angefügt (linkes Bild). Die Heapbedingung ist verletzt; daher wird das Element
sukzessive durch Tauschen nach oben transportiert und zwar solange bis die Heapbedingung
wieder erfüllt ist.*

Listing 2.8 zeigt eine Implementierung der Einfügeoperation.

```
1 def insert(heap, x):
2     heap.append(x)
3     i = len(heap) -1
4     while heap[i/2] > heap[i]:
5         heap[i/2], heap[i] = heap[i], heap[i/2]
6         i = i/2
```

Listing 2.8: *Einfügen eines Elementes in einen als Liste repräsentierten Min-Heap*

Wir gehen davon aus, dass die als Parameter übergebene Liste *heap* einen Heap repräsentiert. Das einzufügende Element x wird zunächst hinten an den Heap angehängt (*heap.append(x)* in Zeile 2); anschließend wird das eingefügte Element solange durch Tausch mit dem jeweiligen Vaterknoten die Baumstruktur hochtransportiert, bis die Heapbedingung erfüllt ist. Die **while**-Schleife wird hierbei solange ausgeführt, wie der Wert des eingefügten Knotens kleiner ist, als der Wert seines Vaterknotens, d. h. solange die Bedingung *lst*[$i/2$]>*lst*[i] gilt.

Aufgabe 2.14

Die in Listing 2.8 gezeigte Implementierung der Einfüge-Operation ist destruktiv implementiert, d. h. der übergebene Parameter *heap* wird verändert. Geben Sie eine alternative nicht-destruktive Implementierung der Einfügeoperation an, die einen „neuen" Heap zurückliefert, der das Element x zusätzlich enthält.

Aufgabe 2.15

Wie arbeitet die Funktion *insert*, wenn das einzufügende Element x kleiner ist als die Wurzel des Heaps *lst*[1]? Spielen Sie den Algorithmus für diesen Fall durch und erklären Sie, warum er korrekt funktioniert.

Die Höhe des Heaps begrenzt hierbei die maximal notwendige Anzahl der Vergleichs- und Tauschoperationen. Die Worst-Case-Laufzeit der Einfügeoperation eines Elements in einen Heap mit n Elementen liegt also in $O(\log n)$.

Minimumsextraktion. Entfernt man das minimale Element, also die Wurzel, aus einem Min-Heap, dann geht man am effizientesten wie folgt vor: Das letzte Element aus einer den Heap repräsentierenden Liste *heap*, also *heap*[-1], wird an die Stelle der Wurzel gesetzt. Dies verletzt im Allgemeinen die Heap-Bedingung. Die Heap-Bedingung kann wiederhergestellt werden, indem man dieses Element solange durch Tauschen mit dem kleineren der beiden Kinder im Baum nach unten transportiert, bis die Heap-Bedingung wiederhergestellt ist. Abbildung 2.9 veranschaulicht an einem Beispiel den Ablauf einer solchen Minimumsextraktion.

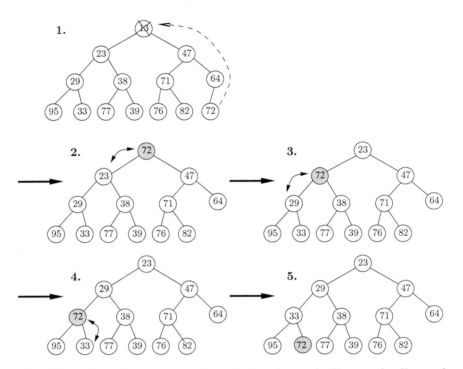

Abb. 2.9: *Ablauf einer Minimumsextraktion. 1: Das minimale Element des Heaps, das sich aufgrund der Min-Heap-Bedingung immer an der Wurzel des Heaps befindet, wird gelöscht und an dessen Stelle das „letzte" Element des Heaps gesetzt, in unserem Falle ist dies der Knoten mit Schlüsselwert „72". 2: In Folge dessen, ist jedoch im unter 2. dargestellten Heap die Heap-Bedingung verletzt. 3, 4, 5: Diese kann wiederhergestellt werden, indem man den an der Wurzel befindlichen Knoten durch Tausch-Operationen nach unten transportiert; und zwar wird immer mit dem kleineren der beiden Kinder getauscht. Nach einigen solcher Tausch-Operationen befindet sich der Knoten mit Schlüsselwert „72" an der „richtigen" Position, d. h. an einer Position, an der er die Heap-Bedingung nicht mehr verletzt – in diesem Falle wird er zum Wurzelknoten.*

Die in Listing 2.9 gezeigte Funktion *minExtract* implementiert die Minimumsextraktion. In der Variablen n ist während des ganzen Programmablaufs immer der Index des „letzten" Elements des Heaps gespeichert. In den Zeilen 3 und 4 wird das „letzte" Element des Heaps an die Wurzel gesetzt. Die Durchläufe der **while**-Schleife transportieren dann das Wurzel-Element solange nach „unten", bis die Heap-Bedingung wieder erfüllt ist. Am Anfang der **while**-Schleife zeigt die Variable i immer auf das Element des Heaps, das möglicherweise die Heap-Bedingung noch verletzt. In Zeile 9 wird das kleinere seiner beiden Kinder ausgewählt; falls dieses Kind größer ist als das aktuelle Element, d. h. falls $lst\,[\,i\,] \leq lst\,[\,k\,]$, so ist die Heap-Bedingung erfüllt und die Schleife kann mittels **break** abgebrochen werden. Falls jedoch dieses Kind kleiner ist als der aktuelle Knoten, ist die Heapbedingung verletzt, und Vater und Kind müssen getauscht werden (Zeile 11). Durch die Zuweisung $i=j$ fahren wir im nächsten **while**-Schleifendurchlauf damit fort, den getauschten Knoten an die richtige Position zu bringen.

```
1  def minExtract(lst):
2    returnVal=lst[1]
3    lst[1]=lst[-1]   # letztes Element an die Wurzel
4    del(lst[-1])
5    n=len(lst)-1     # n zeigt auf das letzte Element
6    i=1
7    while i≤n/2:
8      j=2*i
9      if j<n and lst[j]>lst[j+1]: j+=1   # wähle kleineres der beiden Kinder
10     if lst[i]≤ lst[j]: break
11     lst[i], lst[j]=lst[j], lst[i]
12     i=j
13   return returnVal
```

Listing 2.9: *Implementierung der Minimumsextraktion, bei der das Wurzel-Element des Heaps entfernt wird.*

Was die Laufzeit der Minimumsextraktion betrifft, gilt Ähnliches wie für die Einfüge-Operation: Die Höhe des Heaps begrenzt die maximal notwendige Anzahl der Vergleichs- und Tauschoperationen. Damit ist die Worst-Case-Laufzeit des Algorithmus *minExtract* in $O(\log n)$.

Aufgabe 2.16

Implementieren Sie die zwei Heap-Operationen „Einfügen" und „Maximumsextrak-tion" für Max-Heaps.

2.5.3 Konstruktion eines Heaps

Man kann Heaps für den Entwurf eines effizienten Sortieralgorithmus verwenden, der bei der Sortierung einer Liste *lst* folgendermaßen vorgeht: Zunächst wird *lst* in eine Heapdatenstruktur umgewandelt. Anschließend wird mittels der Minimumsextraktion ein Element nach dem anderen aus dem Heap entfernt und sortiert in die Liste hinten eingefügt. Verwendet man Min-Heaps, so kann man eine Liste absteigend sortieren; verwendet man Max-Heaps, so kann man eine Liste aufsteigend sortieren.

Wenden wir uns zunächst dem Aufbau einer Heapdatenstruktur aus einer gegebenen beliebigen Liste *lst* zu. Man kann die hintere Hälfte der Liste (also *lst*[*len*(*lst*)/2 :]) als eine Sammlung von *len*(*lst*)/2 Heaps betrachten; nun müssen wir „nur" noch über den vorderen Teil der Liste laufen und alle verletzten Heap-Bedingungen wiederherstellen.

Wir programmieren zunächst eine Funktion, die für einen gegebenen Knoten die Heap-bedingung herstellt; anschließend ist der eigentliche Heapsort-Algorithmus in einer ein-fachen Schleife leicht zu programmieren. Für die Herstellung der Heap-Bedingung gehen wir so vor, wie schon in der **while**-Schleife aus Listing 2.9 implementiert: Die Knoten,

die die Heap-Bedingung verletzen, werden solange nach „unten" durchgereicht, bis die
Heap-Bedingung wiederhergestellt ist. Wir könnten eigentlich die **while**-Schleife aus Listing 2.9 übernehmen; der besseren Übersicht halber, verwenden wir aber die in Listing
2.10 vorgestellte rekursiv implementierte Funktion *minHeapify*.

```
1  def minHeapify(heap,i):
2      l = 2*i
3      r = l+1
4      n = len(heap)-1
5      nodes = [(heap[v],v) for v in [i,l,r] if v≤n]
6      nodes.sort()
7      smallestIndex = nodes[0][1]
8      if smallestIndex ≠ i:
9          heap[i],heap[smallestIndex] = heap[smallestIndex],heap[i]
10         minHeapify(heap,smallestIndex)
```

Listing 2.10: *Die Funktion minHeapify, die den Knoten an Index i soweit sinken lässt, bis
die Heap-Bedingung des Heaps „heap" wiederhergestellt ist.*

Die Funktion *minHeapify* stellt die Heap-Bedingung, falls diese verletzt ist, für den
Knoten an Index i des Heaps *heap* wieder her, und zwar dadurch, dass der Knoten
im Heap solange nach „unten" gereicht wird, bis die Heap-Bedingung wieder erfüllt
ist. Die in Zeile 2 und 3 definierten Variablen l und r sind die Indizes der Kinder des
Knotens an Index i. In Zeile 5 wird mittels einer Listenkomprehension eine i. A. dreielementige Liste *nodes* aus den Werten des Knotens an Index i und seiner beiden Kinder
erstellt; um den Knoten mit kleinstem Wert zu bestimmen, wird *nodes* sortiert; danach
befindet sich der *Wert* des kleinsten Knotens in *nodes*[0][0] und der Index des kleinsten
Knotens in *nodes*[0][1]. Falls der Wert des Knotens i der kleinste der drei Werte ist, ist
die Heap-Bedingung erfüllt und die Funktion *minHeapify* kann verlassen werden; falls
andererseits einer der Kinder einen kleineren Wert hat (d. h. falls *smallestIndex* $\neq i$), so
ist die Heap-Bedingung verletzt und der Knoten an Index i wird durch Tauschen mit
dem kleinsten Kind nach „unten" gereicht; anschließend wird rekursiv weiterverfahren.

Aufgabe 2.17

Verwenden Sie die in Listing 2.10 vorgestellte Funktion *minHeapify*, um die in Listing
2.9 programmierte **while**-Schleife zu ersetzen und so eine kompaktere Implementierung der Funktion *extraktHeap* zu erhalten.

Aufgabe 2.18

Beantworten Sie folgende Fragen zu der in Listing 2.10 gezeigten Funktion *minHeapify*:

- In welchen Situationen gilt $len(nodes)==3$, in welchen Situationen gilt $len(nodes)==2$ und in welchen Situationen gilt $len(nodes)==1$?

- Können Sie sich eine Situation vorstellen, in der $len(nodes)==0$ gilt? Erklären Sie genau!

- Die Funktion *minHeapify* ist rekursiv definiert. Wo befindet sich der Rekursionsabbruch? Und: In welcher Hinsicht ist das Argument des rekursiven Aufrufs „kleiner" als das entsprechende Argument in der aufrufenden Funktion.

  Denn, wie in Abschnitt 1.2.1 auf Seite 6 besprochen, müssen die rekursiven Aufrufe „kleinere" (was auch immer „kleiner" im Einzelnen bedeutet) Argumente besitzen als die aufrufende Funktion, um zu vermeiden, dass die Rekursion in einer Endlosschleife endet.

Aufgabe 2.19

Programmieren Sie eine Funktion *maxHeapify*, die als Argumente einen als Liste repräsentierten Heap *heap* und einen Index i bekommt und die Max-Heap-Bedingung des Knotens an Index i (bei Bedarf) wiederherstellt.

Aufgabe 2.20

Eliminieren Sie die Listenkomprehension in Zeile 5 und deren Sortierung in Zeile 6 und verwenden Sie stattdessen **if**-Anweisungen mit entsprechenden Vergleichen um das kleinste der drei untersuchten Elemente zu bestimmen.

Aufgabe 2.21

Programmieren Sie nun eine iterative Variante der Funktion *minHeapify*; Sie können sich dabei an der **while**-Schleife aus Listing 2.9 orientieren.

Mittels *minHeapify* können wir nun einfach eine Funktion schreiben, die einen Heap aus einer gegebenen Liste erzeugt. Listing 2.10 zeigt die entsprechende Python-Implementierung.

```python
1  def buildHeap(lst):  # Es muss lst[0]==None gelten
2      for i in range(len(lst)/2,0,-1):
3          minHeapify(lst,i)
```

Listing 2.11: Konstruktion eines Heaps aus einer gegebenen Liste lst.

Die Funktion *buildHeap* läuft nun über alle Elemente, die keine Blätter sind (also Elemente mit Index zwischen *len(lst)*/2 und einschließlich 1), beginnend mit den „unteren" Knoten. Der Aufruf *range(len(lst)*/2,0, -1) erzeugt hierbei die Liste der zu untersuchenden Knoten in der richtigen Reihenfolge. Der Algorithmus arbeitet sich entsprechend sukzessive nach „oben" vor, bis als letztes die Heap-Bedingung der Wurzel sichergestellt wird. Folgendermaßen könnte die Funktion *buildHeap* verwendet werden:

```
1  >>> l=[None, 86, 13, 23, 96, 6, 37, 29, 56, 80, 5, 92, 52, 32, 21]
2  >>> buildHeap(l)
3  >>> print l
4  [None, 5, 6, 21, 56, 13, 32, 23, 96, 80, 86, 92, 52, 37, 29]
```

Abbildung 2.10 zeigt die Funktionsweise von *buildHeap* bei der Anwendung auf eben diese Beispiel-Liste.

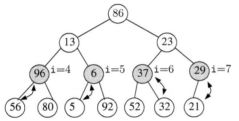

(a) Die Schleifendurchläufe für i = 7, ..., 4.

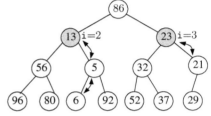

(b) Die Schleifendurchläufe für i = 3 und i = 2.

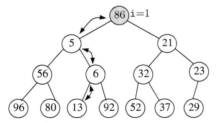

(c) Der Schleifendurchlauf für i = 1.

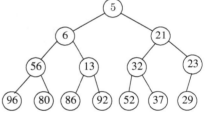

(d) Der durch Anwendung von *buildHeap* entstandene Heap: Alle Heapbedingungen sind erfüllt.

Abb. 2.10: *Funktionsweise von buildHeap bei Anwendung auf die Liste [None, 86, 13, 23, 96, 6, 37, 29, 56, 80, 5, 92, 52, 32, 21]. Die Blatt-Knoten für sich genommen bilden schon Heaps; für diese trivialen Heaps können keine Heap-Bedingungen verletzt sein. Sei h die Höhe des Heaps; da für die Blätter also nichts zu tun ist, beginnt buildHeap damit, über die Knoten der Ebene h − 1 zu laufen und verletzte Heap-Bedingungen wieder herzustellen; dies entspricht, wie in Abbildung 2.10(a) zu sehen, den for-Schleifendurchläufen für i = 7 (also len(lst)/2) bis i = 4 aus Listing 2.11; Abbildung 2.10(b) zeigt den dadurch entstandenen Baum und das Herstellen der Heap-Bedingungen der Knoten in Ebene 1. Abbildung 2.10(c) zeigt den daraus entstandenen Baum und das Herstellen der Heap-Bedingung des Wurzel-Knotens. Abbildung 2.10(d) zeigt den so entstandenen (Min-)Heap.*

Da höchstens $O(n)$ Aufrufe der Funktion *minHeapify* stattfinden, und jeder dieser Aufrufe höchstens $O(\log n)$ Schritte benötigt, gilt: *buildHeap* benötigt $O(n \log n)$ Schritte. Diese Aussage ist zwar korrekt, da die O-Notation immer eine obere Schranke für das Wachstum angibt[2]. Tatsächlich ist es aber so, dass die meisten Aufrufe an *minHeapify* „kleine" Argumente haben; man kann zeigen, dass *buildHeap* für das Aufbauen eines Heaps aus einer n-elementigen Liste tatsächlich nur $O(n)$ Schritte benötigt.

2.5.4 Heapsort

Das Listing 2.12 zeigt die Implementierung eines effizienten Sortieralgorithmus unter Verwendung von Heaps:

```
1  def heapSort( lst ):
2      buildHeap( lst )
3      for i in range( len( lst ) -1,1, -1):
4          lst [1], lst [i] = lst [i], lst [1]
5          minHeapify3( lst,1, i -1)
```

Listing 2.12: Implementierung von Heapsort

Hierbei funktioniert *minHeapify3* eigentlich genauso wie *minHeapify*, außer dass der dritte Parameter zusätzlich angibt, bis zu welchem Index die übergebene Liste als Heap betrachtet werden soll. Das Listing implementiert ein in-place-Sortierverfahren unter Verwendung von Heaps und geht dabei folgendermaßen vor: Zunächst wird aus der übergebenen unsortierten Liste ein Heap generiert. Dann wird, in einer Schleife, immer das kleinste Element vom Heap genommen und an den hinteren Teil von *lst*, in dem die sortierte Liste aufgebaut wird, angehängt.

Oft kann man über die Formulierung von *Schleifeninvarianten* geschickt argumentieren, warum ein bestimmter Algorithmus korrekt ist. Eine Schleifeninvariante ist einfach eine bestimmte Behauptung, die an einer bestimmten Stelle in *jedem* Durchlauf einer Schleife gültig ist. Über automatische Theorembeweiser kann man so sogar die Korrektheit einiger Algorithmen formal beweisen; wir nutzen hier jedoch Schleifeninvarianten nur, um die Korrektheit von Algorithmen informell zu erklären. Im Falle des in Listing 2.12 gezeigten Heapsort-Algorithmus gilt folgende Schleifeninvariante: Zu Beginn *jedes* **for**-Schleifendurchlaufs bildet die Teilliste *lst* $[1 : i+1]$ einen Min-Heap, der die i größten Elemente aus *lst* enthält; die Teilliste *lst* $[i+1 :]$ enthält die $n-i$ kleinsten Elemente in sortierter Reihenfolge. Da dies insbesondere auch für den letzten Schleifendurchlauf gilt, sieht man leicht, dass die Funktion *heapSort* eine sortierte Liste zurücklässt.

---

[2]Oder in anderen Worten: die Aussage $f(n) = O(g(n))$ bedeutet, dass die Funktion $f(n)$ *höchstens so schnell wächst* wie $g(n)$, also evtl. auch langsamer wachsen kann; $g(n)$ kann man aus diesem Grund auch als „oberer Schranke" für das Wachstum von $f(n)$ bezeichnen.

Aufgabe 2.22

Implementieren Sie – indem Sie sich an der Implementierung von *minHeapify* orientieren – die für Heapsort notwendige Funktion *minHeapify3*(i,n), die die übergebene Liste nur bis zu Index n als Heap betrachtet und versucht die Heapbedingung an Knoten i wiederherzustellen.

Aufgabe 2.23

Lassen Sie die Implementierungen von Quicksort und Heapsort um die Wette laufen – wer gewinnt? Versuchen Sie Ihre Beobachtungen zu erklären.

Heaps in Python

Die Standard-Modul *heapq* liefert bereits eine fertige Implementierung von Heaps. Folgende Funktionen sind u. A. implementiert:

- *heapq.heapify*(*lst*): Transformiert die Liste *lst* in-place in einen Min-Heap; entspricht der in Listing 2.11 implementierten Funktion *buildHeap*.

- *heapq.heappop*(*lst*): Enfernt das kleinste Element aus dem Heap *lst*; dies entspricht somit der in Listing 2.9 implementierten Funktion *minExtract*.

- *heapq.heappush*(*lst*,x): Fügt ein neues Element x in den Heap *lst* ein; dies entspricht somit der in Listing 2.8 implementierten Funktion *insert*.

Aufgaben

Aufgabe 2.24

Schreiben Sie eine möglichst performante Python-Funktion
$$smallestn(\,lst\,,n)$$
die die kleinesten n Elemente der Liste n zurückliefert.

Aufgabe 2.25

Schreiben Sie eine Funktion *allInvTupel*, die für eine gegebene Liste von Zahlen $lst = [a_1, a_2, \ldots, a_n]$ alle Paare (x, y) zurückliefert, mit $x \in lst$ und $y \in lst$ und x ist das Einerkomplement von y.

1. Anmerkung: Das Einerkomplement einer Zahl x entsteht dadurch, dass man jedes Bit in der Binärdarstellung invertiert, d. h. eine 0 durch eine 1 und eine 1 durch eine 0 ersetzt.

2. Anmerkung: Verwenden Sie zur Implementierung dieser Funktion die Python-Funktion *sort()*.

3   Suchalgorithmen

Es gibt viele Anwendungen, deren Kern-Anforderung die Realisierung einer schnellen Suche ist. Tatsächlich ist überhaupt einer der wichtigsten Einsatzzwecke eines Computers die Speicherung großer Datenmengen in sog. Datenbanken und das schnelle Wiederfinden (engl: Retrieval) von Informationen in dieser Datenmenge.

Ungeschickt implementierte Suchfunktionen kommen schon bei einigen Gigabyte an Daten an ihre Grenzen und werden bei sehr großen Datenmengen vollkommen nutzlos. Und wir haben es mit zunehmend riesigen Datenmengen zu tun, die noch vor 10 Jahren unvorstellbar waren. Ein Vergleich mit der größten Bibliothek der Welt – der British Library, deren Lesesaal in Abbildung 3.2 zu sehen ist,– kann ein „Gefühl" dafür geben, mit welchen Datenmengen wir es zu tun haben:

Abb. 3.1: Ein Karteikartensystem. Datenbank- und Information-Retrieval-Systeme sind digitale „Nachbauten" solcher (und ähnlicher) Systeme.

Die British Library hat mehr als 150 Mio. Exemplare (also Bücher, Zeitschriften usw.).

Gehen wir von 1500 Byte an Daten pro Buchseite aus, und einer durchschnittlich 300

Abb. 3.2: Der Lesesaal der berühmten „British Library" – der größten Bibliothek der Welt mit einem Bestand von mehr als 150 Mio Exemplaren.

Seiten pro Buch, so überschlagen wir, dass die British Library etwa 75000 Gigabyte oder 75 Terabyte an Daten gespeichert hat. Das Unternehmen Google, dagegen, unterhält weltweit laut groben Schätzungen über eine Million Server auf denen, davon können wir

ausgehen, durchschnittlich mehrere Terabyte an Daten gespeichert sind; wir können also grob schätzen, dass Google deutlich mehr als 1000000 Terabyte, also mehr als 1000
Petabyte an Daten auf den Firmen-internen Servern gespeichert hat, d. h. deutlich über
10000 mal, vielleicht sogar 100000 mal, mehr Daten als sich in der gesamten British Library befinden; Abbildung 3.3 deutet einen graphischen Vergleich dieser Datenmengen
an. Ferner geht eine Studie von Cisco davon aus, dass in 2 bis 3 Jahren *täglich* mehr

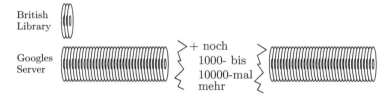

Abb. 3.3: *Große Datenmengen im Vergleich.*

als 2000 Petabyte an Daten übers Internet verschickt werden.

Das Durchsuchen einer einfachen Liste der Länge n benötigt $O(n)$ Schritte. Sind über
die Liste keine besonderen Eigenschaften bekannt, kommt man nicht umhin, die ganze
Liste einfach linear von „vorne" bis „hinten" zu durchsuchen. Hat man es mit einer
großen Datenmenge zu tun – etwa mit einer Größe von mehreren Giga-, Tera- oder
Petabyte – so ist ein Algorithmus mit Suchdauer von $O(n)$ vollkommen nutzlos.

Aufgabe 3.1

Angenommen, ein (nehmen wir sehr recht schneller) Rechner kann ein Byte an Daten
in 50 ns durchsuchen. Wie lange braucht der Rechner, um eine Datenbank einer Größe
von 100 GB / 100 TB / 100 PB zu durchsuchen, wenn der Suchalgorithmus

(a) ... eine Laufzeit von $O(n)$ hat?

(b) ... eine Laufzeit von $O(\log(n))$ hat – nehmen Sie an, die Laufzeit wäre proportional zu $\log_2 n$ (was durchaus sinnvoll ist, denn meistens werden bei solchen
Suchen binäre Suchbäume verwendet)?

In diesem Kapitel lernen wir die folgenden Suchtechniken kennen:

1. Suchen mittels binären Suchbäumen. Mittlere Suchlaufzeit (vorausgesetzt die Bäume sind balanciert) ist hier $O(\log n)$.
2. Suchen mittels speziellen balancierten binären Suchbäumen: den AVL-Bäumen
   und den rot-schwarz-Bäumen. Worst-Case-Suchlaufzeit ist hier $O(\log n)$.
3. Suchen mittels Hashing. Die Suchlaufzeit ist hier (unter gewissen Voraussetzungen) sogar $O(1)$.
4. Unterstützung von Suchen mittels eines Bloomfilters, einer sehr performanten
   randomisierten Datenstruktur die allerdings falsche (genauer: falsch-positive) Antworten geben kann.

5. Suchen mittels Skip-Listen. Eine Skip-Liste ist eine randomisierte Datenstruktur, deren Struktur (auf den ersten Blick) einer verketteten Liste gleicht. Die Suchlaufzeit ist hier allerdings $O(\log n)$.
6. Suchen mittels Tries und Patricia. Diese Datenstrukturen sind besonders für textbasierte Suchen geeignet und in vielen Suchmaschinen verwendet. Die Suchlaufzeit ist hier nicht abhängig von der Anzahl der enthaltenen Datensätze sondern alleine von der Länge des zu suchenden Wortes und beträgt $O(\text{Wortlänge})$.

3.1 Binäre Suchbäume

Binäre Suchbäume stellen die wohl offensichtlichste, zumindest am längsten bekannte Art und Weise dar, Schlüssel-Wert-Paare so zu ordnen, dass eine schnelle Suche nach Schlüsselwerten möglich ist. Binäre Suchbäume wurden Ende der 50er Jahre parallel von mehreren Personen gleichzeitig entdeckt und verwendet.

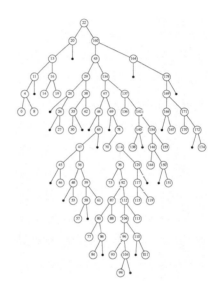

Die Performanz der Suche kann jedoch beeinträchtigt sein, wenn der binäre Suchbaum zu unbalanciert ist, d. h. wenn sich die Höhe des linken Teilbaums zu sehr von der Höhe des rechten Teilbaums unterscheidet – der Knoten mit der Markierung „44" in dem rechts dargestellten binären Suchbaum ist etwa recht unbalanciert: Die Höhe des linken Teilbaums ist 0; die Höhe des rechten Teilbaums ist dagegen 6.

Ein binärer Suchbaum ist ein Baum, dessen Knoten Informationen enthalten. Jeder Knoten erhält einen eindeutigen Wert, auch *Schlüssel* genannt, über den man die enthaltenen Daten wiederfinden kann. Wir nehmen also an, dass in einem Suchbaum jedem Knoten v ein bestimmter Schlüsselwert $v.key$ zugeordnet ist. Ein *binärer Suchbaum* ist ein Suchbaum mit folgenden beiden Eigenschaften:

1. Jeder Knoten hat höchstens zwei Kinder.
2. Für jeden inneren Knoten v, d. h. Knoten mit Kindern, gilt: für *jeden* Knoten l des linken Teilbaums ist $l.key \leq v.key$ und für *jeden* Knoten r des rechten Teilbaums ist $r.key \geq v.key$.

Abbildung 3.4 zeigt ein Beispiel eines binären Suchbaums.

Ein binärer Suchbaum wird oft verwendet, um (den abstrakten Datentyp des) *Dictionaries* zu implementieren. Ein Dictionary enthält eine Sammlung von Schlüssel-Wert-Paaren und unterstützt effizient eine Suchoperation nach Schlüsseln, eine Einfügeoperation und eine Löschoperation. Pythons Dictionaries sind jedoch nicht über Suchbäume,

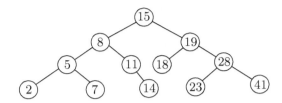

Abb. 3.4: *Beispiel eines binären Suchbaums. Man sieht, dass alle Schlüssel im linken Teilbaum eines jeden Knotens immer kleiner, und alle Werte im rechten Teilbaum eines jeden Knotens immer größer sind als der Wert des jeweiligen Knotens.*

sondern über Hash-Tabellen realisiert.

3.1.1 Repräsentation eines binären Suchbaums

Es gibt mehrere Möglichkeiten, Bäume, insbesondere binäre Bäume, in Python zu repräsentieren. Am einfachsten ist die Verwendung von geschachtelten Listen bzw. geschachtelten Tupeln oder geschachtelten Dictionaries – siehe auch Abschnitt 1.4 für weitere Details hierzu. So könnte beispielsweise das folgende geschachtelte Tupel den Binärbaum aus Abbildung 3.4 repräsentieren:

$$tSkript2 = (15, (8, \quad (5, 2, 7), \quad (11, (), 14) \ \backslash$$
$$(19, \quad (18,(),()), \quad (28, 23, 41))$$

Dies ist eine einfache und übersichtliche Darstellung, die wir auch tatsächlich an anderer Stelle bei der Repräsentation von Binomial-Heaps so verwenden (siehe Abschnitt 4.2) die jedoch zwei entscheidende Nachteile hat, die in diesem Falle relativ schwer wiegen: Zum Einen ist sie wenig typsicher und bringt entsprechend viele Freiheitsgrade mit sich: Ob man beispielsweise ein Blatt als (18,(),()) , als (18,*None*,*None*) oder einfach als 18 repräsentiert, ist nicht direkt festgelegt. Zum Anderen ist sie schlecht erweiterbar: Möchte man etwa bestimmte Eigenschaften (wie etwa die Höhe oder die Farbe) eines Knoten mitverwalten, so läuft man hier Gefahr den gesamten Code ändern zu müssen.

Man kann die Repräsentation von Binärbäumen typsicherer gestalten, indem man eine eigens definierte Klasse verwendet. Wir nennen diese *BTree*; die Definition der Klasse zusammen mit der zugehörigen Konstruktorfunktion _*init*_ ist in Listing 3.1 gezeigt.

```
1  class BTree(object):
2      def __init__ ( self,  key,  ltree=None, rtree=None, val=None):
3          self. ltree = ltree
4          self. rtree = rtree
5          self. key = key
6          self. val = val
```

Listing 3.1: *Ein Ausschnitt der Definition der Klasse BTree*

Hierbei sind die Parameter *ltree*, *rtree* und *val* der Funktion $\_\_init\_\_$ sog. *benannte Parameter* (siehe Anhang A.3.4).

Ein einfacher Binärbaum, bestehend aus nur einem Knoten mit Schlüsselwert 15, kann folgendermaßen erzeugt werden:

$$b = BTree(15)$$

Die benannten Parameter werden nicht spezifiziert und erhalten daher ihren Default-Wert „*None*".

Der in Abbildung 3.4 dargestellte binäre Suchbaum könnte in Python durch folgenden Wert repräsentiert werden.

$$binTree = BTree(15, BTree(8, BTree(5, BTree(2), BTree(7)),$$
$$BTree(11, None, BTree(14))),$$
$$BTree(19, BTree(18),$$
$$BTree(28, BTree(23), BTree(41))))$$

Der Einfachheit halber wurden den einzelnen Knoten nur Schlüsselwerte (das *key*-Attribut) gegeben, jedoch keine eigentlichen Daten (das *val*-Attribut).

Man sollte Zugriffs- und Updatefunktionen für die Klasse *BTree* hinzufügen, indem man entsprechende Instanzen der Klassenfunktionen $\_\_getitem\_\_$ und $\_\_setitem\_\_$ implementiert; zusätzlich könnte auch eine Instanz der Klassenfunktion $\_\_str\_\_$ nützlich sein, die eine gut lesbare Form eines *BTree*s als String zurückliefert. Diese Implementierungsarbeit überlassen wir dem Leser.

Aufgabe 3.2

Implementieren Sie eine Instanz der Klassenfunktion $\_\_str\_\_$, die *BTree*s in einer gut lesbaren Form ausgeben kann.

Aufgabe 3.3

Implementieren Sie als Klassenfunktion von *BTree* eine Funktion *height*, die die Höhe des jeweiligen Binärbaums zurückliefert.

Aufgabe 3.4

Instanziieren Sie die Klassenfunktion $\_\_len\_\_$ für die Klasse *BTree*, die die Anzahl der Knoten des jeweiligen *BTree*s zurückliefern soll.

3.1.2 Suchen, Einfügen, Löschen

Suchen. Am einfachsten kann die Suche implementiert werden. Angenommen der Schlüssel *key* soll gesucht werden, so wird zunächst der Schlüssel $r.key$ des Wurzelknotes r mit *key* verglichen. Falls *key* mit dem Schlüssel des Wurzelknotens übereinstimmt, wird der im Wurzelknoten gespeicherte Wert $r.val$ zurückgegeben. Ist $key < r.key$, so muss sich aufgrund der Eigenschaften eines binären Suchbaums der Schlüsselwert im linken Teilbaum befinden, es wird also rekursiv im linken Teilbaum weitergesucht; ist $key > r.key$, wird rekursiv im rechten Teilbaum weitergesucht. Listing 3.2 zeigt eine Implementierung als Methode $search$ der Klasse $BTree$.

```
1  class BTree(object):
2    ...
3    def search( self, key):
4      if key==self.key:
5        return self      # Rek.Abbr.: s gefunden.
6      elif key < self.key:
7        if self. ltree ==None:
8          return None # Rek.Abbr.: s nicht gefunden.
9        else:
10         return self. ltree .search(key)  # Rekursiver Aufruf
11     elif key > self.key:
12       if self. rtree ==None:
13         return None # Rek.Abbr.: s nicht gefunden.
14       else:
15         return self. rtree .search(key)  # Rekursiver Aufruf
```

Listing 3.2: *Implementierung der Suche im Binärbaum durch die Klassenfunktion BTree.search(key);*

In Zeile 4 wird getestet, ob der Schlüssel der Wurzel des aktuellen Binärbaums gleich dem zu suchenden Schlüssel ist; dann wird der Wert des Knotens $self.val$ zurückgeliefert. Falls der Schlüssel kleiner als der Schlüssel des aktuellen Knotens ist (Zeile 6), wird rekursiv im linken Teilbaum $self.ltree$ weitergesucht. Falls der Suchschlüssel größer ist (Zeile 11), wird rekursiv im rechten Teilbaum $self.rtree$ weitergesucht. Falls es keinen linken bzw. rechten Teilbaum mehr gibt, so wurde der Schlüssel nicht gefunden und es wird $None$ zurückgeliefert (Zeile 8 und Zeile 12).

Aufgabe 3.5

Schreiben Sie die Funktion $search$ iterativ.

Aufgabe 3.6

Schreiben Sie eine Methode $BinTree.minEl()$ und eine Methode $BinTree.maxEl()$, die effizient das maximale und das minimale Element in einem binären Suchbaum findet.

Einfügen. Soll der Schlüssel key in einen bestehenden Binärbaum eingefügt werden, so wird der Baum von der Wurzel aus rekursiv durchlaufen – ähnlich wie bei der in Listing 3.2 gezeigten Suche. Sobald dieser Durchlauf bei einem Blatt v angekommen ist, wird ein neuer Knoten an dieses Blatt angehängt; entweder als linkes Blatt, falls $v.key > key$, oder andernfalls als rechtes Blatt. Listing 3.3 zeigt die Implementierung als Methode $insert(key, val)$ der Klasse $BTree$.

```
1  class BTree(object):
2     ...
3     def insert( self, key, val ):
4        if key < self.key:
5           if self. ltree  == None:
6              self. ltree  = BTree(key,None,None,val)  # Rek.Abbr: key wird eingefügt
7           else: self. ltree . insert(key, val)
8        elif key > self.key:
9           if self. rtree  == None:
10             self. rtree  = BTree(key,None,None,val)  # Rek.Abbr: key wird eingefügt
11          else: self. rtree . insert(key, val)
```

Listing 3.3: *Implementierung der Einfüge-Operation im Binärbaum durch die Methode insert (key, val).*

Falls der einzufügende Schlüssel *key* kleiner ist, als der Schlüssel an der Wurzel des Baumes *self.key*, und noch kein Blatt erreicht wurde, wird im linken Teilbaum *self. ltree* durch einen rekursiven Aufruf (Zeile 7) weiter nach der Stelle gesucht, an die der einzufügende Schlüssel passt. Falls der einzufügende Schlüssel *key* größer ist, als der Schlüssel an der Wurzel des Baumes und noch kein Blatt erreicht wurde, so wird im rechten Teilbaum (Zeile 11) weiter nach der passenden Einfügestelle gesucht. Falls die Suche an einem Blatt angelangt ist (falls also gilt *self. ltree* ==*None* bzw. *self. rtree*==*None*), so wird der Schlüssel *key* als neues Blatt eingefügt – zusammen mit den zugehörigen Informationen *val*, die unter diesem Schlüssel abgelegt werden sollen. Dies geschieht in Listing 3.3 in den Zeilen 6 und 10.

Aufgabe 3.7

(a) In den in Abbildung 3.4 dargestellten binären Suchbaum soll der Schlüssel 22 eingefügt werden. Spielen Sie den in Listing 3.3 gezeigten Algorithmus durch; markieren Sie diejenigen Knoten, mit denen der Schlüsselwert 22 verglichen wurde und stellen Sie dar, wo genau der Schlüsselwert 22 eingefügt wird.

(b) Fügen Sie in den in Abbildung 3.4 dargestellten binären Suchbaum nacheinander die Werte 4 − 13 − 12 − 29 ein. Spielt die Einfügereihenfolge eine Rolle?

(c) Fügen Sie in den in Abbildung 3.4 dargestellten binären Suchbaum nacheinander derart 8 Werte so ein, so dass der Baum danach eine Höhe von 10 hat.

Aufgabe 3.8

Der in Listing 3.2 gezeigte Algorithmus zum Einfügen in einen Binärbaum berücksichtigt nicht den Fall, dass der einzufügende Schlüssel x bereits im Baum vorhanden ist.
Erweitern Sie die Methode *insert* so, dass dieser Fall sinnvoll angefangen wird.

Aufgabe 3.9

Schreiben Sie die Methode *insert* iterativ.

Löschen. Welches Verfahren zum Löschen eines Knotens v in einem binären Suchbaum angewendet wird, hängt davon ab, ob der zu löschende Knoten ein Blatt ist, *ein* Kind besitzt oder *zwei* Kinder besitzt:

- Handelt es sich bei dem zu löschenden Knoten um ein Blatt, so wird dieses einfach gelöscht.

- Hat der zu löschende Knoten ein Kind, so wird einfach dieses Kind an die Stelle des zu löschenden Knotens gesetzt.

- Hat der zu löschende Knoten zwei Kinder – dies ist der schwierigste Fall – so geht man wie folgt vor: Man ersetzt den zu löschenden Knoten mit dem minimalen Knoten des rechten Teilbaums. Dieser minimale Knoten des rechten Teilbaums hat höchstens ein (rechtes) Kind und kann somit einfach verschoben werden – analog wie beim Löschen eines Knotens mit nur einem Kind.

In Abbildung 3.5 ist der Löschvorgang für die beiden Fälle, in denen der zu löschende Knoten Kinder hat, graphisch veranschaulicht.

Es gibt hier, wie in vielen anderen Fällen auch, grundsätzlich zwei Möglichkeiten, das Löschen zu implementieren: nicht-destruktiv oder destruktiv. Bei einer nicht-destruktiven Implementierung bleibt der „alte" binäre Suchbaum unangetastet. Stattdessen wird als Rückgabewert ein „neuer" binärer Suchbaum konstruiert (der durchaus Teile des „alten" Suchbaums enthalten kann), der das zu löschende Element nicht mehr enthält. Eine Funktion, die nicht-destruktive Updates verwendet entspricht also am ehesten einer mathematischen Funktion: Sie bekommt einen Eingabewert (hier: einen zu modifizierenden Binärbaum) und produziert einen Ausgabewert (hier: einen Binärbaum, aus dem das gewünschte Element gelöscht wurde). Nicht-destruktive Implementierungen sind häufig anschaulich und kompakt; ein Nachteil ist jedoch der höhere Speicherplatzverbrauch. Ein guter Compiler und ein raffiniertes Speichermanagement kann diesen jedoch in Grenzen halten. Listing 3.4 zeigt die Implementierung als Methode der Klasse *BTree*.

```
1  class BTree(object):
2      ...
3      def deleteND(self, key):
4          if self.key==key:
5              if self.ltree==self.rtree==None: return None   # 0 Kinder
6              elif self.ltree==None: return self.rtree          # 1 Kind
7              elif self.rtree==None: return self.ltree
```

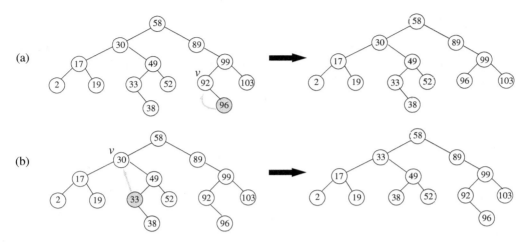

Abb. 3.5: *Löschen eines Knotens in einem binären Suchbaum. Abbildung (a) zeigt das Löschen eines Knotens v = 92, der nur ein Kind besitzt. Hier wird einfach das Kind von v (nämlich der Knoten mit dem Schlüssel 96) an dessen Stelle gesetzt. Abbildung (b) zeigt das Löschen des Knotens v = 30, der zwei Nachfolger besitzt. Hier wird der minimale Knoten des rechten Teilbaums von v – das ist in diesem Fall der Knoten mit dem Schlüssel 33 – an die Stelle von v gesetzt. Man sieht, dass der minimale Knoten selbst noch ein Kind hat; dieser wird, wie in Fall (a) beschrieben, an dessen Stelle gesetzt.*

```
8      else:                                          # 2 Kinder
9          z=self.rtree.minEl()
10         return BTree(z.key,self.ltree, self.rtree.deleteND(z.key), z.val)
11     else:
12         if key<self.key:
13             return BTree(self.key, self.ltree.deleteND(key), self.rtree, self.val)
14         elif key>self.key:
15             return BTree(self.key, self.ltree, self.rtree.deleteND(key), self.val)
```

Listing 3.4: *Implementierung der Lösch-Operation im Binärbaum durch die Klassenfunktion BTree.deleteND(key).*

Entspricht der Schlüssel $self.key$ des aktuellen Knotens nicht dem zu löschenden Schlüssel key, so wird weiter nach dem zu löschenden Knoten gesucht – entweder im linken Teilbaum (Zeile 13) oder im rechten Teilbaum (Zeile 15). Falls jedoch der Schlüssel des aktuellen Knotens dem zu löschenden Schlüssel entspricht, so wird dieser Knoten gelöscht (Zeile 4–10). Ist der Knoten ein Blatt, so wird er einfach gelöscht (Zeile 5). Besitzt er ein Kind, so wird dieses Kind, also $self.ltree$ bzw. $self.rtree$, an dessen Stelle gesetzt (Zeile 6 und 7). In Zeile 9 und 10 befindet sich der Code, um einen Knoten mit zwei Kindern zu löschen: Das minimale Element des rechten Teilbaums (hier: $self.rtree.minEl()$; siehe Aufgabe 3.6) wird an die Stelle des aktuellen Knotens gesetzt. Zusätzlich wird dieser minimale Knoten durch einen rekursiven Aufruf ($self.rtree.deleteND(z.key)$) von seiner ursprünglichen Position gelöscht.

Aufgabe 3.10

Man kann ein destruktives Löschen unter Anderem unter Verwendung einer „Rückwärtsverzeigerung" implementieren, d. h. unter Verwendung einer Möglichkeit, den Vaterknoten eines Knotens v anzusprechen.

Implementieren Sie diese Möglichkeit, indem Sie die Klasse *BTree* um ein Attribut *parent* erweitern. Man beachte, dass dies weitere Änderungen nach sich zieht: Die Methode *insert* muss etwa angepasst werden.

Aufgabe 3.11

Implementieren Sie eine Methode *BTree.delete(v)*, die auf destruktive Art und Weise einen Knoten mit Schlüsselwert v aus einem binären Suchbaum löscht.

Aufgabe 3.12

Implementieren Sie eine Methode *insertND(v)* der Klasse *BinTree*, die nicht-destruktiv einen Knoten in einen binären Suchbaum einfügt; ein Aufruf *bt.insertND(v)* sollte *bt* nicht verändern, sondern einen neuen binären Suchbaum zurückliefern, der *bt* mit eingefügtem *v* entspricht.

3.1.3   Laufzeit

Die Suche braucht $O(h)$ Schritte, wobei h die Höhe[1] des binären Suchbaums ist, denn es wird mindestens ein Vergleich für jede Stufe des Baumes benötigt. Gleiches gilt für das Finden des maximalen bzw. minimalen Elements.

Was ist die Höhe eines binären Suchbaums? Das lässt sich nicht pauschal beantworten, denn die Höhe hängt von der Reihenfolge ab, in der Schlüssel in einen Baum eingefügt werden. Man kann zeigen, dass bei einer zufällig gewählten Einfügereihenfolge von n Zahlen im Durchschnitt ein binärer Suchbaum mit einer Höhe von $c \cdot \log_2 n$ entsteht, d. h. im Durchschnitt ist die Höhe eines binären Suchbaums, dessen Einfüge- und Löschoperationen wie oben beschrieben implementiert sind, in $O(\log n)$.

Bei einer ungünstigen Einfügereihenfolge ist es aber möglich, dass ein binärer Suchbaum der Höhe n entsteht, mit einer Struktur wie etwa in Abbildung 3.6 gezeigt.

Abb. 3.6: Ein „entarteter" (extrem unbalancierter) binärer Suchbaum, wie er durch ungeschicktes Einfügen entstehen kann.

---

[1]Die Höhe eines Baumes ist die Anzahl von Kanten von der Wurzel bis zu dem „tiefsten" Blatt; siehe Anhang B.4.1 für mehr Details.

Aufgabe 3.13

Gegeben seien die Schlüssel $51, 86, 19, 57, 5, 93, 8, 9, 29, 77$.

(a) Welche Höhe hat der Baum, wenn die Schlüssel in der oben angegebenen Reihenfolge in einen anfänglich leeren Baum eingefügt werden?

(b) Finden Sie eine Einfügereihenfolge, bei der ein Baum der Höhe 9 entsteht.

(c) Finden Sie eine Einfügereihenfolge, bei der ein Baum minimaler Höhe entsteht.

In den folgenden beiden Abschnitten werden Techniken vorgestellt, wie man binäre Suchbäume möglichst balanciert halten kann.

3.2 AVL-Bäume

AVL-Bäume sind balancierte binäre Suchbäume. Sie sind benannt nach den Erfindern, Georgi Adelson-Velski und Jewgeni Landis, zwei russischen Mathematikern und Informatikern, die 1962 erstmals beschrieben, wie binäre Suchbäume mittels sog. „Rotationen" balanciert gehalten werden können.

Ein AVL-Baum ist ein binärer Suchbaum, für den gilt, dass sich die Höhe des linken Teilbaums und die Höhe des rechten Teilbaums eines jeden Knotens um höchstens einen Betrag von 1 unterscheiden darf. Wir gehen hier von der im letzten Abschnitt beschriebenen Implementierung eines binären Suchbaums aus und definieren zusätzlich für jeden Knoten v ein Attribut $v.\mathit{height}$, das die Höhe des Knotens speichert, und ein Attribut $v.\mathit{balance}$, das den Balance-Wert des Knotens speichert.

Seien *lheight* die Höhe des linken Teilbaums und *rheight* die Höhe des rechten Teilbaums eines Knoten v, dann sind die beiden Attribute $v.\mathit{height}$ und $v.\mathit{balance}$ wie folgt definiert:

$$v.\mathit{height} = 1 + \mathit{max}(\mathit{rheight},\ \mathit{lheight}) \qquad (3.1)$$

$$v.\mathit{balance} = -\mathit{lheight} + \mathit{rheight} \qquad (3.2)$$

Die Tatsache, dass ein AVL-Baum balanciert ist, bedeutet, dass für jeden Knoten v eines AVL-Baums

$$v.\mathit{balance} \in \{-1, 0, 1\}$$

gelten muss.

Listing 3.5 zeigt die Implementierung der $\_\_init\_\_$ -Methode der Klasse *AVLTree*, die von der im letzten Abschnitt vorgestellten Klasse *BTree* erbt. Diese $\_\_init\_\_$ -Funktion führt dieselben Kommandos aus, wie die $\_\_init\_\_$ -Funktion der Elternklasse *BTree* – dies wird durch den entsprechenden Aufruf in Zeile 4 sichergestellt. Zusätzlich werden die Höhen- und Balance-Werte des Knotens berechnet – dies geschieht durch den Aufruf der Funktion *_calcHeight* in Zeile 5.

```
1  class AVLTree(BTree):
2
3     def __init__ ( self , key,  ltree =None, rtree=None, val=None):
4        BTree. __init__ ( self , key,  ltree ,  rtree ,  val)
5        self . _calcHeight ()
6
7     def _calcHeight( self ):
8        rheight  =  -1 if not self . rtree else self . rtree . height
9        lheight  =  -1 if not self . ltree else self . ltree . height
10       self . height  =  1  + max( rheight , lheight )
11       self . balance  =  -lheight + rheight
```

Listing 3.5: *Implementierung der Klasse AVLTree, die von BTree – der Klasse, die unbalancierte binäre Suchbäume implementiert, – erbt.*

Die Funktion *_calcHeight* berechnet die Höhe und den Balance-Wert gemäß der in den Gleichungen (3.1) und (3.2) dargestellten Beziehungen. Das '_'-Zeichen, mit dem der Methodenname beginnt, deutet an, dass es sich hier um eine interne Methode handelt, die zwar von anderen Methoden verwendet wird, jedoch üblicherweise nicht von einem Benutzer der Klasse.

3.2.1   Einfügeoperation

Sowohl beim Einfügen als auch beim Löschen kann die Balance eines Knoten bzw. mehrerer Knoten auf dem Pfad von der Einfüge- bzw. Löschposition bis zurück zur Wurzel zerstört sein. Abbildung 3.7 veranschaulicht, welche Knoten re-balanciert werden müssen.

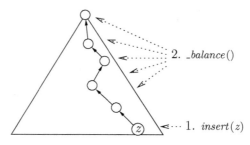

Abb. 3.7: *Nach einer Einfügeoperation müssen die Knoten auf dem Pfad von der Einfügeposition bis hin zur Wurzel rebalanciert werden.*

Wir gehen von einer – wie im letzten Abschnitt in Listing 3.3 beschriebenen – *insert*-Funktion aus. Stellen wir sicher, dass vor jedem Verlassen der *insert*-Funktion die Funktion *_balance()* aufgerufen wird, so erfolgt die Balancierung während des rekursiven Aufstiegs; dies entspricht genau der Rebalancierung der Knoten von der Einfügeposition bis hin zur Wurzel wie in Abbildung 3.7 gezeigt.

Das folgende Listing 3.6 zeigt die Implementierung:

```
1   def insert( self, x, val=None):
2     if x < self.key:
3       if self.ltree == None:
4         self.ltree = AVLTree(x,None,None,val)
5       else:
6         self.ltree.insert(x, val)
7     elif x > self.key:
8       if self.rtree == None:
9         self.rtree = AVLTree(x,None,None,val)
10      else:
11        self.rtree.insert(x, val)
12    self._calcHeight()
13    self._balance()
```

Listing 3.6: Implementierung der Einfügeoperation bei AVL-Bäumen.

Beim rekursiven Aufstieg wird zunächst Höhe und Balance-Wert neu berechnet (Zeile 12) und dann (falls notwendig) rebalanciert (Zeile 13).

Aufgabe 3.14

Implementieren Sie nach ähnlichem Prinzip eine balancierende Löschfunktion

3.2.2   Grundlegende Balancierungsoperationen: Rotationen

Die Balancierungsoperationen werden *Rotationen*[2] genannt. Man unterscheidet zwischen Einfachrotationen und Doppelrotatonen, die prinzipiell die Hintereinanderausführung zweier Einfachrotationen darstellen.

Man beachte, dass ein Knoten a immer genau dann rebalanciert wird, wenn sich die Höhe des rechten und die Höhe des linken Teilbaums um einen Betrag von genau 2 unterscheiden, d. h. wenn $a.balance \in \{-2, 2\}$. Der Grund dafür, dass der Betrag des Balance-Werts immer genau 2 beträgt, ist, dass wir sicherstellen, dass immer sofort nach dem Einfügen *eines* Knotens bzw. dem Löschen *eines* Knotens rebalanciert wird.

---

[2]Das Wort „Rotation" wird in diesem Zusammenhang wohl eher deshalb verwendet, weil die Verwendung dieses Begriffs in der wissenschaftlichen Literatur zur Gewohnheit wurde und weniger weil es offensichtliche Analogien zu der Drehbewegung einer Rotation gibt.

Abbildung 3.8 zeigt die vier verschiedenen Arten von Rotationen: Zwei symmetrische Fälle der Einfachrotationen in Abbildungen 3.8(a) (für den Fall $a.\,balance = 2$) und 3.8(b) (für den Fall $a.\,balance = -2$) und die zwei symmetrischen Fälle der Doppelrotationen in Abbildungen 3.8(c) (für und Fall $a.\,balance = 2$) und 3.8(d) (für den Fall $a.\,balance = -2$).

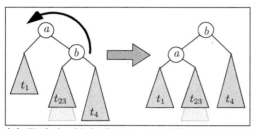
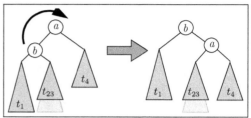

(a) Einfache Links-Rotation: $a.\,balance = 2$ und innerer Enkel nicht höher.   **(b)** Einfache Rechts-Rotation: $a.\,balance = -2$ und innerer Enkel nicht höher.

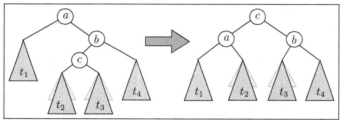

(c) Doppel-Links-Rotation: $a.\,balance = 2$ und innerer Enkel höher.

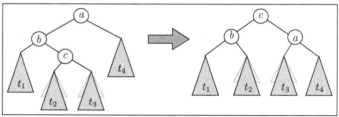

(d) Doppel-Rechts-Rotation: $a.\,balance = -2$ und innerer Enkel höher.

Abb. 3.8: *Die vier verschiedenen Rotationen: Zwei Einfach- und zwei Doppelrotationen.*

Die Einfachrotationen (Abbildungen 3.8(a) und 3.8(b)) können immer dann angewendet werden, wenn der innere, im höheren Teilbaum befindliche, Enkel von a nicht höher ist als der äußere Enkel. Doppelrotationen (Abbildungen 3.8(c) und 3.8(d)), die im Prinzip eine Hinteranderausführung von zwei Einfachrotationen darstellen, müssen entsprechend bei einer Rebalancierung angewendet werden, wenn der innere im höheren Teilbaum befindliche Enkel von a höher ist als der äußere Enkel. Die eben beschriebenen Kriterien, wann welche Rotation anzuwenden ist, sind in der in Listing 3.7 gezeigten Methode _balance() implementiert.

```
1  def _balance( self ):
2    if self.balance == 2:  # rechts höher
3      t23 = self.rtree.ltree ; t4 = self.rtree.rtree
4      if not t23: self._simpleLeft()
5      elif t4 and t23.height ≤ t4.height: self._simpleLeft()
6      else: self._doubleLeft()
7    if self.balance == -2:  # links höher
8      t23 = self.ltree.rtree ; t1 = self.ltree.ltree
9      if not t23: self._simpleRight()
10     elif t1 and t23.height ≤ t1.height: self._simpleRight()
11     else: self._doubleRight()
```

Listing 3.7: *Die Methode _balance() entscheidet, ob überhaupt balanciert werden muss und wenn ja, welche der vier Rotationen angewendet werden soll.*

Wir beschreiben im Folgenden exemplarisch zwei der vier verschiedenen Rotationen im Detail:

Einfache Linksrotation (Abbildung 3.8(a)): Hier ist der innere im höheren Teilbaum befindliche Enkel t_{23} von a nicht höher als der äußere Enkel t_4. Der schwach gezeichnete Teil der Abbildung deutet an, dass der innere Enkel auch gleich hoch sein kann als der äußere Enkel. Die Rotation „hebt" nun a s rechtes Kind b samt dessen rechten Teilbaum t_4 um eine Ebene nach oben, indem b zur neuen Wurzel gemacht wird. Entscheidend ist hier, dass t_4 – der Teilbaum, durch den der Höhenunterschied von 2 entsteht – nach der Rotation eine Ebene höher aufgehängt ist als vor der Rotation. Der Knoten a wird zum linken Kind von b (da $a<b$ bleibt die Eigenschaft eines Suchbaums erhalten) und a behält seinen linken Teilbaum t_1; dadurch sinkt das Höhenniveau von t_1 durch die Rotation. Das ist jedoch unkritisch, da die Höhe von t_1 um 2 geringer war als die Höhe von t_2. Der Teilbaum t_{23} wird zum rechten Teilbaum von a. Da alle Schlüsselwerte in t_{23} kleiner als $a.key$ und größer als $b.key$ sind, bleibt auch hier die Eigenschaft des binären Suchbaums erhalten. Folgendes Listing zeigt eine entsprechende Implementierung in Form einer Methode _simpleLeft() der Klasse *AVLTree*:

```
1  def _simpleLeft( self ):
2    a = self ; b = self.rtree
3    t1  = a.ltree
4    t23 = b.ltree
5    t4  = b.rtree
6    newL = AVLTree(a.key, t1, t23, a.val)
7    self.key = b.key ; self.ltree = newL ; self.rtree = t4 ; self.val = b.val
```

Doppelte Linksrotation (Abbildung 3.8(c)): Hier ist der innere im höheren Teilbaum befindliche Enkel (der seinerseits aus t_2 und t_3 besteht) von a höher als der äußere Enkel t_4. Der schwach gezeichnete Teil der Abbildung deutet an, dass einer der beiden Teilbäume des Enkels auch um eins niedriger sein kann als der andere Teilbaum. Hier wird zunächst eine Rechtsrotation des Teilbaums mit Wurzel b ausgeführt; dies bringt zwar noch nicht den gewünschten Höhenausgleich, jedoch wird so die Voraussetzung für die Ausführung einer Einfachrotation hergestellt: der innere Enkel ist nicht mehr höher als der äußere Enkel. Eine anschließende Linksrotation führt dann zum Erfolg. Folgendes Listing zeigt eine entsprechende Implementierung in Form einer Methode _doubleLeft() der Klasse AVLTree:

```
1   def _doubleLeft( self ):
2       a = self ; b = self. rtree ; c = self. rtree . ltree
3       t1 = a. ltree
4       t2 = c. ltree
5       t3 = c. rtree
6       t4 = b. rtree
7       newL = AVLTree(a.key, t1, t2, a.val)
8       newR = AVLTree(b.key, t3, t4, b.val)
9       self. key = c.key ; self. ltree = newL ; self. rtree = newR ; self. val = c.val
```

Aufgabe 3.15

Implementieren Sie ...

(a) ... eine Methode _simpleRight der Klasse AVLTree, die eine einfache Rechtsrotation realisiert.

(b) ... eine Methode _doubleRight der Klasse AVLTree, die eine Doppel-Rechts-Rotation realisiert.

Aufgabe 3.16

Um wie viel kann sich die Länge des längsten Pfades mit der Länge des kürzesten Pfades (von der Wurzel zu einem Blatt) eines AVL-Baums höchstens unterscheiden?

3.3   Rot-Schwarz-Bäume

Ein Rot-Schwarz-Baum, ist ein balancierter binärer Suchbaum; jeder Knoten in einem Rot-Schwarz-Baum enthält eine zusätzliche Information, die angibt, ob der Knoten rot oder schwarz ist. Rot-Schwarz-Bäume generieren im Vergleich zu AVL-Bäumen einen etwas geringeren Balancierungsaufwand, neigen auf der anderen Seite jedoch dazu, etwas größere Pfadlängendifferenzen aufzuweisen als AVL-Bäume.

Man kann einen Rot-Schwarz-Baum ganz ähnlich implementieren, wie einen gewöhnlichen binären Suchbaum, nur dass zusätzlich ein Attribut $self.c$ mitgeführt wird, das die Farbe des jeweiligen Knotens speichert.

```
1  RED,BLACK = 0,1
2  class RBTree(object):
3      def __init__ ( self,  color,  key,  ltree=None, rtree=None, val=None):
4          self.l = ltree
5          self.r = rtree
6          self.val = val
7          self.c = color
8          self.key = key
```

Der Übersichtlichkeit halber verzichten wir darauf, die Klasse $RBTree$ von $BTree$ erben zu lassen. Die Gemeinsamkeiten dieser beiden Klassen sind ohnehin etwas geringer als die Gemeinsamkeit zwischen $AVLTree$ und $BTree$.

Für jeden Knoten eines Rot-Schwarz-Baumes müssen die folgenden beiden Invarianten gelten:

1. Invariante: Kein roter Knoten hat einen roten Elternknoten.

2. Invariante: Jeder Pfad von der Wurzel zu einem Blatt enthält die gleiche Anzahl schwarzer Knoten.

Diese Invarianten müssen ggf. nach einer Einfüge- oder Löschoperation wiederhergestellt werden.

Diese beiden Invarianten garantieren, dass sich die Höhen der beiden Teilbäume eines Knotens nicht zu stark unterscheiden können. Deshalb rechnet man Rot-Schwarz-Bäume auch der Klasse der balancierten Bäume zu. Zwei verschiedene Pfade von der Wurzel zu einem Blatt können sich um höchsten den Faktor „Zwei" unterscheiden, da beide die gleiche Anzahl schwarzer Knoten enthalten müssen und zwischen je zwei schwarzen

Knoten auf diesem Pfad sich höchstens ein roter Knoten befinden kann. Die Höhe eines Rot-Schwarz Baumes ist daher auch im schlechtesten Fall $O(\log n)$; insofern kann man Rot-Schwarz-Bäume als balancierte bezeichnen.

Abbildung 3.9 zeigt ein Beispiel eines Rot-Schwarz-Baums.

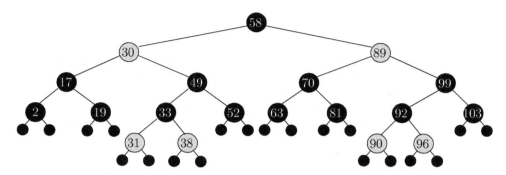

Abb. 3.9: *Beispiel eines Rot-Schwarz-Baumes; man sieht, dass es sich zunächst um einen binären Suchbaum handelt, man sieht, dass kein roter Knoten einen roten Elternknoten besitzt, und dass jeder Pfad von der Wurzel zu einem Blatt die gleiche Anzahl schwarzer Knoten enthält – in diese Falle sind dies drei schwarze Knoten (bzw. vier schwarze Knoten, wenn wir uns die leeren Knoten schwarzgefärbt denken). Außerdem ist angedeutet, dass wir uns die leeren Knoten alle als schwarze Knoten denken; folglich sind für die Blattknoten prinzipiell beide Farben möglich.*

3.3.1   Einfügen

Da Rot-Schwarz-Bäume binäre Suchbäume sind, ist die Suchfunktion bei Rot-Schwarz-Bäumen genau gleich wie die Suchfunktion bei binären Suchbäumen. Bei der Realisierung der Einfügeoperation muss jedoch darauf geachtet werden, dass durch das Einfügen eines neuen Knotens die beiden Invarianten nicht verletzt werden. Wir gehen beim Einfügen eines neuen Knotens v so vor, dass wir zunächst v als neuen *roten* Knoten so in den Rot-Schwarz-Baum einfügen, wie wir dies auch bei herkömmlichen binären Suchbäumen getan haben. Dadurch ist zwar Invariante 2 erhalten (da wir keinen neuen schwarzen Knoten einfügen, bleibt die Anzahl der schwarzen Knoten auf jedem Pfad unverändert), Invariante 1 könnte dadurch jedoch verletzt werden. Abbildung 3.10 zeigt als Beispiel die Situation, nachdem der Schlüsselwert „42" in den Rot-Schwarz-Baum aus Abbildung 3.9 eingefügt wurde – als Folge wird dabei tatsächlich Invariante 1 verletzt.

Folgendermaßen eliminieren wir nach solch einer Einfügeoperation mögliche Verletzungen der Invariante 1: Wir laufen vom eingefügten Blatt bis hin zur Wurzel durch den Rot-Schwarz-Baum und eliminieren in $O(\log n)$ Schritten sukzessive alle Verletzungen der Invariante 1 auf diesem Pfad. Hierbei muss tatsächlich der ganze Pfad (der Länge $O(\log n)$) überprüft werden, da die Eliminierung einer Verletzung auf Höhe i eine weitere Verletzung auf Höhe $i-1$ nach sich ziehen kann.

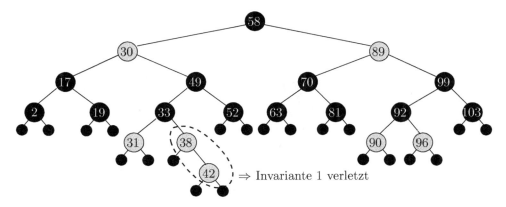

Abb. 3.10: *Situation, nachdem ein neuer (roter) Knoten mit Schlüssel k = 42 in den Rot-Schwarz-Baum aus Abbildung 3.9 wie in einen herkömmlichen binären Suchbaum eingefügt wurde. Wie man sieht, wird dadurch Invariante 1 verletzt.*

Abbildung 3.11 zeigt alle vier möglichen Konstellationen, die die Invariante 1 verletzen und die eine Rebalancierung erfordern.

In Abbildung 3.10 liegt an der „Stelle", die zur Verletzung der Invariante 1 führt, die vierte Konstellation vor. Abbildung 3.12 zeigt den Rot-Schwarz-Baum nach Wiederherstellen der Invariante 1, die durch Abbildung der vierten Konstellation auf die einheitliche Form entsteht.

Implementierung. Listing 3.8 zeigt eine mögliche Implementierung der Einfüge-Operation *RBTree.insert*.

```
1  class RBTree(object):
2    ...
3    def insert( self, x, val=None):
4      self._insert(x, val)
5      self.c = BLACK
6
7    def _insert( self, x, val=None):
8      if x < self.key:
9        if not self.l:
10         self.l = RBTree(RED,x)
11       else:
12         self.l._insert(x)
13     elif x > self.key:
14       if not self.r:
15         self.r = RBTree(RED,x)
16       else:
17         self.r._insert(x)
18     self._balance()
```

Listing 3.8: *Implementierung der Einfüge-Operation in einen Rot-Schwarz-Baum*

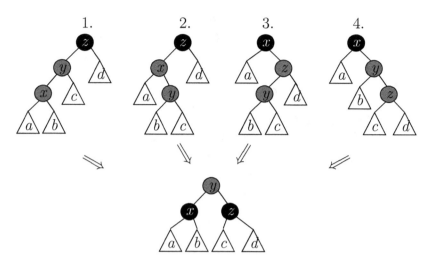

Abb. 3.11: *Alle vier Situationen, in denen beim rekursiven Aufstieg rebalanciert werden muss. Jede dieser vier Konstellationen kann durch Abbildung auf eine einheitliche – im Bild unten dargestellte – Form „repariert" werden.*

Die Wurzel des Baumes wird nach Ausführung der Einfügeoperation stets schwarz gefärbt (Zeile 5). Die eigentliche rekursiv implementierte Einfügeoperation befindet sich in der Funktion _insert. Zunächst wird in Zeile 8 bzw, Zeile 13 überprüft, ob der ein-zufügende Schlüsselwert x in den linken Teilbaum (falls $x < self.\,key$) oder in den rechten Teilbaum (falls $x > self.\,key$) einzufügen ist. Ist der linke bzw. rechte Teilbaum leer (d. h. gilt **not** $self.\,l$ bzw. **not** $self.\,r$), so wird ein neuer ein-elementiger Rot-Schwarzbaum mit rotem Knoten erzeugt und als linkes bzw. rechtes Kind eingefügt – dies geschieht in Zeile 10 bzw. Zeile 15. Ist der linke bzw. rechte Teilbaum nicht leer, so wird _insert rekursiv aufgerufen. Ganz am Ende der Einfügeprozedur – und damit beim rekursi-ven Aufstieg – wird die Funktion _balance aufgerufen, die bei Bedarf die Invarianten wiederherstellt und damit rebalanciert.

Listing 3.9 zeigt die Implementierung der _balance-Funktion, die die Invarianten wie-derherstellt.

In den Zeilen 6, 9, 12 und 15 wird jeweils getestet, ob eine der in Abbildung 3.11 gra-phisch dargestellten vier Situationen zutrifft. Wir wählen für die weiteren Erklärungen als Beispiel den für die Situation 1 zuständigen Code aus; die drei anderen Fälle können analog erklärt werden. Situation 1 liegt genau dann vor, wenn ...

1. ... der linke Teilbaum von s und wiederum dessen linker Teilbaum nicht leer sind, d. h. wenn „**not** $s.\,l$" und „**not** $s.\,l.\,l$" gelten[3].
2. ... und wenn $s.\,l$ und $s.\,l.\,l$ rot gefärbt sind, wenn also gilt, dass „$s.\,l.\,c == s.\,l.\,l.\,c == RED$".

---

[3]Pythons Wert „*None*" entspricht in booleschen Formeln dem logischen Wert „Falsch"; daher kann mittels „**if not** $s.\,l$ ... " überprüft werden, ob $s.\,l$ auf einen Rot-Schwarz-Baum zeigt, oder stattdessen einen *None*-Wert enthält.

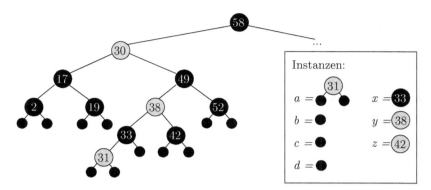

Abb. 3.12: *Der Rot-Schwarz-Baum nach Einfügen des Schlüsselwertes 42 und nach Wiederherstellen der Invariante 1. In diesem Falle ist hierfür nur eine einzige Rebalancierung notwendig. Rechts im Bild sind für den einen durchgeführten Rebalancierungs-Schritt – dieser entspricht Situation 4 – die notwendigen Instanzen für die in Abbildung 3.11 verwendeten Platzhalter angegeben, also für die Teilbäume a, b, c, d und für die Knoten x, y, z aus Abbildung 3.11.*

In Abbildung 3.13 ist nochmals die Situation 1 zusammen mit den darauf zu mappenden Zweigen des Baumes s dargestellt.

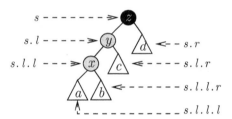

Abb. 3.13: *Die erste der vier möglichen Situationen, in denen rebalanciert werden muss. Die Abbildung stellt die Zuordnung der Variablen x, y, z und a, b, c, d auf die entsprechenden Knoten bzw. Teilbäume des Baumes s dar, die mittels Indizierung angesprochen werden können – natürlich aber nur, wenn die Methode __getitem__ entsprechend definiert wurde.*

Liegt Situation 1 vor, so wird also der Variablen x die in $s.l.l$ gespeicherten Werte, der Variablen y die in $s.l$ gespeicherten Werte und der Variablen z die in s gespeicherten Werte zugewiesen. Während die Variablen x, y und z Knoten-Werte (d. h. das *key*-Attribut als erste Komponente zusammen mit dem *val*-Attribut eines Knotens als zweite Komponente) enthalten, sollten den Variablen a, b, c und d ganze Teilbäume zugewiesen werden – dies ist auch aus der Darstellung in Abbildung 3.11 ersichtlich. Variable a erhält in Situation 1 den Wert $s.l.l.l$, Variable b erhält den Wert $s.l.l.r$, Variable c erhält den Wert $s.l.r$ und Variable d erhält den Wert $s.r$. Schließlich wird in den Zeilen 20 und 21 in Listing 3.9 gemäß den in Abbildung 3.11 gezeigten Regeln der neue linke und der neue rechte Teilbaum erzeugt. Schließlich wird in Zeile 22 die rebalancierte Variante des Rot-Schwarz-Baumes generiert.

```
1   class RBTree(object):
2     ...
3     def _balance( self ):
4       s = self
5       if s.c==RED: return s
6       if s.l and s.l.l and s.l.c == s.l.l.c == RED: # Fall 1:
7         y = (s.l.key, s.l.val) ; x = (s.l.l.key, s.l.l.val) ; z = (s.key, s.val)
8         a = s.l.l.l ; b = s.l.l.r ; c = s.l.r ; d = s.r
9       elif s.l and s.l.r and s.l.c == s.l.r.c == RED: # Fall 2:
10        x = (s.l.key, s.l.val) ; y = (s.l.r.key, s.l.r.val) ; z = (s.key, s.val)
11        a = s.l.l ; b = s.l.r.l ; c = s.l.r.r ; d = s.r
12      elif s.r and s.r.l and s.r.c == s.r.l.c == RED: # Fall 3:
13        x = (s.key, s.val) ; y = (s.r.l.key, s.r.l.val) ; z = (s.r.key, s.r.val)
14        a = s.l ; b = s.r.l.l ; c = s.r.l.r ; d = s.r.r
15      elif s.r and s.r.r and s.r.c == s.r.r.c == RED: # Fall 4:
16        x = (s.key, s.val) ; y = (s.r.key, s.r.val) ; z = (s.r.r.key, s.r.r.val)
17        a = s.l ; b = s.r.l ; c = s.r.r.l ; d = s.r.r.r
18      else:
19        return s
20      newL = RBTree(BLACK, x[0], a, b, x[1])
21      newR = RBTree(BLACK, z[0], c, d, z[1])
22      self.c = RED ; self.key = y[0] ; self.l = newL ; self.r = newR ; self.val = y[1]
```

Listing 3.9: *Implementierung der Rebalancierung, d. h. Eliminierung von Verletzungen der Invariante 1, die beim Einfügen eines neuen roten Blattes in einen Rot-Schwarz-Baum entstehen können.*

Aufgabe 3.17

(a) Wie hoch wäre ein (fast) vollständiger binärer Suchbaum, der 300000 Elemente enthält?

(b) Wie hoch könnte ein Rot-Schwarz-Baum maximal sein, der 300000 Elemente enthält?

Aufgabe 3.18

Schreiben Sie eine Methode *RBTree.inv1Verletzt*, die testet, ob es einen Knoten im Rot-Schwarz-Baum gibt, für den die Invariante 1 verletzt ist, d. h. ob es einen roten Knoten gibt, dessen Vorgänger ebenfalls ein roter Knoten ist. Ein Aufruf von *inv1Verletzt* soll genau dann *True* zurückliefern, wenn die Invariante 1 für mindestens einen Knoten verletzt ist.

Aufgabe 3.19

Schreiben Sie eine Methode, die überprüft, ob die Invariante 2 verletzt ist.

(a) Schreiben Sie hierfür zunächst eine Methode *RBTree.anzSchwarzKnoten*, die ein Tupel (x, y) zurückliefern soll, wobei in x die minimale Anzahl schwarzer Knoten auf einem Pfad von der Wurzel zu einem Blatt und in y die maximale Anzahl schwarzer Knoten auf einem Pfad von der Wurzel zu einem Blatt zurückgegeben werden soll.

(b) Schreiben Sie nun eine Methode *RBTree.inv2Verletzt*, die genau dann *True* zurückliefern soll, wenn die Invariante 2 für den entsprechenden Rot-Schwarz-Baum verletzt ist.

Aufgabe 3.20

Vergleichen Sie die Performance des Python-internen *dict*-Typs mit der vorgestellten Implementierung von rot-schwarz Bäumen folgendermaßen:

(a) Fügen sie 1 Mio zufällige Zahlen aus der Menge $\{1, \ldots 10Mio\}$ jeweils in einen Python-*dict* und in einen Rot-Schwarz-Baum ein, messen sie mittels *time()* jeweils die verbrauchte Zeit und vergleichen sie.

(b) Führen sie nun 1 Mio Suchdurchgänge auf die in der vorigen Teilaufgabe erstellten Werte aus, und messen sie wiederum mittels *timeit* die verbrauchte Zeit und vergleichen sie.

3.3.2 Löschen

Das Löschen eines Knoten v in einem Rot-Schwarz-Baum besteht grundsätzlich aus drei Schritten:

Schritt 1: Ein Knoten v in einem Rot-Schwarz-Baum wird zunächst gelöscht als wäre es ein Knoten in einem herkömmlichen binären Suchbaum: Besitzt der zu löschende Knoten zwei (nicht-leere) Kinder als Nachfolger, so ersetzt man das Schlüssel-Wert-Paar von v durch das Schlüssel-Wert-Paar des minimalen Knotens m des rechten Teilbaums und löscht anschließend m – dies entspricht der Darstellung von Fall (b) in Abbildung 3.5 auf Seite 55. Da m mindestens einen Blattknoten besitzt, kann man so das Problem auf das Löschen eines Knotens mit mindestens einem Blattknoten reduzieren.

Ist m ein schwarzer Knoten, so wird durch Löschen von m die Invariante 2 verletzt, die vorschreibt, dass jeder Wurzel-Blatt-Pfad in einem Rot-Schwarz-Baum die gleiche Anzahl schwarzer Knoten besitzen muss. Dies wird vorübergehend dadurch „ausgeglichen", indem das eine schwarze Blatt von m einen doppelten Schwarz-Wert zugewiesen bekommt.

Schritt 2: Nun propagiert man doppelte Schwarz-Werte den Baum soweit durch Anwendung bestimmter Regeln (die unten aufgeführten drei Fälle) nach oben, bis diese aufgelöst werden können. In der graphischen Darstellung dieser Regeln markieren wir Doppelschwarze Knoten hierbei durch eine zusätzliche Schwarz-Markierung (■). Ein roter Knoten mit einer Schwarz-Markierung kann durch schwarz-färben des roten Knotens aufgelöst werden. Man beachte dass in den im Folgenden aufgeführten drei Fällen der doppelschwarze Knoten immer das Linke Kind ist. Die Fälle, in denen der doppelschwarze Knoten das rechte Kind ist, sind symmetrisch, und nicht getrennt aufgeführt.

(a) Der Geschwisterknoten eines doppelschwarzen Knotens ist schwarz und es gibt einen roten Neffen. Dies ist der „günstigste" Fall; die Schwarz-Markierung kann aufgelöst werden.

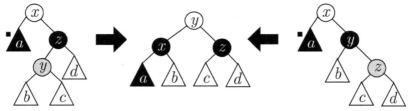

(b) Der Geschwisterknoten eines doppelschwarzen Knotens ist schwarz und beide Neffen sind schwarz. Durch folgende Rotation kann die Schwarz-Markierung nach oben weitergereicht werden.

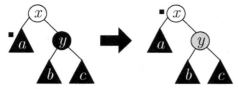

(c) Der Geschwisterknoten eines doppelschwarzen Knotens ist rot. Dies erfordert zunächst eine Rotation und verweist anschließend auf entweder Fall (a) oder Fall (b).

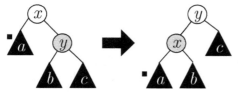

Schritt 3: Befindet sich die Schwarz-Markierung an der Wurzel, wird sie einfach gelöscht.

Abbildung 3.14 zeigt als Beispiel die Löschung eines schwarzen Knotens und das anschließende Rebalancieren gemäß obiger Regeln.

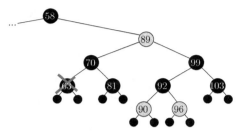

(a) Der Knoten mit Schlüsselwert „63" soll gelöscht werden.

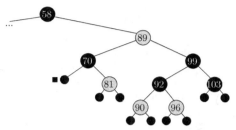

(b) Eines der Blätter dieses gelöschten Knotens wird doppelschwarz gefärbt. Der Bruder des doppelschwarzen Knotens ist rot; daher kann die Rotation aus Fall (c) angewendet werden.

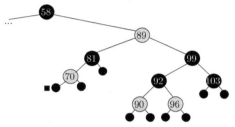

(c) Der Geschwisterknoten des doppelschwarzen Knotens ist schwarz; Neffen existieren nicht. Fall (b) wird also angewendet und die Schwarz-Markierung wandert nach oben.

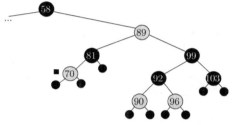

(d) Hier trifft die Schwarz-Markierung auf einen roten Knoten und kann aufgelöst werden.

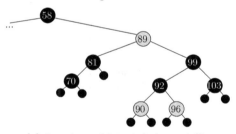

(e) Invariante 2 ist wiederhergestellt.

Abb. 3.14: *Beispiel für das Löschen eines Knotens aus einem Rot-Schwarz-Baum.*

3.4   Hashing

Auch das Hashing verfolgt (wie alle anderen in diesem Kapitel vorgestellten Suchalgorithmen) das Ziel, das Einfügen, Suchen und Löschen von Elementen aus einer großen Menge von Elementen effizient zu realisieren. Hashing verwendet jedoch ein im Vergleich zu den bisher vorgestellten Methoden vollkommen anderes und noch dazu einfach zu verstehendes Mittel, um diese Operationen zu implementieren. Die Methode des Hashing ist in vielen Situationen sehr performant. Mittels Hashing ist es möglich, das Einfügen, Suchen und Löschen[4] mit verhältnismäßig einfachen Mitteln mit einer Laufzeit von $O(1)$ zu implementieren. Auch die dem Python Typ *dict* zugrunde liegende Implementierung verwendet Hashing. Zur Veranschaulichung werden wir in diesem Abschnitt das dem *dict*-Typ zugrundeliegende Hashing nachprogrammieren und einem eigenen Typ *OurDict* zugrunde legen.

Für die Implementierung des Hashing ist es zunächst erforderlich, ein genügend großes Array (bzw. in Python: eine genügend große Liste der Länge n) zur Verfügung zu stellen, die sog. *Hash-Tabelle t*. Die Grundidee besteht darin, einen (Such-)Schlüssel k mittels einer sog. *Hash-Funktion h* auf einen Index $h(k)$ der Hash-Tabelle abzubilden; optimalerweise sollte dann der zu k gehörige Wert v an diesem Index der Tabelle gespeichert werden; mittels $t[h(k)]$ kann man also in konstanter Zeit – der Zeit nämlich, um den Rückgabewert von h zu berechnen – auf den Wert v zugreifen. Abbildung 3.15 zeigt diese Situation.

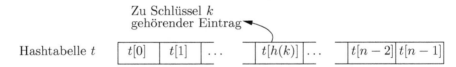

Abb. 3.15: *Hashtabelle t der Größe n. Der zum Suchschlüssel k passende Eintrag befindet sich (optimalerweise) an Tabellenposition h(k), wobei h die verwendete Hashfunktion ist.*

Sind die Schlüssel allesamt ganze Zahlen, so wäre die einfachst denkbare Hashfunktion einfach die Identität, also $h(i) = i$, d. h. jeder Schlüssel k würde so auf den k-ten Eintrag in der Hashtabelle abgebildet werden. In der Praxis ist dies jedoch in der Regel nicht sinnvoll: werden etwa 64 Bit für die Darstellung einer Ganzzahl verwendet, so gibt es 2^{64} verschiedene Schlüssel. Würde man die Identität als Hash-Funktion wählen, so hätte diese auch 2^{64} verschiedene mögliche Werte und man müsste folglich eine Hash-Tabelle mit 2^{64} Einträgen zur Verfügung stellen. Dies entspricht einer Hash-Tabelle der Größe von ca. 16 Mio Terabyte, vorausgesetzt man veranschlagt nur ein Byte Speicherplatz pro Tabelleneintrag. Üblicherweise ist also der Wertebereich aller (sinnvollen und praktisch eingesetzten) Hash-Funktion viel kleiner als deren Definitionsbereich.

---

[4]Gelegentlich werden diese drei Operationen, nämlich Einfügen, Suchen, Löschen, auch als die sog. „Dictionary Operations" bezeichnet.

3.4.1   Hash-Funktionen

Eine sinnvolle, praktisch einsetzbare Hashfunktion sollte folgende Eigenschaften besitzen:

1. Sie sollte jeden Schlüssel k auf einen Wert aus $\{0, \ldots, n-1\}$ abbilden.

2. Sie sollte „zufallsartig" sein, d. h. sie sollte, um Kollisionen zu vermeiden, vorhandene Schlüssel möglichst gleichmäßig über die Indizes streuen.

3. Sie sollte möglichst einfach und schnell berechenbar sein.

Aufgabe 3.21

Welche dieser Eigenschaften erfüllt die „einfachst denkbare Hashfunktion", also die Identität? Welche Eigenschaften werden nicht erfüllt?

Wir stellen im Folgenden zwei unterschiedliche Methoden vor, Hash-Funktionen zu entwerfen.

Die Kongruenzmethode. Zunächst wandelt man den Schlüssel k in eine Zahl $x = integer(k)$ um und stellt anschließend mittels Restedivision durch eine Primzahl p sicher, dass der berechnete Hashwert sich im Bereich $\{0, \ldots, p\text{-}1\}$ befindet, wobei optimalerweise p die Größe der zur Verfügung stehenden Hash-Tabelle ist. Es gilt also

$$h(k) = integer(k) \ \% \ p$$

(wobei „%" Pythons Modulo-Operator darstellt). Und tatsächlich erfüllt diese Hash-Funktion die obigen drei Kriterien: Man kann zeigen, dass sie – vorausgesetzt p ist eine Primzahl – zufallsartig ist, sie bildet den Schlüssel auf den Indexbereich der Hash-Tabelle ab und sie ist einfach zu berechnen.

Da es oft der Fall ist, dass die Schlüsselwerte vom Typ String sind, betrachten wir als Beispiel die Umwandlung eines Strings in eine Zahl. Hat man es mit verhältnismäßig kurzen Strings zu tun, so könnte man die *integer*-Funktion einfach dadurch implementieren, dass man die ASCII-Werte der einzelnen Buchstaben „nebeneinander" schreibt und dadurch eine (recht große) Zahl erhält, die man mittels Modulo-Rechnung in die Index-Menge $\{0, \ldots, p-1\}$ einbettet. So wäre etwa

$$integer(\texttt{'KEY'}) = 0b \ \underbrace{01001011}_{ord(\texttt{'K'})} \ \underbrace{01000101}_{ord(\texttt{'E'})} \ \underbrace{01011001}_{ord(\texttt{'Y'})} = 4932953$$

Wählt man für p etwa den Wert 163, erhält man so:

$$h(\texttt{'KEY'}) = 4932953 \ \% \ 163 = 84$$

Ein entsprechender Hash-Algorithmus mit zugrundeliegender Hash-Tabelle t mit $len(t) == 163$ würde somit den zum Schlüssel $\texttt{'KEY'}$ gehörenden Wert in $t\,[84]$ suchen.

Folgendes Listing zeigt die Implementierung dieser Hash-Funktion in Python.

```
1  def hashStrSimple(s,p):
2      v=0
3      for i in range(len(s)):
4          j = len(s) -1 -i
5          v += ord(s[j]) ≪ (8*i)
6      return v % p
```

Listing 3.10: Implementierung einer einfachen Hash-Funktion auf Strings

Pythons „≪"-Operator schiebt alle Bits einer Zahl um eine bestimmte Anzahl von Positionen nach links. In der **for**-Schleife ab Zeile 3 lassen wir die Laufvariable i über alle Indexpositionen des Strings laufen und berechnen so die folgende Summe (wobei $n = len(s)$):

$$\sum_{i=0}^{n-1} ord(s_{n-1-i}) \ll (8*i) \tag{3.3}$$
$$= ord(s_{n-1}) \ll 0 + ord(s_{n-2}) \ll 8 + \ldots + ord(s_0) \ll (8*(n-1)) \tag{3.4}$$

zurückgeliefert wird diese Zahl modulo der übergeben Zahl p, die optimalerweise eine Primzahl sein sollte.

Aufgabe 3.22

Schreiben Sie mittels einer Listenkomprehension die in Listing 3.10 gezeigte Funktion *hashStrSimple* als Einzeiler.

Alternativ könnte der in Listing 3.10 implementierte Algorithmus durch das sog. Horner-Schema implementiert werden.

$$\sum_{i=0}^{n-1} ord(s_{n-1-i}) \ll (8*i)$$
$$= ord(s_{n-1}) + (ord(s_{n-2}) + (ord(s_{n-3}) + (\ldots) \ll 8) \ll 8) \ll 8$$

Beispielsweise könnte nun die Berechnung des Hash-Werts von `'longKey'` folgendermaßen erfolgen:

$$ord(\mathrm{y}) + (ord(\mathrm{e}) + (ord(\mathrm{K}) + (ord(\mathrm{g}) + (ord(\mathrm{n}) + (ord(\mathrm{o}) + ord(\mathrm{l}) \ll 8) \ll 8) \ll 8) \ll 8) \ll 8) \% p$$

Das Horner-Schema kann man in Python elegant unter Verwendung der *reduce*-Funktion implementieren:

```
1  def horner(l,b):
2      return reduce(lambda x,y: y + (x≪b), l)
```

Listing 3.11: Implementierung des Horner-Schemas mittels der higher-order reduce-Funktion.

Die *reduce*-Funktion ist eine higher-order-Funktion. Sie benutzt die als erstes Argument übergebene Funktion dazu, die Elemente der als zweites Argument übergebenen Sequenz zu verknüpfen. Das erste Argument x, der Argument-Funktion, steht hierbei für den bereits aus den restlichen Elementen berechneten Wert; das zweite Argument y der Argument-Funktion steht hierbei für ein Element aus l.

Aufgabe 3.23

Implementieren Sie das Horner-Schema in einer Schleife – anstatt, wie in Listing 3.11 die Python-Funktion *reduce* zu verwenden.

Während die Größe des berechneten Hashwerts beschränkt ist (denn: $h(k) \in \{0, \ldots, p-1\}$), können jedoch, je nach Länge des gehashten Strings, sehr große Zwischenergebnisse entstehen. Man könnte eine weitere Steigerung der Performance (und sei es nur Platz-Performance) erreichen, indem man das Entstehen sehr großer Zwischenergebnisse vermeidet. Dazu können die folgenden Eigenschaften der Modulo-Funktion ausgenutzt werden:

$$(a+b) \ \% \ p \ = \ (a\%p \ + b\%p) \ \% \ p$$
$$(a*b) \ \% \ p \ = \ (a\%p \ * \ b\%p) \ \% \ p$$

Man kann also, ohne das Endergebnis zu beeinflussen, in jedem Schleifendurchlauf auf das Zwischenergebnis eine Modulo-Operation anwenden und so sicherstellen, dass keine Zahlen entstehen, die größer als p sind. Listing 3.12 zeigt eine Python-Implementierung des Horner-Schemas, die zusätzlich die eben beschriebene Eigenschaft der Modulo-Funktion ausnutzt.

```
1 def horner2(l,b,p):
2     return reduce(lambda x,y: y + (x<<b)% p, l) % p
```

Listing 3.12: Implementierung einer für lange Strings performanteren Hash-Funktion unter Verwendung des Horner-Schemas und der eben vorgestellten Eigenschaften der Modulo-Funktion

Mittels *horner2* kann eine im Vergleich zu der in Listing 3.10 gezeigten Funktion *hashStrSimple* performantere Hash-Funktion geschrieben werden:

```
1 def hashStr(s,p):
2     return horner2(map(ord,s),8,p)
```

Aufgabe 3.24

Verwenden Sie, statt *reduce* und *map*, eine Schleife, um die in Listing 3.12 gezeigte Funktion *hashStr* zu implementieren.

Aufgabe 3.25

Ganz offensichtlich ist nicht, welche der Funktionen *horner* und *horner2* tatsächlich
schneller ist – auf der einen Seite vermeidet *horner2* die Entstehung großer Zahlen
als Zwischenergebnisse; andererseits werden in *horner2* aber auch sehr viel mehr
Operationen (nämlich Modulo-Operationen) ausgeführt als in *horner*.

Ermitteln Sie empirisch, welcher der beiden Faktoren bei der Laufziet stärker ins Gewicht fällt. Vergleichen Sie die Laufzeiten der beiden Funktionen *horner* und *horner2*
mit Listen der Länge 100, die Zufallszahlen zwischen 0 und 7 enthalten, mit Parameter $b = 3$ und einer dreistelligen Primzahl. Verwenden Sie zur Zeitmessung Pythons
timeit-Modul.

Empirisches „Bit-Mixen". Die Kongruenzmethode liefert zwar i. A. gute Resultate,
in der Praxis sieht man jedoch des öfteren andere, theoretisch zwar weniger gut ab-
gesicherte (bzgl. der „Zufälligkeit") jedoch sehr performante und sich gut bewährende
Hash-Funktionen. Eine solche Hash-Methode verwendet Python intern für das Hashing
in *dict*-Objekten. Listing 3.13 zeigt eine Nachimplementierung [14] des Algorithmus den
Python für das Hashing von Strings verwendet:

```
1  class string:
2      def __hash__(self):
3          if not self: return 0  # Der leere String
4          value = ord(self[0]) << 7
5          for char in self:
6              value = c_mul(1000003, value) ^ ord(char)
7          return value ^ len(self)
8
9  def c_mul(a, b):
10     return eval(hex((long(a) * b) & 0xFFFFFFFFL)[:-1])
```

*Listing 3.13: Implementierung des dem Python dict-Datentyp zugrundeliegenden Hash-
Algorithmus für Strings*

Hierbei soll die Funktion *c_mul* eine übliche C-Multiplikation simulieren, die zwei 32-Bit
Ganzzahlen multipliziert. Die Funktion *__hash__* liefert eine 32-Bit-Zahl zurück, deren
Bits (hoffentlich) möglichst gut „durchgewürfelt" wurden. Der ^-Operator verknüpft
seine beiden Argumente bitweise durch eine logische XOR-Funktion; bitweise XOR-
Verknüpfungen sind ein häufig angewandtes Mittel, um die Bits einer Zahl möglichst
durcheinander zu würfeln.

Um später sicherzustellen, dass ein bestimmter Hashwert auch tatsächlich ein gültiger
Index-Wert aus der gegebenen Hashtabelle t darstellt, also im Bereich $\{0, \dots, len(t)\}$
liegt, werden wir später die i niederwertigsten Bits aus dem Hashwert extrahieren. Dafür
ist es jedoch auch notwendig, dass die Größe der Hash-Tabelle nicht eine Primzahl p,
sondern immer eine Zweierpotenz 2^i ist. Wir zeigen später in diesem Kapitel, wie eine
Implementierung dies mit einfachen Mitteln sicherstellen kann.

3.4.2 Kollisionsbehandlung

Die „Zufälligkeit" der Hash-Funktion soll sicherstellen, dass unterschiedliche Schlüssel k und k' mit $k \neq k'$ mit möglichst geringer Wahrscheinlichkeit auf den selben Index abgebildet werden, d. h. dass mit möglichst geringer Wahrscheinlichkeit $h(k) = h(k')$ gilt. Nehmen wir an, die Hash-Tabelle t habe eine Größe von n Einträgen und m Einträge sind bereits besetzt. Je größer der *Belegungsgrad* $\beta = m/n$ einer Hashtabelle, desto wahrscheinlicher werden jedoch Kollisionen – auch bei einer Hash-Funktion die eine optimale „Zufälligkeit" garantiert.

Als Kollision wollen wir die Situation bezeichnen, in der ein neu einzufügender Schlüssel k durch die Hash-Funktion auf einen bereits belegten Eintrag in der Hashtabelle abgebildet wird, also $t[h(k)]$ bereits mit dem Wert eines anderen Schlüssls k' belegt ist, für den $h(k) = h(k')$ gilt.

Es gibt mehrere Möglichkeiten, wie man mit dem Problem möglicher Kollisionen umgehen kann. Wir stellen zwei davon vor: Getrennte Verkettung und einfaches bzw. doppeltes Hashing.

Getrennte Verkettung. Bei der getrennten Verkettung legt man jeden Eintrag der Hash-Tabelle als Liste an. Tritt eine Kollision ein, so wird der Eintrag einfach an die Liste angehängt. Abbildung 3.16 zeigt ein Beispiel einer Hash-Tabelle der Größe $n = 11$, die eine bestimmte Menge von Schlüsselwerten (vom Typ „String") enthält, die mittels getrennter Verkettung eingefügt wurden. Der Index der Schlüssel wurde dabei jeweils mittels der Hash-Funktion $h(k) = hashStr(k,11)$ bestimmt.

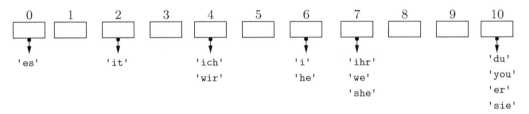

Abb. 3.16: *Eine Hash-Tabelle der Größe $n = 11$, gefüllt mit den String-Werten ['ich','du','er','sie','es','wir','ihr','sie','i','you','he','she', 'it','we']. Als Hash-Funktion wurde die in Listing 3.12 beschriebene Funktion hashStr verwendet. Der Belegungsfaktor ist in diesem Fall $\beta = 13/11$.*

Anders als beim einfachen bzw. doppelten Hashing ist bei der getrennten Verkettung theoretisch ein beliebig großer Belegungsfaktor möglich. Man kann über stochastische Methoden zeigen, dass bei zufällig gewählten Schlüsseln, die *durchschnittliche* Länge der Listen β beträgt, also gleich dem Belegungsfaktor ist. Das bedeutet, dass die Laufzeit für eine...

... erfolglose Suche nach einem Schlüssel $c + \beta$ beträgt, wobei c die Laufzeit für die Berechnung des Hash-Wertes des zu suchenden Schlüssel ist. Die an einem Eintrag befindliche Liste muss vollständig durchsucht werden, bis festgestellt werden kann, dass der Schlüssel sich nicht in der Hash-Tabelle befindet.

... erfolgreiche Suche nach einem Schlüssel $c + \beta/2$ beträgt, denn im Durchschnitt muss die Liste, die sich an einem Eintrag befindet, bis zur Hälfte durchsucht werden, bis der gesuchte Wert gefunden wurde.

Aufgabe 3.26

Wie groß ist die durchschnittliche Listenlänge für die Hashtabelle aus Abbildung 3.16 in der Theorie und konkret am Beispiel?

Einfaches und Doppeltes Hashing. Beim Einfachen bzw. Doppelten Hashing wird bei einer Kollision ein alternativer freier Tabellenplatz gesucht. Das hat zur Folge, dass bei diesen beiden Verfahren der Belegungsfaktor höchstens 1 sein kann, dass also stets $\beta \leq 1$ gelten muss.

Das einfache Hashing geht folgendermaßen vor: Soll der Schlüssel k gespeichert werden und ist die Hash-Tabellenposition $h(k)$ bereits belegt, so wird versucht, k in der Tabellenposition $(h(k) + 1) \% n$ zu speichern; ist diese wiederum belegt, so wird versucht k in der Tabellenposition $(h(k) + 2) \% n$ zu speichern, usw.

Bei der getrennten Verkettung werden bei der Suche nach einem Schlüssel k evtl. auch weitere Schlüssel k' untersucht, aber nur solche, die auf die gleiche Tabellenposition gehasht werden; beim einfachen Hashing jedoch, kann es vorkommen, dass auch noch Schlüssel mituntersucht werden, die auf andere Tabellenpositionen gehasht werden. Außerdem hat das einfache Hashing den Nachteil, dass eine starke Tendenz zur „Clusterung" der belegten Einträge besteht; insbesondere unter diesen Clustern kann die Suchperformance sehr leiden. Im Falle des einfachen Hashing beträgt die Laufzeit ...

- ... für eine erfolglose Suche nach einem Schlüssel $\frac{1}{2} + \frac{1}{2(1-\beta)^2}$ Schritte,

- ... für eine erfolgreiche Suche nach einem Schlüssel $\frac{1}{2} + \frac{1}{2(1-\beta)}$ Schritte.

wobei β jeweils den Belegungsfaktor der verwendeten Hash-Tabelle bezeichnet. Zur Begründung hierfür wäre eine aufwändige stochastische Rechnung notwendig, die wir hier der Einfachheit halber nicht aufführen.

Aufgabe 3.27

(a) Fügen Sie mittels einfachem Hashing und Hash-Funktion $h(k) = hashStr(k,11)$ die folgenden Schlüssel in der angegebenen Reihenfolge in eine Hash-Tabelle der Größe 11 ein:

$$\text{'er', 'ihr', 'es', 'we', 'he', 'it', 'ich'}$$

(b) Wie viele Schritte braucht man danach, um nach dem Schlüssel `'ord'` zu suchen?

(c) Wie viele Schritte braucht man danach, um nach dem Schlüssel `'le'` zu suchen?

Beim sog. doppelten Hashing versucht man diese Cluster-Bildung zu vermeiden. Tritt in Tabellenposition $h(k)$ eine Kollision beim Suchen oder Einfügen von Schlüssel k auf, wird hierbei, statt bei der Position $(h(k)+1)\ \% \ p$ fortzufahren, an der Position $(h(k)+u)\ \% \ k$ fortgefahren. Hierbei kann h(k) $= (k+u)\ \% \ p$ als *zweite* Hash-Funktion betrachtet werden, weshalb dieses Verfahren sich doppeltes Hashing nennt. Man kann tatsächlich auch zeigen, dass doppeltes Hashing im Durchschnitt weniger Tests erfordert als lineares Austesten.

3.4.3 Implementierung in Python

Wir wollen die Funktionsweise des Python *dict*-Typs, der intern doppeltes Hashing verwendet, hier nachprogrammieren. Wir erreichen dabei natürlich nicht die Performance des *dict*-Typs, denn dieser ist in der Programmiersprache C implementiert; Python-Code ist, da interpretiert, zwar nicht deutlich, aber immer noch etwas langsamer als auf Performance optimierter C-Code.

Zunächst kann man für die Einträge der Hash-Tabelle eine eigene Klasse definieren; Listing 3.14 zeigt eine passende Klassendefinition zusammen mit deren Konstruktorfunktion *__init__* .

```
1  class Entry(object):
2    def __init__(self):
3      self.key   = None
4      self.value = None
5      self.hash  = 0
```

Listing 3.14: Definition der Klasse Entry für die Einträge in die Hash-Tabelle

Jeder Eintrag besteht also aus einem Schlüssel, dem zugehörigen Wert und dem für den Schlüssel berechneten Hash-Wert; aus Performance-Gründen ist es durchaus sinnvoll, sich diesen zu merken anstatt ihn jedesmal neu zu berechnen.

Aufgabe 3.28

Definieren Sie sich eine Instanz der Methode *__str__* , um sich die für den Benutzer relevanten Daten von Objekten vom Typ *Entry* anzeigen zu lassen.

Listing 3.15 zeigt einen Teil der Deklaration der Klasse *OurDict*. Unser Ziel ist es, durch diese Klasse *OurDict* die Funktionsweise des Python-internen Typs *dict* nachzuprogrammieren.

```
1  MINSIZE = 8
2  class OurDict(object):
3    def __init__(self):
4      self.used = 0
5      self.table=[]
6      while len(self.table)<MINSIZE:
```

```
7       self . table . append( Entry())
8       self . mask = 7
9       self . size  =  MINSIZE
```

Listing 3.15: *Definition der Klasse OurDict*

Das Attribut *used* soll immer angeben, wie viele Schlüssel-Wert-Paare sich in der Hash-Tabelle befinden; das Attribut *table* speichert die eigentliche Hash-Tabelle; diese wird in den Zeilen 6 und 7 initialisiert indem sie mit leeren Einträgen (die mittels *Entry*() erzeugt werden) gefüllt wird. Das Attribut *mask* enthält eine Bit-Maske, die später dazu verwendet wird, den zur Hash-Tabellengröße passenden Teil eines Hash-Wertes zu selektieren; dazu später mehr.

Aufgabe 3.29

In den Zeilen 6 und 7 in Listing 3.15 werden die Einträge der Hash-Tabelle zunächst mit leeren `Entry()`-Werten initialisiert. Was spricht dagegen, statt der `while`-Schleife, dazu den `*`-Operator auf Listen zu verwenden, d. h. die Zeilen 5, 6 und 7 in Listing 3.15 zu ersetzen durch

$$self . table = [Entry()] * MINSIZE$$?

Den zu einem Schlüssel gehörenden Wert kann man mittels der in Listing 3.16 gezeigten Methode *_lookup* nachschlagen.

```
1   class OurDict( object):
2      ...
3      def _lookup( self , key):
4         hashKey = hashStr(key)
5         i = hashKey &self. mask # Selektion der benötigten Bits
6         entry = self. table [ i ]
7         if entry. key==None or entry.key==key: # gefunden!
8            return entry
9
10        # Falls entry.key != key: wende zweite Hashfunktion an.
11        perturb = hashKey
12        while True:
13           i = (i≪2) + i + perturb + 1
14           entry = self. table [ i & self. mask]
15           if entry. key==None or entry.key==key:
16              return entry
17           perturb = perturb ≫ PERTURB_SHIFT
```

Listing 3.16: *Implementierung der _lookup-Methode, die einen gegebene Schlüssel im Dictionary nachschlägt und den Eintrag zurückliefert*

Zeile 4 berechnet zunächst den Hash des Schlüssels und verwendet dazu den in Listing 3.13 angegebenen Algorithmus. In Zeile 5 selektieren wir mittels der bitweisen Und-Operation „&" die benötigten Bits des Hashs. Welche Bits aktuell benötigt werden, hängt wiederum von der momentanen Größe der Hash-Tabelle ab. In den Zeilen 7 und 8 wird schließlich der in $self.table[i]$ befindliche Eintrag zurückgeliefert, falls entweder der Schlüssel dieses Eintrags mit dem Suchschlüssel übereinstimmt, oder der Eintrag noch leer war; stimmt der Schlüssel jedoch nicht mit dem Suchschlüssel überein, so könnte es sich um eine Kollision handeln, und es wird mittels einer zweiten Hash-Funktion weiter nach einem Eintrag gesucht, der zu dem Schlüssel passt. Hierbei gilt für die zweite Hash-Funktion ein ähnliches pragmatisches Prinzip wie für die „erste" Hash-Funktion: die Bits müssen möglichst gut durcheinandergewürfelt werden, um eine optimale Streuung zu gewährleisten, um Clusterung zu vermeiden.

Aufgabe 3.30

Angenommen, unsere Hash-Tabelle hat eine Größe von 2^{20} und enthält 900 000 Werte. Angenommen, wir würden *keine* zweite Hash-Funktion verwenden wollen, sondern stattdessen einfaches Hashing.

(a) Passen Sie hierfür die **while**-Schleife in Zeile 12 aus Listing 3.16 so an, dass sie den Schlüssel *key* unter der Annahme sucht, dass die Hash-Tabelle mit linearem Hashing befüllt wurde.

(b) Wie oft müsste die so implementierte **while**-Schleife im Durchschnitt durchlaufen werden, bis ein in der Hash-Tabelle befindlicher Schlüssel gefunden wird?

(c) Wie oft müsste die so implementierte **while**-Schleife im Durchschnitt durchlaufen werden, bis die _lookup_-Funktion „merkt", dass der zu suchende Schlüssel *key* sich nicht in der Hash-Tabelle befindet?

Aufgabe 3.31

Passt man nicht genau auf, so kann es passieren, dass die **while**-Schleife in Zeile 12 aus Listing 3.16 eine Endlosschleife wird. Wie könnte dies passieren und wie genau kann man sicherstellen, dass diese Schleife immer terminiert?

Wie werden aber die relevanten Bits des Hashs selektiert? Starten wir mit einem leeren Dictionary, so hat zu Beginn die Hash-Tabelle 8 Einträge (siehe Zeile 1 und 9 in Listing 3.15); um einen Schlüssel auf eine Hash-Tabellenposition abzubilden, müssen wir hier die letzten 3 Bits selektieren ($self.mask$ müsste in diesem Fall also den Wert 7 haben). Nehmen wir beispielsweise an, der Hash-Wert eines Schlüssel würde sich zu $hashKey = 18233$ ergeben. Schreibt man nun den Inhalt von $hashKey$, $self.mask$ und i in Binärdarstellung auf, so sieht man leicht, dass sich für den Wert von i durch bitweise Und-Verknüpfung der Wert „1" ergibt:

$$
\begin{array}{rclcl}
hashKey & = & 18233 & = & \texttt{0100 0111 0011 1001} \\
self.mask & = & 7 & = & \texttt{0000 0000 0000 0111} \ \& \\
\hline
i & = & & & \texttt{0000 0000 0000 0001}
\end{array}
$$

Allgemein kann man durch Wahl von $self.mask = 2^i - 1$ mittels $hashKey\,\&\,self.mask$ die niederwertigsten i Bits von $haskKey$ selektieren und diese Selektion als gültigen Index in einer 2^i-großen Hash-Tabelle interpretieren. Wichtig hierfür ist, sicherzustellen, dass die Größe n der Hash-Tabelle immer eine Zweierpotenz ist, d. h. dass $n = 2^i$ für eine $i \in \mathbb{N}$ gilt.

Aufgabe 3.32

Die Selektion der i niederwertigsten Bits entspricht eigentlich der Operation „% 2^i“. Dies widerspricht eigentlich der Empfehlung aus Abschnitt 3.4.1, man solle als Hash-Funktion „% p“ mit p als Primzahl verwenden. Argumentieren Sie, warum dies hier durchaus sinnvoll ist.

Mit Hilfe der _lookup-Funktion ist, wie in Listing 3.17 zu sehen, das Einfügen eines neuen Elements bzw. Ersetzen eines bestehenden Elements relativ einfach zu realisieren:

```
1  class OurDict(object):
2    ...
3    def _insert(self, key, value):
4      entry = self._lookup(key)
5      if entry.value==None: self.used += 1
6      entry.key = key
7      entry.hash = hashStr(key)
8      entry.value = value
```

Listing 3.17: *Die _insert-Methode ist eine „interne“ Funktion, mit der ein Element in eine OurDict-Objekt eingefügt werden kann*

Die Funktion _lookup liefert denjenigen Eintrag zurück, der mit dem einzufügenden Schlüssel-Wert-Paar zu füllen ist. In Zeile 5 wird der „Füllstandsanzeiger“ der Hash-Tabelle $self.used$ angepasst, aber nur dann, wenn auch tatsächlich ein neuer Wert eingefügt (und nicht ein alter ersetzt) wurde. Die _insert-Methode sollte jedoch nicht direkt vom Benutzer verwendet werden; die Schnittstelle für das Einfügen eines Elementes bietet die __setitem__-Methode; Listing 3.18 zeigt eine Implementierung. Stellt eine Klasse eine Implementierung der __setitem__-Methode zur Verfügung, so wird eine Zuweisung der Form $x[key]=value$ automatisch in einen Aufruf der Form $x.$__setitem__$(key,\ value)$ überführt. In Zeile 5 in Listing 3.18 findet das eigentliche Einfügen des übergebenen Schlüssel-Wert-Paares statt. Wozu aber der Code in den Zeilen 7 und 8?

Ein Problem beim Hashing besteht darin, dass die Größe der Hash-Tabelle eigentlich fest vorgegeben werden sollte. Bei der Deklaration und Verwendung eines *dict*-Objektes „weiß“ Python jedoch nicht im Voraus, wie viele Werte in der Hash-Tabelle gespeichert

```
1  class OurDict(object):
2      ...
3      def __setitem__ ( self, key, value ):
4          oldUsed = self.used
5          self._insert (key, value)
6          # Muss die Hashtabellengröße angepasst werden?
7          if ( self.used > oldUsed and self.used * 3 ≥ ( self.mask + 1 ) * 2):
8              self._resize (2 * self.used)
```

Listing 3.18: *Mit Hilfe der __setitem__ -Methode kann der Benutzer komfortabel ein Schlüssel-Wert-Paar in ein Objekt vom Typ OurDict einfügen.*

werden sollen; diese Information kann nicht *statisch*[5] bestimmt werden, sondern sie ergibt sich erst *dynamisch*, also während das Programm ausgeführt wird (sprich: zur „Ausführungszeit").

Aufgabe 3.33

Die Implementierung des Python-internen *dict*-Typs unterscheidet bei der Anpassung der Größe der Hash-Tabelle die folgenden beiden Fälle:

(a) Ist die Länge der momentanen Hash-Tabelle größer als 4096, so wird, falls erforderlich die Größe immer verdoppelt.

(b) Ist die Länge der momentanen Hash-Tabelle kleiner als 4096, so wird, falls erforderlich, die Größe immer vervierfacht.

Passen Sie die in Listing 3.18 gezeigte Implementierung entsprechend an.

Listing 3.19 zeigt die Implementierung der Größenanpassung der Hash-Tabelle.

```
1  class OurDict(object):
2      ...
3      def _resize ( self, minused):
4          newsize=MINSIZE
5          while newsize≤minused and newsize>0: newsize=newsize≪1
6          oldtable = self.table
7          newtable = []
8          while len(newtable) < newsize:
9              newtable.append(Entry())
```

---

[5]Der Informatiker spricht von „statisch", wenn er meint: vor der Ausführung eines Programms bzw. zur „Compilezeit", also während der Analyse des Programmcodes. Es gibt viele Informationen, die vor Ausführung des Programms nur sehr schwer oder auch gar nicht bestimmt werden können. So ist es i. A. unmöglich statisch zu bestimmen, ob ein Programm anhalten wird oder in eine Endlosschleife läuft – dies wird in der Literatur häufig als das sog. „Halteproblem" bezeichnet.

```
10      self . table  =  newtable
11      self . used   =  0
12      for entry in  oldtable :
13        if  entry . value==None:
14          self . _insert_init ( entry )
15      self . mask  =  newsize −1
16      self . size  =  newsize
```

Listing 3.19: *Mit Hilfe der _resize -Methode kann die Länge der Hash-Tabelle, falls notwendig, vergrößert werden.*

Man sieht, dass diese Größenanpassung der Hash-Tabelle ein kritischer Punkt in der Performance des *dict*-Typs bzw. des *OurDict*-Typs ist. Denn hier wird eine neue Tabelle mit mindestens doppelter Größe der alten Tabelle neu angelegt (Zeilen 4–9) und anschließend *alle* vorhandenen Einträge aus der alten Tabelle in die neue Tabelle kopiert (Zeilen 11–14). Die Funktion *_resize* hat offensichtlich eine Laufzeit von $O(n)$, wobei n die Größe der Hash-Tabelle ist, was bei sehr großen Hash-Tabellen durchaus kritisch sein kann. Aus Performance-Gründen wird beim Einfügen der Einträge aus der alten Tabelle in die Neue nicht die *_insert*-Funktion verwendet, sondern eine eigens für diese Situation geschriebene Einfüge-Funktion *_insert_init* ; diese berechnet die (schon berechneten) Hash-Werte der Einträge nicht neu, sondern verwendet die schon vorhandenen *entry.hash*-Werte; außerdem vermeidet *_insert_init* zur weiteren Optimierung Funktionsaufrufe.

Aufgabe 3.34

Programmieren Sie die Funktion *_insert_init*   .

Aufgabe 3.35

Definieren Sie für den *OurDict*-Typ die Methode *__getitem__*, mit deren Hilfe man einfach den Wert eines Schlüssels durch Indizierung erhält.

Aufgabe 3.36

Implementierung Sie für den *OurDict*-Typ eine Möglichkeit, Elemente zu löschen, d. h. definieren Sie eine Instanz der Methode *__delitem__*. Auf was müssen Sie dabei besonders achten?

Aufgabe 3.37

Warum ist es nicht sinnvoll, dem Python-Typ *list* eine Implementierung der *__hash__*-Methode zu geben? In anderen Worten: warum können Listen nicht als Index eines *dict*-Objekt dienen? Was könnte schief gehen, wenn man auf ein Element mittels eine Liste zugreifen möchte, wie etwa in folgendem Beispiel:

```
>>> lst = [1,2,3]
>>> d = { lst:14, 'Hugo':991 }
```

3.5 Bloomfilter

Die erstmals von Burton Bloom [2] vorgestellte Datenstruktur, bietet (ähnlich wie die später beschriebene Union-Find-Datenstruktur) eine sowohl sehr platz- als auch zeiteffiziente Möglichkeit, zu testen, ob sich ein Datensatz in einer bestimmten Datenmenge befindet. Bloomfilter bieten lediglich zwei Operationen an: das Hinzufügen eines Datensatzes und einen Test, ob ein bestimmter Datensatz bereits enthalten ist – im Weiteren auch oft mit *Membership-Test* bezeichnet. Es ist dagegen nicht möglich, ein Element aus einem Bloomfilter zu löschen.

Ein Bloomfilter ist eine probabilistische Datenstruktur und kann falsche Antworten auf einen Membership-Test liefern: Befindet sich ein Datensatz in der Menge, so antwortet das Bloomfilter immer korrekt. Befindet sich jedoch ein Datensatz *nicht* in der Menge, so kann (i. A. mit geringer Wahrscheinlichkeit) das Bloomfilter eine falsch-positive Antwort liefern.

3.5.1 Grundlegende Funktionsweise

Ein Bloomfilter besteht aus einem Array A der Größe m mit booleschen Einträgen. Das einzufügende Element e wird auf eine Familie von k Hash-Funktionen $h_0, \ldots h_{k-1}$ angewendet. Um e schließlich einzufügen, werden die Array-Einträge an den Positionen $h_0(e) \% m, \ldots, h_{k-1}(e) \% m$ des Arrays A auf *True* gesetzt.

Nehmen wir als Beispiel an, wir hätten zwei Hashfunktionen h_0 und h_1, ein Array mit 10 Positionen, und wir wollten die Strings `eine`, `Einführung` und `Informatik` einfügen. Nehmen wir folgende Hash-Werte der Strings an:

$$h_0(\texttt{eine}) = 3, \quad h_0(\texttt{Einführung}) = 1, \quad h_0(\texttt{Informatik}) = 6$$
$$h_1(\texttt{eine}) = 1, \quad h_1(\texttt{Einführung}) = 8, \quad h_1(\texttt{Informatik}) = 7$$

Abbildung 3.17 zeigt, was beim Einfügen der drei Strings in das Bloomfilter geschieht.

Will man überprüfen, ob ein Element e im Bloomfilter enthalten ist, so überprüft man, ob $A[h_0(e)] = A[h_1(e)] = \ldots = A[h_{k-1}(e)] = True$ gilt. Es gibt zwei Fälle:

- Mindestens einer der Einträge $A[h_0(e)], \ldots A[h_{k-1}(e)]$ hat den Wert *False*. In diesem Fall können wir sicher davon ausgehen, dass e bisher noch nicht in das

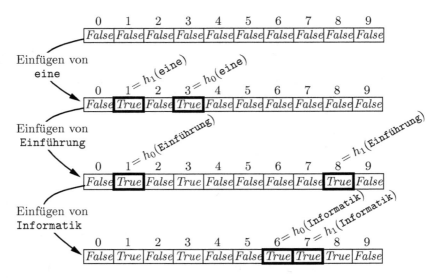

Abb. 3.17: *Einfügen der drei Elemente* eine, *Einführung und* Informatik *in ein Bloomfilter der Länge 10 unter Verwendung der beiden Hash-Funktionen h_0 und h_1.*

Bloomfilter eingefügt wurde; andernfalls hätten nämlich alle diese Einträge den Wert *True*.

- Alle Einträge $A[h_0(e)], \ldots A[h_{k-1}(e)]$ haben den Wert *True*. In diesem Fall können wir annehmen, dass e schon in das Bloomfilter eingefügt wurde. Diese Annahme entspricht jedoch nicht mit 100%-Wahrscheinlichkeit der Wahrheit. Es kann vorkommen, dass alle diese Einträge zufällig in Folge anderer Einfügeoperationen schon auf *True* gesetzt wurden.

Nehmen wir obiges Beispiel und überprüfen das durch Einfügen von eine, Einführung und Informatik entstandene Bloomfilter daraufhin, ob es die beiden Strings Algorithmik und praktisch enthält. Wir gehen von folgenden Hash-Werten aus:

$$h_0(\texttt{Algorithmik}) = 9, \quad h_0(\texttt{praktisch}) = 1,$$
$$h_1(\texttt{Algorithmik}) = 3, \quad h_1(\texttt{praktisch}) = 7,$$

Abbildung 3.18 zeigt wie es zu falsch-positiven Antworten kommen kann. Das Bloomfilter liefert fälschlicherweise die Aussage, dass der String praktisch bereits ins Bloomfilter eingefügt wurde (denn $h_0(\texttt{praktisch}) = True$ und $h_1(\texttt{praktisch}) = True$).

Aufgabe 3.38

Worin unterscheidet sich einfaches Hashing von einem Bloomfilter mit $k = 1$?

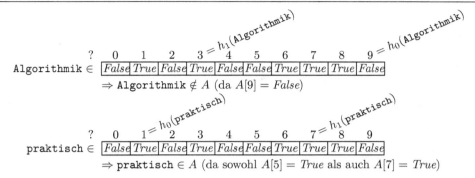

$$\Rightarrow \text{Algorithmik} \notin A \ (\text{da } A[9] = \textit{False})$$

$$\Rightarrow \text{praktisch} \in A \ (\text{da sowohl } A[5] = \textit{True} \text{ als auch } A[7] = \textit{True})$$

Abb. 3.18: *Zwei Membership-Tests des Bloomfilters aus Abbildung 3.17 auf die Strings* **Algorithmik** *und* **praktisch**. *Der zweite Test, der prüft, ob* **praktisch** *bereits ins Bloomfilter eingefügt wurde, liefert ein falsches Ergebnis.*

3.5.2   Implementierung

Listing 3.20 zeigt die Implementierung eines Bloomfilters in Python:

```
1  class BloomFilter(object):
2    def __init__ ( self, h, m):
3      self.k = len(h) ; self.h = h
4      self.A = [False] *m
5      self.m = m
6
7    def insert( self,x):
8      for hashFkt in self.h: self.A[hashFkt(x)] = True
9
10   def elem( self,x):
11     return all([ self.A[hashFkt(x)] for hashFkt in self.h])
```

Listing 3.20: Implementierung eines Bloomfilters.

Das Bloomfilter wird durch die Klasse *BloomFilter* implementiert. Die Liste *self.h* speichert die k Hashfunktionen; die Liste *self.A* enthält die Array-Einträge des Bloomfilters; alle Einträge werden in Zeile 4 mit *False* initialisiert.

Die Einfüge-Operation ist durch die Methode *insert* implementiert. Die **for**-Schleife in Zeile 8 durchläuft in der Variablen *hashFkt* die k Hashfunktionen des Bloomfilters; der Ausdruck *hashFkt(x)* definiert eine der k Positionen des Arrays *self.A*, die im Zuge der Einfüge-Operation auf *True* gesetzt werden müssen.

Ähnlich einfach ist die Implementierung der Methode *elem*, die testet, ob ein Element x sich im Bloomfilter befindet. Die Listenkomprehension in Zeile 13 sammelt alle k relevanten Einträge von *self.A* in einer Liste auf; haben alle Werte dieser Liste den Wahrheitswert *True*, so wird angenommen, dass x sich im Bloomfilter befindet.

Aufgabe 3.39

(a) Erklären Sie, warum folgender Methode der Klasse *BloomFilter nicht* geeignet ist, ein Element aus dem Bloomfilter zu entfernen:

> **def** *delete*(*self* , *x*):
>   **for** *i* **in** *range*(0, *self* . *k*):   *self* . *A* [*self* . *h* [*i*](*x*) % *self* . *m*] = *False*

(b) Schreiben Sie die Methode *delete* so um, dass sie ebenfalls das Element *x* löscht, jedoch mit möglichst wenig „Seiteneffekten".

(c) Warum ist selbst die in der letzten Teilaufgabe programmierte Lösch-Funktion in vielen Fällen nicht sinnvoll?

Aufgabe 3.40

Eine bessere Möglichkeit (als die in Aufgabe 3.39 vorgestellte), eine Lösch-Funktion in einem Bloomfilter zu implementieren, besteht darin, sich die gelöschten Elemente in einem zweiten Bloomfilter zu merken.

(a) Schreiben Sie eine Methode *deleteSB* die eine solche Lösch-Funktion implementiert. Passen Sie dabei, wenn nötig, die Klasse *BloomFilter* an; passen Sie die Methode *elem* entsprechend an.

(b) Kann durch das Löschen mittels *deleteSB* auch eine Situation entstehen, in der falsch-negative Antworten auf Membership-Tests gegeben werden? Vergleichen Sie diese Lösch-Funktion mit der in Aufgabe 3.39 vorgestellten Lösch-Funktion.

Aufgabe 3.41

Eine bessere Möglichkeit (als die in Aufgabe 3.40 vorgestellte), eine Lösch-Funktion zu implementieren, ist die Verwendung eines sog. *Countingfilters*. Ein Countingfilter ist ein Bloomfilter, dessen Einträge keine Bitwerte (d. h. *True* oder *False*) sind, sondern Zähler. Anfänglich sind alle Einträge 0; mit jeder Einfüge-Operation werden die durch die Hash-Funktion bestimmten Einträge des Bloomfilter-Arrays jeweils um Eins erhöht.

(a) Implementieren Sie, angelehnt an die in Listing 3.20 gezeigte Implementierung der Klasse *BloomFilter*, eine Klasse *CountingFilter*, die einen Countingfilter implementiert. Implementieren Sie eine Methode *insert*, die ein Element einfügt, und eine Methode *elem*, die testet, ob ein Element in dem Bloomfilter enthalten ist.

(b) Implementieren Sie eine Methode *delete*, die ein Element in einem Bloomfilter löscht.

Aufgabe 3.42

Gegeben seien zwei Bloomfilter B_1 und B_2, mit $len(B_1.array) == len(B_2.array)$ (d. h. die Arrays der Bloomfilter haben die gleiche Länge) und $B_1.h == B_2.h$ (d. h. die beiden Bloomfilter verwenden die gleiche Menge von Hash-Funktionen).

(a) Erklären Sie, wie man die Mengen, die die beiden Bloomfilter B_1 und B_2 repräsentieren, in einem neuen Bloomfilter vereinigen kann.
Schreiben Sie eine entsprechende Python-Funktion $unionBF(B_1, B_2)$, die diese Vereinigung implementiert.

(b) Erklären Sie, wie man die Mengen, die die beiden Bloomfilter B_1 und B_2 repräsentieren, in einem neuen Bloomfilter schneiden kann.
Schreiben Sie eine entsprechende Python-Funktion $intersectBF(B_1, B_2)$, die diesen Schnitt implementiert.

3.5.3 Laufzeit und Wahrscheinlichkeit falsch-positiver Antworten

Sowohl das Einfügen, als auch der Membership-Test benötigen jeweils $O(k)$ Schritte, um die k Hash-Funktionen zu berechnen. Die Laufzeit ist also – und das ist das eigentlich Bemerkenswerte an einem Bloomfilter – unabhängig von der Anzahl n der im Bloomfilter enthaltenen Einträge.

Eine entscheidende Frage bzgl. der Performance eines Bloomfilters bleibt jedoch: Wie groß ist die Wahrscheinlichkeit eines falsch-positiven Membership-Tests? Wir gehen im Folgenden von der (nur näherungsweise korrekten) Annahme aus, die Funktionswerte der k Hash-Funktionen seien alle unabhängig und perfekt pseudo-zufällig verteilt. Dann können wir annehmen, dass die Wahrscheinlichkeit, ein bestimmtes Bit aus den m Einträgen des Bit-Arrays würde durch eine bestimmte Hash-Funktion h_i gesetzt, genau $1/m$ ist; die Gegenwahrscheinlichkeit, d. h. die Wahrscheinlichkeit, dass dieses Bit *nicht* gesetzt wird, ist entsprechend $1 - 1/m$. Die Wahrscheinlichkeit, dass dieses Bit durch keine der k Hashfunktionen $h_0, \ldots h_{k-1}$ gesetzt wird, ist also $(1 - 1/m)^k$. Befinden sich bereits n Elemente im Bloomfilter, so ist die Wahrscheinlichkeit, dass dieses Bit durch keine der n Einfügeoperationen gesetzt wurde $(1 - 1/m)^{kn}$. Die Gegenwahrscheinlichkeit, d. h. die Wahrscheinlichkeit, dass dieses Bit durch eine der n Einfügeoperationen gesetzt wurde, ist $1 - (1 - 1/m)^{kn}$.

Die Wahrscheinlichkeit FPT eines falsch-positiven Tests, d. h. die Wahrscheinlichkeit dass *alle* für einen Eintrag relevanten k Bits bereits gesetzt wurden ist also

$$FPT = \left(1 - (1 - 1/m)^{kn}\right)^k$$

Für den Designer eines Bloomfilters stellen sich zwei entscheidende Fragen:

1. Welcher Wert sollte für k gewählt werden?. Wie viele Hash-Funktionen sollten optimalerweise für ein Bloomfilter der Größe m und einer erwarteten Anzahl von n

Einträgen verwendet werden, d. h. welche Anzahl k von Hash-Funktionen minimiert die Wahrscheinlichkeit falsch-positiver Aussagen?

Um diese Fragen zu beantworten, müssen wir zunächst den Ausdruck der Wahrscheinlichkeit eines falsch-positiven Tests etwas vereinfachen. Da $(1 - 1/m)^x \approx e^{-x/m}$ (durch Taylorreihenentwicklung einfach nachzuvollziehen.) gilt für die Wahrscheinlichkeit FPT eines falsch-positiven Tests:

$$FPT = \left(1 - (1 - 1/m)^{kn}\right)^k \approx \left(1 - e^{-kn/m}\right)^k =: FPT_{\approx}$$

Will man das Minimum dieses Ausdrucks – betrachtet als Funktion nach k – finden, so sucht man die Nullstellen der Ableitung; leichter ist es jedoch (was sich erst nach einiger Rechnerei herausstellt), den Logarithmus dieses Ausdruck zu minimieren. Leiten wir zunächst den Logarithmus von FPT nach k ab

$$ln(FPT_{\approx})' = \left[k \cdot \ln(1 - e^{-kn/m})\right]' = \ln(1 - e^{-kn/m}) + \frac{kn}{m} \cdot \frac{e^{-kn/m}}{1 - e^{-kn/m}}$$

Eine Nullstelle liegt bei $k = (\ln 2) \cdot \frac{m}{n}$, und man kann auch tatsächlich zeigen, dass dies ein Minimum ist.

2. Welcher Wert sollte für m gewählt werden?. Oft möchte man die Fehlerrate eines Bloomfilters begrenzen. Die entscheidende Frage hierzu ist: Wie groß sollte das Bloomfilter-Array gewählt werden, wenn man – bei einer erwarteten Anzahl von n Einträgen – sicherstellen möchte, dass die Wahrscheinlichkeit falsch-positiver Aussagen höchstens p sein wird?

Die Herleitung einer entsprechenden Formel ist noch aufwändiger als obige Herleitung der optimalen Wahl von k und wir überlassen es dem interessierten Leser sich in entsprechender Literatur [4] darüber zu informieren. Folgende Formel liefert die Mindestgröße m eines Bloomfilters mit n gespeicherten Elementen, die die Wahrscheinlichkeit falsch-positiver Aussagen auf höchstens p beschränkt.

$$m \geq n \log_2(1/p)$$

Aufgabe 3.43

Beantworten Sie die folgenden Fragen:

(a) Wie viele Hash-Funktionen sollte man verwenden, bei einem Bloomfilter der Größe 1 MBit, das etwa 100000 Elemente speichern soll?

(b) Wie viele Bits pro gespeichertem Eintrag werden von einem Bloomfilter benötigt, dessen Fehlerrate höchstens bei 1% liegen soll?

(c) Wie viele Bits pro gespeichertem Eintrag werden von einem Bloomfilter benötigt, dessen Fehlerrate höchstens bei 0.1% liegen soll?

Aufgabe 3.44

(a) Erklären Sie, wie man mit Hilfe eines Bloomfilters eine schnelle und speichereffiziente Rechtschreibprüfung implementieren kann.

(b) Gehen wir von einem Wörterbuch mit 100000 Einträgen aus; wir wollen sicherstellen dass die Rechtschreibprüfung nur bei höchstens jedem 1000sten Wort einen Fehler begeht. Wie groß muss das Bloomfilter gewählt werden? Wie viele Hash-Funktionen sollten optimalerweise verwendet werden?

(c) Implementieren Sie die Rechtschreibprüfung. Verwenden Sie die in Listing 3.20 gezeigte Implementierung von Bloomfiltern. Recherchieren Sie, welche Hash-Funktionen sinnvoll sein könnten und verwenden Sie diese; evtl. ist es auch sinnvoll aus einer einzelnen Hash-Funktion durch Gruppierung der Bits mehrere Hash-Funktionen zu generieren. Implementieren Sie eine Funktion *richtig* (*s*), die mit Hilfe des Bloomfilters testet, ob der String *s* sich im Wörterbuch befindet.

3.5.4 Anwendungen von Bloomfiltern

Sehr beliebt ist der Einsatz von Bloomfiltern, um die Antwortzeiten von Datenbanken oder langsamen Massenspeichern zu beschleunigen. Ferner gibt es eine wachsende Zahl von Anwendungen, deren Anwendungsfälle nicht auf das klassische Paradigma einer relationalen Datenbank passen; hierzu wurde in neuster Zeit der Begriff *NoSQL* (für: „Not only SQL") geprägt. Bloomfilter stellen eine häufig gewählte Technik dar, um Daten in nicht-relationalen Datenbanken, wie etwa dokumentenorientiert verteilte Datenbanken, zu strukturieren.

Um eines (von sehr vielen) Beispielen zu geben: Bloomfilter werden in Googles BigTable [5], einem verteilten Ablagesystem für unstrukturierte Daten, verwendet, um die Anzahl von Suchaktionen zu reduzieren. Hierbei wird jede Anfrage an die Datenbank zunächst an ein Bloomfilter gegeben, das alle in der Datenbank enthaltenen Schlüsselwerte enthält. Befindet sich ein Schlüssel nicht in der Datenbank, so antwortet das Bloomfilter korrekt (und sehr schnell, nämlich mit konstanter Laufzeit) und die Anfrage muss nicht weiter von der langsameren Datenbank bearbeitet werden. Befindet sich der Schlüssel im Bloomfilter, so muss allerdings direkt auf die Datenbank bzw. den Massenspeicher zugegriffen werden (zum Einen um auszuschließen, dass das Bloomfilter eine falsch-positive Antwort gegeben hat; zum Anderen um den zum Schlüssel passenden Wert aus der Datenbank zu holen und zurückzuliefern). Abbildung 3.19 zeigt diese Technik nochmals graphisch.

Es gibt eine Reihe von Netzwerk-Anwendungen, in denen die Verwendung eines Bloomfilters sehr sinnvoll sein kann. Wir geben eines (von vielen möglichen) Beispielen – die Implementierung eines sog. *Web-Proxys*. Die Hauptaufgabe eines Web-Proxys ist die Reduktion von Web-Traffics, also der über das Netzwerk bzw. Internet verschickten Datenmenge. Wird diese Datenmenge verringert, so kann damit i. A. die Zugriffsgeschwindigkeit auf Web-Seiten verbessert werden. Diese Geschwindigkeitserhöhung wird durch *Caching* häufig genutzter Seiten erreicht, d. h. auf den Proxys befindliche sog. *Web-Caches* speichern häufig genutzte Web-Dokumente und sind so für Rechner die

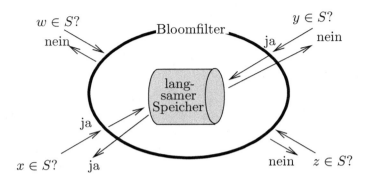

Abb. 3.19: *Ein Bloomfilter kann dazu verwendet werden, die Zugriffe auf einen langsamen Massenspeicher (wie etwa eine Festplatte oder ein noch langsameres Bandlaufwerk) zu reduzieren. In den meisten Fällen, in denen sich ein Element nicht auf dem langsamen Speicher S befindet, kann so bei einer Anfrage der Zugriff auf S vermieden werden; in dem Beispiel ist dies bei den Anfragen „$w \in S$?" und „$z \in S$?" der Fall. Nur wenn das Bloomfilter eine positive Antwort liefert, muss direkt auf S zugegriffen werden, zum Einen um auszuschließen, dass es sich bei der Antwort des Bloomfilters um eine falsch-positive Aussage handelte (das ist im Beispiel bei der Anfrage „$y \in S$?" der Fall); zum Anderen natürlich um die angefragten Informationen aus S zu holen und dem Benutzer zurückzuliefern.*

den Web-Proxy nutzen schneller erreichbar als wenn sie von Ihrer ursprünglichen Quellen geladen werden müssten. Dieses Proxy-Konzept kann noch um ein Vielfaches effektiver gestaltet werden, wenn sich Web-Proxys untereinander Informationen über den Inhalt ihrer Caches austauschen: Im Falle eines *Cache-Miss*[6] versucht der Web-Proxy das angeforderte Web-Dokument aus dem Cache eines anderen Web-Proxys zu beziehen. Hierzu müssen Proxys über den Inhalt der Caches anderer Proxy bescheid wissen. Anstatt aber die kompletten Inhalte der Caches über das Internet auszutauschen (was aufgrund deren Größe sehr teuer wäre), werden in regelmäßigen zeitlichen Abständen Bloomfilter verschickt, die die Einträge der Caches beinhalten. Der prominente „Squid Web Proxy Cache" verwendet beispielsweise Bloomfilter.

Aufgabe 3.45

Erklären Sie, warum in diesem Falle der Implementierung eines Web-Proxys die Eigenschaft der Bloomfilter, mit einer gewissen Wahrscheinlichkeit falsch-positive Antworten zu geben, vollkommen unproblematisch ist.

---

[6]Mit Cache-Miss bezeichnet man die Situation, dass sich eine angeforderte Seite nicht im Cache des jeweiligen Proxys befindet.

3.6   Skip-Listen

Die erst 1990 von William Pugh [16] eingeführten *Skip-Listen* bilden eine einfache und in vielen Fällen sehr effiziente Implementierung der Dictionary-Operationen „Einfügen", „Suchen" und „Löschen". Tatsächlich erweisen sich Skip-Listen oft als die einfachere und effizientere Alternative zu einer Implementierung über balancierte Baumstrukturen. Skip-Listen stellen eine sog. *randomisierte* Datenstruktur dar: Beim Aufbau einer Skip-Liste bzw. beim Einfügen von Elementen in eine Skip-Liste werden gewisse Zufallsentscheidungen getroffen, auf die wir später genauer eingehen werden.

Ähnlich wie bei einfachen verketteten Listen sind die Einträge in einer Skip-Liste durch Zeiger verkettet. Es besteht jedoch ein wesentlicher Unterschied zu verketteten Listen: Ein Element einer Skip-Liste kann mehrere Vorwärtszeiger enthalten. Abbildung 3.20 zeigt ein Beispiel. Die Anzahl der Vorwärtszeiger eines Eintrags bezeichnen wir als die

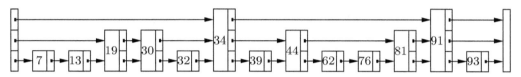

Abb. 3.20: *Beispiel einer Skip-Liste der Höhe 3.*

Höhe des Knotens. Als die *Höhe einer Skip-Liste* bezeichnen wir die maximale Höhe eines Eintrags der Liste (ausgenommen des initialen Eintrags).

Eine Skip-Liste muss folgende Eigenschaft besitzen: Greift man einen Eintrag aus einer Skip-Liste zufällig heraus, so sollte die Wahrscheinlichkeit, auf einen Eintrag mit i Vorwärtszeigern zu treffen, genau $p^{i-1} \cdot (1-p)$ sein, wobei $0 < p < 1$ eine vorher festgelegte Wahrscheinlichkeit ist. Das bedeutet, jeder $\frac{1}{p}$-te Eintrag mit i Vorwärtszeigern hat auch (mindestens) $i+1$ Vorwärtszeiger. Wählt man etwa $p = 1/2$, so hätte durchschnittlich jeder 2. Eintrag zwei Vorwärtszeiger (entspricht der Wahrscheinlichkeit $(1/2)^1$), jeder 4. Eintrag drei Vorwärtszeiger (entspricht der Wahrscheinlichkeit $(1/2)^2$), jeder 8. Eintrag vier Vorwärtszeiger (entspricht der Wahrscheinlichkeit $(1/2)^3$), usw. Die folgende Python-Funktion *randHeight()* erzeugt eine zufällige Höhe für einen neuen Eintrag genau so, dass obige Eigenschaften gelten.

```
1  from random import random
2  p = ...   # feste Wahrscheinlichkeit mit 0 < p < 1
3  def randHeight():
4     i=1
5     while random()≤p: i+=1
6     return min(i,MaxHeight)
```

Listing 3.21: *Die Funktion randHeight() erzeugt mit einer vorher festgelegten Konstanten $0 < p < 1$ eine zufällige Höhe.*

Die Funktion *random()* erzeugt normalverteilt (d. h. alle Zahlen sind gleichwahrscheinlich) eine zufällige Gleitpunktzahl zwischen 0 und 1. Aus der Tatsache, dass alle Gleitpunktzahlen gleichwahrscheinlich sind, folgt, dass *random()*≤p mit Wahrscheinlichkeit

p gilt. Die Wahrscheinlichkeit, dass *randHeight* den Wert 1 zurückliefert ist also $1-p$, die Wahrscheinlichkeit, dass *randHeight* den Wert 2 zurückliefert entspricht der Wahrscheinlichkeit, dass $random() \leq p$ beim ersten Durchlauf und $random() > p$ beim zweiten Durchlauf gilt, was mit einer Wahrscheinlichkeit von $p \cdot (1 - p)$ der Fall ist, usw.

3.6.1   Implementierung

Wir definieren eine Klasse *SLEntry*, die einen einzelnen Eintrag in einer Skip-Liste repräsentiert, bestehend aus einem Schlüssel *key*, einem Wert *val* und einer Liste *ptrs* von Vorwärtszeigern.

```
1  class SLEntry(object):
2    def __init__ ( self, key, ptrs=[], val=None):
3      self.key = key ; self.ptrs = ptrs ; self.val = val
```

Listing 3.22: *Definition der Klasse SLEntry, die einen Eintrag der Skip-Liste repräsentiert.*

Des Weiteren definieren wir eine Klasse *SkipList*, die eine Skip-Liste repräsentiert.

```
1  class SkipList( object ):
2    def __init__ ( self ):
3      self. tail = SLEntry(Infty)
4      self.head = SLEntry(None, [self.tail for _ in range(MaxHeight+1)])
5      self. height = 0
```

Listing 3.23: *Definition der Klasse SkipList, die eine Skip-Liste repräsentiert.*

Eine Skipliste *sl* besitzt ein spezielles Anfangselement *sl. head*, das eine *MaxHeight* lange Liste von Vorwärtszeigern enthält, die anfänglich alle auf das Ende-Element *sl. tail* zeigen. Das spezielle Ende-Element *sl. tail* hat als Schlüssel den Wert „∞"[7] und ist ansonsten leer.

Suche. Am einfachsten ist die Implementierung der Suche. Listing 3.24 zeigt die Implementierung der Suche nach einem Eintrag mit Schlüssel *key*.

```
1  class SkipList( object ):
2    ...
3    def search( self, key):
4      x = self.head
5      for i in range( self.height, -1, -1):
6        while x.ptrs[i].key < key: x = x.ptrs[i]
7      x = x.ptrs[0]
8      if x.key == key: return x.val
9      else: return None
```

Listing 3.24: *Implementierung der Suche nach einem Eintrag mit Schlüssel key*

---

[7]Der Wert „∞" kann in Python durch den Ausdruck *float*('inf') erzeugt werden.

Zunächst werden die Vorwärtszeiger auf der höchstmöglichen Stufe, also auf Stufe *self.height*, solange gelaufen, bis der Suchschlüssel kleiner ist als der Schlüssel des momentanen Elements; dies bewirkt die **while**-Schleife in Zeile 6. Anschließend werden die Vorwärtszeiger auf der nächstniedrigeren Stufe entsprechend lange gelaufen, usw. Ist schließlich die unterste Stufe 0 erreicht, so befindet sich die Suche direkt vor dem gesuchten Eintrag – vorausgesetzt natürlich, der Schlüssel *key* befindet sich überhaupt in der Skip-Liste.

Einfügen. Beim Einfügen eines Elementes in eine Skip-Liste wählen wir die Höhe dieses Elementes durch eine Zufallsentscheidung, die wir schon oben durch die Funktion *randHeigth* implementiert haben. Die Struktur der Skip-Liste ist nicht alleine durch die einzufügenden Elemente determiniert, sondern wird zusätzlich durch Zufallsentscheidungen beim Aufbau der Liste bestimmt. Die Zuweisung in Zeile 13 in Listing 3.25 ist auch tatsächlich das einzige Kommando in den präsentierten Algorithmen über Skip-Listen, das mit Zufallszahlen arbeitet.

```
1  class SkipList( object ):
2     ...
3     def insert( self, key, val ):
4        updatePtrs = [ self.head ] *( MaxHeight + 1)
5        x = self.head
6        for i in range( self.height, -1, -1):
7           while x.ptrs[i].key < key: x = x.ptrs[i]
8           updatePtrs[i] = x
9        x = x.ptrs[0]
10       if x.key == key:     # bestehenden Eintrag verändern
11          x.val = val
12       else:                # neuen Eintrag einfügen
13          newheight = randHeight()
14          self.height = max( self.height, newheight )
15          entry = SLEntry(key, [updatePtrs[i].ptrs[i] for i in range(newheight)], val)
16          for i in range(0, newheight + 1):
17             updatePtrs[i].ptrs[i] = entry
```

Listing 3.25: *Implementierung der Einfüge-Operation eines Schlüssel-Wert-Paares in eine Skip-Liste*

Bis zur Zeile 12 wird, ähnlich wie in der *search*-Methode, nach der richtigen Einfügeposition gesucht. Zusätzlich werden in der Liste *updatePtrs* diejenigen Elemente der Skip-List gespeichert, deren Vorwärtszeiger bei einem Einfügen möglicherweise angepasst werden müssen; Abbildung 3.21 zeigt dies an einer Beispielsituation; die in *updatePtrs* befindlichen Vorwärtszeiger sind hierbei dunkel markiert. In Zeile 13 und 14 wird durch eine Zufallsentscheidung eine Höhe für das einzufügende Element bestimmt und, falls diese Höhe größer als die bisher maximale Höhe eines Elementes in der Skip-Liste ist, die Höhe der Skip-Liste angepasst. In Zeile 15 wird der neue Eintrag erzeugt. Der *i*-te Vorwärtszeiger des neuen Eintrags ist hierbei der *i*-te Vorwärtszeiger des *i*-ten Eintrags in *updatePtrs* für $0 \leq i \leq$ *newheight*; dies ist in Abbildung 3.21(b) an der Beispielsituation veranschaulicht. Schließlich werden die Zeiger der in *updatePtrs* befindlichen Elemente so angepasst, dass sie auf den neu erzeugten Eintrag zeigen; dies geschieht in den Zeilen 16 und 17.

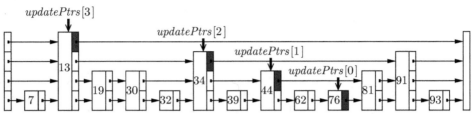

(a) Die Situation vor der Einfüge-Operation: In *updatePtrs*[*i*] ist das Element der Skip-Liste gespeichert, dessen *i*-ter Vorwärtszeiger, in der Abbildung grau eingefärbt, beim Einfügen des neuen Elementes angepasst werden muss.

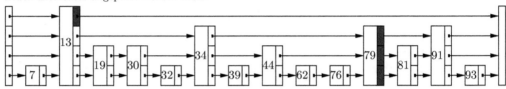

(b) Die Situation nach der Einfüge-Operation: Die *i*-ten Vorwärtszeiger von *updatePtrs*[*i*] für $0 \leq i \leq$ *newheight* sind jetzt die *i*-ten Vorwärtszeiger des neu eingefügten Elements.

Abb. 3.21: *Einfügen eines neuen Elements mit Schlüsselwert 79 und der (mittels der Funktion randHeight() zufällig erzeugten) Höhe 3 in eine Skip-Liste.*

Löschen. Beim Löschen werden in der Such-Phase ebenfalls diejenigen Elemente gemerkt, deren *i*-ter Vorwärtszeiger eventuell angepasst werden muss. Listing 3.26 zeigt die Implementierung der Lösch-Funktion.

```
1  class SkipList( object ):
2      ...
3      def delete( self, key):
4          updatePtrs = [ self.head ] * (MaxHeight + 1)
5          x = self.head
6          for i in range( self.height, −1, −1):
7              while x.ptrs[i].key < key: x = x.ptrs[i]
8              updatePtrs[i] = x
9          x = x.ptrs[0]          # x ist das zu löschende Element
10         if x.key == key:
11             heightx = len(x.ptrs) −1
12             for i in range(0, heightx + 1):
13                 updatePtrs[i].ptrs[i] = x.ptrs[i]
14             while self.height ≥ 0 and self.head.ptrs[ self.height ] == self.tail:
15                 self.height −= 1
```

Listing 3.26: *Implementierung der Lösch-Funktion.*

Die Methode *delete* funktioniert sehr ähnlich wie die Methode *insert*. Einer Erwähnung Wert sind allenfalls die Zeilen 14 und 15, in der die Höhe des Skip-Liste genau dann angepasst wird, wenn das Element mit der maximalen Höhe gelöscht wurde. Hierbei genügt es nicht, die Höhe einfach um Eins zu erniedrigen, denn der Höhenunterschied zum nächst tieferen Element könnte mehr als Eins betragen. Stattdessen muss das *head*-Element der Skip-Liste untersucht werden: Der höchstgelegene Zeiger, der *nicht* auf das *tail*-Element zeigt, ist die neue Höhe der Skip-Liste.

Aufgabe 3.46

Implementieren Sie die Funktion __str__, so dass Skip-Listen folgendermaßen ausgegeben werden:

```
>>> print skiplist
>>> [ (30|1), (33|4), (40|3), (77|1), (98|1), (109|1), (193|3) ]
```

Ausgegeben werden soll also der Schlüssel jedes Elements zusammen mit der Höhe des Elements.

Aufgabe 3.47

(a) Schreiben Sie eine Methode *keys*(), die eine Liste der in der Skip-Liste gespeicherten Schlüsselwerte zurückliefert.

(b) Schreiben Sie eine Methode *vals*(), die eine Liste der in der Skip-Liste gespeicherten Werte zurückliefert.

Aufgabe 3.48

Oft wird eine effiziente Bestimmung der Länge einer Skip-Liste benötigt. Erweitern Sie die Klasse *SkipList* um ein Attribut *length*, passen Sie entsprechend die Methoden *insert* und *delete* an und geben Sie eine Implementierung der Methode __len__ an, so dass die *len*-Funktion auf Skip-Listen anwendbar ist.

Aufgabe 3.49

(a) Schreiben Sie eine Funktion *numHeights(h)*, die die Anzahl der Elemente mit Höhe *n* zurückliefert.

(b) Schreiben Sie eine Funktion *avgHeight(s)*, die die durchschnittliche Höhe eines Elementes der Skip-Liste *s* berechnet.

3.6.2   Laufzeit

Für alle Operationen auf einer Skip-Liste dominiert immer die Laufzeit der Suche nach der richtigen Einfüge- bzw. Löschposition. Es genügt also, wenn wir uns bei der Laufzeitanalyse auf die Untersuchung der Laufzeit der Suche in einer Skip-Liste beschränken.

Die erwartete Höhe einer Skip-Liste. Wir werden im Folgenden sehen, dass die Höhe einer Skip-Liste entscheidend für die Laufzeit der Suche ist. Da Skip-Listen eine randomisierte Datenstruktur darstellen, ist die Höhe einer Skip-Liste keine vorherbestimmte Größe. Mathematisch lässt sich die Höhe als Zufallsvariable[8] $H(n)$ modellieren.

Wir können also nie mit Sicherheit vorhersagen, welche Höhe eine bestimmte Skip-Liste haben wird. Wir beschränken uns daher darauf, zu fragen, was die erwartete[9] Höhe $H(n)$ einer Skip-Liste mit n Elementen ist. Wir führen hierzu den Ausdruck $numHeights(h)$ ein, der die durchschnittliche Anzahl von Elementen einer n-elementigen Skip-Liste repräsentiert, die eine Höhe von $\geq h$ haben. Es gilt:

$$numHeights(0) = n \cdot p^0, \quad numHeights(1) = n \cdot p^1, \quad numHeights(2) = n \cdot p^2, \quad \ldots$$

Wir setzen dies nun soweit fort, bis wir eine Höhe h gefunden haben, für die es durchschnittlich weniger als ein Element mit dieser Höhe gibt:

$$numHeights(\log_{1/p}(n) + 1) = n \cdot p^{\log_{1/p}(n)} \cdot p = \frac{n}{n} \cdot p = p < 1$$

Aus der Tatsache, dass es durchschnittlich weniger als ein Element in der Skip-Liste gibt, das eine Höhe von mindestens $\log_{1/p}(n) + 1$ aufweist, können wir schließen, dass $\log_{1/p}(n)$ die Höhe (d. h. die maximale Höhe eines Elementes der Skip-Liste) einer durchschnittlichen Skip-Liste mit n Elementen ist, also:

$$H(n) \approx \log_{1/p}(n) + 1$$

Für die häufig gewählte Wahrscheinlichkeit $p = \frac{1}{2}$ gilt $H(n) \approx \log_2(n) + 1$.

Aufgabe 3.50

(a) Schreiben Sie eine Methode $numHeights(h)$ der Klasse *SkipList*, die von einer gegebenen Skipliste die Anzahl der Elemente mit Höhe n zurückliefert.

(b) Schreiben Sie eine Funktion *avgHeight()* der Klasse *SkipList*, die die durchschnittliche Höhe eines Elementes der Skip-Liste berechnet.

Die erwartete Länge eines Suchpfades. Die entscheidende Idee, die durchschnittliche Länge eines Suchpfades zu ermitteln, besteht darin, den Suchpfad rückwärts zu betrachten. Wir starten beginnend vom Zeiger der Höhe 0, der direkt auf das gesuchte

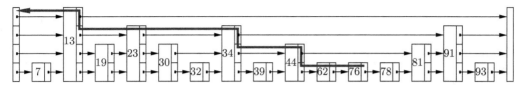

Abb. 3.22: *Darstellung eines Suchpfades. Wie man sieht, gibt es für jeden Schritt immer zwei mögliche „Richtungen" um sich auf dem Pfad vom zu suchenden Element hin zum Listenkopf zu bewegen: entweder horizontal oder nach oben. Die Frage die bleibt ist: Wie viele der horizontalen Schritte müssen durchschnittlich gegangen werden, bis man „oben" ankommt?*

Element zeigt und laufen *rückwärts* bis wir am Kopf der Skip-Liste angelangt sind. Abbildung 3.22 zeigt solch einen „Rückwärts"-Pfad ausgehend vom zu suchenden Element, in diesem Fall „76", zum Kopf der Liste.

Befindet man sich bei einem Element der Höhe i so geht der Rückwärts-Pfad solange in vertikaler Richtung weiter, bis er auf ein Element der Skip-Liste stößt, das eine Höhe von (mindestens) $i+1$ besitzt. Dann geht der Pfad um eine Stufe nach oben, usw. Es ist hilfreich, sich folgenden (fiktiven) Algorithmus vorzustellen, der diesen Rückwärts-Pfad durchläuft:

$x = zuSuchendesElement$
while $x \neq self.head$
   if $nachOben(x)$ *moeglich*:
     $x = nachObenWeiter(x)$
  else:
     $x = vertikalWeiter(x)$

Listing 3.27: *Fiktiver Algorithmus zum Durchlaufen des Rückwärts-Pfades*

Wie oben beschrieben, wird in diesem Algorithmus in jedem **while**-Schleifendurchlauf das Kommando *nachObenWeiter(x)* mit Wahrscheinlichkeit p ausgeführt und das Kommando *vertikalWeiter(x)* mit Wahrscheinlichkeit $1-p$. Die entscheidende Frage ist: Wie viele *vertikalWeiter(x)*-Schritte werden (durchschnittlich) gegangen, bis der Pfad sich eine Ebene nach oben bewegt? Bezeichnen wir als X die Zufallsvariable, die die Anzahl der *vertikalWeiter(x)*-Schritte angibt, bis die Höhe ansteigt. Diese Zufallsvariable ist geometrisch verteilt mit $E[X] = 1/p$. Wir wissen, dass auf dem Rückwärtspfad sich die Höhe $H(n)$-mal erhöhen muss bis das *head*-Element erreicht ist. Die Laufzeit der Suche beträgt also

$$\frac{1}{p} \cdot H(n) \approx \frac{1}{p} \cdot \log_{1/p} n + 1 = O(\log n)$$

---

[8]Für weitere Details zu Zufallsvariablen siehe Abschnitt B.3.3.

[9]Gefragt ist hier also der *Erwartungswert*. Der Erwartungswert $H(n)$ der Höhe ist nichts anderes als die durchschnittliche Höhe einer Skip-Liste, gemittelt über sehr viele Skip-Listen.

3.7   Tries

Tries sind Bäume, deren
Kanten mit Buchstaben
(bzw. sequentialisierten
Teilen der Suchschlüssel)
beschriftet sind. Be-
sonders dann, wenn
Suchschlüssel aus langen
Zeichenketten bestehen
sind Tries vielen anderen
in diesem Kapitel vorge-
stellten Datenstrukturen
überlegen, sowohl was die
Suchzeit als auch was die
Speichereffizienz betrifft.
Besonders interessant ist,
dass die Laufzeit zur Su-
che eines Schlüssels *nicht*
von der Gesamtzahl der
Einträge im Trie abhängt,
sondern alleine von der
Länge des Suchschlüssels.

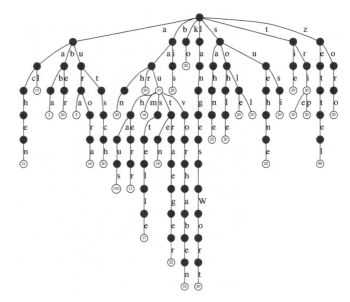

Die Suche nach einem kurzen String benötigt in einem Trie also immer die gleiche Anzahl (weniger) Schritte, unabhängig davon, ob sich im Trie 1000, 100 000 oder mehrere
Millarden Einträge befinden.

Daher werden Tries und Trie-ähnliche Datenstrukturen sehr häufig bei der Implementierung von (Text-)Suchmaschinen eingesetzt. Außerdem werden sie oft verwendet, um
effiziente Lookups in Routing-Tabellen zu implementieren, die beispielsweise für die
Funktionsweise des Internets unerlässlich sind.

3.7.1   Die Datenstruktur

Binäre Suchbäume bewähren sich in der Praxis genau dann sehr gut, wenn sich Schlüssel
effizient vergleichen lassen. Dies ist im Allgemeinen dann der Fall, wenn Werte eines
„einfachen" Typs verglichen werden, wie etwa Integer-Werte oder einzelne Zeichen; jedoch kann ein Vergleich „teuer" werden, wenn Werte komplexerer zusammengesetzter
Typen verglichen werden, wie etwa (möglicherweise lange) Zeichenketten; aber selbst
einfache Vergleiche können in objektorientierten Sprachen verhältnismäßig teuer sein, da
der Vergleichsoperator üblicherweise überladen ist und, bevor der eigentliche Vergleich
ausgeführt wird, zunächst die für die verwendeten Typen passende Methode dynamisch
(also während der Laufzeit) ausgewählt werden muss. Dieser sog. *dynamic dispatch* ist
verhältnismäßig rechenaufwändig.

Handelt es sich bei den Schlüsselwerten also um komplexe Werte etwa eines zusam-
mengesetzten Typs, insbesondere um Strings, so ist die sog. *Trie*[10]-Datenstruktur, ei-

---

[10]Der Name „Trie" leitet sich ab aus dem englischen Wort „retrieval", dem Finden bzw. Wiederfinden
von Informationen.

ne Baumstruktur, oft die beste Wahl Schlüssel-Wert-Paare effizient zu speichern und wieder zu finden. Anders als bei Suchbäumen, sind in den Knoten eines Tries nicht die Schlüssel selbst gespeichert, sondern die Position des Knotens innerhalb des Trie-Baums bestimmt, welcher Schlüssel im Knoten gespeichert ist. Angenommen die Strings, aus denen die Schlüsselwerte bestehen, setzen sich zusammen aus Kleinbuchstaben zwischen a und z. Dann sind alle Kinder $v.children$ eines Knoten v im Trie markiert mit einem Element aus $\{a, \ldots, z\}$. Den zu einem Schlüsselwert passenden Eintrag in einem Trie findet man nun einfach dadurch, dass man von der Wurzel beginnend den mit den Zeichen im String markierten Kanten nachläuft. Abbildung 3.23 zeigt einen einfachen Trie, der die Schlüsselwerte `'bahn'`, `'bar'`, `'bis'`, `'sole'`, `'soll'`, `'tri'`, `'trie'` und `'trip'` speichert.

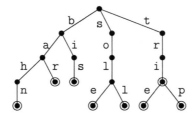

Abb. 3.23: *Beispiel eines Tries, der die Strings* `'bahn'`, `'bar'`, `'bis'`, `'sole'`, `'soll'`, `'tri'`, `'trie'` *und* `'trip'` *speichert. Nur die Knoten mit doppelter Umrandung entsprechen einem enthaltenen Schlüssel und können tatsächlich einen Wert speichern.*

Aufgabe 3.51

Zeichnen Sie einen Trie, der die Schlüssel `gans`, `ganz`, `galle`, `leber`, `lesen`, `lesezeichen`, `zeichnen`, `zeilenweise`, `adam`, `aaron` speichert und beantworten Sie die folgenden Fragen:

(a) Wie viele Schritte benötigt eine Suche in diesem Trie minimal?

(b) Wie viele Schritte benötigt eine Suche in diesem Trie maximal?

Aufgabe 3.52

Beantworten Sie die folgenden Fragen:

(a) Wie viele Character-Vergleiche benötigt eine Suche in einem Trie höchstens, der 1 Mio verschiedene Schlüsselwerte mit einer Länge von höchstens 14 enthält?

(b) Wie viele Character-Vergleiche benötigt eine Suche in einem binären ausgeglichenen Suchbaum, der 1 Mio verschiedene Schlüsselwerte mit einer Länge von höchstens 14 enthält?

Listing 3.28 zeigt die Definition der Python-Klasse *Trie*:

```
1 class Trie( object ):
2   def __init__ ( self ):
3     self . children = {}
4     self . val = None
```

Listing 3.28: *Klasse Trie mit der __init__ -Methode*

Jeder Trie *t* enthält also ein Attribut *t. val*, das die im jeweiligen Knoten befindliche Information speichert, und ein Attribut *t. children*, das die Menge der Kinder des Knotens speichert. Diese Kinder-Menge wird in Listing 3.28 als *dict*-Wert repräsentiert, der Kantenmarkierungen auf Kinder-Tries abbildet. Es wäre wohl auch die Repräsentation als Liste denkbar, die aus Kantenmarkierungen und Kinder-Tries bestehende Tupel enthält, jedoch erweist sich die Verwendung eines *dict*-Wertes als effizientere Wahl.

3.7.2   Suche

Die beiden wichtigsten Operationen auf einen Trie sind das Einfügen und das Suchen. Beginnen wir, da einfacher, mit der Implementierung der Suche. Listing 3.29 zeigt eine rekursive Implementierung der Methode *search*:

```
1 class Trie( object ):
2   ...
3   def search( self , key):
4     if not key: return self . val
5     c = key[0]
6     if c not in self . children : return None
7     return self . children [c] . search(key[1: ])
```

Listing 3.29: *Rekursive Implementierung der Suche in einem Trie.*

Zeile 4 in Listing 3.29 implementiert den Rekursionsabbruch, der dann eintritt, wenn der Suchstring *key* leer ist. In diesem Fall gehen wir davon aus, dass die Suche am Ziel angelangt ist und liefern daher als Rückgabewert den im momentanen Knoten gespeicherten Wert *self . val* zurück. Andernfalls versuchen wir dem Zweig nachzulaufen, der mit dem ersten im Suchschlüssel gespeicherten Zeichen, also mit *key*[0] bzw. *c*, markiert ist. Falls kein solcher Zweig vorhanden ist, d. h. falls *c* nicht im Dictionary *self . children* enthalten ist, wird einfach *None* zurückgeliefert. Andernfalls fahren wir in Zeile 8 rekursiv mit der Suche des verbleibenden Suchschlüssels *key*[1 :] fort, solange eben, bis der Suchschlüssel leer ist.

3.7.3   Einfügen

Nur wenig schwieriger ist die in Listing 3.30 gezeigte Implementierung der Einfüge-Operation:

```
1  class Trie( object ):
2    ...
3    def insert( self , key, val ):
4      if not key:
5        self . val=val
6      else:
7        if key[0] not in self . children :
8          self . children [key[0]]  =  Trie()
9        self . children [key[0]]. insert(key[1: ],  val)
```

Listing 3.30: *Rekursive Implementierung einer Funktion insert, die ein neues Schlüssel-Wert-Paar in einen Trie einfügt.*

Ist der Schlüsselstring leer, so wurde bereits an die passende Stelle des Tries navigiert und der als Parameter übergebene Wert *val* kann eingefügt werden – dies geschieht in Zeile 5. Andernfalls wird, wie bei der Suche auch, das nächste Zeichen des Schlüsselstrings (also *key*[0]) dazu benutzt um sich der passenden Stelle im Trie weiter zu nähern – dies geschieht in Zeile 9 in Listing 3.30: Gibt es noch keinen *key*[0]-Eintrag im *children*-Dictionary, so wird ein solcher Eintrag erzeugt. Anderfalls wird dem *key*[0]-Eintrag des im aktuellen Knoten gespeicherten *children*-Dictionaries gefolgt und für den dort gespeicherten Trie die *insert*-Methode rekursiv mit dem restlichen Schlüssel *key*[1 :] aufgerufen.

Aufgabe 3.53

Implementieren Sie eine Methode *keys*(), die eine Liste aller in einem Trie befindlichen Schlüsselwerte zurückliefert.

Dass die vorgestellte Trie-Datenstruktur sehr effizient ist, zeigt ein (natürlich sehr Rechner-abängiger) Laufzeit-Vergleich für das Suchen von 1000 Wörter der Länge 100 einmal in einem Trie und einmal in einer Instanz des Python-internen *dict*-Typs:

Implementierung	Laufzeit
dict-Typ	0.348
Trie-Typ	0.353

Man beachte jedoch: Die *dict*-Implementierung ist dadurch ungleich bevorteilt, dass sie direkt in C implementiert. Die Tatsache, dass die Laufzeiten der beiden Implementierungen trotzdem in etwa gleich sind, deutet darauf hin, dass die Trie-Struktur für diesen Anwendungsfall prinzipiell die effizientere Methode ist.

3.8   Patricia-Tries

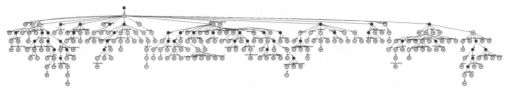

Ein Patricia (auch häufig als Patricia-Trie bezeichnet) ist einem Trie sehr ähnlich, nur dass ein Patricia auf eine kompaktere Darstellung Wert legt. Dies geht zwar etwas auf Kosten der Laufzeit – die Einfügeoperation und die Löschoperation werden etwas langsamer und die Implementierung komplexer. In vielen Fällen werden diese Nachteile aber wenig ins Gewicht fallen, und der Vorteil der kompakteren Speicherung überwiegt. Oben dargestellter Patricia speichert etwa die lexikographisch ersten 200 in diesem Buch vorkommenden Wörter.

3.8.1   Datenstruktur

Es gibt den einen problematischen Fall, dass sich viele Wörter in einem Trie (bzw. in einem Teilbaum des Tries) befinden, die sich einen langen gemeinsamen Präfix teilen, d. h. die alle mit der gleichen Buchstabenkombination beginnen. In diesem Fall „beginnt" der Baum mit einer langen Kette von Knoten, wobei jeder Knoten jeweils nur ein Kind hat. Abbildung 3.24(a) zeigt einen Trie, dessen Einträge alle den Präfix 'bau' haben. Patricia-Tries stellen eine Optimierung der Tries dar. Man kann nämlich Knoten mit Grad 1 (also mit nur einem Kind) in denen sich keine Informationen befinden mit dem jeweiligen Kind-Knoten verschmelzen und so eine kompaktere Darstellung eines Tries erhalten. Die verbleibenden Knoten speichern dann den gemeinsamen Präfix aller im entsprechenden Teilbaum befindlichen Knoten. Abbildung 3.24(b) zeigt ein Beispiel eines Patricia-Trie:

> **Aufgabe 3.54**
>
> Fügen Sie in den Patricia-Trie aus Abbildung 3.24(b) die Schlüsselwerte
> baustellplatz und bauträger ein.

Wir implementieren Patricia-Tries als Klasse *Patricia*. Die Konstruktor-Funktion $\_\_init\_\_$ ist mit der Konstruktorfunktion der Klasse *Trie* identisch.

```
1  class Patricia( object ):
2    def __init__ ( self ):
3      self. children = {}
4      self. val = None
```

Listing 3.31: Klassendefinition Patricia

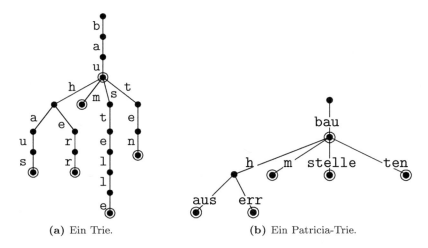

(a) Ein Trie.   (b) Ein Patricia-Trie.

Abb. 3.24: *Ein Trie und ein Patricia-Trie, die die jeweils gleichen Schlüsselwerte gespeichert haben, nämlich* `'bau'`, `'bauhaus'`, `'bauherr'`, `'baum'`, `'baustelle'`, `'bauten'`. *Jeder Knoten des Patricia-Trie hält den Präfix gespeichert, den alle in seinem Teilbaum gespeicherten Schlüsselwerte gemeinsam haben.*

3.8.2   Suche

Wie man leicht sieht, ist sowohl das Einfügen, *insert*, als auch das Suchen, *search*, im Falle der Patricia-Tries komplizierter zu implementieren als im Falle der Tries. Das liegt daran, dass nun nicht mehr sofort klar ist, welchen Zweig man eigentlich zu laufen hat – man muss nach passenden Zweigen erst suchen. Listing 3.32 zeigt die Implementierung der Suchfunktion.

```
1  class Patricia( object ):
2      ...
3      def search( self , key):
4          if not key:
5              return self. val
6          prefixes = [k for k in self. children if key. startswith (k)]
7          if not prefixes:
8              return None
9          else:
10             prefix = prefixes [0]
11             return self. children [ prefix ]. search( key[len( prefix ): ])
```

Listing 3.32: *Implementierung der Suchfunktion für Patricias.*

Man beachte zunächst, dass die Implementierung rekursiv ist. Der Rekursionsabbruch erfolgt, wenn der zu suchende Schlüsselwert *key* der leere String ist, also **not** *key* gilt. In diesem Fall gehen wir davon aus, dass der gesuchte Knoten des Patricia-Tries erreicht wurde und geben einfach den darin gespeicherten Wert *self. val* zurück – dies geschieht in Zeile 5. Andernfalls suchen wir in *self.children* nach einem Schlüsselwert, der ein Präfix von *key* ist. Gibt es kein solches Attribut (das ist der Fall, wenn *prefixes* == [] bzw. **not** *prefixes*), so gilt der Schlüsselwert *key* als nicht gefunden, die Suche wird abgebrochen und *None* zurückgeliefert – dies geschieht in Zeile 8. Andernfalls wird der mit dem gefundenen Schlüsselwert beschrifteten Kante *self.children* [*prefix*] nachgelaufen und die Suchprozedur mit entsprechend verkürztem Schlüssel *key*[*len*(*prefix*) :] rekursiv aufgerufen – dies geschieht in Zeile 11.

3.8.3 Einfügen

Insbesondere die Implementierung der Einfügeoperation ist für Patricias komplexer als für einfache Tries. Listing 3.33 zeigt die Implementierung eines Patricia-Tries.

```
 1  class Patricia( object ):
 2    ...
 3    def insert( self , key, val ):
 4      v = self
 5      prefix = [k for k in v.children.keys() if k.startswith(key[0])] if key else []
 6      if prefix ≠ []:
 7        prefix = prefix[0]
 8        if not key.startswith(prefix):   # Fall 3 ⇒ umstrukturieren
 9          i = prefixLen(key, prefix)
10          t1 = v.children [prefix]
11          del(v.children [prefix])
12          v.children [key[: i]] = Patricia()
13          v.children [key[: i]].children [prefix [i:]] = t1
14          if key[i:]==[]:
15            v.children [key[: i]].val = val
16            return
17          v.children [key[: i]].children [key[i:]] = Patricia()
18          v.children [key[: i]].children [key[i:]].val = val
19        else:   # Fall 2 ⇒ einfach weiterlaufen
20          key = key[len(prefix):]
21          if key==[]:
22            v.val = val
23            return
24          v = v.children [prefix]
25          v.insert(key, val)
26      else:   # Fall 1 ⇒ neuen Eintrag generieren
27        v.children [key] = Patricia()
28        v.children [key].val = val
```

Listing 3.33: *Implementierung eines Patricia-Trie*

Auch die Implementierung von *insert* ist rekursiv; der rekursive Aufruf ist in Zeile 25 in Listing 3.33 zu sehen. In jedem Aufruf von *insert* auf einen Knoten v sind drei Fälle zu unterscheiden:

1. Fall: Es gibt keinen Eintrag in $v.children$ dessen Schlüssel einen mit *key* gemeinsamen Präfix hat. Dies ist der einfachste Fall. Es muss lediglich ein neuer Eintrag in $v.children$ erzeugt werden mit Schlüssel *key* dessen Wert *val* ist. Dieser Fall wird in den Zeilen 27 und 28 aus Listing 3.33 behandelt.

2. Fall: Es gibt in $v.children$ einen Eintrag *commonPrae* der ein Präfix von *key* ist d. h. für den gilt, dass $commonPrae == key[:i]$ (mit $i = len(commonPrae)$). In diesem Fall muss einfach dieser mit $key[:i]$ markierten Kante nachgelaufen werden und anschließend mit dem verbleibenden Suffix von *key* weitergesucht werden. Dieser Fall wird in den Zeilen 20 bis 25 in Listing 3.33 behandelt.

3. Fall: Es gibt in $v.children$ einen Eintrag *prefx*, der zwar kein vollständiger Präfix von *key* ist; jedoch haben *prefx* und *key* einen *gemeinsamen* Präfix, d. h. es gibt ein $0 < i < len(prefx)$ mit $prefx[:i] == key[:i]$. Dies ist der aufwändigste Fall, denn hier muss der bisherige Patricia umgebaut werden. Die Beschriftung *prefx* muss zunächst zu $prefx[:i]$ verkürzt werden. An dem durch $prefx[:i]$ erreichten Knoten werden zwei Zweige erzeugt. Der eine wird mit $prefx[i:]$ beschriftet und enthält die Informationen, die auch vorher unter dem Schlüssel *prefx* erreichbar waren – also den Teilbaum t_1. Der andere Zweig wird mit $key[i:]$ beschriftet und enthält den Wert zum neu eingefügten Schlüssel *key*.

Abbildung 3.25 zeigt nochmals bildlich, was zu tun ist und was entsprechend auch in Listing 3.33 zwischen den Zeilen 9 und 18 implementiert ist.

Aufgabe 3.55

Beantworten Sie die folgenden beiden Fragen bzgl. der Suche nach allen in *children* enthaltenen Schlüsselwerten, die ein Präfix von *key* sind:

(a) In Zeile 5 in Listing 3.33 gezeigten Listenkomprehensionen werden alle Schlüsseleinträge im Kantendictionary *children* gesucht, die mit dem Anfangsbuchstaben des Schlüssels, also mit $key[0]$, beginnen. Argumentieren Sie, warum sich darunter die gesuchten Schlüsseleinträge befinden müssen.

(b) Argumentieren Sie, warum die in Zeilen 5 in Listing 3.33 und in Zeile 6 in Listing 3.32 verwendeten Listenkomprehensionen entweder leer oder einelementig sein müssen.

Der Vorteil des Patricia-Tries gegenüber der einfachen Trie-Datenstruktur besteht aber darin, dass eine kompaktere Repräsentation möglich wird; die Geschwindigkeit leidet darunter, jedoch nur geringfügig, wie folgende Tabelle zeigt:

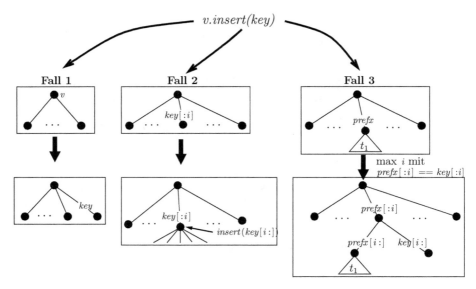

Abb. 3.25: *Grafische Darstellung der drei verschiedenen Fälle die beim Einfügen in einen Patricia-Trie zu unterscheiden sind.*

Implementierung	Laufzeit
dict-Typ	0.348
Patricia-Typ	0.3924

3.9 Suchmaschinen

Suchmaschinen verwenden Methoden des Information Retrieval, einem Forschungsgebiet mit mittlerweile langer Tradition, das sich allgemein mit der Wiedergewinnung (engl: „Re-Trieval") von Informationen beschäftigt, die in großen Datenbeständen für den Benutzer ansonsten praktisch „verloren" wären. Wir beschäftigen uns hier jedoch nur mit einem sehr kleinen Teil des Information Retrieval, mit rein lexikalischen (also rein textbasierten) Suchtechniken. Viele Suchmaschinen verwenden darüberhinaus semantische Suchtechniken, die Informationen aus verschiedenen Wissensbereichen mit einfließen lassen und mit Hilfe dieser Zusatzinformationen das Suchen effektiver gestalten können.

Eine für das Programmieren von Suchmaschinen sehr nützliche Datenstruktur ist der *Trie* und dessen Verfeinerung, der *Patricia*.

3.9.1 Aufbau einer Suchmaschine

Abbildung 3.26 zeigt den typischen Aufbau einer Suchmaschine. Der *Crawler* läuft hierbei über die Dokumentenbasis, der *Indexer* parst die Dokumente und extrahiert die zu indizierenden Elemente, i. A. Wörter oder Phrasen, und die Suchanfrage-Bearbeitung

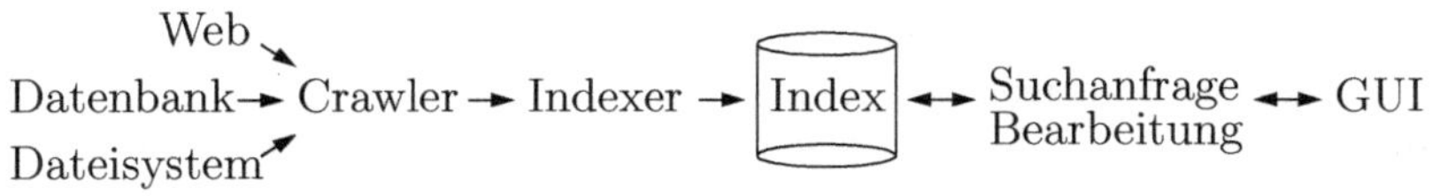

Web
Datenbank → Crawler → Indexer → │Index│ ←→ Suchanfrage ←→ GUI
Dateisystem   Bearbeitung

Abb. 3.26: *Typischer Aufbau einer Suchmaschine.*

extrahiert die für die Anfrage notwendigen Daten aus der Indexstruktur.

In realen Suchmaschinen können die einzelnen Teile sehr komplex werden: oft arbeitet der Crawler über verschiedene Rechner verteilt. Der Indexer muss möglichst viele Dokumente erkennen können und womöglich in der Lage sein, die Dokumentenstruktur (also: was ist Überschrift, was ist einfacher Text, ...) erkennen können usw. Außerdem muss er ein sog. Stemming betreiben, d. h. nur die Wortstämme sollten berücksichtigt werden und nicht etwa für Akkusativ, Dativ oder Mehrzahl verschiedene Index-Einträge des eigentlich gleichen Wortes erzeugt werden.

3.9.2 Invertierter Index

Der sog. *invertierte Index* bildet das „Herz" jeder Suchmaschine; diese Datenstruktur ermöglicht das schnelle Finden von Wörtern und Suchbegriffen. Dieser Index ordnet jedem Wort von Interesse Informationen über dessen Position in der Dokumentenbasis zu. Oft wird hierbei jedem Wort aus dem Index die Liste aller Vorkommen dieses Wortes (i. A. ist dies eine Liste von Dokumenten) zugeordnet. Jedes Dokument, auf das hierbei referenziert wird, besitzt innerhalb des Systems eine eindeutige Identifikationsnummer. Jedes dieser Vorkommen ihrerseits könnte wiederum eine Liste von Positionen innerhalb des Dokuments referenzieren, in denen das Wort auftaucht. Abbildung 3.27 zeigt die Struktur eines solchen invertierten Indexes nochmals graphisch.

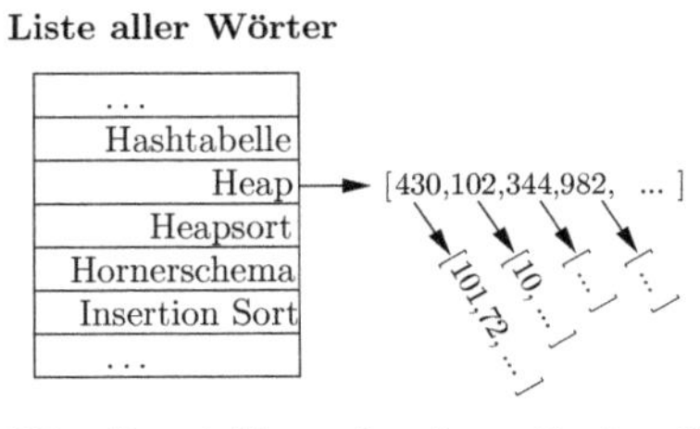

Liste aller Wörter

...
Hashtabelle
Heap → [430,102,344,982, ...]
Heapsort
Hornerschema
Insertion Sort
...

Abb. 3.27: *Darstellung des Invertierten Indexes*

3.9.3 Implementierung

Es gibt mehrere Möglichkeiten, den Index in Python zu implementieren. Wir verwenden der Einfachheit halber hier Pythons *dict*-Typ, um den invertierten Index zu implementieren. Jedes Wort *w* des Indexes stellt hierbei einen Schlüssel des *dict*-Objekts *ind* dar – dies ist in Listing 3.34 zu sehen. In einem Eintrag *ind*[*w*] werden nun alle Dokumente gespeichert, in denen das Wort *w* auftaucht. Wir wollen uns zusätzlich auch noch alle

Positionen innerhalb eines Dokuments merken. Diese könnten wir prinzipiell als Liste in $ind[w]$ hinterlegen. Wir wollen jedoch zusätzlich für jedes Dokument uns alle Positionen, in unserem Falle zunächst nur Zeilennummern, innerhalb des Dokuments merken, in denen das entsprechende Wort vorkommt. Folglich ist es am günstigsten als Einträge in $ind[w]$ wiederum *dict*-Objekte zu wählen, die jedem Dokument in dem w vorkommt, die relevanten Positionen innerhalb des Dokuments zuordnen.

```
 1  import os
 2
 3  class Index( object ):
 4    def __init__ ( self , path='' ):
 5      self . docId = 0
 6      self . ind = {}
 7      self . docInd = {}
 8      if path≠'0': self . crawl(path)
 9
10    def toIndex( self , (word,pos), docId ):
11      if word not in self . ind:
12        self . ind[word] = { docId : [pos] }
13      elif docId not in self . ind[word]:
14        self . ind[word][docId] = [pos]
15      else:
16        self . ind[word][docId].append(pos)
17
18    def addFile( self , file , tmp='' ):
19      def tupl(x,y): return (x,y)
20      if tmp=='': tmp=file
21      print "Adding", file
22      self . docInd[ self . docId] = file
23      fileHandle = open(tmp) ; fileCont = fileHandle . readlines () ; fileHandle . close ()
24      fileCont = map(tupl, xrange(0,len(fileCont)), fileCont)
25      words = [(word.lower(),pos) for (pos, line) in fileCont
26                                     for word in line . split ()
27                                     if len(word) ≥3 and word.isalpha() ]
28      for word,pos in words:
29        self . toIndex((word,pos), self . docId)
30      self . docId+=1
31
32    def crawl( self , path ):
33      for dirpath , dirnames , filenames  in os.walk(path):
34        for file in filenames:
35          f = os.path.join( dirpath , file )
36          if isPdf(f):
37            tmpFile = os.path.join( dirpath , 'tmp.txt' )
38            os.popen('pdftotext \'' +f +'\' ' +'\'' +tmpFile+ '\'')
```

```
39        self.addFile(f, tmpFile)
40        os.popen('rm \'' + tmpFile + '\'')  # und wieder loeschen ...
41      if isTxt(f):
42        self.addFile(f)
43
44    def ask(self, s):
45      if s in self.ind:
46        return [self.docInd[d] for d in self.ind[s].keys()]
47      else: return []
```

Listing 3.34: Die Klasse Index implementiert eine sehr einfache Suchmaschine unter Verwendung von Dictionaries

Das „Herz" der Implementierung stellt die Funktion *toIndex* dar, die ein Wort dem Index hinzufügt. Jeder Eintrag des Indexes enthält zum Einen Informationen, in welchen Dokumenten das entsprechende Wort vorkommt und zum Anderen enthält es Informationen an welchen Positionen im jeweiligen Dokument es vorkommt; dies entspricht genau dem in Abbildung 3.27 dargestellten doppelt invertierten Index. Beim Einfügen eines Wortes *word* in den Index sind die folgenden drei Fälle zu beachten: 1. Es gibt noch keinen Eintrag *word*; dann muss zunächst ein neues Dictionary angelegt werden mit einem Eintrag. 2. Es gibt schon einen Eintrag *word*, jedoch gibt es noch keinen *docId*-Eintrag für *word*; dann muss ein neuer Eintrag *docId* in *ind[word]* angelegt werden mit einem Positionseintrag. 3. Es gibt schon einen Eintrag *word* und für *word* einen Eintrag *docId*; dann muss die neue Positionsinformation an die Liste der schon bestehenden Positionen angehängt werden.

Die Funktion *addFile* erzeugt für alle relevanten Wörter des übergebenen Textfiles *file* Einträge im Index. Der Parameter *tmp* wird nur dann mit übergeben, wenn eine temporäre Datei erzeugt wurde – dies ist beispielsweise bei der Verarbeitung von PDF-Dateien der Fall, die mittels eines externen Programms in Textdateien umgewandelt werden. In der in Zeile 25 in Listing 3.34 mittels einer Listenkomprehension erzeugten Liste *words* befinden sich alle Wörter von *file* die dem Index hinzugefügt werden sollen.

Die Funktion *crawl* implementiert den Crawler; in unserem Fall läuft der Crawler über die Verzeichnisstruktur und fügt alle Dateien, die textuelle Information enthalten, dem Index hinzu; in dieser einfachen Variante kann *crawl* lediglich pdf- und Textdateien indizieren.

Aufgabe 3.56

Erklären Sie die Listenkomprehension in Zeile 25 in Listing 3.34: wozu die beiden **for**-Schleifen, wozu die **if**-Anweisung?

3.9.4   Erweiterte Anforderungen

Erweiterte Anforderungen, die im Rahmen der Aufgaben noch nicht angedacht wurden, die aber von den „großen" Suchmaschinen, unter anderem vom Opensource Framework Lucene [13] und Google's Suchmaschinenalgorithmen verwendet werden.

1. Insbesondere dann, wenn die Anzahl der zu indizierenden Dokumente und folglich auch die Größe des Indexes die Ressourcen eines einzelnen Rechners übersteigt, muss man darüber nachdenken den Crawler, Indexer und die Indizes verteilt über mehrere Maschinen arbeiten zu lassen. Das von Google beschriebene MapReduce-Framework bietet hierfür eine nützliche Schnittstelle [7, 15].

2. Wenn man die Usability[11] verbessern will, dann ist es hilfreich, einen Dokumenten-Cache[12] mit zu verwalten, d. h. kleine Textteile, die einen möglichst repräsentativen Auszug aus einem Dokument bilden, werden für den schnellen Zugriff effizient gespeichert.

3. Um die Qualität der Suchergebnisse zu verbessern könnte man die Textstruktur beim Indizieren mit berücksichtigen: So könnte man etwa Vorkommen eines Wortes in Überschriften anders gewichten, als die Vorkommen eines Wortes in einem Paragraphen.

Aufgabe 3.57

Die in Listing 3.34 vorgestellte Implementierung einer Suchmaschine verwendet als Datenstruktur für den Index den Python-Typ *dict*, d. h. Hashtabellen. Reale Suchmaschinen verwenden dagegen sehr oft Tries bzw. Patricia-Tries.

(a) Verwenden Sie statt dem Python *dict*-Typ für *self.ind* besser den im vorigen Abschnitt vorgestellten Trie. Vergleichen Sie nun Laufzeit und Größe der als Index entstehenden Datenstruktur bei Verwendung von *dict* und bei Verwendung von *Trie*.

(b) Verwenden Sie statt dem Python *dict*-Typ für *self.ind* besser den im vorigen Abschnitt vorgestellten Patricia-Trie. Vergleichen Sie nun Laufzeit und Größe der als Index entstehenden Datenstruktur bei Verwendung von *dict* und bei Verwendung von *Patricia*.

Aufgabe 3.58

Erweitern Sie den Indexer so, dass auch die Position innerhalb einer Zeile mit berücksichtigt wird.

---

[11] Als Usability bezeichnet man oft auch in der deutschsprachigen Literatur die Benutzbarkeit aus Anwendersicht; dazu gehören Eigenschaften wie Verständlichkeit, Fehlertoleranz, Übersichtlichkeit, usw.

[12] Als Cache bezeichnet man in der Informatik in der Regel einen schnellen kleinen Speicher, der diejenigen Teile eines größeren Datenspeichers zwischenspeichert, von denen zu erwarten ist, dass sie momentan bzw. in Zukunft oft verwendet werden; viele Festplatten verwenden Cache-Speicher und auch viele Rechner verwenden schnelle Cache-Speicher um die Zugriffsperformance auf den Hauptspeicher zu optimieren.

Aufgabe 3.59

Implementieren Sie eine Methode *Index. askHTML* so, dass ein HTML-Dokument zurückgeliefert wird, in dem die Treffer als Hyperlinks auf die jeweiligen Dokumente dargestellt sind.

Aufgabe 3.60

(a) Die Methode *Index. ask* gibt die Treffer für ein Suchwort beliebig zurück. Modifizieren Sie *Index. ask* so, dass die Treffer (also die Dokumente, in denen das das Suchwort enthalten ist) nach Gewicht sortiert ausgegeben werden. Hierbei soll das Gewicht gleich der Anzahl der Vorkommen des Suchworts im jeweiligen Dokument sein.

(b) Geben Sie die Treffer nun sortiert nach der relativen Häufigkeit des Vorkommens des Suchworts zurück. Bei der relativen Häufigkeit wird einfach die Größe des Dokuments noch mit berücksichtigt, d. h.

$$rel.\ H\ddot{a}ufigkeit = \frac{H\ddot{a}ufigkeit}{Dokumentengr\ddot{o}\beta e}$$

Aufgabe 3.61

(a) Programmieren Sie eine Funktion *Index. remove(file)*, mit der man eine im Index befindliche Datei wieder entfernen kann.

(b) Programmieren Sie eine Funktion *Index. update(file)*, mit der man eine im Index befindliche womöglich veraltete Datei auf den neusten Stand bringen kann.

Aufgabe 3.62

Implementieren Sie ein einfaches Stemming, indem Sie die häufigsten Endungen 'ung', 'ungen', 'en', 'er', 'em' und 'e' abschneiden. Dies muss dann natürlich auch bei der Suche mit berücksichtigt werden, d. h. Suchwörter müssen vor der eigentlichen Suche mit dem selben Algorithmus gestemmt werden.

Aufgabe 3.63

Suchmaschinen indizieren aus Effizienzgründen üblicherweise nicht alle Wörter. Viele kurze Wörter, die es nahezu in jedem Dokument gibt, werden ignoriert. Diese Wörter werden im Information Retrieval oft als Stoppwörter bezeichnet. Erweitern Sie die Methode *Index.addtoIndex* so, dass ein Wort nur dann eingefügt wird, wenn es nicht aus einer vorgegebenen Menge von Stoppwörtern stammt.

Tipp: Verwenden Sie als Stoppwörter entweder einfach die wichtigsten bestimmten und unbestimmten Artikel, Präpositionen, Konjunktionen und Negationen; oder, alternativ, besorgen Sie sich aus Quellen wie etwa [1] eine Liste von Stoppwörtern.

Aufgabe 3.64

Bisher wurden lediglich pdf-Dateien und reine Textdateien indiziert.

(a) Parsen und indizieren sie zusätzlich HTML-Dateien.

(b) Parsen und indizieren sie zusätzlich Openoffice-Dateien.

(c) Parsen und indizieren sie zusätzlich MS-Office-Dateien.

(d) Parsen und indizieren sie zusätzlich TEX-Dateien.

Aufgabe 3.65

Realisieren Sie die Möglichkeit den erzeugten Index abzuspeichern und einen abgespeicherten Index wieder zu laden; je größer der Index, desto sinnvoller ist es, ihn persistent, d. h. dauerhaft und über die Laufzeit des Programms hinausgehend, zu speichern. Python stellt hierfür die Module *pickle*, *shelve* und/oder *marshal* zur Verfügung.

4   Heaps

Es gibt eine Vielzahl von Anwendungen, die effizient das größte bzw. kleinste Element aus einer Menge von Elementen finden und extrahieren müssen. Eine Datenstruktur, die eine effiziente Maximumsextraktion (bzw. Minimumsextraktion), Einfügeoperation und Löschoperation anbietet, nennt man *Prioritätswarteschlange*.

Anwendungen von Prioritätswarteschlangen. Beispielsweise muss ein Betriebssystem ständig (und natürlich unter Verwendung von möglichst wenig Rechenressourcen) entscheiden, welcher Prozess als Nächstes mit der Ausführung fortfahren darf. Dazu muss der Prozess mit der höchsten Priorität ausgewählt werden. Außerdem kommen ständig neue Prozesse bzw. Tasks hinzu. Man könnte die entsprechende Funktionalität dadurch gewährleisten, dass die Menge von Tasks nach jedem Einfügen eines Elementes immer wieder neu sortiert wird, um dann das größte Element effizient extrahieren zu können; Heaps bieten jedoch eine effizientere Möglichkeit dies zu implementieren.

Auch einige Algorithmen, wie beispielsweise der Dijkstra-Algorithmus zum Finden kürzester Wege oder Prims Algorithmus zum Finden eines minimalen Spannbaums, verwenden Prioritätswarteschlangen und sind auf eine effiziente Realisierung der Einfügeoperation und der Minimumsextraktion angewiesen.

Heaps als Implementierungen von Prioritätswarteschlangen. Als *Heap* bezeichnet man in der Algorithmik einen Baum, dessen Knoten der sog. Min-Heap-Bedingung (bzw. Max-Heap-Bedingung – abhängig davon, ob man sich für die minimalen oder maximalen Werte interessiert) genügen. Ein Knoten genügt genau dann der (Min-)Heap-Bedingung, wenn sein Schlüsselwert kleiner ist als die Schlüsselwerte seiner Kinder.

Die in diesem Abschnitt vorgestellten Datenstrukturen stellen allesamt mögliche Implementierungen von Prioritätswarteschlagen dar, die die Operationen „Einfügen", „Minimumsextraktion", „Löschen" und evtl. „Erniedrigen eines Schlüsselwerts" effizient unterstützen. Die in Abschnitt 4.1 beschriebenen binären Heaps stellen hierbei die „klassische" Implementierung von Prioritätswarteschlangen dar. Binäre Heaps wurden eigentlich schon in Kapitel 2 bei der Beschreibung des Heapsort-Algorithmus verwendet, werden aber in diesem Kapitel der Vollständigkeit halber nochmals vorgestellt.

Binomial-Heaps (siehe Abschnitt 4.2), Fibonacci-Heaps (siehe Abschnitt 4.3) und Pairing-Heaps (siehe Abschnitt 4.4) sind zusätzlich in der Lage die Verschmelzung zweier Heaps effizient zu unterstützen. Eine solche Verschmelzungsoperation spielt beispielsweise beim Prozessmanagement von Rechnern mit parallelen Prozessoren bzw. parallelen Threads eine Rolle: Gibt ein Prozessor seine „Arbeit" an einen anderen Prozessor ab, so erfordert dies u. A. die Verschmelzung der Prozesswarteschlangen beider Prozessoren.

4.1   Binäre Heaps

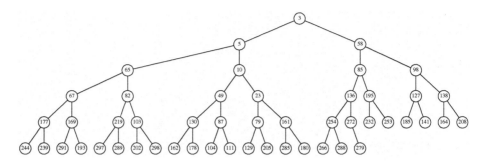

Abb. 4.1: *Beispiel eines binären Min-Heaps der n = 50 Elemente enthält.*

Binäre Heaps stellen wahrscheinlich die am häufigsten verwendete Art der Implementierung von Prioritätswarteschlangen dar. Wie für jeden anderen Heap auch, muss für jeden Knoten *v* eines binären Heaps die Min-Heap-Bedingung erfüllt sein, d. h. die Schlüsselwerte der Kinder von *v* müssen größer sein als der Schlüsselwert von *v*. Zusätzlich ist ein binärer Heap immer ein vollständiger Binärbaum, dessen Ebenen alle vollständig gefüllt sind; nur die unterste Ebene des Heaps ist, falls die Anzahl *n* der im Heap enthaltenen Elemente keine Zweierpotenz (minus Eins) ist, linksbündig unvollständig gefüllt. Abbildung 4.1 zeigt ein Beispiel eines Min-Heaps.

Obwohl einige Operationen (wie beispielsweise die Einfügeoperation oder das Erniedrigen eines Schlüsselwertes) für binäre Heaps eine schlechtere (asymptotische) Laufzeitkomplexität besitzen als für alternative Implementierungen, wie Fibonacci-Heaps oder Pairing-Heaps, stellen sie trotzdem in vielen Fällen die sinnvollste Implementierung dar: Zum Einen weil die in der *O*-Notation der Laufzeit versteckten Konstanten relativ „klein" sind; zum Anderen weil wegen dessen fester Struktur ein binärer Heap in einem zusammenhängenden festen Speicherbereich gehalten werden kann. Zusätzlich werden wir sehen, dass die Implementierung der meisten Operationen relativ (zumindest im Vergleich zur Implementierung der entsprechenden Operationen für Binomial-Heaps und Fibonacci-Heaps) einfach ist.

4.1.1   Repräsentation binärer Heaps

Binäre Heaps sind laut Definition immer vollständige Binärbäume, haben also eine feste Struktur, die nicht explizit gespeichert werden muss. Es bietet sich daher eine „strukturlose" Repräsentation als Liste an. Hierbei schreibt man die Einträge des Heaps von der Wurzel beginnend ebenenweise in die Liste, wobei die Einträge jeder Ebene von links nach rechts durchlaufen werden. Wir werden gleich sehen, dass es hier günstig ist, den ersten Eintrag der den Heap repräsentierenden Liste freizuhalten; konkret setzen wir diesen auf „*None*". Der Min-Heap aus Abbildung 4.1 wird beispielsweise durch die folgende Liste repräsentiert:

[*None* ,3,5,58,65,10,85,98,67,82,49,23,136,195,127, ...]

Repräsentiert man also einen Heap als Liste l, so ist leicht nachvollziehbar, dass das linke Kind von $l[i]$ der Eintrag $l[2*i]$ und das rechte Kind der Eintrag $l[2*i+1]$ ist.

Aufgrund der Struktur des binären Heaps gilt, dass die Höhe eines Heaps der n Elemente enthält immer $\lceil \log_2 n \rceil$ ist, also in $O(\log n)$ ist.

4.1.2 Einfügen eines Elements

Das in Listing 4.1 gezeigte Programm implementiert die Operation „Einfügen" eines Elementes in einen als Liste repräsentierten Heap.

```
1  def insert(heap, x):
2    heap.append(x)
3    i = len(heap) -1
4    while heap[i/2]>heap[i]:
5      heap[i/2],heap[i] = heap[i],heap[i/2]
6      i = i/2
```

Listing 4.1: *Einfügen eines Elementes in einen als Liste repräsentierten Min-Heap*

Das einzufügende Element x wird zunächst hinten an den Heap angehängt; dies entspricht dem Kommando $heap.append(x)$ in Zeile 2. Anschließend wird das eingefügte Element solange durch Tausch mit dem Vaterknoten die Baumstruktur „hoch"transportiert, bis die Heapbedingung erfüllt ist. Die **while**-Schleife wird solange durchlaufen wie der Wert des eingefügten Knotens kleiner ist als der Wert seines Vaterknotens, d. h. sie wird solange durchlaufen wie die Bedingung $heap[i/2]>heap[i]$ gilt.

Da die Anzahl der Tauschungen durch die Höhe des Heaps begrenzt ist, ist die Laufzeit dieser Operation offensichtlich in $O(\log n)$.

4.1.3 Minimumsextraktion

Das minimale Element eines binären Heaps wird wie folgt extrahiert: Das letzte Element aus einer den Heap repräsentierenden Liste *heap*, also $heap[-1]$, wird an die Stelle der Wurzel, also $heap[1]$, gesetzt. Dies verletzt i. A. die Heap-Bedingung. Die Heap-Bedingung kann wiederhergestellt werden, indem man dieses Element solange durch Tauschen mit dem kleineren der beiden Kinder nach „unten" transportiert, bis die Heap-Bedingung wiederhergestellt ist.

Listing 4.2 zeigt eine Implementierung der Minimumsextraktion. In der Variablen n ist während des ganzen Programmablaufs immer der Index des „letzten" Elements des Heaps gespeichert. In den Zeilen 3 und 4 wird das „letzte" Element des Heaps an die Wurzel gesetzt. Die Durchläufe der **while**-Schleife transportieren dann das Wurzel-Element solange nach „unten", bis die Heap-Bedingung wieder erfüllt ist. Am Anfang der **while**-Schleife zeigt die Variable i immer auf das Element des Heaps, das möglicherweise die Heap-Bedingung noch verletzt. In Zeile 9 wird das kleinere seiner beiden Kinder ausgewählt; falls dieses Kind größer ist als das aktuelle Element, d. h. falls $lst[i] \leq lst[k]$, so ist die Heap-Bedingung erfüllt und die Schleife kann mittels **break**

```
1  def minExtract(lst):
2    returnVal=lst[1]
3    lst[1]=lst[-1]  # letztes Element an die Wurzel
4    del(lst[-1])
5    n=len(lst)-1   # n zeigt auf das letzte Element
6    i=1
7    while i≤n/2:
8      j=2*i
9      if j<n and lst[j]>lst[j+1]: j+=1  # wähle kleineres der beiden Kinder
10     if lst[i]≤ lst[j]: break
11     lst[i], lst[j]=lst[j], lst[i]
12     i=j
13   return returnVal
```

Listing 4.2: *Implementierung der Minimumsextraktion, bei der das Wurzel-Element des Heaps entfernt wird.*

abgebrochen werden. Falls jedoch dieses Kind kleiner ist als der aktuelle Knoten, ist die Heapbedingung verletzt, und Vater und Kind müssen getauscht werden (Zeile 11). Durch die Zuweisung $i=j$ fahren wir im nächsten **while**-Schleifendurchlauf damit fort, den getauschten Knoten an die richtige Position zu bringen.

Die Höhe des Heaps begrenzt die maximal notwendige Anzahl der Vergleichs- und Tauschoperationen auch bei der Minimumsextraktion. Damit ist die Laufzeit der Minimumsextraktion auch in $O(\log n)$.

4.1.4   Erhöhen eines Schlüsselwertes

Soll ein Element $heap[i]$ eines als Liste repräsentierten Heaps $heap$ erhöht werden, so ist die Heap-Bedingung nach dem Erhöhen evtl. verletzt. Die Heap-Bedingung kann dadurch wiederhergestellt werden, indem man das Element soweit im Heap „sinken" lässt (d. h. sukzessive mit einem der Kinder tauscht), bis die Heap-Bedingung wiederhergestellt ist. Die in Listing 4.3 gezeigte Funktion *minHeapify* implementiert dies.

Die Funktion *minHeapify* stellt die Heap-Bedingung, falls diese verletzt ist, für den Knoten an Index i des Heaps $heap$ wieder her, und zwar dadurch, dass der Knoten im Heap solange nach „unten" gereicht wird, bis die Heap-Bedingung wieder erfüllt ist. Die in Zeile 2 und 3 definierten Variablen l und r sind die Indizes der Kinder des Knotens an Index i. In Zeile 5 wird mittels einer Listenkomprehension eine i. A. dreielementige Liste *nodes* aus den Werten des Knotens an Index i und seiner beiden Kinder erstellt. Um den Knoten mit kleinstem Wert zu bestimmen, wird *nodes* sortiert; danach befindet sich der *Wert* des kleinsten Knotens in $nodes[0][0]$ und der Index des kleinsten Knotens in $nodes[0][1]$. Falls der Wert des Knotens i der kleinste der drei Werte ist, ist die Heap-Bedingung erfüllt und die Funktion *minHeapify* kann verlassen werden; falls andererseits einer der Kinder einen kleineren Wert hat (d. h. $smallestIndex \neq i$) so ist die Heap-Bedingung verletzt und der Knoten an Index i wird durch Tauschen mit dem kleinsten Kind nach „unten" gereicht; anschließend wird rekursiv weiterverfahren.

```
1  def minHeapify(heap,i):
2    l = 2 * i
3    r = l + 1
4    n = len(heap) - 1
5    nodes = [(heap[v],v) for v in [i, l, r] if v ≤ n]
6    nodes.sort()
7    smallestIndex = nodes[0][1]
8    if smallestIndex ≠ i:
9      heap[i], heap[smallestIndex] = heap[smallestIndex], heap[i]
10     minHeapify(heap, smallestIndex)
```

Listing 4.3: *Die Funktion minHeapify, die den Knoten an Index i soweit sinken lässt, bis die Heap-Bedingung des Heaps „heap" wiederhergestellt ist.*

Auch die Laufzeit dieser Operation ist durch die Höhe des binären Heaps begrenzt und liegt in $O(\log n)$.

4.2 Binomial-Heaps

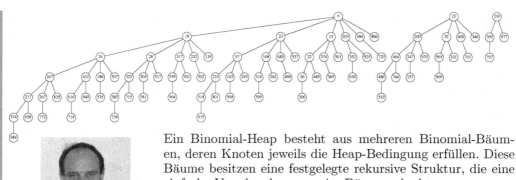

Ein Binomial-Heap besteht aus mehreren Binomial-Bäumen, deren Knoten jeweils die Heap-Bedingung erfüllen. Diese Bäume besitzen eine festgelegte rekursive Struktur, die eine einfache Verschmelzung zweier Bäume erlaubt.

Binomial-Heaps wurden 1978 [18] von Jean Vuillemin, Professor für Informatik an der an der Ecole Normale Superieure in Paris, eingeführt.

Bildquelle:
http://www.di.ens.fr/ jv/

Wie schon zu Beginn des Kapitels erwähnt, gibt es einige Anwendungen, die eine effiziente Vereinigung zweier Heaps benötigen; man denke etwa an Mehrkern-Prozessorsysteme, die je nach Auslastung der Prozessoren Prozess-Prioritätswarteschlangen aufteilen bzw. vereinigen müssen. Während herkömmliche binäre Heaps keine „schnelle" Vereinigung (in $O(\log n)$ Schritten) unterstützen, sind Binomial-Heaps gerade auf die Unterstützung einer effizienten Vereinigung hin entworfen.

Aufgabe 4.1

Implementieren Sie die Vereinigungs-Operation *mergeHeaps*, die zwei binäre Heaps miteinander vereinigt. Welche Laufzeit hat ihre Implementierung?

4.2.1   Binomial-Bäume

Ein Binomial-Heap besteht aus mehreren Binomial-Bäumen. Wir beginnen zunächst mit der Definition von Binomial-Bäumen. Die Struktur eines Binomial-Baums der Ordnung k kann folgendermaßen induktiv definiert werden:

- Ein Binomial-Baum der Ordnung „0" besteht aus einem einzelnen Knoten.
- Ein Binomial-Baum der Ordnung k besteht aus einem Wurzelknoten mit k Nachfolgern: Der erste Nachfolger ist ein Binomial-Baum der Ordnung k, der zweite Nachfolger ist eine Binomial-Baum der Ordnung $k-1$, usw.; der letzte Nachfolger ist ein Binomial-Baum der Ordnung „0", also ein einzelner Knoten.

Ein Binomial-Baum beispielsweise der Ordnung 4 hat folgende Struktur:

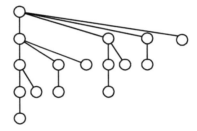

Ein Binomial-Baum der Ordnung k enthält genau 2^k Elemente; dies kann man einfach über vollständige Induktion zeigen – siehe hierzu Aufgabe 4.2.

Aufgabe 4.2

Wie viele Knoten hat ein Binomial-Baum der Ordnung k?

(a) Schreiben Sie eine rekursive Python-Funktion *anzKnotenBinomial(k)*, die die Anzahl der Knoten eines Binomial-Baums der Ordnung k zurückliefert; diese Funktion sollte sich an der induktiven Definition eines Binomial-Baums orientieren.

(b) Zeigen Sie mit Hilfe der vollständigen Induktion, dass ein Binomial-Baum der Ordnung k genau 2^k Elemente enthält.

4.2.2   Repräsentation von Binomial-Bäumen

Es gibt – wie auch bei vielen anderen Datenstrukturen – mehrere Möglichkeiten der Repräsentation. Binomial-Bäume können in Python etwa als Klasse repräsentiert werden.

Legt man Wert auf eine klare Darstellung der Algorithmen, so scheint eine möglichst einfache Repräsentation am günstigsten, etwa die Repräsentation eines Binomial-Baums als Tupel. Die erste Komponente des Tupels enthält das Element an der Wurzel des Binomial-Baums und die zweite Komponente ist eine Liste der Unterbäume des Binomial-Baums. Die Repräsentation eines Binomial-Baums der Ordnung k hätte in Python also das folgende Aussehen (wobei x der an der Wurzel gespeicherte Wert und bt_i ein Binomial-Baum der Ordnung i darstellt):

$$(x, [bt_{k-1}, bt_{k-2}, bt_{k-3}, \ \dots \ , bt_1, \ bt_0])$$

Ist bt ein Binomial-Baum der Ordnung k, so muss also immer $len(bt[1]) == k$ sein.

Zwei einfache Beispiele: Ein Binomial-Baum der Ordnung 0 dessen Wurzel die Zahl „13" enthält entspricht somit dem Python-Wert $(13, [])$; der in Abbildung 4.2 gezeigte Binomial-Baum der Ordnung 2 entspricht dem folgenden Python-Wert: $bt2 = (72, [(77, [(89, [])]), (91, [])])$

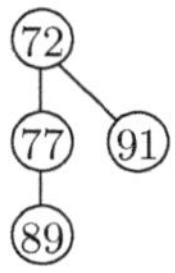

Abb. 4.2: *Binomial-Baum der Ord. 2.*

Aufgabe 4.3

Implementieren Sie eine Python-Funktion *isBinomial(bt)*, die genau dann „*True*" zurückliefert, wenn das Argument *bt* ein gültiger Binomial-Baum ist.

Aufgabe 4.4

Implementieren Sie eine Python-Funktion *bt2str(bt)*, die einen Binomial-Baum *bt* in eine geeignete Stringrepräsentation umwandelt.

4.2.3 Struktur von Binomial-Heaps

Jeder Binomial-Heap besteht aus mehreren Binomial-Bäumen verschiedener Ordnungen; für jeden der Binomial-Bäume muss zusätzlich die Heapbedingung erfüllt sein, d. h. (im Falle von Min-Heaps) muss ein Knoten immer einen größeren Wert gespeichert haben als seine Kinderknoten.

Wollen wir n Elemente in einem Binomial-Heap speichern, so ist die Struktur dieses Binomial-Heaps bestimmt durch die Binärdarstellung der Zahl n. Angenommen wir wollen 22 (in Binärdarstellung: „10110") Elemente in einem Binomial-Heap speichern, so muss dieser Binomial-Heap genau einen Binomial-Baum der Ordnung 4 (das von rechts gesehen, von Null an gezählte Bit an Position „4" von „10110" ist gesetzt), einen Binomial-Baum der Ordnung 2 (das Bit an Position „2" von „10110" ist gesetzt) und einen Binomial-Baum der Ordnung 1 (das Bit an Position „1" von „10110" ist gesetzt) enthalten. Ebenso wie die Binärdarstellung der Zahl 22 eindeutig bestimmt ist, ist auch die Struktur des Binomial-Heaps (nicht jedoch notwendigerweise die Anordnung der Elemente im Heap) eindeutig bestimmt. Abbildung 4.3 zeigt ein Beispiel eines Binomial-Heap, der 22 Elemente enthält.

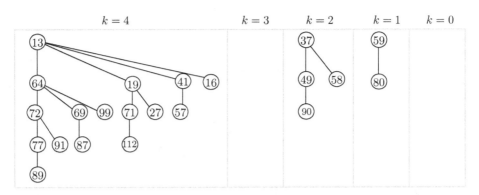

Abb. 4.3: *Beispiel eines Binomial-Heap mit 22 Elementen, dessen Knoten der Min-Heap-Bedingung genügen.*

4.2.4   Repräsentation von Binomial-Heaps

Offensichtlich kann man einen Binomial-Heap in Python einfach als Liste von Binomial-Bäumen repräsentieren; der in Abbildung 4.3 gezeigte Binomial-Heap beispielsweise wäre durch folgenden Python-Wert repräsentiert:

$$[\mathit{bt4},\ \mathit{None},\ \mathit{bt2},\ \mathit{bt1},\ \mathit{None}]$$

wobei *bt1*, *bt2* und *bt4* jeweils die in Abbildung 4.3 gezeigten Binomial-Bäume der Ordnung 1, 2 bzw. 4 darstellen.

Aufgabe 4.5

Geben Sie die Pythonrepräsentation des in Abbildung 4.3 gezeigten Binomial-Heaps an.

Aufgabe 4.6

Implementieren Sie eine Python-Funktion *isBinHeap(bh)*, die genau dann „*True*" zurückliefert, wenn *bh* ein gültiger Binomial-Heap ist.

4.2.5   Verschmelzung zweier Binomial-Bäume

Die Struktur der Binomial-Bäume ist genau deshalb algorithmisch so interessant, weil man zwei Binomial-Bäume *bt1* und *bt2* der Ordnung k sehr einfach in $O(1)$ Schritten zu einem Binomial-Baum der Ordnung $k+1$ verschmelzen kann. Angenommen $\mathit{bt1} < \mathit{bt2}$ (d. h. der an der Wurzel von *bt1* gespeicherte Wert ist kleiner als der in der Wurzel von *bt2* gespeicherte Wert). Dann besteht die Verschmelzungsoperation einfach darin, *bt2* als linkesten Teilbaum unter den Binomial-Baum *bt1* zu hängen. Der Wurzelknoten dieses neuen Baums hat $k+1$ Kinder, die jeweils Binomial-Bäume der Ordnung k, $k-1$, ..., 0 darstellen – ist also ein Binomial-Baum der Ordnung $k+1$. Abbildung 4.4 zeigt

die Verschmelzung zweier Binomial-Bäume der Ordnung 3 zu einem Binomial-Baum
der Ordnung 4.

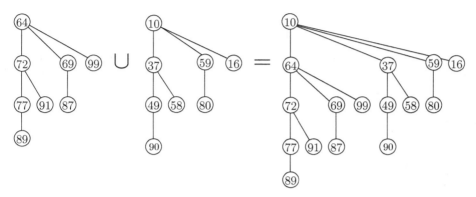

Abb. 4.4: *Verschmelzung zweier Binomial-Bäume der Ordnung k zu einem Binomial-Baum der Ordnung k + 1 – hier ist k = 3.*

Auch die entsprechende in Listing 4.4 gezeigte Implementierung in Python ist relativ
simpel. Die Funktion *meltBinTree* liefert einen neuen Binomial-Baum zurück, der die

```
1  def meltBinTree(bt0,bt1):
2      # Voraussetzung: bt0<bt1
3      root = lambda x : x[0]
4      subtrees = lambda x : x[1]
5      return ( root(bt0), [bt1] + subtrees(bt0) )
```

Listing 4.4: Verschmelzung zweier Binomial-Bäume

Verschmelzung der beiden Binomial-Bäume *bt0* und *bt1* darstellt; dieser wird direkt
nach dem **return**-Kommando generiert und besteht einfach aus dem Wurzelknoten
root(bt0) des Baumes *bt0*; der linkeste Unterbaum ist der komplette Binomial-Baum
bt1; die weiteren Unterbäume sind die Unterbäume des Binomial-Baums *bt0*, nämlich
subtrees(bt0).

4.2.6   Vereinigung zweier Binomial-Heaps

Die Verschmelzung zweier Binomial-Heaps hat große Ähnlichkeit mit der Addition zweier Binärzahlen: Ein gesetztes Bit an der k-ten binären Stelle entspricht dem Vorhanden-
sein eines Binomial-Baums der Ordnung k im Binomial-Heap; ein nicht-gesetztes Bit
an der k-ten binären Stelle entspricht dagegen einem *None*-Eintrag an der von rechts
gesehen k-ten Stelle der Python-Liste, die den Binomial-Heap repräsentiert. Auch das
Verwenden eines Carry-Bits und die bitweise Berechnung der einzelnen Stellen durch
einen Volladdierer hat eine Entsprechung bei der Vereinigung zweier Binomial-Heaps.

Abbildung 4.5 zeigt ein Beispiel für die Vereinigung zweier Binomial-Heaps; auch die Darstellung in dieser Abbildung ist angelehnt an die Addition zweier Binärzahlen. Während der Vereinigung entstehen zwei Carry-Bäume, die genau wie ein Carry-Bit in den für die nächste Stelle zuständigen Volladdierer einfließen.

Listing 4.5 zeigt die Implementierung eines „Volladdierers", der zwei Binomial-Bäume und einen Carry-Baum addiert und ein Tupel bestehend aus einem dem Summen-Bit entsprechenden Binomial-Baum und einem dem Carry-Bit entsprechenden Binomial-Baum zurückliefert. Ein nicht-gesetztes Bit entspricht wiederum dem Wert „None", ein gesetztes Bit entspricht einem Binomial-Baum der Ordnung k.

```
1  def fullAddB(bt0,bt1,c):
2      bts = sorted([b for b in [bt0,bt1,c] if b])
3      if len(bts)≥2:
4          c = meltBinTree(bts[0],bts[1])
5          return (None if len(bts)==2 else bts[2], c)
6      else:
7          return (None if len(bts)==0 else bts[0], None)
```

Listing 4.5: *Implementierung des Pendants eines Volladdierers zur Vereinigung zweier Binärbäume und eines Carry-Baums.*

Zunächst werden in Zeile 2 die *None*-Werte mittels der Bedingung „**if** b" in der Listenkomprehension ausgefiltert und die übergebenen Binomial-Bäume der Größe nach sortiert in der Liste *bts* abgelegt. Da die Sortierung stets lexikographisch erfolgt (siehe auch Anhang A.6 auf Seite 295) erhält man dadurch in *bts* [0] den Baum mit dem kleinsten Wurzelelement und in *bts* [2] den Baum mit dem größten Wurzelelement; diese Information ist für die Verschmelzungsoperation in Zeile 4 wichtig. Immer dann, wenn der Funktion *fullAddB* zwei oder mehr Binomial-Bäume der Ordnung k übergeben werden, wird in Zeile 4 ein Carry-Baum der Ordnung $k + 1$ erzeugt, der dann zusammen mit dem Summenbaum in Zeile 5 zurückgeliefert wird. Wurden weniger als zwei Binomial-Bäume übergeben, so wird als Carry-Baum „*None*" und als Summen-Baum der eine übergebene Binomial-Baum übergeben (bzw. „*None*" falls nur „*None*"-Werte übergeben wurden).

Die Verschmelzung zweier Binomial-Heaps erfolgt nun einfach durch die stellenweise Ausführung von *fullAddB*. Listing 4.6 zeigt eine Implementierung.

```
1  def merge(h1,h2):
2      h1 = [None]*(len(h2)-len(h1)) + h1
3      h2 = [None]*(len(h1)-len(h2)) + h2
4      erg=[None]*(len(h1)+1) ; c = None
5      for i in range(len(h1))[::-1]:
6          (s,c) = fullAddB(h1[i],h2[i],c)
7          erg[i+1]=s
8      erg[0]=c
9      return erg
```

Listing 4.6: *Verschmelzung zweier Binomial-Heaps*

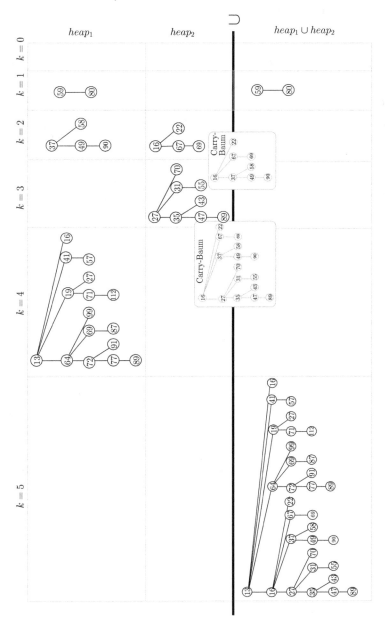

Abb. 4.5: *Vereinigung zweier Binomial-Heaps. Der obere Heap enthält* 22 = 10110 b *Elemente, der untere Heap enthält* 12 = 01100 b *Elemente. Die Vereinigung der beiden Heaps hat Ähnlichkeit mit der binären Addition von* 10110 b *und* 01100 b. *Betrachten wir die stellenweise Addition beginnend mit dem niederwertigsten (rechten) in zu höherwertigsten (linken) Bit. Anfänglich ist – wie bei jeder Addition – das Carry-Bit „0" und es wird zunächst fullAdd(0,0,0) berechnet – dies entspricht der Berechnung von fullAddB(None,None,None) bei der Heap-Vereinigung. Zur Berechnung der zweiten Stelle der Addition wird fullAdd(1,0,0) berechnet – dies entspricht der Berechnung fullAddB((59,[(80,[])]),None,None); die Summe entspricht hierbei einfach dem ersten Argument, das neue Carry-Bit bleibt None. Bei der Addition an Stelle* k = 2 *entsteht ein Carry-Baum (dargestellt in einem weißen Kasten), der in die Addition an Stelle* k = 3 *wieder einfließt. Auch bei der Addition an Stelle* k = 3 *entsteht wieder ein Carry-Baum der seinerseits in die Addition an Stelle* k = 4 *einfließt. Ergebnis ist schließlich ein Binomial-Heap der für einen Eintrag nicht mehr besitzt als seine beiden Summanden.*

In den Zeilen 2 und 3 werden die beiden übergebenen Heaps auf die gleiche Länge gebracht, indem gegebenenfalls „None"-Werte links (also an den höherwertigen „Bit"-Positionen) eingefügt werden. In der Variablen *erg* speichern wir das Ergebnis der Verschmelzung und füllen diese zunächst mit $len(h1)+1$ „None"-Werten auf, also einer Stelle mehr, als der längere der beiden übergebenen Binomial-Heaps. Analog zur bitweisen Addition zweier Binärzahlen, setzen wir anfänglich den Carry-Baum auf „None". Die **for**-Schleife ab Zeile 5 läuft über die Stellen der Binomial-Heaps und führt für jede Stelle eine Volladdition durch. Schließlich wird der zuletzt entstandene Übertrag der höchstwertigen Stelle von *erg* zugewiesen. Man beachte, dass in der **for**-Schleife ab Zeile 5 die Binomial-Baum-Listen von „hinten" nach „vorne" durchlaufen werden, also tatsächlich von der niederwertigsten Stelle $h1[-1]$ bzw. $h2[-1]$ bis zur höchstwertigsten Stelle $h1[0]$ bzw. $h2[0]$.

Die Laufzeit der Verschmelzung zweier Binomial-Heaps mit jeweils n bzw. m Elementen liegt offensichtlich in $O(\log(n+m))$: Die **for**-Schleife ab Zeile 5 wird $len(h) \leq \log_2(n+m)$-mal durchlaufen und die Ausführung der Funktion *fullAddB* benötigt $O(1)$ Schritte.

4.2.7   Einfügen eines Elements

Man kann ein Element x einfach dadurch in einen Binomial-Heap *bh* einfügen, indem man aus x einen einelementigen Binomial-Heap (bestehend aus einem einelementigen Binomial-Baum der Ordnung 0) erzeugt und diesen dann mit *bt* verschmilzt.

Aufgabe 4.7

Implementieren Sie eine Funktion *insertBinomialheap(bh,x)* die als Ergebnis einen Binomial-Heap zurückliefert, der durch Einfügen von x in *bh* entsteht.

Die Einfügeoperation hat offensichtlich eine Worst-Case-Laufzeit von $O(\log n)$, die etwa dann eintritt, wenn durch den Verschmelzungsprozess alle „Bits" des Binomial-Heap *bh* von Eins auf Null „umkippen", wenn also in einen Binomial-Heap mit 2^n-1 enthaltenen Elementen ein neues Element hinzugefügt wird. Da dieser Fall jedoch selten eintritt, kann man zeigen, dass die amortisierte Laufzeit in $O(1)$ liegt. Um diese theoretisch mögliche (amortisierte) Laufzeit voo $O(1)$ zu erreichen, müsste jedoch die in Listing 4.6 gezeigte Implementierung angepasst werden; siehe hierzu auch die folgende Aufgabe 4.8.

Aufgabe 4.8

...

4.2.8   Extraktion des Minimums

Ein Heap, der dazu verwendet wird, eine Prioritätswarteschlange zu implementieren, sollte effizient das Finden und die Extraktion des minimalen Elements unterstützen.

Zunächst können wir feststellen, dass das Finden des minimalen Elements $O(\log n)$ Schritte benötigt: Alle Wurzelelemente der $O(\log n)$ Binomial-Bäume müssen hierfür verglichen werden.

Nehmen wir an, das minimale Wurzelelement ist das Wurzelelement eines Binomial-Baums bt_k der Ordnung k. Das anschließende Löschen dieses Elements erzeugt k „freie" Binomial-Bäume. Diese werden dann in einem Binomial-Heap (der $2^k - 1$ Elemente enthält) zusammengefasst und mit dem ursprünglichen Binomial-Heap (ohne bt_k) verschmolzen.

Listing 4.7 zeigt die Implementierung der Extraktion des minimalen Elements.

```
1  def minExtractB(bh):
2    (bt,k) = min([(bt,k) for k,bt in enumerate(bh) if bt ≠ None])
3    bh2 = [None if i==k else bt2 for i,bt2 in enumerate(bh)]
4    return minEl,merge(bh2,bt[1])
```

Listing 4.7: *Implementierung der MinExtract-Funktion*

Zunächst wird in Zeile 2 derjenige Binomial-Baum bt gesucht, der das minimale Element als Wurzelelement besitzt – dies kann in $O(\log n)$ Schritten erfolgen. Das Wurzelelement $bt[0]$ dieses Binomial-Baums wird dann in Zeile 4 zusammen mit dem Binomial-Heap zurückgegeben, der durch Löschen von $bt[0]$ entsteht.

4.3 Fibonacci Heaps

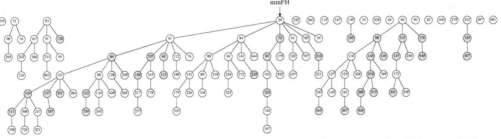

Michael Fredman und Robert Tarjan entwickelten im Jahr 1984 die Fibonacci-Heaps und publizierten ihre Entdeckung im Jahre 1987 [9].

Fibonacci-Heaps sind Binomial-Heaps ähnlich, und tatsächlich waren Fibonacci-Heaps von Tarjan und Fredman auch als eine Art „Verbesserung" von Binomial-Heaps gedacht. Wie an obiger Abbildung eines Fibonacci-Heaps schon zu erkennen, sind sie etwas weniger strukturiert als Binomial-Heaps. Sie besitzen für einige wichtige Operationen wie die Verschmelzung und die Minimumsbestimmung eine bessere (amortisierte) Laufzeit als Binomial-Heaps.

Ebenso wie Binomial-Heaps bestehen auch Fibonacci-Heaps aus einer Menge von einzelnen Bäumen, die jeweils der Heap-Bedingung genügen. Jedoch ist die Struktur eines

Fibonacci-Heaps flexibler und einige notwendige Restrukturierungs-Operationen etwa bei der Verschmelzung zweier Fibonacci-Heaps werden geschickt auf einen späteren Zeitpunkt verschoben; durch dieses „Verschieben" kann eine erstaunlich gute amortisierte Laufzeit vieler Operationen erreicht werden: Die Verschmelzung zweier Heaps, etwa, ist so in einer amortisierten Laufzeit von $O(1)$ möglich; das Erniedrigen eines Schlüsselwertes ist ebenfalls in $O(1)$ möglich.

4.3.1   Struktur eines Fibonacci-Heaps

Ein Fibonacci-Heap besteht aus einer Liste einzelner Bäume, die jeweils die (Min-)Heap-Bedingung erfüllen – also ihrerseits Heaps sind. Es gilt also, dass der Schlüsselwert eines Knotens immer kleiner sein muss als die Schlüsselwerte seiner Kinder. Diese Bäume, aus denen ein Fibonacci-Heap besteht, bezeichnen wir im Folgenden auch als *Fibonacci-Bäume*. Genau wie im Falle der Binomial-Heaps definiert man die Ordnung eines Fibonacci-Baums als die Anzahl der Kinder, die das Wurzelelement besitzt.

Zusätzlich wird ein Zeiger auf den Fibonacci-Baum mitgeführt, dessen Wurzel das minimale Element des Fibonacci-Heaps enthält. Dies ermöglicht etwa eine Implementierung der *getMin*-Funktion in $O(1)$ Schritten.

Aufgabe 4.9

Erklären Sie, warum der Knoten mit minimalem Schlüsselwert sich immer an der Wurzel eines Fibonacci-Baums befinden muss.

Einige Knoten des Fibonacci-Heaps sind markiert – in Abbildung 4.6 sind dies die grau-gefüllten Knoten.

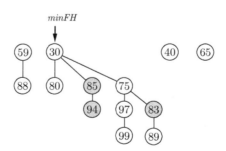

Abb. 4.6: *Beispiel eines Fibonacci-Heaps, der aus vier Fibonacci-Bäumen besteht: einem Fibonacci-Baum der Ordnung 1, einem Fibonacci-Baum der Ordnung 3 und zwei Fibonacci-Bäumen der Ordnung 0. Der Fibonacci-Heap enthält einen Zeiger, der auf den Fibonacci-Baum zeigt, der das minimale Element Fibonacci-Heaps als Wurzelelement enthält.*

Wie wir in Abschnitt 4.3.8 zeigen werden, stellen alle Operationen auf Fibonacci-Heaps sicher, dass der maximale Grad aller Knoten in $O(\log n)$ ist. Genauer: Der Grad aller Knoten eines Fibonacci-Heaps mit n Elementen ist immer $\leq \log_\phi(n)$ mit $\phi = (1+\sqrt{5})/2$.

4.3.2 Repräsentation in Python

Es gibt viele mögliche Arten Fibonacci-Heaps in Python zu repräsentieren:

- Der klassische objektorientierte Ansatz besteht darin, eine Klasse (etwa mit Namen *FibonacciHeap*) zu definieren, alle Komponenten der Datenstruktur (also die einzelnen Bäume, der Zeiger auf den Baum, der das minimale Element enthält, Information darüber, ob ein Knoten markiert ist) als Attribute der Klasse zu definieren und alle Operationen auf Fibonacci-Heaps als Methoden der Klasse *FibonacciHeap* zu definieren. Zwar hat diese Art der Repräsentation in Python einige Vorteile; beispielsweise man kann sich einfacher mittels der __str__ -Methode eine String-Repräsentation definieren; man kann typsicherer programmieren, usw. Wir bevorzugen jedoch eine andere Art der Repräsentation, die eine knappere und damit prägnantere Formulierung der meisten hier beschriebenen Algorithmen erlaubt.

- Eine Repräsentation ähnlich der für Binomial-Heaps wäre denkbar; im Gegensatz zu einem Binomial-Heap besteht jedoch ein Fibonacci-Heap aus mindestens zwei Komponenten (die Liste der Bäume und der Zeiger auf den Baum, der das minimale Element enthält). Auch ein einzelner Knoten müsste noch die Zusatzinformation mit sich führen, ob er markiert ist und – wie wir später sehen werden – benötigt er einen Zeiger auf seinen Elternknoten.

- Auch eine Repräsentation unter Verwendung von Pythons *dict*-Typs ist möglich. Diese ist der Art der Repräsentation, die wir bei den Binomial-Heaps im letzten Kapitel verwendet haben, ähnlich; jedoch lassen sich so die einzelnen Komponenten eines Fibonacci-Heaps bzw. eines Fibonacci-Baums expliziter benennen. Wir verwenden für die Repräsentation von Fibonacci-Heaps im Weiteren diese Art der Repräsentation.

Ein Fibonacci-Heap besteht aus zwei Komponenten:

- Der „*treesFH*"-Eintrag enthält die Liste der Fibonacci-Bäume, aus denen der Fibonacci-Heap besteht
- Der „*minFH*"-Eintrag enthält den Index desjenigen Fibonacci-Baums, der das minimale Element des Fibonacci-Heaps enthält.

Ein Fibonacci-Baum besteht seinerseits aus vier Komponenten:

- Der „*rootFT*"-Eintrag enthält den im jeweiligen Knoten gespeicherten Schlüsselwert.
- Der „*subtreesFT*"-Eintrag enthält die Liste der Kinder des Knotens.
- Der „*markedFT*"-Eintrag enthält einen booleschen Wert, der anzeigt, ob der jeweilige Knoten markiert ist.
- Der „*parentFT*"-Eintrag enthält den Verweis auf den Elternknoten bzw. den Wert *None*, falls es sich um einen Wurzelknoten handelt.

Ein Fibonacci-Heap *fibonacciHeap* und ein Fibonacci-Baum *fibonacciTree* kann man sich also (schemahaft) wie folgt definieren denken, wobei die Variablen *ft*, *ft0*, *ft1*, usw. Fibonacci-Bäume, *b* einen booleschen Wert und *i* einen Indexwert enthalten sollten.

$$fibonacciHeap = \{ \ treesFH : [ft0, ft1, \dots] \ , \ minFH : i \ \}$$
$$fibonacciTree = \{ \ rootFT : x \ , \ subtreesFT : [ft0, ft2, \dots],$$
$$markedFT : b, \ parentFT : ft\}$$

Die Schlüsselwerte *treesFH*, *minFH*, *rootFT* und *subtreesFT*, *markedFT* und *parentFT* der *dict*-Objekte *fibonacciHeap* und *fibonacciTree* können etwa folgendermaßen vordefiniert werden:

treesFH, *minFH*, *rootFT*, *subtreesFT*, *markedFT*, *parentFT* = *range*(6)

Der in Abbildung 4.6 gezeigte Fibonacci-Heap hätte somit die folgende Python-Repräsentation, wobei an der mit „ [...] " markierten Stelle noch die Repräsentation der Teilbäume des zweiten Fibonacci-Baums einzusetzen wäre; die „ {..} "-Einträge stellen Verweise auf den Elternknoten dar.

$\{$*treesFH*: $[\{$*rootFT*: 59, *subtreesFT*: $[\{$*rootFT*: 88, *subtreesFT*: $[\ ]$, *markedFT*: *False*,
$\qquad\qquad\qquad\qquad\qquad\qquad\qquad\qquad\qquad$ *parentFT*: $\{..\}\}\,]$,
$\qquad\qquad\qquad\qquad$ *markedFT*: *False*, *parentFT*: *None*$\}$,
$\qquad\qquad\quad\{$*rootFT*: 30, *subtreesFT*: $[\ ...\ ]$, *markedFT*: *False*, *parentFT*: $\{..\}\}$,
$\qquad\qquad\quad\{$*rootFT*: 40, *subtreesFT*: $[\ ]$, *markedFT*: *False*, *parentFT*: $\{..\}\}$,
$\qquad\qquad\quad\{$*rootFT*: 65, *subtreesFT*: $[\ ]$, *markedFT*: *False*, *parentFT*: $\{..\}\}\,]$,
minFH: 1$\}$

Aufgabe 4.10

Vervollständigen Sie den oben gezeigten Wert so, dass er den in Abbildung 4.6 gezeigten Fibonacci-Heap vollständig repräsentiert.

Aufgabe 4.11

(a) Implementieren Sie eine Funktion *FT2str(ft)*, die aus einem Fibonacci-Baum eine gut lesbare Stringform produziert. Schreiben Sie die Funktion so, dass etwa aus dem rechts dargestellten Fibonacci-Baum der folgende String produziert wird:

```
'185-(260 ; 191-197 ; 193-(#221 ; 209-#256))'
```

Die Liste der Teilbäume soll also immer in runden Klammern eingeschlossen sein; die einzelnen Teilbäume sollen durch ';' getrennt sein; markierten Knoten soll ein '#' vorangestellt werden.

(b) Implementieren Sie eine Funktion *FH2str(fh)*, die aus einem Fibonacci-Heap eine gut lesbare Stringform produziert; verwenden Sie hierzu die in der letzten Teilaufgabe beschriebene Funktion *FT2str*.

Aufgabe 4.12

Schreiben Sie eine Funktion *FH2List*, die die in einem Fibonacci-Heap enthaltenen Elemente als Liste zurückliefert.

Mittels des Zeigers auf den Fibonacci-Baum, der das minimale Element enthält, kann die Operation *getMin* offensichtlich in konstanter Zeit implementiert werden:

```
def getMinFH(fh):
    return fh[treesFH][fh[minFH]][rootFT]
```

4.3.3 Amortisierte Laufzeit und Potenzialfunktion

Die amortisierte Laufzeit einer bestimmten Operation bezieht sich nicht auf die einmalige Ausführung dieser Operation, sondern entweder auf die wiederholte Ausführung dieser Operation oder auf die wiederholte Ausführung der Operation in Kombination mit der Ausführung weiterer Operationen auf der Datenstruktur.

Eine Möglichkeit, die amortisierte Laufzeit verschiedener Operationen einer Datenstruktur in Kombination zu bestimmen, besteht in der Verwendung einer sog. Potential-Funktion. Wir verwenden hier die Potential-Funktion $\Phi(fh)$, wobei *fh* ein Fibonacci-Heap ist. Die Potential-Funktion ist folgendermaßen definiert:

$$\Phi(fh) = t(fh) + 2 \cdot m(fh) \tag{4.1}$$

Hierbei ist $t(fh)$ die Anzahl der Fibonacci-Bäume aus denen *fh* besteht, und $m(fh)$ bezeichnet die Anzahl der markierten Knoten in *fh*.

Die amortisierte Laufzeit einer Operation auf einem Fibonacci-Heap setzt sich nun zusammen aus der klassisch bestimmten Laufzeit plus der durch diese Operation bewirkten Potential-Änderung.

4.3.4 Verschmelzung

Das Verschmelzen zweier Fibonacci-Heaps *fh1* und *fh2* ist denkbar einfach: Die Listen *fh1*[*treesFH*] und *fh2*[*treesFH*] der Fibonacci-Bäume der beiden Heaps werden einfach vereinigt, und der Zeiger auf den Baum, der das minimale Element enthält, wird ggf. angepasst. Eventuell notwendige Restrukturierungsmaßnahmen werden auf „später" verschoben. Durch wiederholte Ausführung von Verschmelzungsoperationen kann man so Fibonacci-Heaps erzeugen, die aus sehr vielen Fibonacci-Bäumen bestehen. Das Mitführen des Zeigers auf den Fibonacci-Baum der das minimale Element enthält, stellt jedoch immer ein effizientes Finden des minimalen Elements sicher. Listing 4.8 zeigt die Implementierung der Verschmelzungsoperation in Python.

```
1 def mergeFH(fh1,fh2):
2    if getMinFH(fh1) < getMinFH(fh2):
3        i = fh1[minFH]
```

```
4   else:
5       i = len(fh1[treesFH]) - 1 + fh2[minFH]
6   return { treesFH : fh1[treesFH] + fh2[treesFH] , minFH : i }
```

Listing 4.8: Implementierung der Verschmelzung zweier Fibonacci-Heaps

Die Fibonacci-Bäume des Ergebnis-Heaps sind einfach die Vereinigung der Fibonacci-Bäume von *fh1* mit den Fibonacci-Bäumen von *fh2*, also *fh1*[*treesFH*] + *fh2*[*treesFH*]. Der Zeiger auf das minimale Element des Ergebnis-Heaps ist entweder der in *fh1*[*minFH*], falls das minimale Element von *fh1* kleiner ist als das minimale Element von *fh2* – falls also *getMinFH(fh1)* < *getMinFH(fh2)*; oder *fh2*[*minFH*] zeigt auf den Heap, der das minimale Element des Fibonacci-Heaps enthält.

Aufgabe 4.13

Die in Listing 4.8 gezeigte Implementierung stellt eine nicht-destruktive Realisierung der Verschmelzungs-Operation dar. Implementieren Sie eine destruktive Version *mergeFHD(fh1,fh2)*, die keinen „neuen" Fibonacci-Heap als Rückgabewert erzeugt, sondern nichts zurückliefert und stattdessen den Parameter *fh1* (destruktiv) so verändert, dass dieser nach Ausführung von *mergeFHD* den Ergebnis-Heap enthält.

4.3.5   Einfügen

Um eine neues Element x in einen Fibonacci-Heap *fh* einzufügen, erzeugt man zunächst einen Fibonacci-Baum, der lediglich den Wert x enthält; dies geschieht in Listing 4.9 in Zeile 2 mittels der Funktion *makeFT*. Dieser einelementige Fibonacci-Baum wird dann der Liste der Fibonacci-Bäume von *fh* angefügt – dies geschieht in Zeile 3. In Zeile 5 wird der *fh*[*minFH*] ggf. angepasst.

```
1   def insert(x,fh):   # O(1)
2       ft = makeFT(x)
3       fh[treesFH].append(ft)
4       if getMinFH(fh) > x:   # min-Pointer anpassen
5           fh[minFH] = len(fh[treesFH]) - 1
```

Listing 4.9: Implementierung der Einfügeoperation.

Amortisierte Laufzeit. Die einfache Laufzeit der *insert*-Funktion ist in $O(1)$, denn sowohl Generierung eines einelementigen Fibonacci-Baums als auch das Anfügen und die erneute Minimumsbestimmung (die ja nur den bisherigen Minimumswert und den neu eingefügten Knoten in Betracht zieht) benötigen eine konstante Laufzeit. Die durch *insert*-Funktion bewirkte Potenzialveränderung ist

$$\Delta\Phi = 1 = O(1)$$

Die amortisierte Laufzeit ist somit in $O(1) + O(1) = O(1)$.

Aufgabe 4.14

Implementieren Sie die Funktion *makeFT*, die in Zeile 2 in Listing 4.9 benötigt wird.

Aufgabe 4.15

Die *insert*-Funktion aus Listing 4.9 ist destruktiv, d. h. sie verändert ihr Argument *fh* und liefert keinen Wert zurück. Implementieren Sie eine nicht-destruktive Variante dieser *insert*-Funktion, die ihr Argument *fh* nicht verändert und stattdessen einen neuen Fibonacci-Heap zurückliefert, in den das Element *x* eingefügt wurde.

4.3.6 Extraktion des Minimums

Die Extraktion des minimalen Elements eines Fibonacci-Heaps verläuft in zwei Phasen.

Phase 1: Das minimale Element des Fibonacci-Heap *fh* wird zunächst gefunden und gelöscht (dargestellt in Abbildung 4.7(a)); dadurch zerfällt der Fibonacci-Baum *ft*, dessen Wurzel dieses minimale Element war, in $len(ft[subtreesFT])$ Unterbäume. Diese Unterbäume werden zunächst dem Fibonacci-Heap *fh* angefügt (dargestellt in Abbildung 4.7(b)).

Phase 2: Nun werden die Bäume des Fibonacci-Heaps sukzessive so miteinander verschmolzen, dass am Ende keine zwei Bäume dieselbe Ordnung haben (dargestellt in Abbildungen 4.7(c) bis 4.7(h)).

Listing 4.10 zeigt die Implementierung der Extraktion des minimalen Elements.

```
1  def extractMin(fh):
2      m = getMinFH(fh)
3      newsubtrees = fh[treesFH][fh[minFH]][subtreesFT]
4      del fh[treesFH][fh[minFH]]
5      ordTab = {}
6      for t in newsubtrees + fh[treesFH]:
7          o = len(t[subtreesFT])
8          while o in ordTab:
9              t = mergeFT(t,ordTab[o])
10             del ordTab[o]
11             o += 1
12         ordTab[o] = t
13     fh[treesFH] = ordTab.values()
14     fh[minFH] = min([(t[rootFT],i) for i,t in enumerate(fh[treesFH])])[1]  #O(log n)
15     return m
```

Listing 4.10: Implementierung der Extraktion des minimalen Elements eines Fibonacci-Heaps.

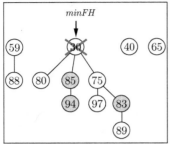

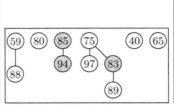

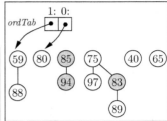

(a) Zunächst wird das minimale Element gelöscht, ...

(b) ...die Unterbäume dem Fibonacci-Heap hinzugefügt, ...

(c) ...dann die einzelnen Fibonacci-Bäume geordnet nach ihrem jeweiligen Rang in ein *dict*-Objekt *ordTab* gespeichert, ...

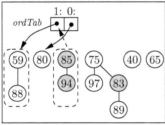

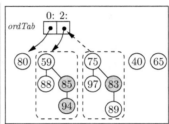

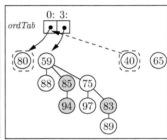

(d) ...und dabei Bäume gleicher Ordnung verschmolzen; bei Untersuchung des dritten Baumes (der die Ordnung 1 hat) wird – da *ordTab*[1] bereits einen Eintrag besitzt – erkannt, dass es schon einen Baum dieser Ordnung gibt, ...

(e) ...und diese beiden Bäume werden miteinander verschmolzen, wodurch ein Fibonacci-Baum der Ordnung 2 entsteht.

(f) Auch der als Nächstes zu untersuchende Baum der Ordnung zwei wird mit dem bereits in *ordTab* existierenden (im letzten Schritt entstandenen) Baum der Ordnung 2 verschmolzen; es entsteht ein Baum der Ordnung 3.

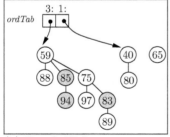

(g) Der als Nächstes zu untersuchende Baum der Ordnung null wird mit dem bereits in *ordTab* befindlichen Baum der Ordnung null zu einem Baum der Ordnung eins verschmolzen.

(h) Schließlich befinden sich nur noch drei Fibonacci-Bäume unterschiedlicher Ordnung im Fibonacci-Heap.

Abb. 4.7: *Extraktion des Minimums eines Fibonacci-Heaps. Im Zuge dieser Operation werden auch Restrukturierungsmaßnahmen durchgeführt und Fibonacci-Bäume gleicher Ordnung zusammengefügt.*

Das minimale Element wird in Zeile 2 in der Variablen m gespeichert und am Ende in Zeile 15 zurückgeliefert. In der Variablen *newsubtrees* werden die Unterbäume des minimalen Elements gespeichert; in Zeile 4 wird der komplette Baum, der das minimale Element enthält, aus der Liste der Fibonacci-Bäume des Fibonacci-Heaps *fh* gelöscht. Die **for**-Schleife ab Zeile 6 durchläuft nun alle Fibonacci-Bäume (inklusive der durch die Löschung hinzugekommenen). Die Variable o enthält immer die Ordnung des Baumes der gerade bearbeitet wird. Gibt es bereits einen Eintrag „o" in *ordTab* (d. h. gibt es unter den bisher untersuchten Bäumen bereits einen Fibonacci-Baum t der Ordnung o), so wird dieser mit dem aktuellen Baum verschmolzen (diese Verschmelzung wird in Zeile 9 durchgeführt) und der Eintrag „o" aus *ordTab* gelöscht. Durch diese Verschmelzung entsteht ein Fibonacci-Baum der Ordnung $o+1$; o wird entsprechend um Eins erhöht. Die **while**-Schleife ab Zeile 8 prüft nun, ob es auch schon einen Baum der Ordnung $o+1$ in *ordTab* gibt, usw. Die **while**-Schleife bricht erst dann ab, wenn es keinen Eintrag „o" in *ordTab* mehr gibt. Dann wird der aktuelle Fibonacci-Baum t in *ordTab*[o] gespeichert und mit dem nächsten Baum fortgefahren.

Nach Abbruch der **for**-Schleife haben die in *ordTab* gespeicherten Fibonacci-Bäume (also *ordTab.values*()) alle unterschiedliche Ordnung; es sind genau die „neuen" Fibonacci-Bäume, aus denen der Fibonacci-Heap nach Extraktion des minimalen Elements bestehen soll. Jetzt muss nur noch der Zeiger auf das minimale Element ggf. angepasst werden – dies geschieht in Zeile 14.

Aufgabe 4.16

Implementieren Sie die in Zeile 9 in Listing 4.10 benötigte Funktion *mergeFT*, die zwei Fibonacci-Bäume *ft1* und *ft2* so verschmilzt, dass die Heap-Bedingung erhalten bleibt.

Amortisierte Laufzeit. Sei $Ord(n)$ der maximale Grad eines Fibonacci-Baums in einem Fibonacci-Heap mit insgesamt n Knoten; nach Löschen des minimalen Elements werden dem Fibonacci-Heap also $O(Ord(n))$ Fibonacci-Bäume hinzugefügt. In Abschnitt 4.3.8 zeigen wir, dass $Ord(n) = O(\log n)$. Die einfache Laufzeit der in Listing 4.10 gezeigten Implementierung hängt entscheidend ab von der Anzahl der Schleifendurchläufe der **for**-Schleife ab Zeile 6; diese wird $t(fh) + O(Ord(n))$ mal durchlaufen. Innerhalb der **for**-Schleife werden Fibonacci-Bäume verschmolzen; aber auch hier gibt es höchstens $O(t(fh)) + O(Ord(n))$ Verschmelzungsoperationen. Somit ist die einfache Laufzeit in $O(t(fh)) + O(Ord(n))$.

Am Ende der Verschmelzungsphase gibt es $O(\log n)$ Fibonacci-Bäume (denn jeder Baum hat eine unterschiedliche Ordnung). An den Knotenmarkierungen ändert sich nichts. Es gilt also $\Delta\Phi = t(fh) - O(\log n)$. Insgesamt erhalten wir also eine amortisierte Laufzeit von

$$O(t(fh)) + O(Ord(n)) - (t(fh) - O(\log n)) = O(Ord(n)) + O(\log n) = O(\log n)$$

4.3.7   Erniedrigen eines Schlüsselwertes

Das Erniedrigen eines Schlüsselwertes ist vor allem deshalb eine wichtige Operation, weil man darüber in der Lage ist, einen Knoten aus einem Fibonacci-Heap zu löschen. Man braucht den Schlüsselwert eines Knotens lediglich auf $-\infty$ zu erniedrigen und anschließend den Knoten mit minimalem Schlüssel mittels der *minExtract*-Funktion aus Listing 4.10 aus dem Heap zu entfernen.

Jeder Knoten muss einen Zeiger auf seinen Elternknoten mitführen; nur so kann überprüft werden, ob durch das Erniedrigen die Heap-Bedingung verletzt wird und nur so können die im Folgenden beschriebenen Operationen durchgeführt werden. Wir erweitern hierfür die Repräsentation eines Fibonacci-Baums um einen Eintrag „*parentFT*", der auf den Elternknoten eines Fibonacci-Teilbaums zeigt. Wir können uns also ab sofort einen Fibonacci-Baum (schemahaft) wie folgt definiert denken:

$$fibonacciTree = \{\ rootFT : x\ ,\ subtreesFT : [\ ft0, ft2, \dots\ ]\ ,$$
$$markedFT : b\ ,\ parentFT : ft$$
$$\}$$

Bei allen Operationen auf Fibonacci-Heaps muss man sicherstellen, dass die „Vorwärts"verzeigerung mittels *subtreesFT* mit der „Rückwärts"verzeigerung mittels *parentFT* übereinstimmt, dass also immer *ft* **in** *ft* [*parentFT*] [*subtreesFT*] gilt.

Aufgabe 4.17

Schreiben Sie eine Python-Funktion *isConsistent*(*fh*), die überprüft, ob die Vorwärts- und Rückwärtsverzeigerung in allen Bäumen eines Fibonacci-Heaps *fh* konsistent ist.

Angenommen, wir wollen den Schlüsselwert der Wurzel eines Teilbaums *ft* eines Fibonacci-Heaps erniedrigen. Wird dadurch die Heap-Bedingung nicht verletzt, d. h. gilt weiterhin, dass *ft* [*parentFT*] [*rootFT*]< *ft*[*rootFT*], so ist nichts weiter zu tun – ein Beispiel einer solchen Situation ist in Abbildung 4.8 dargestellt.

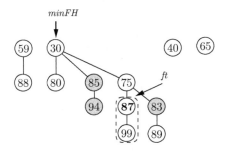

Abb. 4.8: *Die Min-Heap-Bedingung wird durch das Erniedrigen des Schlüsselwertes der Wurzel des Teilbaums ft (von 97 auf 87) nicht verletzt; in diesem Fall ist nichts weiter zu tun.*

Wird die Min-Heap-Bedingung durch Erniedrigen des Schlüsselwertes der Wurzel von *ft* verletzt, gilt also *ft* [*parentFT*] [*rootFT*]> *ft*[*rootFT*] dann muss der Fibonacci-Heap so modifiziert werden, dass die Min-Heap-Bedingung wiederhergestellt wird. Es sind zwei Fälle zu unterscheiden:

Fall 1: *Der Elternknoten von ft ist nicht markiert.* Abbildung 4.9 zeigt ein Beispiel einer solchen Situation.

In diesem Fall wird der Teilbaum *ft* einfach vom Elternkoten getrennt, der Elternknoten markiert und anschließend *ft* an Liste der Fibonacci-Bäume des Fibonacci-Heaps angehängt. Ist *ft* [*rootFT*] kleiner als das bisher minimale Element, so muss der *fh* [*minFH*] angepasst werden.

Fall 2: *Der Elternknoten von ft ist bereits markiert,* d. h. es gilt *ft* [*parentFT*] [*markedFT*]. Abbildung 4.10 zeigt ein Beispiel einer solchen Situation.

In diesem Fall wird der Teilbaum *ft* ebenfalls vom Elternknoten *ft* [*parentFT*] getrennt und an die Liste der Fibonacci-Bäume des Fibonacci-Heaps angefügt. Anschließend wird auch der Elternknoten *ft* [*parentFT*] von seinem Elternknoten getrennt und an die Liste der Fibonacci-Bäume des Fibonacci-Heaps hinzugefügt. Ist der Elternknoten des Elternknotens nicht markiert – d. h. gilt *ft* [*parentFT*] [*parentFT*] [*markedFT*] – so wird dieser markiert. Ist auch dieser bereits markiert, so wird auch der Elternknoten des Elternknotens von dessen Elternknoten getrennt, usw..

Listing 4.11 zeigt eine Implementierung der Erniedrigung eines Schlüsselwertes um *delta* eines durch *pos* spezifizierten Knotens eines Fibonacci-Heaps *fh*. Die Positionsangabe *pos* ist ein Tupel. Die erste Komponente, also *pos* [0] spezifiziert den Fibonacci-Baum des Fibonacci-Heaps *fh*, in dem sich der zu erniedrigende Knoten befindet. Die zweite Komponente, also *pos* [1] enthält eine Liste von Zahlen, die einen von der Wurzel beginnenden Pfad spezifizieren. Die Liste „ [ ] " (also der leere Pfad) beispielsweise spezifiziert die Wurzel des Fibonacci-Baums. Die Liste „ [1,0,2] " beispielsweise spezifiziert von der Wurzel ausgehend den 1-ten Teilbaum, davon den 0-ten Teilbaum und davon wiederum den 2-ten Teilbaum, also *ft* [*subtreesFT*] [1] [*subtreesFT*] [0] [*subtreesFT*] [1], wobei *ft* der *pos* [0]-te Teilbaum des Fibonacci-Heaps *fh* sei. Genau genommen spezifiziert *pos* einen Teilbaum, der sich nach Ausführung der **for**-Schleife in Zeile 4 in der Variablen *ft* befindet. In Zeile 6 wird die Wurzel dieses Teilbaums, also *ft* [*rootFT*] und den Betrag *delta* erniedrigt.

Die Struktur des Fibonacci-Heaps muss nun genau dann angepasst werden, wenn die Heap-Bedingung durch dieses Erniedrigen verletzt wird; dies prüft die **if**-Abfrage in Zeile 7.

Muss die Struktur angepasst werden, so hängt die „**while** *True*"-Schleife ab Zeile 8 solange den Knoten, den Elternknoten, den Eltern-Elternknoten usw. vom aktuellen Baum ab und fügt diesen Knoten als weiteren Fibonacci-Baum in *fh* [*treesFH*] ein, bis entweder ein nicht-markierter Knoten gefunden wird – dieser Fall wird in Zeile 21 und 22 abgehandelt, oder bis ein Wurzelknoten erreicht wird – dieser Fall wird in Zeile 11 und 12 abgehandelt.

Das Aushängen eines Teilbaums *ft* geschieht folgendermaßen: Zunächst wird eine eventuelle Markierung von *ft* gelöscht (Zeile 14), da *ft* zu einem neuen Baum des Fibonacci-Heaps gemacht wird und die Wurzeln der Bäume grundsätzlich nicht markiert sein

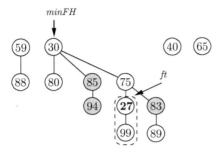

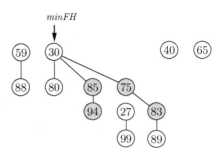

(a) Der Schlüsselwert an der Wurzel des Teilbaums *ft* wird von 97 auf 27 erniedrigt. Dadurch wird die Min-Heap-Bedingung verletzt.
Diese muss wiederhergestellt werden.

(b) Da der Elternknoten (mit Schlüsselwert
75) nicht markiert ist, kann der Teilbaum *ft*
einfach vom Elternknoten getrennt werden.
Der Elternknoten wird danach markiert.

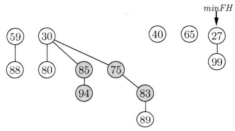

(c) Der abgetrennte Teilbaum *ft* wird nun einfach an die Teilbaumliste des
Fibonacci-Heaps angefügt. Der Zeiger auf das minimale Element muss danach
nach einem Vergleich mit dem bisherigen Minimum *getMinFH(fh)* ggf. angepasst
werden.

Abb. 4.9: *Erniedrigen eines Schlüsselwertes, das die Min-Heap-Bedingung verletzt. Es han-*
delt sich hier um den einfacheren Fall: Der Elternknoten des Knotens, dessen Schlüsselwert
erniedrigt werden soll, ist nicht markiert.

dürfen. In Zeile 15 wird der Rückwärtszeiger von *ft* gelöscht, in Zeile 16 wird *ft* aus der
Liste der Teilbäume seines Elternknotens gelöscht. In Zeile 17 wird *ft* der Baumliste
der Fibonacci-Heaps hinzugefügt. In Zeile 19 wird (falls erforderlich) der Zeiger auf den
Baum angepasst, der das minimale Element des Fibonacci-Heaps enthält.

Es gibt noch einen Sonderfall, der nicht vergessen werden darf: Soll der Schlüsselwert der
Wurzel eines Fibonacci-Baums erniedrigt werden, gilt also *pos*[1]==[], und ist dieser
neue Schlüsselwert kleiner als das bisherige Minimum, so muss der Zeiger *fh*[*minFH*]
angepasst werden.

Aufgabe 4.18

Erstellen Sie eine Funktion *allPaths(fh)*, die die Liste aller gültigen Pfade eines
Fibonacci-Heaps erzeugt – und zwar so, dass jeder dieser Pfade als möglicher zweiter
Parameter der in Listing 4.11 gezeigten Funktion *decKey* dienen könnte.

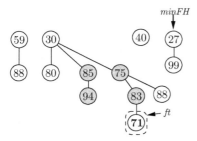

(a) Durch Erniedrigen von $ft\,[rootFT]$ wird die Heap-Bedingung verletzt.

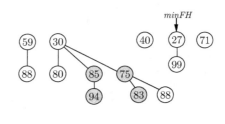

(b) Der Teilbaum wird vom Elternknoten getrennt und der Liste der Fibonacci-Bäume hinzugefügt.

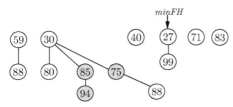

(c) Da der Elternknoten (mit Schlüsselwert 83) markiert ist, wird auch dieser von seinem Elternknoten getrennt und der Liste der Fibonacci-Bäume hinzugefügt.

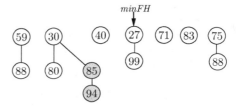

(d) Auch dessen Elternknoten (mit Schlüsselwert 75) ist markiert und darum wird auch dieser von seinem Elternknoten getrennt und der Liste der Fibonacci-Bäume hinzugefügt.

Abb. 4.10: *Erniedrigen eines Schlüsselwertes, das die Min-Heap-Bedingung verletzt. Der Elternknoten des Knotens, dessen Schlüsselwert erniedrigt werden soll. ist bereits markiert.*

Aufgabe 4.19

Verwenden Sie die eben implementierte Funktion *allPaths*, um ein zufällig ausgewähltes Element eines Fibonacci-Heaps um einen bestimmten Betrag zu erniedrigen – dies ist etwa zu Testzwecken hilfreich; auch der am Anfang dieses Abschnitts gezeigte Fibonacci-Heap wurde (neben zufälligen Einfügeoperationen und Minimumsextraktionen) so erzeugt.

Amortisierte Laufzeit. Angenommen fh sei der Fibonacci-Heap vor Erniedrigung des Schlüsselwerts und fh' der Fibonacci-Heap nach Erniedrigung des Schlüsselwerts. Nehmen wir an, die **while**-Schleife in Listing 4.11 (ab Zeile 8) wird c mal durchlaufen, d. h. es werden c Knoten von ihren jeweiligen Elternknoten getrennt. Dann gilt, dass

- $t(fh') = t(fh) + c$ denn jeder der c Knoten wird an die Liste der Fibonacci-Bäume von fh angehängt.
- $m(fh') = m(fh) - (c - 2)$ denn die Markierung jedes Knotens der von seinem Elternknoten getrennt wird, wird gelöscht – denn dieser Knoten wird ja zur Wurzel eines Fibonacci-Baums und alle Wurzeln müssen grundsätzlich unmarkiert sein. Auf diese Weise wird die Markierung von $c - 1$ gelöscht. Der Elternknoten des

```
1  def decKey(fh,pos,delta):
2    # pos = (x,[x0,x1,x2, ...])
3    ft = fh[treesFH][pos[0]]
4    for x in pos[1]:
5      ft = ft[subtreesFT][x]
6    ft[rootFT] -= delta
7    if ft[parentFT] and ft[parentFT][rootFT] > ft[rootFT]:
8      while True:
9        ftParent = ft[parentFT]
10       if not ftParent: # ft ist Wurzel
11         ft[markedFT] = False
12         break
13       else:
14         ft[markedFT] = False
15         ft[parentFT] = None # ft trennen
16         ftParent[subtreesFT].remove(ft)
17         fh[treesFH].append(ft) # ... ft wird neue Wurzel
18         if ft[rootFT]<getMinFH(fh):
19           fh[minFH] = len(fh[treesFH])-1
20         if not ftParent[markedFT]:
21           if ftParent[parentFT]≠None: ftParent[markedFT] = True
22           break
23         ft = ftParent # weiter mit Elternknoten
24     elif ft[rootFT]<getMinFH(fh): fh[minFH] = pos[0]
```

Listing 4.11: *Implementierung der Erniedrigung des Schlüsselwertes an der Wurzel des (Teil)-Fibonacci-Baums.*

zuletzt getrennten Knotens wird markiert und darum verändert sich die Zahl der markierten Knoten um $c - 2$.

Somit ergibt sich folgende Potenzialveränderung:

$$\Delta\Phi = t(fh) + 2 \cdot m(fh) - (t(fh) + c + 2(m(fh) - (c - 2)))$$
$$= 4 - c$$

Insgesamt ergibt sich also eine amortisierte Laufzeit von

$$O(c) + 4 - c = O(1)$$

An diesem Punkt sehen wir klarer, warum die Anzahl der markierten Knoten in der Potenzialfunktion mit dem Faktor „2" auftaucht.

- Der eine markierte Knoten verrechnet sich mit dem Trennen des Knotens von seinem Elternknoten und dem nachfolgenden Löschen der Markierung.

- Der andere markierte Knoten verrechnet sich mit dem Potenzialanstieg aufgrund des zusätzlich eingefügten Fibonacci-Baums.

Aufgabe 4.20

Die in Zeile 18 in Listing 4.11 durchgeführt Überprüfung, ob $\mathit{ft}\,[\mathit{rootFT}]$ kleiner ist als das bisherige Minimum des Fibonacci-Heaps braucht eigentlich nicht in jedem Durchlauf der äußeren **while**-Schleife durchgeführt werden. Passen Sie die in Listing 4.11 gezeigte Implementierung so an, dass diese Überprüfung nur einmal stattfindet.

4.3.8   Maximale Ordnung eines Fibonacci-Baums

Woher Fibonacci-Heaps ihren Namen haben, sehen wir in diesem Abschnitt. Es bleibt noch zu zeigen, dass die maximale Ordnung – im Folgenden als $Ord(n)$ bezeichnet – eines in einem n-elementigen Fibonacci-Heap befindlichen Fibonacci-Baums in $O(\log n)$ ist. Wir werden im Speziellen zeigen, dass gilt:

$$Ord(N) \leq \log_\phi n, \quad \text{mit} \quad \phi = \frac{1 + \sqrt{5}}{2}$$

Wir bezeichnen als $s(\mathit{ft})$ die Anzahl der im Fibonacci-Baum ft befindlichen Elemente. Sei o die Ordnung dieses Fibonacci-Baums – also $o = \mathit{len}(\mathit{ft}\,[\mathit{subtreesFT}])$. Wir zeigen, dass

$$s(\mathit{ft}) \geq F_{o+2}$$

gelten muss. Hierbei ist F_k ist die k-te Fibonacci-Zahl[1]. Um diese Aussage zu zeigen, verwenden wir vollständige Induktion[2] über die Höhe h von ft:

$h = 0:$ In diesem Fall ist $s(\mathit{ft}) = 1 \geq F_2$.

$< h \to h:$ Wir nehmen also an, ft besitzt eine Höhe $h > 0$ und muss damit eine Ordnung $o > 0$ haben. Seien $\mathit{ft}_0, \mathit{ft}_1, \ldots, \mathit{ft}_{o-1}$ die Teilbäume von ft, geordnet nach dem Zeitpunkt zu dem diese ft hinzugefügt wurden. Sei $o_i = \mathit{len}(\mathit{ft}_i\,[\mathit{subtreesFT}])$ – d.h. o_i ist die Ordnung von ft_i. Man kann zeigen, dass $o_i \geq i - 1$:

Z. z. $o_i \geq i - 1:$ Als ft_i zu ft hinzugefügt wurde, waren also $\mathit{ft}_0, \ldots, \mathit{ft}_{i-1}$ bereits Teilbäume von ft und ft hatte somit eine Ordnung von i. Da Bäume nur dann verschmolzen werden, wenn sie gleiche Ordnung besitzen, muss ft_i auch eine Ordnung von i gehabt haben. Seit dem Zeitpunkt dieser Verschmelzung wurde höchstens ein Teilbaum von ft_i entfernt (aufgrund der Handhabung von Markierungen ist es nicht möglich, mehr als einen Teilbaum zu entfernen); die momentane Ordnung von ft_i ist also $\geq i - 1$.

---

[1]Siehe auch Anhang B.2 auf Seite 307
[2]Siehe auch Anhang B.1.4 auf Seite 306

Da die Höhen der ft_i kleiner sind als die Höhe h von ft, können wir auf diese die Induktionshypothese anwenden und annehmen, dass $s(ft_i) \geq F_{o_i+2} = F_{i+1}$. Der Induktionsschritt lässt sich dann folgendermaßen zeigen:

$$
\begin{array}{rcl}
 & \overbrace{\text{Wurzel von } ft}^{} & \\
s(ft) = & 1 & + s(ft_0) + s(ft_1) + \ldots + s(ft_{o-1}) \\
\geq & 1 & + F_{o_0+2} + F_{o_1+2} + \ldots + F_{o_{o-1}+2} \\
= & 1 & + F_1 + F_2 + \ldots + F_o \\
\overset{\text{Satz 2}}{=} & F_{o+2} &
\end{array}
$$

Nach Satz 3 (aus Anhang B.2) gilt, dass $F_{o+2} \geq \varphi^o$ und damit $s(ft) \geq \varphi^o$, wobei – wir erinnern uns – o die maximale Ordnung eines Knotens in ft bezeichnet. Aufgelöst nach o gilt somit

$$o \leq \log_\varphi s(ft)$$

oder anders ausgedrückt

$$Ord(n) \leq \log_\varphi(n)$$

wobei $Ord(n)$ die maximale Ordnung eines Fibonacci-Baums mit n Elementen bezeichnet.

4.4   Pairing-Heaps

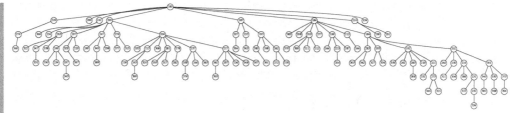

Pairing-Heaps wurden ursprünglich von Tarjan, Fredman, Sedgewick und Sleator [8] als eine einfachere Variante von Fibonacci-Heaps vorgeschlagen. Sie sind einfacher zu implementieren als Binomial-Heaps und Fibonacci-Heaps. Noch dazu zeigen Pairing-Heaps in den meisten praktischen Anwendungen eine hervorragende Performance. Experimente zeigen, dass Pairing Heaps etwa verwendet in Prim's Algorithmus zur Berechnung des minimalen Spannbaums, tatsächlich schneller zu sein scheinen, als *alle* anderen bekannten Alternativen. Trotz ihrer einfachen Funktionsweise stellt sich eine Laufzeitanalyse als äußerst schwierig heraus: Bis heute ist eine abschließende Laufzeitanalyse noch ein offenes Problem der Informatik.

4.4.1   Struktur und Repräsentation in Python

Ein Pairing-Heap ist entweder leer oder besteht aus einem Wurzelelement zusammen mit einer Liste von Teilbäumen; jeder Knoten muss zusätzlich die (Min-)Heap-Bedingung erfüllen, d. h. sein Schlüsselwert muss kleiner sein als die Schlüsselwerte seiner Teilbäume.

Eine solche Struktur kann in Python am einfachsten als Tupel repräsentiert werden[3].

Der folgende Python-Ausdruck repräsentiert hierbei etwa
den rechts davon abgebildeten Pairing-Heap.

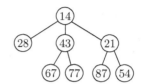

$(14, [(28, [\,]), \backslash$
$\quad (43, [(67, [\,]),(77, [\,])]), \backslash$
$\quad (21, [(87, [\,]),(54, [\,])]))$

Zusätzlich gehen wir im Folgenden davon aus, dass ein leerer Heap durch den Wert *None* repräsentiert ist.

Für die Lesbarkeit der in diesem Abschnitt präsentierten Algorithmen ist es günstig, wenn wir definieren:

rootPH, *subtreesPH* = 0,1

Um auf das Wurzelelement eines Pairing-Heaps *ph* zuzugreifen, schreiben wir im Folgenden statt *ph*[0] der Lesbarkeit halber besser *ph*[*rootPH*]. Um auf die Liste der Teilbäume zuzugreifen, schreiben wir im Folgenden statt *ph*[1] besser *ph*[*subtreesPH*].

Aufgabe 4.21

Schreiben Sie eine Funktion *ph2str*, die einen Pairing-Heap als Argument übergeben bekommt und eine gut lesbare String-Repräsentation dieses Pairing-Heaps zurückliefert. Die String-Repräsentation des Pairing-Heaps aus Abbildung 4.11(a) sollte hierbei beispielsweise folgende Form haben:

```
'26-[48-49-[99,95],74,50-61,73,31-[39,69]]'
```

Die Teilbaumlisten sollten also – vorausgesetzt sie bestehen aus mehr als einem Baum – in eckige Klammern eingeschlossen werden; das Wurzelelement sollte mit einem '-' von seiner Teilbaumliste getrennt sein.

4.4.2 Einfache Operationen auf Pairing-Heaps

Die Implementierung der meisten Operationen auf Pairing-Heaps ist sehr simpel, insbesondere verglichen mit der Implementierung der entsprechenden Operationen auf Binomial-Heaps oder Fibonacci-Heaps und sogar auf binären Heaps.

Zunächst befindet sich das minimale Element immer an der Wurzel des Pairing-Heaps. Entsprechend einfach ist die Implementierung der *getMin*-Funktion auf Pairing-Heaps:

```
1 def getMin(ph):
2     if ph: return ph[rootPH]
```

Durch die **if**-Abfrage wird hier sichergestellt, dass kein Laufzeitfehler entsteht, wenn *getMin* auf einen leeren Heap angewendet wird.

---

[3]Selbstverständlich ist auch eine Repräsentation über eine Klasse möglich; siehe Aufgabe 4.23.

Zwei Pairing-Heaps werden verschmolzen, indem einfach der Heap mit dem größeren Wurzelelement als neuer Teilbaum unter den Heap mit dem kleineren Wurzelelement gehängt wird. Listing 4.12 zeigt eine Implementierung der Verschmelzungsoperation.

```
1  def merge(ph1,ph2):
2    if not ph1: return ph2
3    if not ph2: return ph1
4    if ph1<ph2:
5      return (ph1[rootPH], ph1[subtreesPH] + [ph2])
6    else:
7      return (ph2[rootPH], ph2[subtreesPH] + [ph1])
```

Listing 4.12: *Verschmelzung zweier Pairing-Heaps*

Aufgabe 4.22

Die oben gezeigte Implementierung der *merge*-Operation ist nicht-destruktiv implementiert: Die übergebenen Parameterwerte werden (durch Zuweisungen bzw. destruktive Listenoperationen) nicht verändert; als Rückgabewert wird eine neuer Pairing-Heap konstruiert.

Erstellen Sie nun eine destruktive Implementierung, in dem der *ph1*-Parameter destruktiv so verändert wird, dass er nach Ausführung der Funktion das gewünschte Ergebnis enthält. Erklären Sie, warum und wie sie die oben beschriebene Repräsentation von Pairing-Heaps hierfür anpassen müssen.

4.4.3 Extraktion des Minimums

Tatsächlich stellt die Extraktion des Minimums die einzige nicht-triviale Operation auf Pairing-Heaps dar. Durch das Löschen des Wurzelelements $ph[rootPH]$ entstehen $len(ph[subtreesPH])$ „freie" Bäume. Es gibt mehrere sinnvolle Möglichkeiten, in welcher Weise diese Bäume wieder zu einem Pairing-Heap zusammengefügt werden. Eine häufig verwendete Möglichkeit wollen wir hier vorstellen: das paarweise Verschmelzen der „freien" Bäume von links nach rechts in $ph[subtreesPH]$ und das anschließende Verschmelzen der so entstandenen Bäume von rechts nach links.

Listing 4.13 zeigt eine funktionale (d. h. nicht-destruktive) Implementierung der Minimumsextraktion. Die Funktion *extractMinND* verändert also ihr Argument *ph* nicht sondern konstruiert stattdessen mittels der Funktion *pairmerge* einen neuen Pairing-Heap der durch Extraktion des minimalen Elements entsteht und liefert diesen als Ergebnis zurück. Die Funktion *extractMinND* liefert also ein Tupel zurück dessen erste Komponente das minimale Element ist und dessen zweite Komponente der neue Pairing-Heap ist der durch Löschen des minimalen Elements entsteht.

Die erste **if**-Abfrage in Zeile 2 deckt den einfachsten Fall ab: Ein leerer Heap liefert das Tupel (*None,None*) zurück, gibt also kein minimales Element zurück und liefert wiederum den leeren Heap. Zeile 3 behandelt einen weiteren Sonderfall, den einelementigen

```
1  def extractMinND(ph):
2    if not ph: return (None,None)
3    if not ph[subtreesPH]: return ph[rootPH], None
4    return ph[rootPH],pairmerge(ph[subtreesPH])
5
6  def pairmerge(phs):
7    if len(phs)==0: return None
8    if len(phs)==1: return phs[0]
9    return merge(merge(phs[0],phs[1]),pairmerge(phs[2:]))
```

Listing 4.13: Implementierung der Minimums-Extraktion.

Heap. Hier wird der Wert an der Wurzel (also $ph[rootPH]$) und der leere Heap zurück-geliefert. Andernfalls werden die Teilbäume von ph mittels der Funktion *pairmerge* zu einem neuen Heap verschmolzen.

Die Implementierung von *pairmerge* ist rekursiv, rein funktional (d. h. verwendet keine Zuweisungen) und erstaunlich einfach. Besteht die der Funktion *pairmerge* übergebene Liste von Pairing-Heaps *phs* aus nur einem Baum, so wird dieser eine Baum einfach zurückgeliefert – dies ist der Rekursionsabbruch. Andernfalls werden die ersten bei-den Pairing-Heaps *phs*[0] und *phs*[1] verschmolzen und der resultierende Pairing-Heap mit dem mittels *pairmerge* auf den restlichen Pairing-Heaps erstellten Heap verschmol-zen. Der rekursive Abstieg führt die paarweisen Verschmelzungen von links nach rechts durch. Der darauf folgende rekursive Aufstieg führt die abschließenden Verschmelzungen von rechts nach links durch.

Abbildung 4.11 veranschaulicht den Ablauf einer Minimumsextraktion anhand eines Beispiel-Heaps. Man kann zeigen, dass die Minimums-Extraktion $O(\log n)$ Schritte benötigt; die Herleitung dieser Tatsache ist jedoch nicht trivial, und wir verzichten hier auf eine entsprechende Darstellung.

Aufgabe 4.23

Repräsentieren Sie einen Pairing-Heap durch eine Klasse *PairingHeap* und implemen-tieren Sie die beschriebenen Funktion als Methoden dieser Klasse.

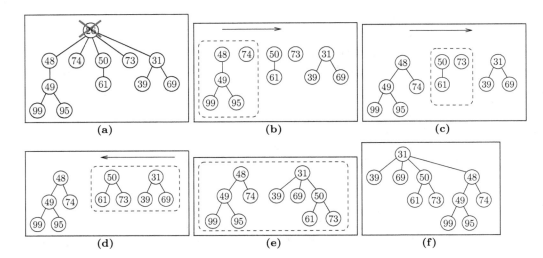

Abb. 4.11: *Darstellung der Funktionsweise der Minimumsextraktion anhand eines Beispiel-Heaps. Nach Löschen des Wurzelelements (Abbildung 4.11(a)) entstehen im Beispiel 5 lose Bäume; diese werden zunächst paarweise von links nach rechts verschmolzen (Abbildungen 4.11(b) und 4.11(c)) und anschließend die so entstandenen Bäume von rechts nach links verschmolzen (Abbildungen 4.11(d) und 4.11(e)). Aufgrund der Funktionsweise der Verschmelzungs-Operation erfüllen die Knoten des so entstandenen Baums (siehe Abbildung 4.11(f)) wieder die Min-Heap-Bedingung.*

5 Graphalgorithmen

Wir lernen in diesem Abschnitt ...

- ... was Graphen sind und wozu man sie braucht (Abschnitt 5.1.1).

- ... wie man Graphen in einer Programmiersprache repräsentiert (Abschnitt 5.1.2).

- ... wie man einen Graphen systematisch durchlaufen kann (Abschnitt 5.2).

- ... wie man den kürzesten Weg zwischen zwei (oder mehreren) Knoten berechnet (Abschnitt 5.3).

- ... wie man einen minimalen Spannbaum – eine Art „kostengünstigsten" Verbindungsgraphen – berechnet (Abschnitt 5.4).

- ... wie man einen maximal möglichen (Waren-)Fluss in einem Netzwerk aus Knoten und Flusskapazitäten berechnet (Abschnitt 5.5).

Voraussetzung für das Verständnis der in diesem Kapitel vorstellten Algorithmen ist die Kenntnis der grundlegenden mathematischen Konzepte die der Graphentheorie zugrunde liegen. Anhang B.4 liefert den notwendigen Überblick.

5.1 Grundlegendes

5.1.1 Wozu Graphen?

Ein Graph ist ein mathematisches Objekt, bestehend aus *Knoten* und Verbindungen zwischen Knoten, genannt *Kanten*. Weitere mathematische Details zu Graphen finden sich in Anhang B.4.

Graphen sind in der Informatik das Mittel der Wahl um eine Vielzahl von Phänomenen der realen Welt zu repräsentieren. Es gibt eine Vielzahl von Beispielen für „Dinge", die sich angemessen durch Graphen repräsentieren lassen, etwa ein Straßennetz (Knoten: Städte, Kanten: Verbindungen zwischen Städten), Mobilfunkteilnehmer (Knoten: Handys oder Basisstationen; Kanten: Verbindungen zwischen Handy und Basisstation), ein Ablaufplan (Knoten: Zustand; Kanten: möglicher Übergang von einem Zustand zu einem anderen) oder das Internet (Knoten: Websites; Kanten: Link einer Website zu einer anderen) oder Hierarchische Beziehungen (Knoten: Begriffe; Kanten: Beziehungen zwischen Begriffen wie etwa „ist ein"), usw. Als Beispiel ist in Abbildung 5.1 ein Graph zu sehen, der einen Teil des Semantic Web zeigt; in Abbildung 5.2 ist ein kleiner

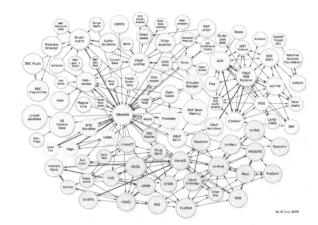

Abb. 5.1: *Ein Ausschnitt des sog. Semantic Web, einem Teil des WWW, in dem sich Informationen befinden über die Bedeutung verschiedener Begriffe und deren Beziehungen untereinander; die Knoten stellen Gruppen von Begriffen dar; die Kanten geben an, zwischen welchen Begriffsgruppen Beziehungen bestehen.*

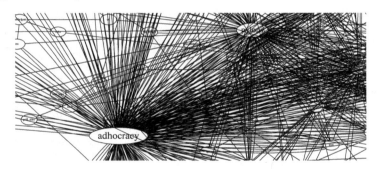

Abb. 5.2: *Ein Aussschnitt aus den als Graph modellierten Importbeziehungen eines größeren Python-Projektes, des Liquid-Democracy-Tools „Adhocracy', modelliert als ungerichteter Graph.*

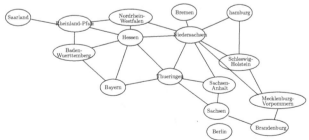

Abb. 5.3: *Ein Graph der die Nachbarschaftsbeziehung der Bundesländer modelliert.*

Teil der Importbeziehungen der Module eines größeren Softwareprojektes zu sehen; der Graph aus Abbildung 5.3 zeigt die Nachbarschaftsbeziehung der Bundesländer. Wichtig ist dabei sich vor Augen zu halten, dass die mathematische Struktur „Graph" i. A. von der räumlichen Anordnung der Knoten abstrahiert, d. h. es spielt keine Rolle, ob ein Knoten v_i links von einem Knoten v_j gezeichnet wird oder rechts. Alleine entscheidend ist nur die Information, welche Knoten miteinander verbunden sind.

5.1.2   Repräsentation von Graphen

Es gibt zwei grundsätzlich verschiedene Möglichkeiten der Darstellung eines Graphen im Rechner; jede hat Ihre Vor- und Nachteile und man muss sich je nach anzuwendendem Algorithmus und je nach „Dichte" des Graphen von Fall zu Fall neu entscheiden, welche der beiden Darstellungsformen man für die Repräsentation eines Graphen $G = (V, E)$ verwendet, wobei V die Menge der Knoten und E die Menge der Kanten darstellt.

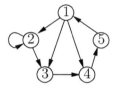

Abb. 5.4: *Ein einfacher gerichteter Graph.*

$$\begin{pmatrix} 0 & 1 & 1 & 1 & 0 \\ 0 & 1 & 1 & 0 & 0 \\ 0 & 0 & 0 & 1 & 0 \\ 0 & 0 & 0 & 0 & 1 \\ 1 & 0 & 0 & 0 & 0 \end{pmatrix}$$

Abb. 5.5: *Repräsentation des in Abbildung 5.4 gezeigten Graphen als Adjazenzmatrix.*

1. Darstellung als *Adjazenzmatrix*:
Der Graph wird in Form einer Matrix A repräsentiert, wobei der Eintrag in der i-ten Zeile und der j-ten Spalte 1 ist, falls es eine Verbindung von i nach j im Graphen G gibt; formaler ausgedrückt muss für die Adjazenzmatrix $A = (a_{ij})$ gelten:

$$a_{ij} = \begin{cases} 1, & \text{falls } (i,j) \in E \\ 0, & \text{sonst} \end{cases}$$

Abbildung 5.5 zeigt ein Beispiel.

2. Darstellung als *Adjazenzliste*:
Der Graph wird als Liste seiner Knoten gespeichert. Jeder Eintrag in der Liste zeigt auf die zum jeweiligen Knoten benachbarten (d. h. adjazenten) Knoten. Abbildung 5.6 zeigt ein Beispiel.

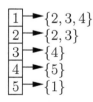

Abb. 5.6: *Repräsentation des in Abbildung 5.4 gezeigten Graphen als Adjazenzliste.*

Besitzt der Graph relativ „wenige" Kanten (im Vergleich zum vollständigen Graphen $K = (V, V \times V)$), so ist die Repräsentation als Adjazenzmatrix sehr verschwenderisch, was den Speicherbedarf betrifft, und die Adjazenzmatrix wäre eine sog. *dünn besetzte* Matrix, d. h. eine Matrix, in der die meisten Einträge 0 sind. In solchen Fällen, insbesondere dann, wenn der Graph viele Knoten hat, empfiehlt sich die Repräsentation als Adjazenzliste.

Bestimmte grundlegende Operationen sind je nach Darstellungsform unterschiedlich aufwändig. Der Test, ob eine bestimmte Kante (i, j) im Graphen enthalten ist, braucht nur $O(1)$ Schritte, wenn der Graph als Adjazenzmatrix repräsentiert ist, jedoch $O(deg(i))$, wenn der Graph als Adjazenzliste gespeichert ist. Andererseits benötigt das Durchlaufen der Nachbarschaft eines Knotens i – eine häufig durchgeführte Operation bei der Breiten- und Tiefensuche – nur $O(deg(i))$ Schritte, wenn der Graph als Adjazenzliste gespeichert ist, jedoch $O(n)$ Schritte, wenn der Graph als Adjazenzmatrix gespeichert ist, wobei i. A. $deg(i) \ll n$ gilt.

In Python sind diese Repräsentationen einfach zu übertragen. Eine Adjazenzmatrix kann einfach als Liste von Zeilen (die wiederum Listen sind) definiert werden. Eine Adjazenzliste ist entsprechend eine Liste von Nachbarschaften der jeweiligen Knoten. Eine „Nachbarschaft" kann man nun wiederum als Liste darstellen. Um einen schnelleren Zugriff auf einen bestimmten Nachbarn zu gewährleisten ist es jedoch günstiger die Nachbarschaft eines Knotens in einem *dict*-Objekt zu speichern.

Wir wollen definieren einen Graphen mittels einer Klasse *Graph*:

```
1  class Graph(object):
2    def __init__ ( self, n):
3      self. vertices = []
4      self. numNodes = n
5      for i in range(0, n + 1):
6        self. vertices . append({})
```

Wir legen uns schon bei der Initialisierung des Graphen auf dessen Größe fest und übergeben der __init__ -Funktion die Anzahl n der Knoten im Graphen. Neben dem Attribut *numNodes*, enthält der Graph noch die Adjazenzliste *vertices*; jeder Eintrag dieser Adjazenzliste wird zunächst mit einer leeren Knotenmenge {} (in Python durch ein leeres Dictionary repräsentiert) initialisiert.

Listing 5.1 zeigt die Implementierung der wichtigsten Graphmethoden.

```
1  class Graph(object):
2    ...
3    def addEdge(self, i, j, weight=None):
4      self. vertices [i][j] = weight
5    def isEdge( self, i, j):
6      return j in self. vertices [i]
7    def G(self, i):
8      return self. vertices [i].keys()
9    def V(self):
10     return [i for i in range(0, self. numNodes + 1)]
11   def E( self):
12     return [(i, j) for i in self. V() for j in self. G(i)]
```

Listing 5.1: *Implementierung der wichtigsten Graphmethoden.*

Die Methode *Graph.addEdge(i,j)* fügt dem Graphen eine Kante (i, j) hinzu – optional mit einem Gewicht *weight*; die Methode *Graph.isEdge(i,j)* testet, ob die Kante (i, j)

im Graphen enthalten ist; die Methode $Graph.G(i)$ liefert die Liste der Nachbarn des Knotens i zurück. Und schließlich wird die Methode $Graph.V()$ implementiert, die einfach die Liste aller Knoten zurückliefert und die Methode $Graph.E()$, die die Liste aller Kanten des Graphen zurückliefert.

Um nun etwa den Beispielgraphen in Abbildung 5.7 zu erzeugen, kann man die folgenden Anweisungen verwenden:

$g2 = Graph(11)$
for i,j **in** [(1,2),(1,4),(1,5),(2,3),(3,6),(6,5),
                    (6,9),(5,9),(5,8),(8,7),(8,11),(11,10)   ]:
  $g2.addEdge(i,j)$

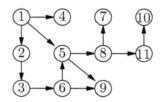

Abb. 5.7: *Ein Beispielgraph.*

Aufgabe 5.1

Erweitern Sie die Klasse *Graph* um die Methode $Graph.w(i,j)$, die das Gewicht der Kante (i,j) zurückliefert (bzw. *None*, falls die Kante kein Gewicht besitzt).

Aufgabe 5.2

Erweitern Sie die Klasse *Graph* um die folgenden Methoden:

(a) Eine Methode $Graph.isPath(vs)$, die eine Knotenliste vs übergeben bekommt und prüft, ob es sich hierbei um einen Pfad handelt.

(b) Eine Methode $Graph.pathVal(vs)$, die eine Knotenliste vs übergeben bekommt. Handelt es sich dabei um einen gültigen Pfad, so wird der „Wert" dieses Pfades (d. h. die Summe der Gewichte der Kanten des Pfades) zurückgeliefert. Andernfalls soll der Wert ∞ (in Python: $float('inf')$) zurückgeliefert werden. Verwenden Sie hierbei das folgende „Gerüst" und fügen Sie an der mit „ ... " markierten Stelle die passende Listenkomprehension ein.

  def *pathVal*(*self*, *xs*):
    if $len(xs)<2$: **return** 0
    return $sum([...])$

Aufgabe 5.3

Schreiben Sie eine Klasse *GraphM*, die dieselbe Schnittstelle wie die Klasse *Graph*
bereitstellt (also ebenfalls Methoden *addEdge*, *isEdge*, *G*, und die einen Graphen als
Adjazenzmatrix implementiert.

5.2   Breiten- und Tiefensuche

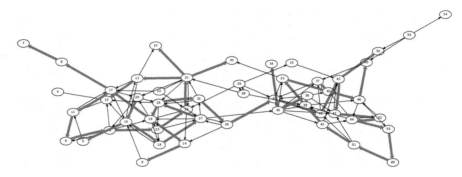

Mit einer Breiten- bzw. Tiefensuche kann man einen Graphen in systematischer Weise
durchlaufen. Viele Algorithmen verwenden als „Gerüst" eine Breiten- oder Tiefensuche,
wie etwa die in späteren Abschnitten behandelte Topologische Sortierung, oder das
Finden von Zyklen in einem Graphen.
Obige Abbildung zeigt eine Tiefensuche durch einen größeren Beispielgraphen mit $|V| =$
60 Knoten.

5.2.1   Breitensuche

Queues

Für die Implementierung einer
Breitensuche empfiehlt es sich, eine
Warteschlange zu verwenden, auch
im Deutschen oft als eine *Queue*
bezeichnet. Eine Queue ist eine
Datenstruktur, die überlicherwei-
se die folgenden Operationen unterstützt:

Abb. 5.8: *Eine Queue; neue Elemente (bzw. Leu-
te) müssen sich „hinten" einreihen; „vorne" werden
Elemente entnommen.*

1. Das Einfügen *enqueue(x)* eines Elementes *x*; **2.** das Entfernen *dequeue()* desjenigen
Elementes, das sich am längsten in der Queue befindet; **3.** einen Test *isEmpty()* ob die
Queue leer ist. Entscheidend ist die folgende Eigenschaft von Queues: Es wird immer
dasjenige Element als Nächstes zur Bearbeitung aus der Queue entfernt, das sich am
längsten in der Queue befindet, das also als erstes in die Queue eingefügt wurde. Eine
Queue zeigt also das gleiche Verhalten, das jede Warteschlange im alltäglichen Leben
auch zeigen sollte. Da das Element, das zeitlich gesehen als erstes eingefügt wurde auch

als erstes an der Reihe ist, wird eine Queue auch als FIFO (= first-in, first-out) Datenstruktur bezeichnet. Queues werden etwa bei der Abarbeitung von Druckaufträgen verwendet, oder auch bei der „gerechten" Zuteilung sonstiger Ressourcen, wie Rechenzeit, Speicher usw.

Aufgabe 5.4

Implementieren Sie eine Klasse *Queue*, die die Operationen *enqueue(x)*, *dequeue()* und *isEmpty* unterstützt.

Implementierung der Breitensuche. Eine Breitensuche erhält als Eingabe einen Graphen $G = (V, E)$ und einen Startknoten $s \in V$. Als Ergebnis der Breitensuche werden die Listen d und *pred* zurückgeliefert. Nach Ausführung der Breitensuche enthält der Eintrag $d[i]$ den „Abstand" des Knotens i vom Startknoten s; der Eintrag $pred[i]$ enthält den Vorgänger zu Knoten i auf einem Breitensuche-Durchlauf durch den Graphen.

Listing 5.2 zeigt die Implementierung der Breitensuche (engl: Breadth First Search oder kurz: BFS).

```
 1  def bfs(s, graph):
 2      q = Queue()
 3      d = [-1 if i≠s else 0 for i in range(graph.numNodes)]
 4      pred = [None for _ in range(graph.numNodes)]]
 5      v = s
 6      while v ≠None:
 7          for u in [u for u in graph.G(v) if d[u]==-1]:
 8              d[u] = d[v] +1
 9              pred[u] = v
10              q.enqueue(u)
11          if not q.isEmpty():
12              v = q.dequeue()
13          else:
14              v = None
15      return d,pred
```

Listing 5.2: *Implementierung der Breitensuche.*

Jeder Knoten v durchläuft hierbei in der **for**-Schleife in Zeile 7 diejenigen seiner Nachbarn, die bisher noch nicht besucht wurden, d. h. deren Distanzwert d noch den Wert -1 hat. Jeder der noch nicht besuchten Nachbarn wird durch Setzen des Distanzwertes und des *pred*-Arrays als besucht markiert. Schließlich „merkt" sich die Breitensuche den Knoten u in der Queue, um zu einem späteren Zeitpunkt (nachdem die restlichen Nachbarn von v abgearbeitet wurden) die Breitensuche beim Knoten u fortzufahren. Nach Beendigung der **for**-Schleife gibt es keine Nachbarn von v mehr, die noch nicht besucht wurden. Die Breitensuche holt sich nun den nächsten in der Queue vorgemerkten Knoten und fährt mit diesem fort. Sollte die Queue allerdings leer sein, so gibt es für die Breitensuche nichts mehr zu tun; der Algorithmus bricht ab.

Nach Durchlauf der Breitensuche befindet sich in Eintrag $d[i]$ die Länge des kürzesten Pfades vom Startknoten s zum Knoten i und die Kantenmenge $\{(i,j) \mid pred[i] = j\}$ bildet einen Spannbaum des Graphen.

Abbildung 5.9 zeigt den Ablauf einer Breitensuche für den Beispielgraphen aus Abbildung 5.7.

Aufgabe 5.5

Verwenden Sie die Breitensuche, um alle Zusammenhangskomponenten eines Graphen zu bestimmen; implementieren Sie eine entsprechende Funktion *allComps*, die eine Liste aller Zusammenhangskomponenten zurückliefert. Eine Zusammenhangskomponenten soll hierbei wiederum als Menge (etwa repräsentiert als Liste oder *set*-Objekt) von Knoten repräsentiert sein, die die entsprechende Zusammenhangskomponente bilden. Beispiel:

graph=

>>> *allComps*(*graph*)
>>> $[[a,b,c],[d,e],[f]]$

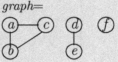

5.2.2   Tiefensuche

Stacks

Für eine (iterative) Implementierung der Tiefensuche empfiehlt es sich einen *Stapelspeicher*, auch in der deutschen Literatur oft mit dem englischen Wort *Stack* bezeichnet, zu verwenden. Einen Stack kann man sich vorstellen als einen Stapel Papier auf einem Schreibtisch; jedes Papier bedeutet gewisse Arbeit, die durchzuführen ist. Kommt neue Arbeit hinzu, so legt man diese üblicherweise – wie in Abbildung 5.10 angedeutet – oben auf dem Stapel ab und will man ein neues Blatt bearbeiten, so entnimmt man dieses auch von oben.

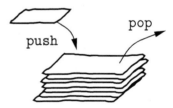

Abb. 5.10: *Ein Stapelspeicher; neue Elemente (bzw. Blätter) werden immer oben abgelegt und von oben entnommen.*

In der Informatik ist ein Stack eine Datenstruktur, die üblicherweise die folgenden Operationen unterstützt. **1.** Das Einfügen *push*(x) eines Elementes in einen Stack; **2.** Das Entnehmen *pop*() des obersten Elements; **3.** Der Test *isEmpty*(), ob der Stack leer ist. Entscheidend ist die folgende Eigenschaft von Stacks: Es wird immer dasjenige Element als Nächstes zur Bearbeitung vom Stack entfernt, das sich am kürzesten im Stack befindet, d. h. das als letztes in den Stack gelegt wurde. Aus diesem Grund wird diese Datenstruktur gerne als LIFO (= last-in, first-out) bezeichnet.

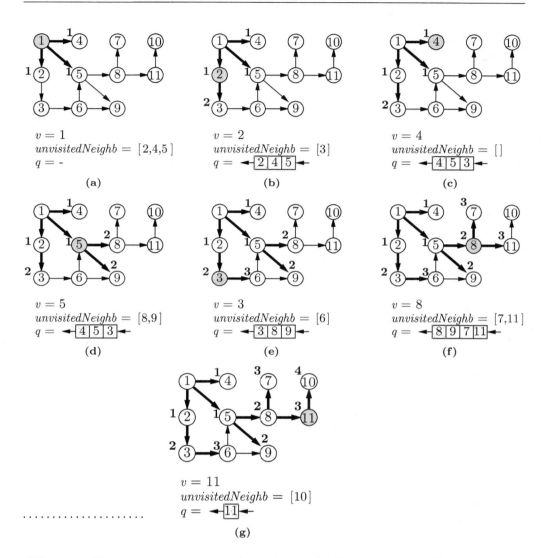

Abb. 5.9: *Ablauf einer Breitensuche durch den in Abbildung 5.7 dargestellten Beispielgra-phen. Für jeden Durchlauf ist der Wert des aktuellen Knotens v, seine noch nicht besuchten Nachbarn unvisitedNeighb und der Wert der Warteschlange q angegeben. Die fett gezeichneten Kanten sind die in Liste pred aufgeführten Kanten, also Kanten, die im bisherigen Verlauf der Breitensuche gegangen wurden. Neben bisher besuchten Knoten sind die jeweiligen Werte der d-Liste aufgeführt, also der Liste, die im Laufe der Breitensuche für jeden Knoten den Abstandswert berechnet.*

Aufgabe 5.6

Implementieren Sie eine Klasse *Stack*, die die Operationen *push*(*x*), *pop*(*x*) und *isEmpty*() unterstützt.

Implementierung der Tiefensuche. Die Tiefensuche erhält als Eingabe einen Graphen $G = (V, E)$ und einen Startknoten $s \in V$. Als Ergebnis der Tiefensuche wird die Liste *pred* zurückgeliefert. Die Kantenmenge $\{(i, j) \mid pred[i] = j\}$ beschreibt hierbei den von der Tiefensuche gegangenen Weg durch den Graphen G.

Im Gegensatz zur Breitensuche, läuft die Tiefensuche ausgehend vom Startknoten einem Pfad solange als möglich nach; wenn es nicht mehr „weitergeht" (weil der betreffende Knoten keine nicht besuchten Nachbarn mehr hat) so setzt die Tiefensuche zurück, d. h. sie läuft den gegangenen Pfad solange rückwärts, bis sie wieder einen Knoten findet, für den es noch etwas zu tun gibt. Dieses „Zurücksetzen" nennt man in der Informatik auch *Backtracking*.

Listing 5.3 zeigt die Implementierung der Tiefensuche.

```
 1  def dfs(s, graph):
 2     pred = []
 3     n = graph.numNodes
 4     pred = [None for _ in range(n)]
 5     st = Stack()
 6     v = s
 7     while True:
 8        unvisitedNeighb = [u for u in graph.G(v) if pred[u]==None and u ≠ s]
 9        if unvisitedNeighb ≠ []:
10           u = unvisitedNeighb[0]
11           st.push(v)
12           pred[u] = v
13           v = u
14        elif not st.isEmpty():
15           v = st.pop()
16        else:
17           break
18     return pred
```

Listing 5.3: Implementierung der Tiefensuche

Zunächst werden die verwendeten Variablen *pred*, *st* und *v* initialisiert. Der eigentliche Algorithmus beginnt ab Zeile 7. In Zeile 8 werden zunächst die Nachbarn des aktuellen Knotens *v* gesucht, die noch nicht besucht wurden und in der Liste *unvisitedNeighb* gespeichert. Es gibt drei Fälle: **1.** Die Liste *unvisitedNeighb* enthält mindestens ein Element, d. h. es gibt einen noch nicht besuchten Nachbarn *u* von *v*. In diesem Fall wird *v* auf den Stack gelegt, in der Annahme, es könne zu einem späteren Zeitpunkt ausgehend von *v* noch mehr zu tun geben. Die Kante (*v*, *u*) wird anschließend zur „Menge" *pred* der durch die Tiefensuche gegangenen Kanten hinzugefügt; schließlich wird mit dem Knoten u fortgefahren. **2.** Die Liste *unvistedNeigb* ist leer, d. h. es gibt keinen noch nicht besuchten Nachbarn von v, d. h. ausgehend vom Knoten v gibt es für die Tiefensuche nichts mehr zu tun. Falls es noch auf dem Stack st hinterlegte „Arbeit" gibt, wird diese vom Stack geholt. **3.** Falls sowohl die Liste *invisitedNeigb*, als auch der Stack leer ist, ist die Tiefensuche beendet und die **while**-Schleife wird verlassen.

Aufgabe 5.7

Es gibt eine entscheidende Ineffizienz in der in Listing 5.3 vorgestellten Implementierung der Tiefensuche: Obwohl in jedem Schleifendurchlauf der **while**-Schleife nur *ein einziger* noch nicht besuchter Nachbar von v zur weiteren Bearbeitung benötigt wird, wird in der Listenkomprehension in Zeile 8 immer die gesamte Menge der noch nicht besuchten Nachbarn berechnet.

Verbessern sie die Implementierung der Tiefensuche, indem sie diese Ineffizienz entfernen.

Abbildung 5.11 zeigt den Ablauf einer Tiefensuche für den Beispielgraphen aus Abbildung 5.7.

Die „nackte" Tiefensuche liefert zwar keine eigentlich nützliche Information zurück, jedoch dient die Tiefensuche als „Gerüst" für eine Vielzahl wichtiger Graphenalgorithmen, unter Anderem der topologischen Sortierung, der Suche nach Zyklen in einem Graphen oder der Auswertung als Bäume repräsentierter arithmetischer Ausdrücke.

Aufgabe 5.8

Das sog. Springerproblem besteht darin, auf einem sonst leeren $n \times n$ Schachbrett eine Tour für einen Springer zu finden, auf der dieser jedes Feld genau einmal besucht.
Wir wählen zunächst besser $n < 8$ (andernfalls sind sehr lange Rechenzeiten zu erwarten). Finden Sie eine Lösung für das Springerproblem, indem sie wie folgt vorgehen:
1: Repräsentieren Sie das Problem als Graph. Jedes Feld des Schachbretts sollte einen Knoten darstellen und jeder mögliche Zug sollte als Kante zwischen zwei Knoten dargestellt werden; sie können entweder die Kanten von Hand eintragen oder ein Programm schreiben, das das erledigt. **2:** Verwenden Sie eine Variante der Tiefensuche, die verbietet, dass ein Knoten mehr als einmal besucht wird und finden Sie damit eine Lösung des Springerproblems.

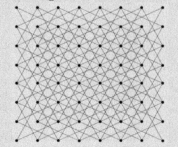

Ein Graph der alle möglichen Züge eines Springers auf einem 8×8 Schachbrett repräsentiert.

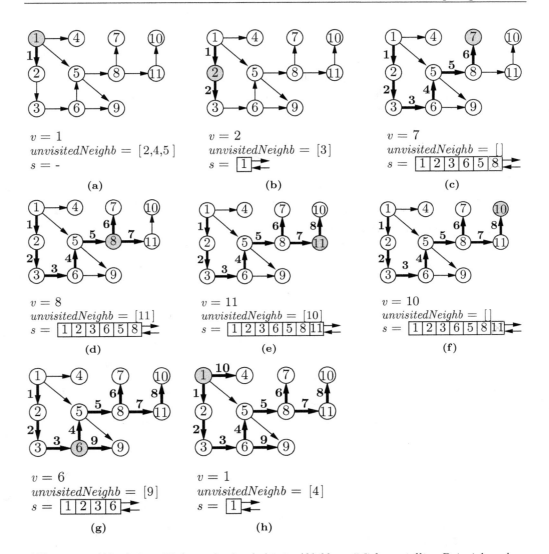

Abb. 5.11: *Ablauf einer Tiefensuche durch den in Abbildung 5.7 dargestellten Beispielgraphen. Für jede Situation ist der Wert des aktuellen Knotens v, seine noch nicht besuchten Nachbarn unvisitedNeighb und der Wert des Stacks s angegeben. Die fett gezeichneten Kanten sind die in Liste pred aufgeführten Kanten, also Kanten, die im bisherigen Verlauf der Tiefensuche gegangen wurden. Der Übersichtlichkeit halber wurden die Kanten in der von der Tiefensuche gegangenen Reihenfolge nummeriert – diese Nummerierung erfolgt lediglich der Anschaulichkeit halber; sie wird im Algorithmus selbst nicht protokolliert. Man beachte, dass einige Schritte in der Darstellung übersprungen wurden, und zwar drei Schritte zwischen 5.11(b) und 5.11(c), vier Schritte zwischen 5.11(f) und 5.11(g) und vier Schritte zwischen 5.11(g) und 5.11(h).*

Aufgabe 5.9

Statt explizit einen Stack zu verwenden, lässt sich die Tiefensuche elegant rekursiv implementieren. Implementieren Sie eine rekursive Variante *dfsRek*, des in Listing 5.3 gezeigten Algorithmus *dfs*.

5.2.3   Topologische Sortierung

Eine *topologische Sortierung* ist eine Anordnung der Knoten eines DAG, d. h. eines gerichteten azyklischen Graphen $G = (V, E)$, so dass für jede Kante $(i, j) \in E$ gilt, dass Knoten j nach Knoten i angeordnet ist. DAGs werden oft verwendet, wenn man eine Rangordnungen zwischen bestimmten Elementen oder Ereignissen darstellen will. Beispielsweise ließe sich der Graph aus Abbildung 5.7 auf Seite 151 topologisch sortieren durch die folgende Anordnung seiner Knoten:

$$1, 4, 2, 3, 6, 5, 9, 8, 7, 11, 10$$

Der Graph ließe sich dann entsprechend so zeichnen, dass jede Kante von links nach rechts verläuft:

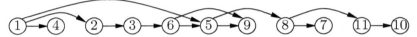

Man kann eine topologische Sortierung folgendermaßen einfach berechnen: Man beginnt eine Tiefensuche durch einen Graphen mit einem Knoten, der keinen Vorgänger besitzt; solch ein Knoten muss existieren, wenn der Graph keinen Zyklus besitzt. Sobald bei solch einem Tiefensuche-Durchlauf ein bestimmter Knoten v „abgeschlossen" wurde, füge diesen mittels *append* hinten an eine Liste an. Oder genauer formuliert: Sobald für einen Knoten v der während der Tiefensuche in Listing 5.3 berechneten Liste *unvisitedNeighb* (Zeile 8) leer ist, wird dieser Knoten v an die eine topologische Anordnung der Knoten repräsentierende Ergebnisliste hinten angehängt. Nach der Tiefensuche enthält diese Ergebnisliste die für die topologische Sortierung erforderliche Rangordnung. Dies kann ganz einfach folgendermaßen implementiert werden (in den mit ... markierten Bereichen befindet sich Code der identisch zu dem Code der Tiefensuche aus Listing 5.3 ist):

```
1  def topSort(s, graph):   #s: Knoten ohne Vorgänger
2    topLst = []
3      ...
4    while True:
5        ...
6      if unvisitedNeighb ≠ []:
7          ...
8      elif not st.isEmpty():
9        topLst.append(v)
10       v = st.pop()
```

```
11      else:
12          topLst.append(v)
13          break
14      topLst.reverse()
15  return topLst
```

Listing 5.4: Berechnung einer topologischen Sortierung eines DAG. Der Startknoten s muss hierbei so gewählt sein, dass s keinen Vorgänger besitzt.

Der **elif**- und **else**-Zweig wird gegangen, wenn der betreffende Knoten v abgeschlossen ist; genau zu diesem Zeitpunkt wird v in die Liste *topLst* der topologisch sortierten Knoten eingefügt.

Aufgabe 5.10

(a) Welche Anordnung der Knoten liefert der in Listing 5.4 dargestellte Algorithmus als topologische Sortierung?

(b) Versuchen Sie herauszufinden, wie viele verschiedene topologische Sortierungen es für den in Abbildung 5.7 dargestellten Graphen gibt.

Aufgabe 5.11

Beim Anziehen von Kleidungsstücken müssen manche Teile unbedingt vor anderen angezogen werden. Die folgenden Beziehungen sind vorgegeben:

- Das *Unterhemd* vor dem *Pullover*

- Die *Unterhose* vor der *Hose*

- Den *Pullover* vor dem *Mantel*

- Die *Hose* vor dem *Mantel*

- Die *Hose* vor den *Schuhen*

- Die *Socken* vor den *Schuhen*

(a) Modellieren Sie diese Abhängigkeiten als Graphen.

(b) Nummerieren Sie die Knoten so, dass sich die daraus ergebende Rangordnung der Knoten eine topologische Sortierung darstellt – gibt hier mehrere Lösungen.

(c) Bestimmen Sie diejenige topologische Sortierung, die sich durch Ausführung von dem in Listing 5.4 gezeigten Algorithmus ergibt.

Aufgabe 5.12

Die topologische Sortierung erwartet als Eingabe einen Knoten, der keinen Vorgänger besitzt. Implementieren Sie eine Funktion *startNodes(graph)*, die alle Knoten des Graphen *graph* zurückliefert, die keinen Vorgängerknoten besitzen.

Aufgabe 5.13

Der in Listing 5.4 gezeigte Algorithmus funktioniert nur auf zusammenhängenden DAGs. Erweitern Sie den Algorithmus so, dass er auch auf nicht zusammenhängenden DAGs funktioniert.

Aber warum liefert dieser Algorithmus eine topologische Sortierung? Wir müssen dazu Folgendes zeigen: Befindet sich eine Kante (u, v) im Graphen $G = (V, E)$, so wird zuerst *topLst.append(v)* und danach erst *topLst.append(u)* ausgeführt. Durch die Anweisung *topLst.reverse()* in Zeile 14 in Listing 5.4 werden dann schließlich u und v in die richtige Reihenfolge gebracht – nämlich u *vor* v. Warum also wird *topLst.append(v)* vor *topLst.append(u)* ausgeführt?

Wird im Rahmen der Tiefensuche der Knoten u erstmalig betrachtet, so gibt es zwei Möglichkeiten. **1.** Es gilt: v **in** *unvisitedNeighb*. In diesem Fall wird u auf den Stack gelegt (Zeile 11) und die Tiefensuche mit dem Knoten v weiter durchlaufen, und zwar so lange, bis v abgeschlossen wird und keine nicht besuchten Nachbarn mehr besitzt (d. h. *unvisitedNeighb* $==$ [] gilt) und somit *topLst.append(v)* ausgeführt wird. Erst danach wird der Knoten u fertig bearbeitet und somit folgt erst danach die Anweisung *topLst.append(u)*.

2. Es gilt: v **not in** *unvisitedNeighb*. Der Knoten v wurde also schon besucht. Kann es dann sein, dass v noch nicht abgeschlossen ist (und folglich *topLst.append(u) vor topList.append(v)* ausgeführt werden würde)? Wäre dem so, dann würde sich in diesem Fall v noch im Stack *st* befinden, d. h. *st* hätte folgendes Aussehen:

$$[\dots, v, \dots, u]$$

Folglich müsste es einen Pfad von v nach u geben. Zusammen mit der Kante (u, v) würde dies einen Kreis ergeben, was aber nach Voraussetzung (es handelt sich um einen DAG, also einen kreisfreien Graphen) unmöglich ist.

5.3 Kürzeste Wege

Eine der offensichtlichsten Anwendungen der Graphentheorie besteht in der Aufgabe, die kürzest möglichen Wege in einem kantenbewerteten Graphen $G = (V, E)$ mit der Gewichtsfunktion $w : E \to \mathbb{R}^+$ zwischen zwei Knoten zu berechnen. Die Funktion w ordnet jeder Kante eine (positive) Zahl zu; so kann man etwa den Abstand zwischen zwei Städten abbilden. Es ist nicht zuletzt der Effizienz und Eleganz des Dijkstra-Algorithmus zu verdanken, dass die Berechnung des kürzesten Weges zwischen zwei

Ortschaften durch ein Navigationssystem oder ein Online-Routenplanungssystem so schnell und unkompliziert möglich ist.

Wir stellen in diesem Abschnitt zwei unterschiedliche Algorithmen zur Berechnung der kürzesten Wege in einem Graphen $G = (V, E)$ vor: Zum Einen den Dijkstra-Algorithmus, der die kürzesten Wege ausgehend von einem bestimmten Knoten $u \in V$ zu allen anderen Knoten im Graphen berechnet; zum Anderen den Warshall-Algorithmus, der die kürzesten Wege zwischen allen Knotenpaaren $u, v \in V$ berechnet – in der englischsprachigen Literatur wird diese Aufgabe auch als „All Pairs Shortest Paths" bezeichnet.

5.3.1   Der Dijkstra-Algorithmus

Abb. 5.12: *Edsger Dijkstra (1930 - 2002).*

Will man einen kürzesten Pfad von einem Knoten u zu einem anderen Knoten v berechnen, so könnte dieser Pfad im Allgemeinen alle anderen Knoten berühren. Es macht daher durchaus Sinn, für die Lösung dieses Problems einen Algorithmus zu entwerfen, der die kürzesten Wege von Knoten u zu *jedem anderen* Knoten des Graphen berechnet. Der sog. Dijkstra-Algorithmus, entdeckt von dem niederländischen Informatik-Pionier Edsger Dijkstra, ist ein effizienter Algorithmus der alle von u ausgehenden kürzesten Wege berechnet. Dijkstra war unter Anderem auch der Wegbereiter der strukturierten Programmierung und der parallelen Programmierung (er verwendete erstmals Semaphoren, eine spezielle Datenstruktur, die dazu eingesetzt wird, parallel laufende Prozesse zu synchronisieren).

Der Dijkstra Algorithmus ist ein typischer sog. *Greedy-Algorithmus*. Greedy-Algorithmen schlagen zum Finden einer optimalen Lösung eine einfache Vorgehensweise ein: Es wird in einem Schritt immer nur eine bestimmte Teillösung berechnet. Um die Teillösungen zu erweitern und sich dadurch einen Schritt Richtung Gesamtlösung zu bewegen, werden nur diejenigen Möglichkeiten in Betracht gezogen, die „lokal" zum jeweiligen Zeitpunkt am günstigsten erscheinen. Nicht immer führt die Strategie eines Greedy-Algorithmus zur Berechnung des Optimums – jedoch im Falle des Dijkstra-Algorithmus schon.

Dies ist genau die Vorgehensweise des Dijkstra-Algorithmus zum Finden der kürzesten Wege ausgehend von einem bestimmten Knoten u in einem Graphen $G = (V, E)$. In jedem Schritt wird immer derjenige noch nicht fertig bearbeitete Knoten betrachtet, der den momentan geringsten Abstandswert zu u hat.

Der Dijkstra-Algorithmus liefert als Ergebnis die Abstände $l[v]$ aller Knoten $v \in V$ zu Knoten u und zusätzlich in Form der Menge F alle Kanten, aus denen die kürzesten Wege bestehen. In der Menge W merkt sich der Algorithmus die noch zu bearbeitenden Knoten; in jedem Durchlauf des Dijkstra-Algorithmus wird ein Knoten aus W entfernt und zwar immer derjenige mit dem momentan geringsten Abstand zu u. Nach $|V|$ vielen Durchläufen hat der Algorithmus also alle kürzesten Wege berechnet. In jedem der $|V|$ Durchläufe wird immer derjenige Knoten v als Nächstes bearbeitet, der den momentan geringsten Abstand $l[v]$ vom Startknoten u besitzt – genau dieser Schritt macht den Algorithmus zu einem Greedy-Algorithmus. In diesem Schritt wird immer jeweils die gesamte Nachbarschaft $\Gamma(v)$ des Knotens v durchlaufen und versucht die Abstandswerte der Nachbarn zu verbessern. Hierbei wird der Abstandswert eines Nachbarn $v' \in \Gamma(v)$ genau dann angepasst, falls entweder noch kein Abstandswert berechnet wurde oder falls

$$l[v] + w(v, v') < l[v']$$

gilt, d. h. falls ein Weg über v zu v' kürzer ist als der bisher berechnete Weg.

Listing 5.5 zeigt die Implementierung des Dijkstra-Algorithmus.

```
1  def dijkstra (u, graph):
2      n = graph.numNodes
3      l = {u:0} ; W = graph.V()
4      F = [] ; k = {}
5      for i in range(n):
6          lv,v = min([ (l[node],node) for node in l if node in W ])
7          W.remove(v)
8          if v≠u: F.append(k[v])
9          for neighb in filter (lambda x:x in W, graph.G(v)):
10             if neighb not in l or l[v] + graph.w(v,neighb) < l[neighb]:
11                 l [neighb] = l[v] + graph.w(v,neighb)
12                 k[neighb] = (v,neighb)
13      return l,F
```

Listing 5.5: *Der Dijkstra-Algorithmus*

Die **for**-Schleife ab Zeile 5 implementiert die $|V|$ vielen Durchläufe. In Zeile 6 wird bestimmt, welcher Knoten in dem aktuellen Durchlauf bearbeitet wird, nämlich derjenige Knoten v, mit minimalem Abstandswert $l[v]$. Dieser Knoten wird aus der Menge W der zu bearbeitenden Knoten gelöscht (Zeile 7) und die entsprechende aus Richtung u kommende Kante $k[v]$ zur Kantenmenge F hinzugefügt. In Zeile 12 beginnt die **for**-Schleife, die die Nachbarschaft des Knotens v durchläuft und alle suboptimalen Abstandswerte anpasst. Für jeden angepassten Nachbarknoten *neighb* merkt sich der Algorithmus zusätzlich in Zeile 12 die Kante $(v, neighb)$, die zu dieser Anpassung führte; diese Kante wird später eventuell (falls diese Anpassung später nicht noch weiter optimiert wird) zur Kantenmenge F der kürzesten Wege hinzugefügt.

Abbildung 5.13 zeigt den Ablauf des Dijkstra-Algorithmus für einen gewichteten ungerichteten Beispielgraphen.

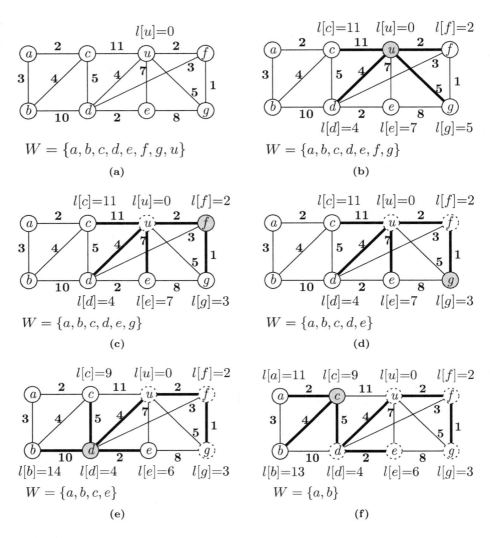

Abb. 5.13: *Ablauf des Dijkstra-Algorithmus auf einem gewichteten ungerichteten Graphen. Abbildung 5.13(a) zeigt die Ausgangssituation: Es existiert nur für den Startknoten ein Abstandswert von 0. Im ersten Schritt, gezeigt in Abbildung 5.13(b), wird der Startknoten u bearbeitet da dieser initial den kleinsten Abstandswert hatte. Die Nachbarschaft von u wird durchlaufen, die Abstandswerte aller Nachbarn werden angepasst und die entsprechenden Kanten in k vorgemerkt. Diese Kanten sind in den Abbildungen immer fett gezeichnet. Im nächsten Schritt (Abbildung 5.13(c)) wird, da l[f] minimal ist, der Knoten f bearbeitet. Die Nachbarschaft des Knotens f wird also durchlaufen; hierbei wird der Abstandswert des Knotens g angepasst, denn l[f] +w(f,g) ist kleiner als l[g]; die Abstandswerte der restlichen Nachbarn bleiben gleich. Als Nächstes (Abbildung 5.13(d)) wird der Knoten g bearbeitet, da l[g] minimal ist, usw.*

Aufgabe 5.14

In jedem der $|V|$ vielen Durchläufe des Dijkstra-Algorithmus muss der Knoten mit minimalem Abstandswert l bestimmt werden. Dies geschieht in Algorithmus 5.5 mittels der *min*-Anweisung in Zeile 9.

(a) Welche Laufzeit hat diese *min*-Anweisung?

(b) Statt das Minimum aus einer Liste zu bestimmen ist es i. A. effizienter ein Heap-Datenstruktur zu verwenden und mittels *minExtract* das Minimum zu extrahieren. Welche Laufzeit hätte das Finden des Knotens mit minimalem Abstandswert, falls statt einer einfachen Liste eine Heap-Datenstruktur verwendet wird?

(c) Geben sie eine Python-Implementierung des Dijkstra-Algorithmus an, zum Finden des minimalen Abstandswertes Heaps verwendet.

5.3.2   Der Warshall-Algorithmus

Gegeben sei, genau wie beim Dijkstra-Algorithmus, ein kantenbewerteter Graph $G = (V, E)$ mit der Gewichtsfunktion $w : E \to \mathbb{R}^+$. Der Warshall-Algorithmus berechnet die kürzesten Wege zwischen *allen* Knotenpaaren in G. Wir gehen von einer Knotenmenge $V = \{1, \dots, n\}$ aus.

Entscheidend für den Warshall-Algorithmus ist folgende Überlegung. Man betrachtet zunächst kürzeste Wege, für die gewisse Einschränkungen gelten. Diese „Einschränkungen" sollten optimalerweise zwei Eigenschaften erfüllen: **1:** Die Berechnung der kürzesten Wege, für die diese Einschränkungen (die wir gleich genau erläutern) gelten, sollte sinnvollerweise einfacher sein, als die Berechnung der kürzesten Wege ohne Einschränkungen. **2:** Es sollte möglich sein, diese Einschränkungen schrittweise zu entfernen, bis man schließlich die kürzesten Wege (für die gar keine Einschränkungen mehr gelten) erhält.

Wir sehen nun diese Einschränkungen im Falle des Warshall-Algorithmus aus? Anfänglich berechnen wir die kürzesten Wege, die keine Zwischenknoten enthalten (also nur Direktverbindungen); diese „Berechnung" ist sehr einfach, denn diese Direktverbindungen sind in Form der Adjazenzmatrix des Graphen schon vorhanden. Im nächsten Schritt berechnen wir die kürzesten Wege, deren Zwischenknoten aus der Knotenmenge $\{1\}$ kommen. Im folgenden Schritt berechnen wir, aus den im vorigen Schritt berechneten Informationen, die kürzesten Wege, deren Zwischenknoten aus der Knotenmenge $\{1, 2\}$ kommen, usw. Im letzten Schritt berechnen wir schließlich die kürzesten Wege, deren Zwischenknoten aus der Knotenmenge $\{1, \dots, n\}$ kommen, d. h. für diese kürzesten Wege gibt es keine Einschränkungen mehr. In diesem letzten Schritt werden also die gesuchten kürzesten Wege berechnet.

Wir müssen uns nur noch überlegen, wie man vom $(k-1)$-ten Schritt zum k-ten Schritt „kommen" kann, d. h. wie man aus dem kürzesten Pfad zwischen Knoten $i \in V$ und Knoten $j \in V$, dessen innere Knoten ausschließlich aus der Knotenmenge $\{1, \dots, k-1\}$ kommen, den kürzesten Pfad zwischen i und j berechnen kann, dessen innere Knoten aus der Knotenmenge $\{1, \dots, k\}$ kommen. Bei der Konstruktion dieser Berechnung ist es sinnvoll zwei Fälle zu unterscheiden.

Abb. 5.14: Darstellung der beiden Möglichkeiten für die Konstruktion eines kürzesten Pfades zwischen Knoten i und Knoten j der ausschließlich Knoten aus {1,...k} enthält. Entweder enthält dieser Pfad tatsächlich k als inneren Knoten, oder solch ein Pfad enthält den Knoten k nicht. Der Warshall-Algorithmus wählt in jedem Schritt immer den kürzeren dieser beiden möglichen Pfade.

1: Der kürzeste Pfad zwischen i und j mit inneren Knoten aus $\{1, \ldots, k\}$ enthält den inneren Knoten k *nicht*. In diesem Fall gilt einfach, dass der kürzeste Pfad zwischen Knoten i und Knoten j mit inneren Knoten aus $\{1, \ldots, k-1\}$ gleich dem kürzesten Pfad zwischen i und j mit inneren Knoten aus $\{1, \ldots, k\}$ ist.

2: Der kürzeste Pfad zwischen i und j mit inneren Knoten aus $\{1, \ldots k\}$ enthält den inneren Knoten k; dieser setzt sich zusammen aus dem kürzesten Pfad von i nach k mit inneren Knoten aus $\{1, \ldots, k-1\}$ und dem kürzesten Pfad von k nach j mit inneren Knoten aus $\{1, \ldots, k-1\}$. Abbildung 5.14 veranschaulicht diesen Sachverhalt graphisch.

Wir bezeichnen mit $W_k[i,j]$ die Länge des kürzesten Pfads zwischen Knoten i und Knoten j mit inneren Knoten ausschließlich aus $\{1, \ldots, k\}$. Dann gilt nach den vorigen Überlegungen also folgende Beziehung:

$$W_k[i,j] := \min\{\ W_{k-1}[i,j],\ W_{k-1}[i,k] + W_{k-1}[k,j]\ \} \qquad (5.1)$$

Wir sind also in der Lage W_k aus W_{k-1} zu berechnen. Die gewünschte Lösung, also alle kürzesten Wege, erhalten wir durch Berechnung von W_n, das bzgl. der inneren Knoten eines jeden Pfades keine Beschränkung mehr auferlegt. Wir beginnen die Berechnungen mit der Matrix W_0, die nichts anderes ist als die Adjazenzmatrix des Graphen G. Es ergibt sich also folgender Algorithmus:

```
1  def warshall(graph):
2      n = graph.numNodes + 1
3      W = [[graph.w(i,j) for j in graph.V()] for i in graph.V() ]  # W_0
4      for k in range(1,n):  # Berechnung von W_k
5          for i in range(1,n):
6              for j in range(1,n):
7                  W[i][j] = min( W[i][j] , W[i][k] + W[k][j] )
8      return W
```

Listing 5.6: Implementierung des Warshall-Algorithmus

Die geschachtelte Listenkomprehension in Zeile 3 erzeugt zunächst die Matrix W_0, also die Adjazenzmatrix von *graph*. Wichtig zu wissen ist hier, dass die Methode $V()$ der Klasse *Graph* die Liste der im Graph vorhandenen Knoten zurückliefert; die Methode $w(i,j)$ der Klasse *Graph* muss so implementiert sein, dass *graph.w(i,i)* den Wert

0 zurückliefert (der Abstand eines Knotens i zu sich selbst ist sinnvollerweise 0) und $graph.w(i,j)$ den Wert ∞ zurückliefert (in Python i. A. repräsentiert durch den speziellen Wert inf^1), falls $(i,j) \notin E$; in allen anderen Fällen soll $graph.w(i,j)$ das Gewicht der Kante (i,j) zurückliefern. Die Matrix W wird nun in $n-1$ Schleifendurchläufen schrittweise erweitert. Zeile 7 entspricht einer direkten Umsetzung der Formel (5.1). Der Algorithmus liefert in Zeile 8 die Matrix W_n in Form der Variablen W zurück; $W[i][j]$ enthält dann die Länge des kürzesten Weges von Knoten i zu Knoten j. Abbildung 5.15 zeigt die Zwischenergebnisse des Warshall-Algorithmus, d. h. die Matrizen W_k für die Berechnung der kürzesten Wege eines Beispielgraphen.

Aufgabe 5.15

Implementieren Sie eine Methode $w(i,j)$ der Klasse *Graph* in der für den Warshall-Algorithmus erforderlichen Weise.

Aufgabe 5.16

Die *transitive Hülle* eines gerichteten Graphen $G = (V, E)$ ist definiert als die Matrix $H = (h_{ij})$ mit

$$h_{ij} = \begin{cases} 1, \text{ Falls es einen gerichteten Pfad von } i \text{ nach } j \text{ in } G \text{ gibt} \\ 0, \text{ sonst} \end{cases}$$

Implementieren Sie eine Funktion *transHuelle(graph)* die die transitive Hülle des Graphen *graph* als Ergebnis zurückliefert.
Tipp: Sie können *transHuelle* relativ einfach dadurch programmieren, indem sie *warshall* an geeigneter Stelle etwas modifizieren.

Die Laufzeit des Warshall-Algorithmus ist aus offensichtlichen Gründen $O(|V|^3)$, denn die $|V| \times |V|$ große Adjazenzmatrix muss genau $|V|$ mal durchlaufen werden.

---

[1]Dieser spezielle Wert *inf* kann in Python durch den Aufruf *float*(`'inf'`) erzeugt werden; dies sollte in den meisten Python-Installationen möglich sein; es ist jedoch möglich, dass ältere Python-Versionen (Versionsnummer ¡ 2.4) diesen speziellen Wert noch nicht unterstützen.

Abb. 5.15: *Die vom Warshall-Algorithmus berechneten Matrizen W_k für $k = 1, \ldots, 8$ für den oben dargestellten Beispielgraphen. Die fett gedruckten Einträge wurden im jeweiligen Schritt angepasst. Ist also ein Eintrag $W_k[i,j]$ fett gedruckt dargestellt, so gilt, dass $W_{k-1}[i,k] + W_{k-1}[k,j] < W_{k-1}[i,j]$ ist, d. h. es gilt dass es einen Weg über den Knoten k gibt der kleiner als der bisher berechnete Weg ist.*

5.4   Minimaler Spannbaum

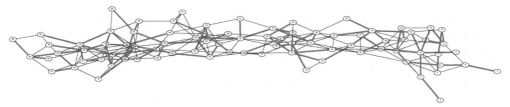

Neben dem systematischen Durchlaufen eines Graphen und dem Finden von kürzesten Wegen ist das Finden von minimalen (bzw. maximalen) Spannbäumen das in der Praxis wichtigste graphentheoretische Problem. Die Anwendungsbeispiele hierfür sind vielfältig, etwa das Finden eines möglichst preisgünstigen zusammenhängenden Netzwerkes.

Wir stellen in diesem Abschnitt den Algorithmus von Kruskal vor, der wie der Algorithmus von Dijkstra, auch ein Greedy-Algorithmus ist. Im Verlauf des Algorithmus von Kruskal muss eine Kantenmenge eines Graphen wiederholt daraufhin überprüft werden, ob sie Zyklen enthält. Dieser Test ist zwar relativ einfach durch eine Tiefensuche realisierbar; es gibt jedoch eine effizientere Möglichkeit, als diese wiederholte Durchführung der Tiefensuche. Wir stellen hierzu eine Implementierung der sog. Union-Find-Operationen vor (in der deutschen Literatur manchmal auch als *Vereinigungs-Suche* bezeichnet) mit deren Hilfe ein effizienterer Test auf Zyklenfreiheit möglich ist.

5.4.1   Problemstellung

Gegeben sei wiederum ein kantengewichteter Graph $G = (V, E)$ mit Gewichtsfunktion $w : E \rightarrow \mathbb{R}^+$. Gesucht ist nun die mit den geringsten Kosten verbundene Möglichkeit, alle Knoten in G mit Kanten aus E zu verbinden. Man kann sich leicht überlegen, dass solch ein Verbindungsgraph ein Spannbaum sein *muss*[2]. Abbildung 5.16 gibt ein Beispiel eines minimalen Spannbaums – der übrigens nicht immer eindeutig bestimmt ist; es kann durchaus mehrere minimale Spannbäume geben.

Aufgabe 5.17

(a) Finden Sie einen weiteren minimalen Spannbaum des Beispielgraphen aus Abbildung 5.16.

(b) Finden Sie einen maximalen Spannbaum des Beispielgraphen aus Abbildung 5.16.

---

[2]Ein einfacher Beweis über Widerspruch: Angenommen solch eine kostengünstigste Verbindung würde einen Kreis enthalten; entfernt man aber eine Kante e mit $w(e) > 0$ aus diesem Kreis, so ist der Graph immer noch zusammenhängend, verbindet also alle Knoten miteinander, und hat ein geringeres Gewicht. Folglich war diese ursprüngliche Verbindungsmöglichkeit auch nicht die kostengünstigste; was ein Widerspruch zur Annahme ist. Die kostengünstigste Verbindungsmöglichkeit kann also keinen Kreis enthalten.

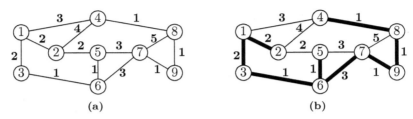

Abb. 5.16: *Ein ungerichteter gewichteter Beispielgraph zusammen mit einem minimalen Spannbaum.*

Es gibt wichtige Anwendungen für dieses Problem. Wir geben zwei Beispiele hierfür an. **1:** Das Finden eines möglichst preisgünstigen zusammenhängenden Netzwerkes. Die Kantengewichte geben hierbei jeweils Auskunft darüber, wie teuer es ist, zwischen zwei Orten eine Netzwerkverbindung zu installieren. Die Suche nach einem minimalen Spannbaum würde dann der Suche nach der kostengünstigsten Netzwerkinstallation entsprechen, die alle Teilnehmer verbindet.
2: Für einige Netzwerkprotokolle stellt es ein Problem dar, wenn es mehrere mögliche Pfade für das Versenden eines Datenpaketes von einem Netzknoten i zu einem anderen Netzknoten j gibt. In bestimmten Netzwerken können aus dieser Redundanz Inkonsistenzen entstehen. Um solche redundanten Pfade zu vermeiden, muss ein Spannbaum (vorzugsweise ein minimaler Spannbaum) über alle beteiligten Netzwerkknoten gefunden werden.

5.4.2   Der Algorithmus von Kruskal

Der Kruskal-Algorithmus verwendet eine typische Greedy-Strategie: „größere" Lösungen werden schrittweise aus „kleineren" Lösungen aufgebaut. In jedem dieser Schritte wird eine Lösung immer aus der in diesem Moment am besten erscheinenden Erweiterung angereichert. Im Falle des Kruskal-Algorithmus sieht diese Strategie konkret folgendermaßen aus: In jedem Schritt wird immer diejenige Kante mit dem minimalen Gewicht zur Menge der Kanten hinzugefügt, die am Ende den minimalen Spannbaum bilden sollen – jedoch nur dann, wenn durch dieses Hinzufügen kein Kreis entsteht (ein Spannbaum muss ja ein zusammenhängender *kreisfreier* Teilgraph sein; siehe hierzu auch Anhang B.4.1). Abbildung 5.17 zeigt ein Beispiel für den Ablauf des Kruskal-Algorithmus auf einem Beispielgraphen.

Korrektheit. Die folgenden beiden Eigenschaften (mit Hilfe derer die Korrektheit des Kruskal-Algorithmus leicht zu zeigen ist) gelten für jeden minimalen Spannbaum.

1. Die Kreiseigenschaft. Sei C ein beliebiger Kreis und e eine Kante aus C mit maximalem Gewicht. Dann gilt, dass der minimale Spannbaum e *nicht* enthält.
Beweis: Wir nehmen an, e wäre im minimalen Spannbaum enthalten. Entfernen wir e, so zerfällt der Spannbaum in zwei Komponenten K und K'. In C gibt es jedoch (da C ein Kreis ist) eine andere Kante e', die K und K' miteinander verbindet. Durch Wahl von e' erhalten wir also wiederum einen Spannbaum. Da $w(e) > w(e')$ hat jedoch der neue Spannbaum ein geringeres Gewicht als der ursprüngliche; somit konnte der ursprüngliche Spannbaum nicht minimal gewesen sein.

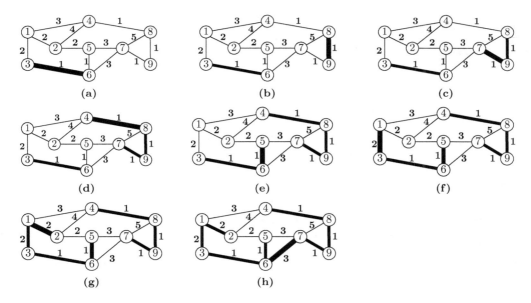

Abb. 5.17: *Ablauf des Kruskal-Algorithmus für den Beispielgraphen aus Abbildung 5.16. Wie man sieht, wird in jedem Schritt immer diejenige Kante (aus der Menge der verbleibenden Kanten) ausgewählt die das minimale Gewicht besitzt und die zusammen mit den bisher ausgewählten Kanten keinen Zyklus bildet. Zunächst werden im Beispiel alle Kanten mit Gewicht 1 ausgewählt; anschließend wird mit den Kanten mit Gewicht 2 fortgefahren. In Schritt 5.17(h) wird jedoch die Kante mit minimalem Gewicht $(2,5)$ nicht ausgewählt, da sie zusammen mit den bisher ausgewählten Kanten einen Zyklus bilden würde. Stattdessen muss eine Kante mit Gewicht 3 ausgewählt werden – in diesem konkreten Fall wird $(6,7)$ gewählt; es wäre aber hier ebenso möglich gewesen die Kante $(1,4)$ auszuwählen.*

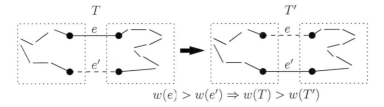

$$w(e) > w(e') \Rightarrow w(T) > w(T')$$

Abb. 5.18: *Durch Ersetzen der Kante e mit maximalem Gewicht durch die „kleinere" Kante e' entsteht ein „kleinerer" Spannbaum T'.*

2. Die Schnitteigenschaft. Sei S eine beliebige Teilmenge von Knoten. Es sei e diejenige Kante mit minimalem Gewicht, die genau einen Endpunkt in S besitzt. Dann gilt, dass der minimale Spannbaum e enthalten muss.

Beweis: Wir nehmen an, e wäre im minimalen Spannbaum *nicht* enthalten. Fügen wir nun die Kante e dem Spannbaum hinzu, so erhalten wir einen Kreis C. Entfernen wir nun eine andere Kante e' mit genau einem Endpunkt in S aus dem Kreis C, so erhalten wir wiederum einen Spannbaum, der jedoch ein geringeres Gewicht als der ursprüngliche Spannbaum hat (da $w(e') > w(e)$); der ursprüngliche Spannbaum konnte also nicht minimal gewesen sein.

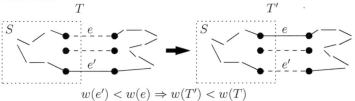

$$w(e') < w(e) \Rightarrow w(T') < w(T)$$

Abb. 5.19: *Durch Ersetzen der Kante e' mit nicht minimalem Gewicht durch die „kleinere" Kante e entsteht ein „kleinerer" Spannbaum T'.*

Mit Hilfe dieser beiden Eigenschaften können wir zeigen, dass jede Kante, die vom Kruskal-Algorithmus ausgewählt wird, tatsächlich zum minimalen Spannbaum gehören *muss*. Wir unterscheiden zwei Fälle:

1. Angenommen, die ausgewählte Kante e erzeugt einen Kreis C. Da alle anderen Kanten dieses Kreises zu einem früheren Zeitpunkt ausgewählt wurden, ist e die Kante mit maximalem Gewicht in C, kann also nicht zum minimalen Spannbaum gehören, wird also vom Kruskal-Algorithmus zu Recht nicht ausgewählt.

2. Angenommen, die ausgewählte Kante $e = \{i,j\}$ erzeugt keinen Kreis. Sei K die Menge der Knoten der (Zusammenhangs-)Komponente der i angehört. Die Kante e besitzt genau einen Endpunkt in K und ist gleichzeitig die Kante mit minimalem Gewicht, die genau einen Endpunkt in K hat, wird also nach der Schnitteigenschaft zu Recht vom Kruskal-Algorithmus ausgewählt.

Implementierung. Listing 5.7 zeigt eine einfache Implementierung des Kruskal-Algorithmus.

```
1  def kruskal(graph):
2      allEdges = [(graph.w(i,j),i,j) for i,j in graph.E_undir()]
3      allEdges.sort(reverse=True) # absteigend sortieren
4      spannTree = []
5      while len(spannTree) < len(graph.V())-1 and allEdges≠[]:
6          (w,i,j) = allEdges.pop()
7          if not buildsCircle(spannTree,(i,j)):
8              spannTree.append((i,j))
9      return spannTree
```

Listing 5.7: *Einfache Implementierung des Kruskal-Algorithmus*

Mittels der Listenkomprehension in Zeile 2 wird die Liste *allEdges* aller Kante inklusive ihrer Gewichte erzeugt und in Zeile 3 nach ihren Gewichten absteigend sortiert. In jedem **while**-Schleifendurchlauf wird dann mittels *allEdges.pop()* immer diejenige noch nicht betrachtete Kante mit minimalem Gewicht ausgewählt und genau dann zum Spannbaum *spannTree* hinzugefügt, falls dadurch kein Kreis erzeugt wird.

Zwei Punkte sind jedoch an dieser Implementierung zu bemängeln bzw. unvollständig:

1: Das Sortieren aller Kanten nach deren Gewicht hat eine Laufzeit von $O(|E| \log |E|)$ und ist damit ineffizienter als die Verwendung einer Heap-Struktur: Der Aufbau des Heaps benötigt $O(|E|)$ Schritte; es werden jedoch nur $|V| - 1$ Elemente aus dem Heap entnommen und wir erhalten daher eine Laufzeit von $O(|E| + |V| \log |E|)$; für den häufigen Fall, dass $|E| \gg |V|$ ist dies wesentlich günstiger als die Laufzeit von $O(|E| \log |E|)$. Zur Implementierung siehe Aufgabe 5.18.

2: Wir haben in Listing 5.7 offen gelassen, wie die Funktion *buildsCircle* zu implementieren ist, die testet, ob durch das Hinzufügen der Kante (i, j) zur Kantenmenge *spannTree* ein Kreis entsteht. Es wäre möglich diesen Test mit Hilfe einer Tiefensuche durchzuführen; es geht jedoch schneller über eine sog. *Union-Find*-Datenstruktur.

Aufgabe 5.18

Eine verbesserte Implementierung des Kruskal-Algorithmus würde es vermeiden die gesamte Kantenmenge zu sortieren, sondern stattdessen einen Heap verwenden, um in jedem Durchlauf effizient die Kante mit dem minimalen Gewicht auszuwählen.

Passen Sie die Implementierung des in Listing 5.7 gezeigten Skripts entsprechend an.

Aufgabe 5.19

Implementieren Sie eine Funktion *buildsCircle* (*tree* ,(i, j)), die testet, ob der Graph *graph* einen Zyklus enthält. Verwenden Sie hierzu als Basis eine Tiefensuche.

Aufgabe 5.20

Welche Laufzeit hat die in Listing 5.7 gezeigte Implementierung des Kruskal-Algorithmus, falls *buildsCircle* über eine Tiefensuche implementiert wird und ...

(a) ... die Kante mit dem geringsten Gewicht durch eine entsprechende Sortierung der Kantenmenge erhalten wird.

(b) ... die Kante mit dem geringsten Gewicht durch Aufbau einer Heapstruktur über die Kantenmenge erhalten wird.

Aufgabe 5.21

(a) Kann man den minimalen Spannbaum auch finden, indem man genau umgekehrt wie der Kruskal-Algorithmus vorgeht, d. h. man beginne mit allen im Graphen enthaltenen Kanten und entfernt Kanten mit dem momentan höchsten Gewicht – aber nur dann, wenn man dadurch den Graphen nicht auseinanderbricht?

(b) Geben Sie eine Implementierung des „umgekehrten" Kruskal-Algorithmus an.

5.4.3   Union-Find-Operationen

Über eine effiziente Implementierung der sog. *Union-Find*-Operationen, d. h. der Mengenoperationen „Vereinigung" zweier Mengen und „Suche" eines Elementes in einer Menge, erhält man sogleich eine effiziente Methode zum Testen, ob durch das Hinzufügen einer Kante $\{i, j\}$ zu einer kreisfreien Kantenmenge S ein Zyklus entsteht; genau dieser Test muss im Verlaufe des Kruskal-Algorithmus wiederholt durchgeführt werden.

Die effizientesten Implementierungen der Union-Find-Operationen modellieren die Mengenzugehörigkeit durch Graphen und sehen die Relation „gehört zur selben Menge wie" im Graphen modelliert als „gehört zur selben (Zusammenhangs-)Komponente wie".

In einer Union-Find-Datenstruktur wird eine Menge von Objekten $v_1, \ldots v_n$ verwaltet. Anfangs sieht man die Objekte als einelementige Mengen. Im Verlauf der Benutzung der Datenstruktur können die Mengen vereinigt werden; es wird also immer eine Menge von disjunkten[3] Teilmengen verwaltet. Es werden die folgende beiden Operationen unterstützt:

- *find*(v): Diese Funktion liefert eine eindeutige Repräsentation derjenigen Menge zurück, zu der v gehört.

- *union*(x,y): Vereinigt die beiden Mengen, deren eindeutige Repräsentationen x und y sind.

Abbildung 5.20 zeigt ein Beispiel für den Aufbau einer Union-Find-Datenstruktur; diese spezielle Folge von Vereinigungsschritten würde sich während der in Abbildung 5.17 gezeigten Ausführung des Kruskal-Algorithmus ergeben.

Mit der Union-Find-Datenstruktur kann man während der Ausführung des Kruskal-Algorithmus protokollieren, welche Zusammenhangskomponenten sich aus dem bisher berechneten (Teil-)Spannbaum ergeben; aus dieser Information wiederum kann man in jedem Schritt des Kruskal-Algorithmus leicht nachprüfen, ob durch das Hinzufügen einer Kante ein Kreis entsteht. Zu Beginn enthält *spannTree* keine Kanten, alle Knoten stehen daher einzeln da und *spannTree* hat folglich 9 Zusammenhangskomponenten. Dies entspricht dem in Abbildung 5.20 gezeigten Anfangszustand. In jedem Schritt wird durch den Kruskal-Algorithmus nun die Kante $\{i, j\}$ mit dem geringsten Gewicht ausgewählt. Es gibt zwei Fälle:

1. Es gilt *find*(i)==*find*(j). D. h. i und j befinden sich schon in derselben Zusammenhangskomponente (d. h. es gibt in *spannTree* einen Weg von i nach j). Ein Hinzufügen der Kante $\{i, j\}$ würde daher einen Kreis entstehen lassen.
2. Es gilt *find*(i)$\neq$*find*(j). D. h. das Hinzufügen der Kante $\{i, j\}$ würde zwei bisher getrennte Komponenten verbinden, d. h. *spannTree* würde kreisfrei bleiben. Der Algorithmus würde also die Kante zu *spannTree* hinzufügen und durch Ausführen von *union*(*find*(i), *find*(j)) in der Union-Find-Datenstruktur protokollieren, dass sich nun i und j in der gleichen Komponente (bzw. Menge) befinden.

---

[3]Die Mengen M_1 und M_2 heißen *disjunkt*, wenn sie keine gemeinsamen Elemente besitzen, d. h. wenn Ihr Schnitt gleich der leeren Menge ist. In Formeln: wenn $M_1 \cap M_2 = \emptyset$ gilt.

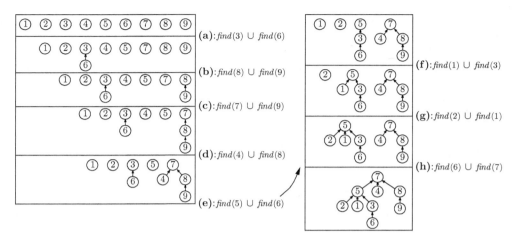

Abb. 5.20: *Ein Beispiel für den Aufbau einer Union-Find-Datenstruktur. Es werden 9 Elemente verwaltet, die zu Beginn einzeln stehen. Wie man sieht, wird die Mengenzugehörigkeit durch die Union-Find-Datenstruktur als Menge von Bäumen repräsentiert. Befinden sich zwei Elemente im selben Baum, so heißt dies, dass die beiden Elemente derselben Menge angehören. Nach jedem union-Schritt werden (falls die zu vereinigenden Elemente sich in verschiedenen Mengen befinden) zwei Bäume miteinander verschmolzen. Beispielsweise wird in Schritt (d) die Menge, der 4 angehört (also find(4)), was in diesem Falle einfach der Menge {4} entspricht, vereinigt mit der Menge, der 8 angehört (also find(8), was in diesem Falle der Menge {7, 8, 9} entspricht); als Folge werden die beiden entsprechenden Bäume verschmolzen. Man beachte, dass dieser „Verschmelzungsprozess" nicht eindeutig ist. Es gibt immer zwei Möglichkeiten, wie zwei Bäume B_1 und B_2 miteinander verschmolzen werden können: Entweder man hängt B_1 als Kind unter die Wurzel von B_2 oder man hängt B_2 als Kind unter die Wurzel von B_1.*

Angenommen *uf* sei eine Instanz der Klasse *UF* (deren Implementierung wir weiter unten in Listing 5.8 präsentieren), erzeugt mittels

$$uf = UF(graph.numNodes)$$

Wir sollten also die Zeilen 7 und 8 in Listing 5.7 folgendermaßen ersetzen:

```
7  if not buildsCircle(spannTree,(i,j)):
8      spannTree.append((i,j))
```

$\Longrightarrow$

```
7   Mi = uf.find(i)
8   Mj = uf.find(j)
9   if Mi ≠ Mj:
10      spannTree.append((i,j))
11      uf.union(Mi,Mj)
```

Um festzustellen, ob durch Hinzunahme der Kante $\{i, j\}$ ein Kreis entsteht, wird also geprüft, ob i und j zur selben Menge gehören. Ist dies nicht der Fall (falls nämlich $Mi \neq Mj$), so wird die Kante $\{i, j\}$ zum Spannbaum hinzugefügt (Zeile 10) und anschließend die Menge, der j angehört, und die Menge, der i angehört, vereinigt (Zeile 11).

Listing 5.8 zeigt die Implementierung der Klasse *UF*.

```
1  class UF(object):
2    def _init_ ( self , n):
3      self.parent = [0] * n
4    def find( self , x):
5      while self.parent[x] > 0: x = self.parent[x]
6      return x
7    def union( self , x, y):
8      self.parent[y] = x
```

Listing 5.8: Implementierung der Union-Find-Datenstruktur.

Eine Kante in dem „Wald" der durch die Union-Find-Datenstruktur dargestellt wird, wird durch die Liste *parent* repräsentiert. Der i-te Eintrag in *parent* enthält den Vater des Knotens i. Falls *parent*$[i]$ gleich 0 ist, heißt dies, dass i die Wurzel des Baumes ist. Initial werden alle *parent*-Einträge auf 0 gesetzt (Zeile 3), d. h. alle verwalteten Elemente sind Wurzeln, d. h. initial haben wir es mit einem Wald aus n Bäumen zu tun, die jeweils nur ein Element (nämlich das Wurzelelement) enthalten. Ein Aufruf von *union*(x,y) fügt zwei Bäume zusammen, indem die Wurzel des einen Baumes (der y enthält) als Kind unter die Wurzel des anderen Baumes (der x enthält) gehängt wird. Der Aufruf *find*(x) liefert die Wurzel des Baumes zurück, der x enthält.

Aufgabe 5.22

Implementieren Sie für die in Listing 5.8 gezeigte Klasse *UF* die *str*-Funktion, die ein Objekt der Klasse in einen String umwandelt. Die Ausgabe sollte gemäß folgendem Beispiel erfolgen:

```
>>> uf = UF(10)
>>> uf.union(1,2) ; uf.union(1,3) ; uf.union(5,6) ; uf.union(8,9)
>>> str(uf)
>>> '{1, 2, 3} {4} {5, 6} {7} {8, 9} '
```

Wir betrachten zwei Möglichkeiten, die Union-Find-Datenstruktur zu optimieren:

Balancierung. Im ungünstigsten Falle entwickeln sich in der Union-Find-Datenstruktur entartete (d. h. stark unbalancierte) Bäume. Ein ungünstiger Fall tritt immer dann ein, wenn ein Baum der Höhe h unter die Wurzel eines Baumes mit geringerer Höhe h' gehängt wird, d. h. wenn *union*(x,y) ausgeführt wird, und die Höhe des Baumes, in dem sich x befindet kleiner ist als die Höhe des Baumes, in dem sich y befindet. Wir können dies einfach dadurch vermeiden, indem wir prüfen, welcher Baum höher ist. Wir wollen aus Performance-Gründen vermeiden, wiederholt die Höhe zu berechnen. Daher speichern wir immer die Höhe jedes Baumes im *parent*-Eintrag der Wurzel – jedoch als negative Zahl, um weiterhin in der Lage zu sein, die Wurzel eines Baumes „erkennen" zu können. Damit bleibt auch die **while**-Schleife in Listing 5.8 in Zeile 5 gültig.

Aufgabe 5.23

Verbessern Sie die in Abbildung 5.8 gezeigte Implementierung dadurch, dass Sie auf die Balancierung der in der Union-Find-Datenstruktur verwalteten Bäume achten. Der Baum $find(x)$ sollte also nur dann als Kind unter die Wurzel des Baums $find(y)$ gehängt werden, wenn die Höhe von $find(x)$ kleiner ist als die Höhe von $find(y)$; andernfalls sollte $find(y)$ unter die Wurzel von $find(x)$ gehängt werden.

Pfad-Komprimierung. Ein Aufruf von $find(x)$ findet immer den Pfad von x zur Wurzel des Baumes in dem sich x befindet. Nach solch einem Aufruf ist es günstig eine direkte Kante von x zur Wurzel einzufügen, um bei einem späteren erneuten Aufruf von $find(x)$ zu vermeiden, dass wiederum der gleiche Pfad bis zur Wurzel gelaufen werden muss. Diese Technik nennt man *Pfadkomprimierung*. Zur Implementierung der Pfadkomprimierung muss lediglich die *find*-Methode der Klasse *UF* angepasst werden. Listing 5.9 zeigt die Implementierung der *find*-Methode, die zusätzlich eine Pfadkomprimierung durchführt.

```
1  class UF(object):
2    ...
3    def find( self ,x):
4      i=x
5      while self.parent[x] > 0: x = self.parent[x]
6      while self.parent[i] > 0:
7        tmp=i ; i=self.parent[i] ; self.parent[tmp]=x
8      return x
```

Listing 5.9: Implementierung der Pfadkomprimierung in der find-Methode.

Zunächst wird, wie in der ursprünglichen Implementierung der *find*-Methode, die Wurzel des als Parameter übergebenen Elements x gesucht. Anschließend wird in den Zeilen 6 und 7 der gegangene Pfad nochmals abgelaufen und die *parent*-Einträge aller Knoten auf diesem Pfad direkt auf die Wurzel x des Baumes gesetzt. Dadurch wird eine Erhöhung der Laufzeit für spätere *find*-Aufrufe ermöglicht.

Laufzeit. Obwohl die Funktionsweise der Union-Find-Datenstruktur verhältnismäßig einfach nachvollziehbar ist, ist eine Laufzeitanalyse komplex. Wir beschränken uns hier deshalb darauf, lediglich die Ergebnisse der Laufzeitanalyse zu präsentieren. Die Kombination der beiden vorgestellten Optimierungen, Pfad-Komprimierung und Balancierung, ermöglicht eine (zwar nicht ganz, aber nahezu) lineare Laufzeit für die Erzeugung eine Union-Find-Datenstruktur aus $|E|$ Kanten.

Damit ergibt sich für den Kruskal-Algorithmus eine Laufzeit von $O(|E|\log(|E|))$: Die **while**-Schleife wird im ungünstigsten Fall $|E|$ mal ausgeführt; in jedem Durchlauf wird die Kante mit dem geringsten Gewicht aus der Heap-Struktur entfernt, was $O(\log(|E|))$ Schritte benötigt; insgesamt ergibt sich daraus die Laufzeit von $O(|E|\log(|E|))$. Die Tests auf Entstehung der Kreise brauchen insgesamt (wie eben erwähnt) $O(|E|)$ und der anfängliche Aufbau des Heaps ebenfalls $O(|E|)$ Schritte (was aber durch $O(|E|\log(|E|))$ „geschluckt" wird).

Aufgabe 5.24

Schreiben Sie die folgenden Funktionen, um Performance-Tests auf dem Kruskal-Algorithmus durchzuführen:

(a) Schreiben Sie eine Funktion *genRandGraph*(*n,m,k*), die einen zufälligen Graphen $G = (V, E)$ generiert mit $|V| = n$, $|E| = m$ und $w : E \to \{1, \dots, k\}$.

(b) Testen Sie nun die Laufzeit des Kruskal-Algorithmus auf einem Graphen *genGraph*(1000,5000,1000), dessen Implementierung ...

    1. ...die Kanten sortiert (statt Heaps zu verwenden) und die Tiefensuche verwendet.

    2. ...die Kanten sortiert und statt der Tiefensuche eine einfache Union-Find-Struktur verwendet.

    3. ...die Kanten sortiert und eine optimierte Union-Find-Struktur verwendet.

    4. ...Heaps verwendet und eine optimierte Union-Find-Struktur verwendet.

5.5 Maximaler Fluss in einem Netzwerk.

Wir behandeln hier in diesem Abschnitt eine sowohl in wirtschaftswissenschaftlichen als auch in naturwissenschaftlichen Kontexten häufig auftretende Fragestellung. Es geht um das Problem, wie und wie viel „Material" (das kann je nach Kontext Waren, Mitarbeiter, elektrischer Strom oder eine Flüssigkeit sein) durch ein Netzwerk von Knoten gelenkt werden kann.

5.5.1 Netzwerke und Flüsse

Ein Netzwerk ist ein gewichteter gerichteter Graph $G = (V, E)$ mit Gewichtsfunktion $w : E \to \mathbb{R}^+$, d. h. jeder Kante ist eine positive reelle Zahl zugeordnet. Wir interpretieren die einer Kante zugeordnete Zahl als *Kapazität*. Diese Kapazität sagt uns, wie viel Material (bzw. Strom, Flüssigkeit, usw.) maximal über diese Kante „fließen" kann. Es seien zwei Kanten $s, t \in V$ speziell ausgezeichnet und wir nennen s die *Quelle* und t die *Senke* des Netzwerkes. Außerdem sei ein *Fluss* gegeben, modelliert als Funktion $f : V \times V \to \mathbb{R}^+$, der die folgenden Bedingungen erfüllen sollte:

    1. Aus der Kapazität ergibt sich die maximal möglich Menge „Material", die über eine Kante fließen kann, d. h.

$$f(u,v) \le w(u,v) \text{ für alle } (u,v) \in E$$

2. Der Fluss in Rückwärtsrichtung hat immer den negativen Wert des Flusses in Vorwärtsrichtung, d. h.

$$f(u, v) = -f(v, u) \text{ für alle } (u, v) \in E$$

3. Das „Material", das in einen Knoten hineinfließt, muss auch wieder hinausfließen, d. h.

Für jeden Knoten $v \in V \setminus \{s, t\}$ muss gelten: $\sum_{u \in V} f(u, v) = 0$

Diese Bedingung wird manchmal auch als das *Kirchhoff'sche Gesetz* oder das *Gesetz der Flusserhaltung* bezeichnet. Wir wollen also ein Szenario modellieren, in dem alle Knoten (ausgenommen s und t) lediglich das hineinfließende „Material" weitergeben, also weder „Material" konsumieren, noch neues „Material" erzeugen können. Lediglich die Quelle s kann „Material" produzieren und die Senke t kann „Material" konsumieren.

Aufgabe 5.25

Warum hat die den Fluss modellierende Funktion f nicht den „Typ" $f : E \to \mathbb{R}^+$, sondern den Typ $f : V \times V \to \mathbb{R}^+$?

Der Wert eines Flusses ist definiert als $\sum_{u \in V} f(s, u)$ also die Menge an Material, die von der Quelle erzeugt wird. Da für alle Knoten (aus s und t) Flusserhaltung gilt, muss genau dieser Fluss auch bei der Senke wieder ankommen, d. h. es muss gelten, dass $\sum_{u \in V} f(s, u) = \sum_{u \in V} f(u, t)$. In vielen Anwendungen ist der maximal mögliche Fluss gesucht, d. h. die maximal mögliche Menge an Material, die (unter Berücksichtigung der Kapazitäten der Kanten) durch ein Netzwerk geschleust werden kann. Abbildung 5.21 zeigt ein Beispiel, das zeigt, wie man sich diesem maximalen Fluss annähern kann.

5.5.2 Der Algorithmus von Ford-Fulkerson

Die Idee des sog. Algorithmus von Ford-Fulkerson ist recht einfach und schon in Abbildung 5.21 angedeutet: Solange es einen Pfad von der Quelle zur Senke gibt, mit noch verfügbarer Kapazität auf allen Kanten des Pfades, so schicken wir (möglichst viel) „Material" über diesen Pfad. Genauer: Wurde im letzten Schritt ein gültiger Fluss f des Netzwerks $G = (V, E)$ (mit Kapazitätsfunktion w) gefunden, so wird im nächsten Schritt zunächst das sog. Restnetzwerk $G_f = (V, E_f)$ berechnet, das man einfach aus dem „alten" Netzwerk G durch Berechnung der neuen Kapazitätsfunktion $w_f(i, j) = w(i, j) - f(i, j)$[4] erhält. Anschließend versucht der Algorithmus in G_f einen Pfad p von s nach t in G_f zu finden, so dass $w_f(i, j) > 0$ für alle $(i, j) \in p$; einen solchen Pfad nennt man auch *Erweiterungspfad*. Gibt es keinen Erweiterungspfad, so bricht der

---

[4]Es kann hierbei sogar passieren, dass das Restnetzwerk G_f einen Fluss von j nach i erlaubt, auch wenn G keinen Fluss von j nach i erlaubt hatte: Falls $f(i, j) > 0$ und $w(j, i) = 0$ dann ist nämlich $w_f(j, i) = w(j, i) - f(j, i) = -f(j, i) = f(i, j) > 0$; die Rückrichtung hat somit in G_f eine positive Kapazität und ein Fluss von j nach i wäre in G_f möglich.

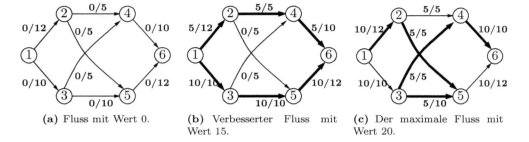

(a) Fluss mit Wert 0.

(b) Verbesserter Fluss mit Wert 15.

(c) Der maximale Fluss mit Wert 20.

Abb. 5.21: *Drei verschiedene sukzessiv vergrößerte Flüsse in einem Netzwerk. Wie man sieht kann man aus dem „leeren" Fluss (dargestellt in Abbildung 5.21(a)) relativ einfach einen Fluss mit Wert 15 generieren: Über den Pfad (1, 3, 5, 6) kann man einen Fluss mit Wert 10 (entsprechend dem minimalen Kantengewicht auf diesem Pfad) fließen lassen und über den Pfad (1, 2, 4, 6) kann man einen Fluss mit Wert 5 (wiederum entsprechend dem minimalen Kantengewicht auf diesem Pfad) fließen lassen; dies ergibt zusammengenommen den in Abbildung 5.21(b) gezeigten Fluss mit Wert 10+5=15. Nicht ganz so offensichtlich ist die in Abbildung 5.21(c) gezeigte Möglichkeit, diesen Fluss zu vergrößern. Über den Pfad (1, 2, 5, 3, 4, 6) kann man einen zusätzlichen Fluss mit Wert 5 schicken; man beachte, dass dieser Pfad die Kante (5, 3) beinhaltet, also die im ursprünglichen Graphen vorhandenen Kante (3, 5) in Rückwärtsrichtung durchlaufen wird. Laut Bedingung 2 gilt für den Fluss aus Abbildung 5.21(b) über diese Kante: f(3, 5) = −f(5, 3) = −10; dieser Fluss über diese Kante auf dem Pfad (1, 2, 5, 3, 4, 6) kann von -10 auf den Wert -5 vergrößert werden. Insgesamt ergibt sich also ein Fluss mit Wert 20, dargestellt in Abbildung 5.21(c).*

Algorithmus ab und die bisher gefundenen Flüsse zusammengenommen bilden einen maximalen Fluss. Konnte dagegen ein Erweiterungspfad p gefunden werden, so wird für alle Kanten $(i, j) \in p$ der Fluss f' auf den Wert $min\{w_f(i, j) \mid (i, j) \in p\}$ gesetzt, anschließend wieder das Restnetzwerk berechnet, usw.

Listing 5.10 zeigt die Implementierung in Python. In jedem Durchlauf der **while**-Schleife wird zunächst der Fluss f über den (im letzten Schritt) berechneten Erweiterungspfad *path* bestimmt; wie schon oben beschrieben entspricht der Wert dieses Flusses dem minimalen in *path* befindlichen Kantengewicht. Dieser Fluss f wird zum bisherigen Gesamtfluss *flow* hinzuaddiert (Zeile 7). Anschließend wird in der **for**-Schleife (Zeile 9 bis 15) das Restnetzwerk *graph$_f$* des zu Beginn der **while**-Schleife betrachteten Netzwerkes *graph* berechnet, d. h. für jede Kante $(i, j) \in path$ müssen die Kapazitäten entsprechend des Flusses f folgendermaßen angepasst werden: Besitzt eine Kante (i, j) im Graphen *graph* die Kapazität w, so erhält diese im Graphen *graph$_f$* die Kapazität w-f; falls w-f== 0 (d. h. die Kapazität verschwindet), so wird die Kante mittels *delEdge* aus dem Graphen entfernt. Der Grund dafür, dass wir die Kante in diesem Falle löschen, liegt darin, dass im Falle von Netzwerken die Tatsache, dass eine Kante (i, j) nicht existiert gleichbedeutend ist mit der Tatsache, dass eine Kante (i, j) die Kapazität 0 hat. Aus dem gleichen Grund weisen wir dem Gewicht der Rückwärtskante (j, i) in Zeile 11 den Wert 0 zu, falls diese nicht existiert. In den Zeilen 14 und 15 wird die Rückwärtskante entsprechend angepasst und – analog zur Vorwärtskante – gelöscht, falls deren Wert 0 wird.

```
1  def maxFlow(s,t,graph):
2    path = findPath(s,t,graph)
3    flow = 0
4    while path ≠ []:
5      # Bestimme größtmöglichen Fluss über path
6      f = min(graph.w(i,j) for i,j in path)
7      flow += f
8      # Restnetzwerk berechnen
9      for i,j in path:
10       w = graph.w(i,j)
11       wBack = graph.w(j,i) if graph.isEdge(j,i) else 0
12       if w-f == 0: graph.delEdge(i,j)
13       else:           graph.addEdge(i,j,w-f)
14       if wBack+f == 0: graph.delEdge(j,i)
15       else:            graph.addEdge(j,i,wBack+f)
16     # Pfad im Restnetzwerk finden
17     path = findPath(s,t,graph)
18   return flow
```

Listing 5.10: *Implementierung des Ford-Fulkerson-Algorithmus.*

In Zeile 17 wird schließlich nach einem Erweiterungspfad von s nach t durch das eben berechnete Restnetzwerk gesucht und mit diesem dann im nächsten **while**-Schleifendurchlauf analog verfahren.

Dieser Algorithmus funktioniert im Allgemeinen gut. Gibt es aber mehrere Pfade von s nach t dann kann es, abhängig davon welcher Pfad gewählt wird, zu einer sehr schlechten Worst-Case-Laufzeit kommen. Im ungünstigsten Fall kann die Laufzeit sogar vom *Wert* des größten Flusses selbst abhängen. Abbildung 5.22 zeigt ein Beispiel eines solchen problematischen Falles. Man kann zeigen, dass dieser ungünstige Fall einfach vermieden werden kann, indem man als Erweiterungspfad grundsätzlich einen Pfad mit möglichst wenig Kanten wählt.

Aufgabe 5.26

Für die in Listing 5.10 gezeigte Implementierung des Ford-Fulkerson-Algorithmus wird eine Funktion benötigt, die eine Kante eines Graphen löschen kann – siehe Zeilen 12 und 14.
Fügen Sie der Klasse *Graph* eine Methode *delEdge(i,j)* hinzu, die die Kante (i,j) aus dem Graphen löscht.

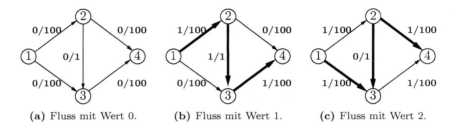

(a) Fluss mit Wert 0.   (b) Fluss mit Wert 1.   (c) Fluss mit Wert 2.

Abb. 5.22: *Dieses Beispiel zeigt einen ungünstigen Verlauf des Ford-Fulkerson-Algorithmus, der zwar letztendlich zum richtigen Ergebnis führt, jedoch eine (unnötig) langen Laufzeit aufweist. Gesucht ist ein maximaler Fluss von der Quelle 1 zur Senke 4. Wird $(1, 2, 3, 4)$ als erster Erweiterungspfad gewählt, so kann der Fluss nur um den Wert „1" verbessert werden (denn: $max(w(1, 2), w(2, 3), w(3, 4)) = 1$), gezeigt in Abbildung 5.22(b). Wird im nächsten Schritt der gültige Pfad $(1, 2, 3, 4)$ des Restnetzwerkes (das sich aus dem im vorigen Schritt gefundenen Flusses ergibt) gewählt, so kann der Fluss wiederum nur um den Wert „1" erhöht werden, gezeigt in Abbildung 5.22(c). Verfährt man so weiter, so würde der Algorithmus 200 Schritte benötigen. Durch Wahl der Pfade $(1, 2, 4)$ und $(1, 3, 4)$ hätte man den maximalen Fluss aber in lediglich zwei Schritten berechnen können.*

Aufgabe 5.27

Implementieren Sie die in Zeile 17 in Listing 5.10 benötigte Funktion *findPath*, die nach einem gültigen Pfad von s nach t im Restnetzwerk sucht.

Hinweis: Um das in Abbildung 5.22 erwähnte Problem zu vermeiden, muss eine Breitensuche verwendet werden – erklären Sie warum!

5.5.3   Korrektheit des Ford-Fulkerson-Algorithmus

Dass ein Erweiterungspfad p mit $f(i, j) > 0$ für alle $(i, j) \in p$ den bestehenden Fluss verbessern kann, ist leicht einzusehen. Die entscheidende Frage ist aber: Falls es keinen Erweiterungspfad mehr gibt, ist dann auch garantiert der maximal mögliche Fluss gefunden? Dass diese Antwort „Ja" ist, ist nicht ganz so leicht einzusehen; dies kann am einfachsten über einen „Umweg" gezeigt werden, der uns über das sog. *Max-Flow-Min-Cut-Theorem* führt. Dieses Theorem besagt, dass der maximale Fluss gleich dem minimalen Schnitt des Netzwerkes ist, oder in anderen Worten: Es besagt, dass der maximale Fluss genau gleich der Größe des „Flaschenhalses" des Netzwerkes ist.

Definieren wir zunächst, was wir formal unter einem *Schnitt* (in einem Graphen) verstehen. Ein *Schnitt* eines Graphen $G = (V, E)$ ist eine Knotenmenge $S \subset V$. Die *Kanten des Schnittes* sind defininiert als

$$e(S) := \{ (i, j) \in E \mid i \in S \text{ und } j \in V \setminus S \}$$

also als die Menge aller Kanten mit genau einem Endpunkt in S. Der Wert (bzw. die

Kapazität) eines Schnittes S ist definiert als

$$w(S) := \sum_{e \in e(S)} w(e)$$

also als die Summe aller Gewichte (bzw. Kapazitäten) aller im Schnitt enthaltenen Kanten. Als s-t-Schnitt bezeichnet man einen Schnitt S, für den $s \in S$ und $t \in V \setminus S$ gilt. Der Fluss $f(S)$ eines s-t-Schnittes S ist definiert als die Summe der Flüsse aller Kanten des Schnittes, also $f(S) := \sum_{e \in e(S)} f(e)$ Abbildung 5.23 zeigt ein Beispiel eines Schnittes (der übrigens nicht der minimale Schnitt ist) in einem Graphen.

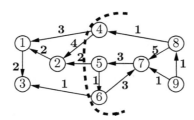

Abb. 5.23: *Der Schnitt $S = \{4, 5, 6, 7, 8, 9\}$ durch einen Beispielgraphen.*

Aufgabe 5.28

Betrachten Sie den in Abbildung 5.23 dargestellten Graphen und den Schnitt S und beantworten Sie die folgenden Fragen:

(a) Geben Sie $e(S)$ an, d. h. die zu dem Schnitt gehörige Kantenmenge.

(b) Geben Sie $w(S)$ an, d. h. die Kapazität des Schnittes S.

Aufgabe 5.29

(a) Definieren Sie eine Python-Funktion *cut(C,graph)*, die eine den Schnitt definierende Knotenmenge C und einen Graphen *graph* übergeben bekommt und eine Liste aller Kanten zurückliefert die sich im Schnitt befinden. Versuchen Sie eine Implementierung als „Einzeiler", also in der Form

   def *cut(C,graph)*:
      return ...

(b) Definieren Sie eine Python-Funktion *cutVal(C,graph)*, die den Wert des Schnittes zurückliefert, der durch die Knotenmenge C definiert ist. Versuchen Sie wiederum eine Implementierung als Einzeiler.

Man kann zeigen: Für jeden beliebigen s-t-Schnitt A eines Netzwerkes $G = (V, E)$ gilt immer, dass $f(A) = f$, d. h. egal welchen s-t-Schnitt durch das Netzwerk man betrachtet, der Fluss des Schnittes hat immer den selben Wert, nämlich den des Flusses. Diese Aussage kann man leicht durch Induktion über die Anzahl der Knoten im Schnitt zeigen; wir überlassen den Beweis dem interessierten Leser.

Aufgabe 5.30

Zeigen Sie die eben aufgestellte Behauptung, die besagt dass – für einen gegebenen Fluss f – der Fluss jedes beliebigen Schnittes S immer denselben Wert hat.

Außerdem ist klar, dass für jeden s-t-Schnitt A des Netzwerkes gilt: $f(A) \leq w(A)$, d. h. für jeden Schnitt gilt, dass der Fluss des Schnittes kleiner oder gleich der Kapazität des Schnittes ist, einfach deshalb, weil für jede einzelne Kante e des Schnittes gilt, dass $f(e) \leq w(e)$. Es ist aber nicht offensichtlich, dass es immer einen Fluss und einen Schnitt gibt, für die $f(A) = w(A)$ gilt.

Endlich haben wir die Voraussetzungen, das Max-Flow-Min-Cut-Theorem zu beweisen. Wir zeigen, dass die folgenden beiden Aussagen äquivalent[5] sind:

(1) $f(A) = w(A)$ für einen s-t-Schnitt A und einen Fluss f.

(2) Es gibt keinen Erweiterungspfad von s nach t in G_f

Können wir zeigen, dass diese beiden Aussagen äquivalent sind, haben wir die Korrektheit des Ford-Fulkerson-Algorithmus gezeigt: Kann der Algorithmus keinen Erweiterungspfad mehr finden, so können wir sicher sein, dass der maximale Fluss gefunden wurde.

Der Beweis gliedert sich in zwei Teile:

(1)⇒(2) Wir nehmen also an, $f(A) = w(A)$. Im Restnetzwerk G_f gilt folglich, dass $w_f(i, j) = 0$ für alle (i, j) mit $i \in A$ und $j \in V \setminus A$. Folglich ist kein Knoten in $V \setminus A$ von einem Knoten aus A aus erreichbar, insbesondere ist t nicht von s aus erreichbar, d. h. es gibt keinen Erweiterungspfad von s nach t in G_f.

(2)⇒(1) Gibt es keinen Erweiterungspfad von s nach t in G_f, so wähle man $A = \{i \in V \mid i$ ist von s aus erreichbar$\}$, d. h. der Schnitt A bestehe aus allen von s aus erreichbaren Knoten. Für alle Knoten $i \in A$ und $j \in V \setminus A$ muss also $w_f(i, j) = 0$ sein. Aus der Art und Weise wie das Restnetzwerk G_f konstruiert wird, folgt auch, dass $w_f(i, j) = w(i, j) - f(i, j)$. Also gilt $w(i, j) - f(i.j) = 0 \Leftrightarrow w(i, j) = f(i, j)$ für alle Kanten $(i, j) \in e(A)$. Also ist auch $w(A) = f(A) = f$ und somit ist f der maximal mögliche Fluss in G.

---

[5]Wenn man behauptet zwei Aussagen A und B seien *äquivalent*, so meint man, dass beide Aussagen „gleichbedeutend" seien, d. h. wenn die Aussage A wahr ist, dann ist auch B wahr, und wenn die Aussage B wahr ist, dann ist auch A wahr.

6   Formale Sprachen und Parser

Eine wichtige Klasse von Algorithmen in der Informatik befasst sich damit, Texte zu durchsuchen, zu erkennen und zu analysieren. Die Überprüfung, ob ein Text einer bestimmten – häufig in Form einer formalen Grammatik festgelegten – Struktur entspricht, bezeichnet man als *Syntaxanalyse* oder synonym als *Parsing*. Diese Algorithmen werden beispielsweise im Umfeld des sog. Data Mining oder im Compilerbau zur formalen Analyse von Programmtexten eingesetzt. Ein Compiler übersetzt ein Programm einer höheren Programmiersprache auf Basis seiner formalen Struktur (die oft in Form eines Syntaxbaums repräsentiert wird) in Maschinensprache, also derjenigen Sprache, die direkt vom Prozessor eines Computers verstanden werden kann.

In Abschnitt 6.1 beschäftigen wir uns mit den Grundlagen formaler Syntaxbeschreibungen: mit formalen Sprachen und Grammatiken, den mathematischen Pendants der „natürlichen" Sprachen und Grammatiken. Besonders interessant für uns sind die sog. Typ-2-Sprachen und die in gewissem Sinne weniger komplexen Typ-3-Sprachen. Abschnitt 6.2 beschreibt die Repräsentation von Grammatiken in Python und zeigt die Implementierung einiger grundlegender Funktionen auf den Nichtterminalen von Grammatiken, nämlich FIRSTund FOLLOW; diese werden in den darauffolgenden Abschnitten benötigt.

Die folgenden Abschnitte 6.3 und 6.4 beschreiben die in der Praxis am häufigsten verwendeten Algorithmen zum Erkennen und Analysieren von Programmiersprachen: Zum Einen prädiktive Parser, insbesondere Recursive-Descent-Parser, in Abschnitt 6.3; zum Anderen LR-Parser in Abschnitt 6.4 wie sie etwa in Parsergeneratoren wie Yacc zum Einsatz kommen.

6.1   Formale Sprachen und Grammatiken

6.1.1   Formales Alphabet, formale Sprache

Wir benötigen im restlichen Kapitel die folgenden Definitionen:

- Ein *(formales) Alphabet* A ist eine nicht-leere endliche Menge. Folgende Mengen sind beispielsweise Alphabete:
  $A_1 = \{a, b, \ldots, z\}$, $A_2 = \{0, 1\}$, $A_3 = \{\textbf{if}, \textbf{then}, \textbf{begin}, \textbf{end}, stmt, ausdr\}$

- Das *leere Wort*, das aus keinen Buchstaben besteht, wird als ε bezeichnet.

- Ein *Buchstabe* ist ein Element eines Alphabets. Beispiele: 0 ist also ein Buchstabe aus A_2; **then** ist ein Buchstabe aus A_3.

- Ein *Wort* entsteht durch Hintereinanderschreiben mehrerer Buchstaben eines Alphabets. Beispiele: *aabax* ist ein Wort über dem Alphabet A_1; 010001 ist ein Wort über dem Alphabet A_2.

Folgende Operatoren auf Wörtern und Alphabeten sind relevant:

- Sei w ein Wort; $|w|$ ist die Anzahl der Buchstaben in w. Beispiele: $|001| = 3$, $|\varepsilon| = 0$, $|$**if** *ausdr* **then** *stmt*$| = 4$.

- Sei A ein Alphabet. Dann ist A^* die Menge aller Wörter mit Buchstaben aus A. Es gilt immer auch $\varepsilon \in A^*$. Beispiel:

$$\{a, b\}^* = \{\varepsilon, a, b, aa, ab, ba, bb, aaa, \ldots\}$$

- Gilt $L \subseteq A^*$, so nennt man L auch *Sprache* über dem Alphabet A.

- Ist $w \in A^*$ ein Wort über dem Alphabet A. Dann ist w^n das Wort, das durch n-maliges Hintereinanderschreiben des Wortes w entsteht. Offensichtlich gilt $|w^n| = n \cdot |w|$.

Aufgabe 6.1

Geben Sie den Wert der folgenden Ausdrücke an:

(a) $\{\varepsilon\}^*$ (b) $|\{\ w \in \{a, b, c\}^* \mid |w| = 2\ \}|$ (c) $|\{0, 1\}^*|$

6.1.2   Grammatik, Ableitung, akzeptierte Sprache, Syntaxbaum

Eine formale (Typ-2-)Grammatik[1] den allgemeinsten Typ-0-Grammatiken G besteht aus vier Komponenten, mathematisch beschrieben als 4-Tupel (S, T, V, P), wobei

- T die Menge der sog. *Terminalsymbole* ist,

- V die Menge der sog. *Nichtterminalsymbole* ist, (manchmal auch *Variablen* oder *Metasymbole* genannt)

- $S \in V$ das Startsymbol ist,

---

[1]Tatsächlich kann man eine ganze Hierarchie von Grammatik-Typen definieren, die über die Form der jeweils zugelassenen Produktionen definiert werden kann. Bei Typ-0-Grammatiken unterliegen die Produktionen keinerlei Einschränkungen: Linke und rechte Seite der Produktionen dürfen beliebige Zeichenfolgen aus $V \cup T$ sein. Bei Typ-1-Grammatiken darf die rechte Seite einer Produktion nicht kürzer sein als die linke Seite (ausgenommen sind Produktionen, deren rechte Seite ε ist). Bei Typ-2-Grammatiken darf die Linke Seite jeder Regel aus nur einer Variablen bestehen und bei Typ-3-Grammatiken gibt es zusätzliche Einschränkungen für die rechte Seite.

- $P \subseteq V \times (T \cup V)^*$ die Menge der sog. Produktionen ist; Produktionen sind also Tupel, deren erste Komponente ein Element aus V und deren zweite Komponente eine Sequenz von Elementen aus $T \cup V$ ist.

Die Elemente von P sind mathematisch zwar als Tupel (siehe Anhang B) modelliert, die beiden Tupel-Komponenten werden jedoch i. A. mit einem „$\rightarrow$" als Trenner notiert; für $(A, abA) \in P$ schreibt man also üblicherweise $A \rightarrow abA \in P$.

Beispiel 6.1: *Grammatik*

Die Grammatik $G = (S, \{ausdr, ziffer\}, \{+, -, 0, \ldots, 9\}, P)$ mit

$$
\begin{aligned}
P = \{ \quad & ausdr \rightarrow ausdr + ausdr \\
& ausdr \rightarrow ausdr - ausdr \\
& ausdr \rightarrow ziffer \\
& ziffer \rightarrow 0 \\
& \ldots \rightarrow \ldots \\
& ziffer \rightarrow 9 \quad \}
\end{aligned}
$$

beschreibt einfache arithmetische Ausdrücke.

Ableitung. Informell ausgedrückt, ist die „Bedeutung" einer Produktion $A \rightarrow \alpha$ mit $A \in V$ und $\alpha \in (V \cup T)^*$ die, dass man jedes Vorkommen von A in einem Wort $w \in (V \cup T)^*$ durch die rechte Seite der Produktion α ersetzen darf. Dies wird durch den Begriff des *Ableitungsschritts* in Form der Relation „$\Rightarrow$" zum Ausdruck gebracht. Es gilt:

$$
\begin{aligned}
x \Rightarrow y \text{ gdw. } & \exists \beta, \gamma \in (V \cup T)^*, \text{mit } x = \beta A \gamma, \; y = \beta \alpha \gamma \\
& \text{und } A \rightarrow \alpha \in P
\end{aligned} \tag{6.1}
$$

Der Begriff der *Ableitung* wird durch die transitive Hülle (siehe Abschnitt B.1.3 für eine Definition des Begriffs der transitiven Hülle) von $\Rightarrow$ modelliert, d. h. durch die „kleinste" transitive Relation, in der $\Rightarrow$ enthalten ist. Die transitive Hülle von „$\Rightarrow$" schreibt man als „$\Rightarrow^*$". Man kann die Relation „$\Rightarrow^*$" auch direkt folgendermaßen definieren:

$$
\begin{aligned}
x \Rightarrow^* y \text{ gdw. } & x = y \text{ oder } x \Rightarrow y \\
& \text{oder } \exists w_0, \ldots, w_n \colon x \Rightarrow w_0 \Rightarrow \ldots \Rightarrow w_n \Rightarrow y
\end{aligned} \tag{6.2}
$$

Die durch eine Grammatik $G = (S, T, V, P)$ *erzeugte Sprache* $L(G)$ ist folgendermaßen definiert:
$$
L(G) := \{w \in T^* \mid S \Rightarrow^* w\}
$$

Die Sprache $L(G)$ besteht also aus allen Wörtern (d. h. Folgen von Terminalzeichen, d. h. Elementen aus T^*), die aus der Startvariablen S ableitbar sind.

Da es sich bei den in diesem Abschnitt behandelten Grammatiken eigentlich um sog. Typ-2-Grammatiken handelt, nennen wir gelegentlich auch eine durch eine solche Grammatik erzeubare Sprache eine *Typ-2-Sprache.*

Ein aus sowohl Terminalen als auch Nichtterminalen bestehende Zeichenfolge, die in einem Zwischenschritt einer Ableitung auftaucht, nennt man *Satzform.*

Beispiel 6.2: *Ableitungsschritt, Ableitung, Sprache*

Sei G die in Beispiel 6.1 definierte Grammatik. Dann gelten beispielsweise folgende Aussagen:

ziffer $\Rightarrow$ 0	denn:	mit $\beta, \gamma = \varepsilon$ und $\alpha = 0$ und $A = ziffer$ gilt Voraussetzung aus Definition 6.1.
ausdr + *ausdr* $\Rightarrow^*$ *ziffer* + 9	denn:	es gilt *ausdr* + *ausdr* $\Rightarrow$ *ziffer* + *ausdr* $\Rightarrow$ *ziffer* + *ziffer* $\Rightarrow$ *ziffer* + 9.
9 + 4 - 2 $\in L(G)$	denn:	Das Wort lässt sich aus dem Startsymbol *ausdr* ableiten, d. h. *ausdr* $\Rightarrow^*$ 9 + 4 - 2 und das Wort besteht nur aus Terminalsymbolen, d. h. 9 + 4 - 2 $\in T^*$.
9 - *ziffer* $\notin L(G)$	denn:	Es gilt zwar *ausdr* $\Rightarrow^*$ 9 - *ziffer* aber 9 - *ziffer* $\notin T^*$.

Syntaxbäume. Ein Syntaxbaum für ein Wort $w \in L(G)$ ist ein Baum, dessen innere Knoten mit Nichtterminalen beschriftet sind, dessen Blätter mit Buchstaben aus w beschriftet sind, dessen Wurzel mit dem Startsymbol der Grammatik beschriftet ist und jeder der inneren Knoten in folgender Weise einer Produktion $A \to x_0 \ldots x_n$ (mit $x_i \in V \cup T$) der Grammatik entspricht: Der innere Knoten ist mit „A" beschriftet und die Kinder sind in der Reihenfolge von links nach rechts mit jeweils $x_0, \ldots, x_n$ beschriftet. Abbildung 6.1 zeigt für die Grammatik aus Beispiel 6.1 einen Syntaxbaum für das Wort 9 + 4 - 3.

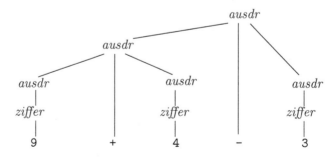

Abb. 6.1: *Ein Syntaxbaum für das Wort 9 + 4 - 3.*

Eine Grammatik G heißt *mehrdeutig*, falls es ein Wort $w \in L(G)$ gibt, für die es zwei verschiedene Syntaxbäume gibt. Die Grammatik aus Beispiel 6.1 ist beispielsweise mehrdeutig (siehe auch Aufgabe 6.2).

Aufgabe 6.2

Für das Wort 9 + 4 − 3 gibt es neben dem in Abbildung 6.1 abgebildeten Syntaxbaum noch einen weiteren Syntaxbaum. Zeichnen Sie diesen auf.

Beispiel 6.3: *Grammatik für verschachtelte Listen*

Wir beschreiben eine Grammatik G_{Liste}, die alle gültigen möglicherweise verschachtelten Python-Ziffernlisten erzeugt; also folgende Wörter sollten beispielsweise in $L(G_{Liste})$ enthalten sein:

$$[], \quad [1,5,2,6], \quad [1,[[2]],[9,2],[],[[]],[0]]$$

Die folgende Grammatik $G_{Liste} = (S, V, T, P)$ mit

$$S = Liste \,,$$
$$V = \{Liste, elemente, element, ziffer\} \,,$$
$$T = \{,, [,], 0, \dots, 9\}$$

und einer Menge P, bestehend aus den folgenden Produktionen, beschreibt eine solche Sprache:

$$Liste \rightarrow [\ elemente\ ] \mid [\ ]$$
$$elemente \rightarrow element \mid element \ , \ elemente$$
$$element \rightarrow Liste \mid ziffer$$
$$ziffer \rightarrow 0 \mid \dots \mid 9$$

Die erste Produktion beschreibt eine Liste als entweder zwischen den Terminalen [und] eingeschlossene Wörter, die durch das Nichtterminal *elemente* erzeugt werden oder als das Wort „[ ]". Die zweite Produktion beschreibt das Nichtterminal *elemente*: Dieses ist entweder ein einzelnes Element, beschrieben durch das Nichtterminal *element*, oder eine durch Kommata getrennte Liste von Elementen. Man beachte, dass das Nichtterminal *elemente* rekursiv definiert ist; zum Verständnis hilft auch hier das in Abschnitt 1.2.1 beschriebene Denk„rezept" für die Erstellung rekursiver Funktionen: Ausgehend von der Annahme, das Nichtterminal *elemente* auf der *rechten* Seite der Produktion erzeugt die gewünschten Wörter, so müssen wir die Produktionen so wählen, dass unter dieser Annahme die gewünschten Wörter erzeugt werden können.

Die Produktionen für das Nichtterminal *element* beschreiben die Tatsache, dass ein einzelnes Element schließlich wiederum eine vollständige Liste ist (auch hier gehen wir gemäß des eben schon erwähnten Denkrezepts davon aus, dass durch das Nichtterminal *Liste* auf der rechten Seite alle wohlgeformten Listen erzeugt werden können) oder eine einzelne Ziffer.

Das Wort [1 , [5 , 1] , [ ]] hat beispielsweise den in Abbildung 6.2 gezeigten Syntaxbaum.

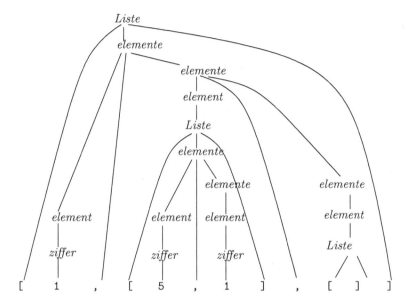

Abb. 6.2: *Syntaxbaum des Wortes* [1 , [5 , 1] , [ ]] .

Aufgabe 6.3

Erweitern Sie die Grammatik so, dass alle (möglicherweise geschachtelte) Ziffer-Tupellisten (in Python-Notation) erzeugt werden. Folgende Wörter sollten beispielsweise in der durch die Grammatik erzeugten Sprache enthalten sein:

$$([1,(1,2)],(2,),[2],[],()) \quad ([1],) \quad [1,2] \quad (1,[2])$$

Beachten Sie, dass ein-elementige Tupel mit einem Komma am Ende notiert werden.

Aufgabe 6.4

Zeichnen Sie den Syntaxbaum für das Wort [[[1 , [ ]]] , 1].

6.2   Repräsentation einer Grammatik in Python

Wir repräsentieren eine Grammatik folgendermaßen als Python-Klasse:

```
1  class Grammatik(object):
2    def __init__ ( self, S, V, T, P=[]):
3      if '$' not in T: T.append('$')
4      if S not in V: V.append(S)
5      self.S = S ;  self.V = V ;  self.T = T ;  self.P = []
6      for p in P: self.__addP(p)
```

```
7
8   def _addP(self, s):
9       (l, _, r) = s.partition('->')
10      l = l.split()[0] ; r = r.split()
11      assert all([x in self.V + self.T for x in [l] + r]):
12      self.P.append((l, r))
```

Wir gehen davon aus, dass V und T jeweils Stringlisten sind und P eine Liste von Tupeln darstellt, deren erste Komponente die jeweilige linke Seite eine Produktion und deren zweite Komponente die rechte Seite einer Produktion in Form einer Stringliste enthält. Die Anweisungen in den Zeilen 3 und 4 stellen sicher, dass sich die Startvariable S auch tatsächlich in der Variablenmenge V befindet und dass sich das Endesymbol '$' auch tatsächlich in der Menge der Terminalsymbol befindet – wir gehen nämlich (aus praktischen Gründen) davon aus, dass jede Eingabe mit dem Endezeichen '$' abschließt. In den Zeilen 5 und 6 werden die Objektattribute S, V und T gesetzt.

In Zeile 6 werden schließlich die Produktionen dem Objektattribut P hinzugefügt. Dies erfolgt über die interne Methode _addP, die es erlaubt, eine Produktion nach dem Schema „linkeSeite'->'rechteSeite" zu übergeben. Mittels s.partition('->') wird die linke Seite l und die rechte Seite r getrennt. Mittels l.split() bzw. r.split() werden anschließend die einzelnen Symbole getrennt. Damit eine Trennung der einzelnen Grammatiksymbole mittels split funktioniert, sollten Terminale und Nichtterminale immer über Leerzeichen getrennt übergeben werden.

Beispiel 6.4

Wir können die Grammatik $G = (D, \{D, E, T, F\}, \{+, *, (,), \mathbf{id}\}, P)$ mit

$$P = \{ \quad D \to E \mid E + T \mid T$$
$$T \to T * F \mid F$$
$$F \to (\ E\ ) \mid \mathbf{id} \quad \}$$

also folgendermaßen in der Pythonklasse *Grammatik* repräsentieren:

```
>>> G = Grammatik('D', list('DETF'), ['id'] + list('+*()'), '''D -> E
    E -> E + T
    E -> T
    T -> T * F
    T -> F
    F -> ( E )
    F -> id ''' . split('\n'))
```

Die Produktionen sind anschließend im Grammatik-Objekt G folgendermaßen repräsentiert:

```
>>> G.P
[ ('D', ['E']), ('E', ['E', '+', 'T']), ('E', ['T']), ('T', ['T', '*', 'F']),
  ('T', ['F']), ('F', ['(', 'E', ')']), ('F', ['id']) ]
```

Aufgabe 6.5

Schreiben Sie für die Klasse *Grammatik* die Methode __repr__, um eine angemessene String-Repräsentation einer Grammatik zu definieren. Orientieren Sie sich an folgender Ausgabe:

```
>>> print G
D --> E
E --> E + T
E --> T
T --> T * F
T --> F
F --> ( E )
F --> id
```

6.2.1   Berechnung der FIRST-Mengen

Einige Algorithmen auf Grammatiken benötigen für jedes Nichtterminal (bzw. für jede Satzform) die sog. FIRST- und FOLLOW-Mengen. Hierbei steht FIRST(A) für die Menge aller Anfangssymbole von Wörtern, die aus A ableitbar sind. Meist geht man davon aus, dass die FIRST-Funktion auch über Satzformen $\alpha \in V \cup T$ definiert ist; FIRST(α) steht entsprechend für die Menge aller Anfangssymbole von Wörtern, die aus α ableitbar sind. Formaler:

$$\text{FIRST}(\alpha) := \{\, a \in T \mid \exists w : \alpha \Rightarrow^* w \,\wedge\, w \in T^* \,\wedge\, w \text{ beginnt mit } a \,\}$$

Beispiel 6.5:   *FIRST-Mengen*

Für die Grammatik aus Beispiel 6.4 gilt: FIRST(D) = FIRST(E) = FIRST(T) = FIRST(F) = $\{\,(, \mathbf{id}\}$

Aufgabe 6.6

Gegeben sei die folgende Grammatik $G = (S, \{a, b, c\}, \{\}, P)$ gegeben, wobei P aus folgenden Produktionen besteht:

$$S \to XYX \mid c$$
$$X \to aXa \mid \varepsilon$$
$$Y \to Yb \mid \varepsilon$$

Berechnen Sie FIRST(S), FIRST(X) und FIRST(Y).

Wiederhole die folgenden Schritte für alle $X \in V$, bis sich keine der Mengen $\mathsf{FIRST}(X)$ mehr verändert.

1. Gibt es eine Produktion $X \to \varepsilon$, so setze $\mathsf{FIRST}(X) := \mathsf{FIRST}(X) \cup \{\varepsilon\}$

2. Gibt es eine Produktion $X \to Y_0 Y_1 \ldots Y_n$, dann:

    (a) Falls $Y_0 \in V$: Setze $\mathsf{FIRST}(X) := \mathsf{FIRST}(X) \cup \mathsf{FIRST}(Y_0)$
        Falls $Y_0 \in T$: Setze $\mathsf{FIRST}(X) := \mathsf{FIRST}(X) \cup \{Y_0\}$

    (b) Für alle $i \in \{1, \ldots, n\}$: Falls $\varepsilon \in \mathsf{FIRST}(Y_0), \ldots, \varepsilon \in \mathsf{FIRST}(Y_{i-1})$:

        Falls $Y_i \in V$: Setze $\mathsf{FIRST}(X) := \mathsf{FIRST}(X) \cup \mathsf{FIRST}(Y_i)$
        Falls $Y_i \in T$: Setze $\mathsf{FIRST}(X) := \mathsf{FIRST}(X) \cup \{Y_i\}$

    (c) Falls $\varepsilon \in \mathsf{FIRST}(Y_i)$ für $i = 0, \ldots, n$, so setze $\mathsf{FIRST}(X) := \mathsf{FIRST}(X) \cup \{\varepsilon\}$.

Abb. 6.3: *Algorithmus zur Berechnung von* $\mathsf{FIRST}(X)$ *für* $X \in V$.

Da diese Definition noch kein Berechnungsverfahren festlegt, geben wir zusätzlich in Abbildung 6.3 einen Algorithmus zur Berechnung von $\mathsf{FIRST}(X)$, für $X \in V$ an. Wie man sieht, müssen wir zur Berechnung der FIRST-Menge eines Nichtterminals also sukzessive alle rechten Seiten der Produktionen für dieses Terminal untersuchen (Fall 2.) und – falls die jeweilige rechte Seite mit einem Terminal beginnt, diese in die FIRST-Menge mit aufnehmen (Fall 2(a)). Beginnt die rechte Seite mit einem Nichtterminal, so müssen alle Elemente der FIRST-Menge dieses Nichtterminals in die FIRST-Menge mit aufgenommen werden. Dies gilt auch für folgende Nichtterminale, falls alle linksstehenden Nichtterminale ε ableiten (Fall 2(b)).

Dies kann man direkt in Python umsetzen; wir speichern die berechneten FIRST-Mengen in einem Dict-Objekt *self. first* ab, dessen Schlüssel die Nichtterminale der Grammatik sind und die dazugehörenden Werte die FIRST-Mengen. Listing 6.2.1 zeigt die notwendigen Ergänzungen in Form von vier zusätzlichen Zeilen in der *__init__* -Funktion:

```
1   def __init__ ( self ,S, V,T,P=[]):
2       ...  # Code von Listing 6.2
3       self. first  = {}
4       for X in  self. V:
5           self. first [X] = set()
6       self. firstCalc ()
```

In Zeile 4 werden alle Einträge von *self. first* auf die leere Menge *set()* gesetzt. Wie schon durch den Algorithmus in Abbildung 6.3 angedeutet, werden wir häufig die Vereinigungs-Operation benötigen; der *set*-Typ eignet sich hier folglich besser als der *list*-Typ.

In Zeile 6 wird die Methode *firstCalc* verwendet, um *self. first* $[X]$ für alle $X \in$ *self. V* zu berechnen. Das folgende Listing 6.1 zeigt die Implementierung dieser *firstCalc*-Methode:

```
1   def firstCalc ( self ):
2     while True:
3       oldFirst = deepcopy(self. first )
4       for X,alpha in self.P:
5         for Y in alpha:
6           if Y in self.T:
7             self. first [X].add(Y)
8             break
9           if Y in self.V:
10            self. first [X] = self. first [X].union(self. first [Y])
11            if '' not in self. first [Y]:
12              break
13        if all([Y in self.V and '' in self. first [Y] for Y in alpha]):
14          self. first [X].add('')
15      if oldFirst == self. first :
16        break
```

Listing 6.1: *Python-Implementierung des in Abbildung 6.3 gezeigten Algorithmus.*

Zunächst wird in Zeile 3 eine Kopie *aller* momentanen FIRST-Mengen erstellt, um am Ende in Zeile 15 und 16 feststellen zu können, ob das Abbruchkriterium erfüllt ist: Abgebrochen wird nämlich dann, wenn sich keine der FIRST-Mengen mehr verändert hat. Ohne die Verwendung der *deepcopy*-Funktion würde lediglich die Referenz auf das *self. first*-Dictionary kopiert und ein Gleichheitstest mittels des Vergleichsoperators „==" würde entsprechend immer „*True*" liefern. Die Verwendung der *deepcopy*-Funktion erzwingt das Erstellen einer tatsächlichen vollständigen Kopie.

Die **for**-Schleife in Zeile 4 läuft über alle Produktionen p; die linke Seite wird jeweils an die Variable X, die rechte Seite an die Variable *alpha* gebunden. Für jede Produktion werden alle Symbole Y der rechten Seite *alpha* durchlaufen; dies geschieht in der **for**-Schleife in Zeile 5. Es werden zwei Fälle unterschieden:

- **if**-Anweisung in Zeile 6: Ist Y ein Terminal, wird dieses Terminal der Menge *first* [X] hinzugefügt – dies entspricht der Zuweisung FIRST(X) := FIRST(X) $\cup$ $\{Y_i\}$ in Algorithmus aus Abbildung 6.3. Die weiteren Symbole aus *alpha* brauchen dann nicht mehr betrachtet zu werden, und die **for**-Schleife wird mittels **break** verlassen.

- **if**-Anweisung in Zeile 9: Ist Y dagegen ein Nichtterminal, so wird jedes Element aus *first* [Y] in *first* [X] eingefügt – dies entspricht der Zuweisung FIRST(X) := FIRST(X)$\cup$FIRST(Y_i) in Algorithmus aus Abbildung 6.3. Sollte ε nicht in *first* [Y] enthalten sein (Prüfung in Zeile 11), so brauchen die nachfolgenden Symbole aus *alpha* nicht weiter betrachtet zu werden und die **for**-Schleife wird mittels **break** verlassen.

Aufgabe 6.7

Wo und wie genau wird der Fall 1. in dem in Abbildung 6.3 dargestellten Algorithmus in der in Listing 6.1 Implementierung abgedeckt.

Einige Parse-Algorithmen benötigen die FIRST-Menge einer Satzform. Basierend auf dem dict-Objekt *first* lässt sich einfach eine Methode *firstSatzform* implementieren, die die entsprechende FIRST-Menge einer Satzform α zurückliefert – siehe hierzu auch Aufgabe 6.8.

Aufgabe 6.8

Erstellen Sie eine Methode *firstSatzform* der Klasse *Grammatik*. Hierbei soll *firstSatzform*(α) die FIRST-Menge der Satzform α zurückliefern.

6.2.2   Berechnung der FOLLOW-Mengen

Die Menge FOLLOW(X) einer Grammatik $G = (S, V, T, P)$ für ein Nichtterminal X enthält alle Terminalsymbole, die in irgendeinem Ableitungsschritt unmittelbar rechts von X stehen können. Formaler:

$$\text{FOLLOW}(X) := \{\, a \in T \mid \exists \alpha, \beta : \ S \Rightarrow^* \alpha X a \beta \,\}$$

Man beachte, dass $\$ \in \text{FOLLOW}(X)$, falls $S \Rightarrow^* \alpha X$.

Da diese Definition noch kein Berechnungsverfahren festlegt, geben wir zusätzlich in Abbildung 6.4 einen Algorithmus zur Berechnung von FOLLOW(Y), für alle $Y \in V$ an.

---

1. Setze FOLLOW(S) := {$\$$}

2. Wiederhole die folgenden Schritte für alle $Y \in V$, bis sich keine der Mengen FOLLOW(Y) mehr verändert.

    (a) Für jede Produktion der Form $X \to \alpha Y \beta$:
        setze FOLLOW(Y) := FOLLOW(Y) $\cup$ FIRST(β) $\setminus$ {ε}

    (b) Für jede Produktion der Form $X \to \alpha Y$ oder $X \to \alpha Y \beta$, mit $\beta \Rightarrow^* \varepsilon$:
        setze FOLLOW(Y) := FOLLOW(Y) $\cup$ FOLLOW(X).

Abb. 6.4: *Algorithmus zur Berechnung von FOLLOW(X) für alle $X \in V$.*

Aufgabe 6.9

Sind die beiden Fälle 2(a) und 2(b) des in Abbildung 6.4 gezeigten Algorithmus disjunkt?

Auch die Berechnung der FOLLOW-Mengen können wir direkt in Python umsetzen. Zunächst erweitern wir die $\_\_init\_\_$-Methode der Klasse *Grammatik* um die folgenden Zeilen:

```
1  def __init__ ( self, S, V, T, P=[]):
2      ...  # Code von Listing 6.2 und Listing 6.2.1
3      self.follow = {}
4      for X in self.V:
5          self.follow[X] = set()
6      self.followCalc()
```

Analog zur Repräsentation der FIRST-Mengen, verwenden wir auch bei der Repräsentation der FOLLOW-Mengen ein Dictionary-Objekt, dessen Schlüssel Elemente aus $self.T$ und dessen Werte set-Objekte sind. Zunächst werden in den Zeilen 4 und 5 alle Einträge $self.follow[X]$, für $X \in T$ auf die leere Menge $set()$ gesetzt.

Die in Listing 6.2 gezeigte Methode *followCalc* implementiert die eigentliche Berechnung der FOLLOW-Mengen.

```
1   def followCalc( self ):
2       oldFollow = {}
3       self.follow[ self.S].add('$')   # Fall 1.
4       while oldFollow ≠ self.follow:
5           oldFollow = deepcopy(self.follow)
6           for (X,Y,beta) in [(p[0],p[1][i],p[1][i+1:]) for p in self.P
7                                                         for i in range(len(p[1]))
8                                                         if p[1][i] in self.V]:
9               firstBeta = self.firstSatzform(beta)
10              if beta:   # Fall 2.(a)
11                  firstBetaD = firstBeta.difference([''])
12                  self.follow[Y] = self.follow[Y].union(firstBetaD)
13              if not beta or '' in firstBeta:   # Fall 2.(b)
14                  self.follow[Y] = self.follow[Y].union(self.follow[X])
```

Listing 6.2: Python-Implementierung des in Abbildung 6.4 gezeigten Algorithmus.

Ähnlich wie bei der Berechnung der FIRST-Mengen, wird auch hier in jeder Iteration mittels *deepcopy* eine vollständige Kopie der FOLLOW-Mengen angelegt und nur dann eine weitere Iteration durchgeführt, wenn sich mindestens eine der FOLLOW-Mengen verändert hat. Die **for**-Schleife in Zeile 6 durchläuft alle Variablen X und Y, für die es eine Produktion der Form $X \to \alpha Y \beta$ gibt. Die Variable *firstBeta* wird in Zeile 9 auf FIRST(β) gesetzt. Ist $\beta \neq \varepsilon$ (dies entspricht der **if**-Abfrage in Zeile 10), so tritt der in Algorithmus 6.4 unter 2(a) beschriebene Fall ein und es wird der Menge FOLLOW(Y) die Menge FIRST(β) \ $\{\varepsilon\}$ hinzugefügt – diese geschieht in Zeile 12. Ist $\beta = \varepsilon$ oder $\varepsilon \in$ FIRST(β) (entspricht der **if**-Abfrage in Zeile 13), so tritt der in Algorithmus 6.4 unter 2(b) beschriebene Fall ein und es wird der Menge FOLLOW(Y) die Menge FOLLOW(X) hinzugefügt.

Aufgabe 6.10

Gegeben sei die Grammatik $G = (Z, \{a, b, c\}, \{Z, S, A, B\}, P)$, wobei P aus den folgenden Produktionen besteht:

$$Z \rightarrow S \mid \varepsilon$$
$$S \rightarrow BASc \mid aSa$$
$$A \rightarrow bAb$$
$$B \rightarrow cBc \mid \varepsilon$$

Berechnen Sie die FOLLOW-Mengen aller Nichtterminale.

6.3 Recursive-Descent-Parser

Wir führen in diesem Abschnitt die vielleicht einfachste Art der Syntaxüberprüfung für Typ-2-Sprache ein: Die Erstellung eines Recursive-Descent-Parsers. Ein Recursive-Descent-Parser benötigt keine explizite Repräsentation der Grammatik wie im letzten Abschnitt gezeigt, sondern repräsentiert eine Grammatik in Form einer Sammlung von (eigens für die jeweilige Grammatik) erstellten Prozeduren; eine Ableitung wird durch Aufrufen von rekursiven Prozeduren „simuliert". Entsprechend ist ein Recursive-Descent-Parser auch nicht generisch, sondern immer auf eine bestimmte Grammatik zugeschnitten.

Ganz anders verhält es sich mit dem in Abschnitt 6.4 vorgestellten LR-Parser; dieser ist generisch und eben nicht auf eine bestimmte Grammatik beschränkt; er erwartet als Eingabe eine in Python repräsentierte Grammatik in der in Abschnitt 6.2 vorgestellten Form und erstellt daraus automatisch einen Parser; LR-Parser sind beliebte Methoden Parsergeneratoren (wie beispielsweise Yacc einer ist) herzustellen.

6.3.1 Top-Down-Parsing

Es gibt zwei grundsätzlich unterschiedliche Vorgehensweisen, einen Text basierend auf einer formalen Grammatik zu parsen und einen entsprechenden Syntaxbaum zu erzeugen:

- Bottom-Up-Parsing: Hier wird der Syntaxbaum von unten nach oben erzeugt und die Produktionen der Grammatik quasi von links nach rechts angewendet, solange bis man bei der Startvariablen (also der Wurzel des Syntaxbaums) angelangt ist. Bottom-Up-Parser (wie etwa der in Abschnitt 6.4 vorgestellte LR-Parser) sind i. A. komplexer zu programmieren, können aber eine größere Teilmenge von Typ-2-Sprachen erkennen.

- Top-Down-Parsing: Hier wird der Syntaxbaum von oben nach unten erzeugt und zunächst mit der Startproduktion begonnen. Top-Down-Parser sind i. A. leicht zu programmieren, können jedoch nur eine verhältnismäßig kleine Teilmenge von Typ-2-Sprachen erkennen.

Beispiel 6.6: *Top-Down-Parsing*

Gegeben sei die folgende Grammatik, die die syntaktische Struktur einfache Haskell[2]-Datentypen beschreibt.

$$\begin{aligned}
\textit{typ} &\rightarrow \textit{einfach} \quad | \quad \texttt{[} \textit{typ} \texttt{]} \quad | \quad \texttt{(} \textit{typ typLst} \texttt{)} \\
\textit{einfach} &\rightarrow \textbf{Integer} \quad | \quad \textbf{Char} \quad | \quad \textbf{Bool} \\
\textit{typLst} &\rightarrow \texttt{, } \textit{typ typLst} \quad | \quad \varepsilon
\end{aligned}$$

Folgende Abbildung zeigt den Anfangsteil eines Top-Down-Parsevorgangs für die Erkennung des Wortes „(**Char** , **Integer**)". Die obere Hälfte zeigt einen Teil des Syntaxbaums der bisher aufgebaut wurde; die untere Hälfte zeigt die jeweiligen Positionen im Eingabewort an der sich der Parsevorgang befindet.

6.3.2 Prädiktives Parsen

Im allgemeinen Fall ist nicht sichergestellt, dass beim Betrachten des nächsten Eingabezeichens eindeutig klar ist, welche Produktion ausgewählt werden muss. Für eine allgemeine Typ-2-Grammatik muss ein solcher Parser möglicherweise mit Backtracking arbeiten: Sollte es sich im weiteren Verlauf des Parsevorgangs herausstellen, dass die Auswahl einer Produktion (aus mehreren möglichen) falsch war, so muss der Parsevorgang zurückgesetzt werden, eine andere Alternative gewählt und mit dieser fortgefahren werden. Dies entspricht einer Tiefensuche durch den Baum aller möglichen Parse-Wege, die im schlechtesten Fall exponentielle Laufzeit haben kann. Eigentlich möchte man, dass immer nur höchstens eine mögliche Produktion zur Auswahl steht, dass also der „Baum" aller möglichen Parse-Wege eine simple Liste ist. Welche Eigenschaften muss eine entsprechende Grammatik haben um ein solches sog. *Prädiktives Parsen* zu ermöglichen?

Angenommen, das nächste zu expandierende Nichtterminal-Symbol sei A und das nächste Eingabezeichen sei x; die Produktionen der verwendeten Grammatik, deren linke Seite A ist, seien $A \rightarrow \alpha_1, A \rightarrow \alpha_2, \ldots, A \rightarrow \alpha_n$. Es ist klar, dass eine solche Produktion ausgewählt werden muss aus deren rechter Seite α_i das Terminal x als erstes Zeichen ableitbar ist; in anderen Worten: Es muss eine Produktion $A \rightarrow \alpha_i$ gewählt werden mit $x \in \mathsf{FIRST}(\alpha_i)$. Ist diese als Nächstes zu wählende Produktion immer eindeutig bestimmt, so bezeichnet man die Grammatik als prädiktiv.

---

[2]Die Programmiersprache Haskell ist wohl der prominenteste Vertreter der reinen funktionalen Programmiersprachen.

Es ist klar, dass für jede prädiktive Grammatik folgende Bedingung gelten muss: Für je zwei Produktionen $A \rightarrow \alpha$ und $A \rightarrow \beta$ mit gleichen linken Seiten A muss gelten, dass

$$\mathsf{FIRST}(\alpha) \cap \mathsf{FIRST}(\beta) = \emptyset$$

d. h. die FIRST-Mengen der rechten Seiten müssen paarweise disjunkt sein.

6.3.3 Implementierung eines Recursive-Descent-Parsers

Ein Recursive-Descent-Parser arbeitet das Eingabewort über den Aufruf rekursiver Prozeduren ab. Jedes Nichtterminal der Grammatik wird als Prozedur implementiert. Um einen Recursive-Descent-Parser für die Grammatik aus Beispiel 6.6 (die Sprache einfacher Haskell-Typen) zu erstellen, müssen Prozeduren *typ*, *typLst* und *einfach* erstellt werden. Jedem Nichtterminal auf der rechten Seite einer Produktion entspricht ein Prozeduraufruf, jedem Terminal auf der rechten Seite einer Prozedur entspricht einer Match-Operation, die prüft, ob das aktuelle Zeichen der Eingabe mit dem entsprechenden Terminalsymbol übereinstimmt.

Listing 6.3 zeigt die Implementierung eines Recursive-Descent-Parsers für die Grammatik aus Beispiel 6.6. Auf der linken Seite sind immer die zum jeweiligen Code-Fragment passenden Produktionen der Grammatik zu sehen.

Die in Zeile 27 durch Benutzereingabe definierte Variable s enthält die Liste der zu parsenden Eingabesymbole; es wird immer der Wert *None* an das Ende dieser Liste angehängt; dieser Wert wird von dem Parser als Ende-Symbol interpretiert und entspricht dem '$\$$'-Symbol in der in Abschnitt 6.2 präsentieren Grammatik. Die Variable *lookahead* zeigt immer auf das nächste vom Parser zu lesende Symbol aus s.

Der Parse-Vorgang wird durch das Ausführen der Prozedur S – die dem Startsymbol S entspricht – in Gang gesetzt. Man beachte: Ähnlich wie bei dem im nächsten Abschnitt beschriebenen LR-Parser ist man auch hier angehalten, für das Startsymbol – in diesem Fall: *typ* – eine zusätzliche spezielle Produktion – in diesem Fall: $S \rightarrow typ\,\$$ – einzufügen, die das Ende der Eingabe erkennt.

Dieser Recursive-Descent-Parser ist tatsächlich auch ein prädiktiver Parser: In jeder Prozedur – dies trifft insbesondere für die Prozedur *typ* zu – kann durch Lesen des nächsten Eingabesymbols $s\,[lookahead]$ immer eindeutig die passende Produktion ausgewählt werden.

```
 1  def match(c):
 2      global lookahead
 3      if s[lookahead] == c: lookahead += 1
 4      else: print "Syntaxfehler"
 5
 6  def S():
 7      typ() ; match(None)
 8
 9  def typ():
10      if s[lookahead] in ['Integer','Char','Bool']:
11          einfach()
12      elif s[lookahead] == '[':
13          match('[') ; typ() ; match(']')
14      elif s[lookahead] == '(':
15          match('(') ; typ() ; typLst() ; match(')')
16      else: print "Syntaxfehler"
17
18  def einfach():
19      match(s[lookahead])
20
21  def typLst():
22      if s[lookahead] == ',':
23          match(',') ; typ() ; typLst()
24      else:
25          pass
26
27  s = raw_input('Haskell-Typ? ').split() + [None]
28  lookahead = 0
29  S()
```

The grammar rules shown alongside the listing:

$$S \rightarrow typ$$
$$typ \rightarrow einfach$$
$$typ \rightarrow [\ typ\ ]$$
$$typ \rightarrow (\ typ\ typLst\ )$$
$$einfach \rightarrow \textbf{Integer}\ |\ \dots$$
$$typLst \rightarrow ,\ typ\ typLst$$
$$typLst \rightarrow \varepsilon$$

Listing 6.3: *Recursive-Descent-Parser Wörter der Grammatik aus Beispiel 6.6 erkennt.*

6.3.4   Vorsicht: Linksrekursion

Eine Produktion heißt *linksrekursiv*, falls das am weitesten links stehende Symbol der rechten Seite mit dem Symbol der linken Seite identisch ist; eine Grammatik heißt linksrekursiv, falls sie linksrekursive Produktionen enthält.

Beispiel 6.7: *Linksrekursive Grammatik*

Folgende linksrekursive Grammatik beschreibt die Syntax einfacher arithmetischer Ausdrücke, bestehend aus $+, -, 0, \ldots 9$.

$$ausdr \rightarrow ausdr + ziffer \mid ausdr - ziffer$$
$$ausdr \rightarrow ziffer$$
$$ziffer \rightarrow 0 \mid 1 \mid \ldots \mid 9$$

Aufgabe 6.11

Erstellen Sie einen Syntaxbaum für den Ausdruck

$$9 + 5 - 2$$

basierend auf der Grammatik aus Beispiel 6.7.

Betrachten wir einen linksrekursiven „Teil" einer Grammatik, d. h. eine Produktion der Form $A \rightarrow A\alpha \mid \beta$ mit dem linksrekursiven „Fall" $A\alpha$ und dem „Abbruch"-Fall β – wobei wir voraussetzen, dass $\alpha, \beta \in V \cup T$ und α und β nicht mit dem Nichtterminal A beginnen. Diese Produktion erzeugt beliebig lange Folgen von αs, die mit einem β beginnen. Ein entsprechender Syntaxbaum ist in Abbildung 6.5(a) zu sehen. Eine solche mit einem β beginnende α-Folge, könnte man aber auch mit den nicht linksrekursiven Produktionen $A \rightarrow \beta R$, $R \rightarrow \alpha R \mid \varepsilon$ erzeugen; ein entsprechender Syntaxbaum ist in Abbildung 6.5(b) zu sehen. Enthalten die Produktionen für ein Nichtterminal mehrere linksrekursive Fälle, so können diese in analoger Weise in nicht linksrekursive Produktionen umgewandelt werden; Tabelle 6.2 zeigt nochmals diese in und die oben beschriebene Transformation zur Elimination von Linksrekursion.

Linksrekursive Produktionen		Nicht links- rekursive Prod.
$A \rightarrow A\alpha \mid \beta$	$\Longrightarrow$	$A \rightarrow \beta R$
		$R \rightarrow \alpha R \mid \varepsilon$
$A \rightarrow A\alpha \mid A\beta \mid \gamma$	$\Longrightarrow$	$A \rightarrow \gamma R$
		$R \rightarrow \alpha R \mid \beta R \mid \varepsilon$

Tabelle 6.2: *Transformationsschemata zur Elimination von Linksrekursion aus einer Grammatik. Hierbei gilt, dass $\alpha, \beta \in V \cup T$ und sowohl α als auch β beginnen nicht mit dem Nichtterminal A.*

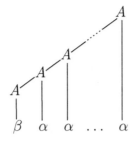

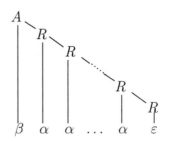

(a) Syntaxbaum des Wortes $\beta\alpha\alpha\dots\alpha$ durch die linksrekursive Produktion.

(b) Syntaxbaum des Wortes $\beta\alpha\alpha\dots\alpha$ durch die Produktion mit eliminierter Linksrekursion.

Abb. 6.5: *Syntaxbäume des Worts $\beta\alpha\alpha\dots\alpha$ für die linksrekursiven Produktionen $A \to A\alpha \mid \beta$ und für die entsprechenden nicht linkrekursiven Produktionen $A \to \beta R; \; R \to \alpha R \mid \varepsilon$.*

Aufgabe 6.12

Gegeben sei die folgende linksrekursive Grammatik

$$ausdr \to ausdr + term$$
$$ausdr \to ausdr - term$$
$$ausdr \to term$$
$$term \to 0 \mid 1 \mid \dots \mid 9$$

(a) Eliminieren Sie die Linksrekursion aus dieser Grammatik.

(b) Implementieren Sie einen Recursive-Descent-Parser, der die durch diese Grammatik beschriebene Sprache erkennt.

6.4 Ein LR-Parsergenerator

Ein LR-Parser arbeitet seine Eingabe von links nach rechts ab (daher das „L") und erzeugt Rechtsableitungen (daher das „R"), d. h. immer das am weitesten rechts stehende Nichtterminal wird durch die rechte Seite einer Produktion ersetzt.

Technik: Wir erstellen zunächst einen endlichen Automaten (sehr ähnlich einem sog. Kreuzprodukt-Automaten), der gültige Präfixe der durch die Grammatik beschriebenen Sprache erkennt. Auf dessen Basis erstellen wir schließlich eine Syntaxtabelle, mit deren Hilfe die Sprache effizient erkannt werden kann.

6.4.1   LR(0)-Elemente

Ein LR(0)-Element einer Grammatik G ist eine Produktion aus G zusammen mit einer Position auf der rechten Seite dieser Produktion; diese Position markieren wir mit einem „$\bullet$". Ein LR(0)-Element der Grammatik aus Beispiel 6.4 wäre etwa

$$\langle\, F \to (\;\bullet\; E\,)\, \rangle$$

Ein LR(0)-Element enthält Informationen darüber, an welcher „Stelle" sich ein Parse-Vorgang befindet. Wir können uns also vorstellen, dass das LR(0)-Element $\langle\, F \to (\;\bullet\; E\,)\, \rangle$ den Status eines Parsevorgangs widerspiegelt, der gerade dabei ist zu versuchen, das Nichtterminal F zu erkennen und vorher schon das Terminal (erkannt hat und als Nächstes versuchen wird das Nichtterminal E zu erkennen.

In Python kann ein LR(0)-Element einer Grammatik *Grammatik*(S,T,V,P) als Tupel (i,j) repräsentiert werden, wobei $i \in range(len(\,self\,.P))$ die Nummer der entsprechenden Produktion und $j \in range(len(\,self\,.P[i]\,[1])\,+1)$ die Position des „$\bullet$" auf der rechten Seite der Produktion spezifiziert. Geht man von der in Beispiel 6.4 gezeigten Repräsentation der Grammatik aus, so würde man das LR(0)-Element $\langle\, F \to (\;\bullet\; E\,)\, \rangle$ durch das Tupel $(5,1)$ repräsentieren – die „5" steht für den Indexposition der Produktion $F \to (E)$ innerhalb der Produktionenliste $self\,.P$ und die „1" steht für die Position des „$\bullet$"-Zeichens (nämlich rechts des erstens Symbols der rechten Seite der Produktion).

Aufgabe 6.13

Implementieren Sie für die Klasse *Grammatik* eine Methode *printElement*(i,j), das das durch (i,j) repräsentierte LR(0)-Element in gut lesbarer Form auf dem Bildschirm ausgibt, wie etwa in folgender Beispielanwendung:

```
>>> G.printElement(5,1)
'F -> ( . E )'
```

6.4.2   Die Hüllenoperation

Befindet sich ein Parsevorgang vor einem Nichtterminal Y – haben wir es also mit einem LR(0)-Element der Form $\langle\, X \to \alpha \;\bullet\; Y\beta\, \rangle$ zu tun – versucht der Parser als Nächstes, das Nichtterminal Y zu erkennen. Befindet sich in dieser Grammatik eine Produktion der Form $Y \to \gamma$, so entspricht die Situation das Nichtterminal Y zu erkennen, auch dem LR(0)-Element $\langle\, Y \to \;\bullet\,\gamma\, \rangle$.

Die Hüllenoperation *huelle*(E) führt eine entsprechende Erweiterung einer Sammlung E von LR(0)-Elementen durch; *huelle*(E) enthält also immer LR(0)-Elemente, die derselben Parse„situation" entsprechen. Listing 6.4 zeigt eine Implementierung in Python.

Die Methode *huelle* sammelt in der Listenvariablen *E_huelle* alle zur Hülle der LR(0)-Elemente gehörenden Elemente auf; in *E_neu* befinden sich immer in der jeweiligen Iteration neu hinzugekommenen Elemente. Die **while**-Schleife in Zeile 5 wird so lange wiederholt, bis keine weiteren Elemente hinzukommen. Zu Beginn jeder Iteration werden zunächst alle in der letzten Iteration neu aufgesammelten LR(0)-Elemente zu E_huelle hinzugefügt. Die in Zeile 7 definierte Liste Ys enthält alle Elemente $Y \in V$ für die es ein LR(0)-Element der Form $\langle X \to \alpha \centerdot Y\beta \rangle \in E\_neu$ gibt. Die in Zeile 9 definierte Liste E_neu sammelt nun alle LR(0)-Elemente der Form $\langle Y \to \centerdot \gamma \rangle$ auf, die sich noch nicht in der bisher berechneten Hülle befinden. Können der Hülle keine weiteren Elemente hinzugefügt werden, so bricht die **while**-Schleife ab und es wird E_huelle als set-Struktur zurückgeliefert.

```
 1  class Grammatik(object):
 2      ...
 3      def huelle( self, E):
 4          E_huelle = [] ; E_neu = E[:]
 5          while E_neu:
 6              E_huelle += E_neu
 7              Ys = [ self.P[i][1][j] for (i,j) in E_neu
 8                          if j<len(self.P[i][1]) and self.P[i][1][j] in self.V]
 9              E_neu = [(i,0) for i in range(len( self.P))
10                          if self.P[i][0] in Ys and (i,0) not in E_huelle]
11          return set(E_huelle)
```

Listing 6.4: *Implementierung der Hüllenoperation*

6.4.3   Die GOTO-Operation

Entscheidend für die Konstruktion eines LR-Parsers ist die GOTO-Operation: Für $Y \in (V \cup T)$ (d. h. Terminal oder Nichtterminal) ist $\text{GOTO}(E, Y)$ definiert als die Hülle aller LR(0)-Elemente $\langle X \to \alpha Y \centerdot \beta \rangle$, mit $\langle X \to \alpha \centerdot Y\beta \rangle \in E$. Listing 6.5 zeigt die Implementierung in Python.

```
 1  class Grammatik(object):
 2      ...
 3      def goto( self, E, Y):
 4          return self.huelle( [(i,j+1) for (i,j) in E
 5                          if j<len(self.P[i][1]) and self.P[i][1][j]==Y])
```

Listing 6.5: *Implementierung der GOTO-Operation in Python*

Das Tupel (i,j) durchläuft alle LR(0)-Elemente aus E, deren rechte Seiten an der Position neben dem „ $\centerdot$ " (das ist die Position j) das Symbol Y stehen haben. Ist (i,j) die Repräsentation des LR(0)-Elements $\langle X \to \alpha \centerdot Y\beta \rangle$, so ist $(i,j+1)$ die Repräsentation des entsprechenden LR(0)-Elements in $\text{GOTO}(Y)$. Die Methode *goto* liefert nun einfach die Hülle all dieser LR(0)-Elemente zurück.

6.4.4 Erzeugung des Präfix-Automaten

Als nächsten Schritt auf dem Weg hin zu einem LR-Parser konstruieren wir einen deterministischen endlichen Automaten (kurz: DEA), der Präfixe aller aus dem Startsymbol rechts-ableitbaren Satzformen erkennt – vorausgesetzt jeder Zustand wird als möglicher Endzustand interpretiert.

Nach Ausführung der in Listing 6.6 ab Zeile 16 gezeigten Methode *automaton*() enthält Attribut *self.Es* die Sammlung von Elementmengen, die die Zustände des Präfixautomaten darstellen. Jede dieser Elementmengen repräsentiert einen Zustand während des Parsevorgangs.

```
 1  class Grammatik(object):
 2    ...
 3    def automatonRek(self,state):
 4      for X in self.V + self.T:
 5        goto = self.goto(state,X)
 6        if not goto: continue
 7        if goto not in self.Es:
 8          self.Es.append(goto)
 9          gotoInd = len(self.Es) -1
10          self.edges[gotoInd] = []
11          self.edges[self.Es.index(state)].append((X,gotoInd))
12          self.automatonRek(goto)
13        else:
14          self.edges[self.Es.index(state)].append((X,self.Es.index(goto)))
15
16    def automaton(self):
17      start = self.closure([(0,0)])
18      self.Es.append(start)
19      self.edges[0]=[]
20      self.automatonRek(start)
```

Listing 6.6: *Erzeugung des Präfix-erkennenden Automaten*

Als Startzustand interpretieren wir die Hülle des initialen LR(0)-Elements $\langle S' \to \bullet S \rangle$, repräsentiert durch das Tupel (0,0). In Zeile 18 wird diese in die (zu erzeugende) Menge von Elementen *self.Es* eingefügt und die Methode *automatonRek* mit diesem Zustand gestartet. Eine Randbemerkung ist an dieser Stelle angebracht: Will die von einer gegebenen Grammatik mit Startsymbol S erzeugte Sprache durch einen Parser erkennen, so sollte man grundsätzlich eine zusätzliche „künstliche" Produktion $S' \to S$ einführen; nur mittels dieser künstlichen Produktion kann der Parser erkennen, dass die Eingabe beendet ist; auch bei dem Recursive-Descent-Parser aus Abschnitt 6.3 war dies notwendig.

Die Methode *automatonRek* konstruiert nun rekursiv den Präfixautomaten wie folgt: In der **for**-Schleife in Zeile 4 wird für jedes Grammatiksymbol $X \in V \cup T$ die Elementmenge GOTO$(state, X)$ berechnet, die – falls nichtleer – einem weiteren Zustand des

Präfixautomaten entspricht. Es können drei Fälle unterschieden werden:

1. Zeile 6: Es gilt GOTO($state, X$) = ∅, d. h. es gibt keine von $state$ ausgehende mit X beschriftete Kante. In diesem Fall ist nichts weiter zu tun und die **for**-Schleife wird mittels der **continue**-Anweisung mit dem nächsten Symbol $X \in V \cup T$ fortgesetzt.

2. Zeile 7: Die Elementmenge GOTO($state, X$) befindet sich noch nicht in $self.Es$: GOTO($state, X$) wird in $self.Es$ eingefügt (Zeile 8) und die Variable $gotoInd$ auf die Nummer dieses neuen Zustands gesetzt (Zeile 9). Der neue Zustand enthält noch keine ausgehenden Kanten, d. h. $self.edges[gotoInd]$ wird die leere Liste [] zugewiesen und in die Sammlung der ausgehenden Kanten des Zustands $state$ wird der neue Zustand zusammen mit dem Grammatiksymbol X mit aufgenommen (Zeile 11). In Zeile 12 erfolgt die Rekursion: $self.automatonRek(goto)$ erzeugt rekursiv alle vom neu erzeugten Zustand ausgehenden Kanten und die folgenden Zustände.

3. Zeile 13: Die Elementmenge GOTO($state, X$) befindet sich bereits in $self.Es$. In diesem Fall wird lediglich die Kante vom Zustand $state$ (mit Nummer $self.Es.index(state)$) zum Zustand GOTO($state, X$) in $self.edges$ eingefügt.

Aufgabe 6.14

Durchläuft der in Listing 6.6 gezeigte Algorithmus die Zustände des Präfixautomaten ...

(a) ...in der Reihenfolge einer Tiefensuche?

(b) ...in der Reihenfolge einer Breitensuche?

(c) ...weder in der Reihenfolge einer Tiefen- noch der Reihenfolge einer Breitensuche?

Beispiel 6.8

Abbildung 6.6 zeigt den Präfixautomaten für die Grammatik $G = (E', T, V, P)$ mit $T = \{+, *, (,), \mathtt{id}\}$ und $V = \{E', E, T, F\}$ und folgenden in P enthaltenen Produktionen:

$$E' \to E$$
$$E \to E + T \mid T$$
$$T \to T * F \mid F$$
$$F \to (E) \mid \mathtt{id}$$

Wir spielen die ersten Schritte bei der Erstellung des Präfixautomaten durch. Wir starten mit der als Anfangszustand betrachteten Elementmenge

HÜLLE($\langle E' \to .E \rangle$) – in Abbildung 6.6 entspricht dies genau der als Zustand E_0 bezeichneten Elementmenge. Nun werden die GOTO-Mengen berechnet, angefangen mit GOTO(E_0, E'), die jedoch leer ist. Darum wird zum nächsten Nichtterminal E übergegangen und GOTO(E_0, E) = $\{\langle E' \to E. \rangle, \langle E \to E.+T \rangle\}$ berechnet und ein neuer dieser Elementmenge entsprechender Zustand erzeugt; in Abbildung 6.6 entspricht dies Zustand E_1. Durch einen rekursiven Aufruf (Zeile 12 in Listing 6.6) werden zunächst alle vom Zustand E_1 ausgehenden Kanten und die nachfolgenden Zustände bestimmt. Danach wird mit dem nächsten Nichtterminal T fortgefahren und GOTO(E_0, T) zu $\{\langle T \to T.*F \rangle, \langle E \to T. \rangle\}$ berechnet; diese Elementmenge entspricht dem Zustand E_9 in Abbildung 6.6. Diese Erzeugung von Kanten und entsprechenden Zuständen wird so für die verbleibenden Symbole aus $V \cup T$ fortgeführt und die Erstellung des Präfixautomaten anschließend beendet.

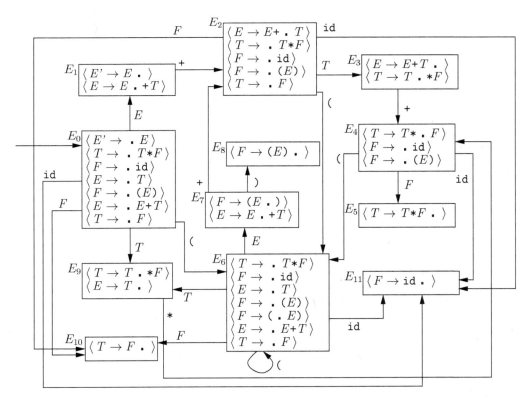

Abb. 6.6: *Präfixautomat der Grammatik G. Die Elementmengen E_0, E_1, . . . , E_{11} entsprechen genau den durch in Listing 6.6 gezeigten Funktion automaton() berechneten Elementmengen self.Es[0], self.Es[1], . . . , self.Es[11].*

Aufgabe 6.15

Welche der folgenden Satzformen (d. h. Wörter aus $V \cup T$) der in Beispiel 6.8 verwendeten Grammatik können durch den Präfixautomaten erkannt werden? – vorausgesetzt, jeder Zustand des Präfixautomaten ist ein aktzeptierender Zustand.
(a) id+id   (b) E+id   (c) id   (d) E+T+(
(e) $(E$+(((f) $(T$*(

6.4.5   Berechnung der Syntaxanalysetabelle

Aus dem Präfixautomaten kann nun die Syntaxanalysetabelle erstellt werden, auf der das eigentliche LR-Parsing basiert. Die Syntaxanalysetabelle besteht aus zwei Teilen: der *Aktionstabelle* (in der Implementierung aus Listing 6.7: *self.aktionTab*) und der *Sprungtabelle* (in der Implementierung aus Listing 6.7: *self.sprungTab*). Tabelle 6.3 zeigt Aktions- und Sprungtabelle für die Grammatik aus Beispiel 6.8. Der eigentliche LR-Parser arbeitet als Kellerautomat (dessen Implementierung wir im nächsten Abschnitt vorstellen): Trifft der Parser auf einen Shift-Eintrag – das sind die mit „s" beginnenden Einträge in Tabelle 6.3 –, so wird der entsprechende Zustand auf den Keller geladen; trifft der Parser auf einen Reduce-Eintrag – das sind die mit „r" beginnenden Einträge –, so wird mit der entsprechenden Produktion reduziert, d. h. die rechte Seite α (die sich zu diesem Zeitpunkt auf dem Stack befinden sollte) der Produktion $A \to \alpha$ wird durch die Variable A ersetzt; für den Kellerautomaten bedeutet dies, dass die zu den Symbolen der rechten Seite gehörenden Zustände vom Keller entfernt werden und dadurch der Keller um $|\alpha|$ Einträge schrumpft.

Befindet sich der LR-Parser beispielsweise im Zustand E_2 und liest das „("-Zeichen, so lädt er den Zustand 6 (bzw. in dem von uns implementierten Kellerautomaten das Tupel $(6, '(')$) auf den Keller. Befindet sich der LR-Parser beispielsweise im Zustand E_3 und liest das „)"-Zeichen, so reduziert er mit Produktion *self.P*[1], also der Produktion $E \to E$+T.

Aufgabe 6.16

Erklären Sie einige der Einträge der Syntaxanalysetabelle (Tabelle 6.3):

(a) Warum ist **Aktionstabelle**$[E_0, (] =$ s6?

(b) Warum ist **Sprungtabelle**$[E_6, T] =$ 9?

(c) Warum ist **Aktionstabelle**$[E_8,)] =$ r5?

Das Skript in Listing 6.7 berechnet die Syntaxanalysetabelle und verwendet dabei den in Listing 6.6 berechneten Präfixautomaten bestehend aus den Knoten *self.Es* und den Kanten *self.edges*.

	Aktionstabelle						**Sprungtabelle**			
	+	(	)	id	*	$	E'	E	T	F
E_0		s6		s11			1	9	10
E_1	s2					Acc				
E_2		s6		s11				3	10	
E_3	r1		r1		s4	r1				
E_4		s6		s11						5
E_5	r3		r3		r3	r3				
E_6		s6		s11			7	9	10	
E_7	s2		s8							
E_8	r5		r5		r5	r5				
E_9	r2		r2		s4	r2				
E_{10}	r4		r4		r4	r4				
E_{11}	r6		r6		r6	r6				

Tabelle 6.3: *Syntaxanalysetabelle für die Grammatik aus Beispiel 6.8 basierend auf dem entsprechenden Präfixautomaten aus Abbildung 6.6*

```
1  class Grammatik(object):
2    ...
3    def tabCalc(self):
4      for i in range(len(self.Es)):
5        for X,j in self.edges[i]:
6          if X in self.T: self.aktionTab[i][X] = (SHIFT, j)
7          if X in self.V: self.sprungTab[i][X] = j
8        if (0,1) in self.Es[i]: self.aktionTab[i]['$'] = ACCEPT
9        for (aS,jS) in [(a,j) for (j,k) in self.Es[i]
10                            if k == len(self.P[j][1]) and self.P[j][0] != self.V[0]
11                            for a in self.follow[self.P[j][0]]]:
12          self.aktionTab[i][aS] = (REDUCE, jS)
```

Listing 6.7: *Berechnung der Syntaxanalysetabelle*

Für jeden Zustand E_i in der durch *automaton()* berechneten Sammlung von Elementmengen *self.Es* (das ist die „**for** *i*"-Schleife in Zeile 4) wird für jede mit einem Symbol X beschriftete ausgehende Kante zu einem Zustand j (das ist die „**for** *X,j*"-Schleife in Zeile 5) ein Eintrag in der Syntaxanalysetabelle erzeugt: Falls $X \in self.T$ so wird der Eintrag „sj" in der Aktionstabelle erzeugt (Zeile 6); falls $X \in self.V$ wird ein Eintrag „j" in der Sprungtabelle erzeugt (Zeile 7). In Zeile 8 wird der Eintrag *ACCEPT* in der Syntaxanalysetabelle erzeugt: Befindet sich der Automat in einem Zustand, der das LR(0)-Element $S' \to S \bullet$ enthält und erhält der Automat als nächste Eingabe das Endzeichen '$', so wird die Eingabe erkannt.

Ab Zeile 9 werden die Reduce-Einträge in der mit E_i markierten Zeile erzeugt: Für jedes LR(0)-Element in E_i der Form $\langle A \to \alpha \bullet \rangle$ mit $A \neq S'$ (dies entspricht dem

Test $self.P[j][0] \neq self.V[0])$ wird in Spalte X ein Reduce-Eintrag erzeugt, falls $X \in$ FOLLOW(A) – nur falls $X \in$ FOLLOW(A) kann nämlich X ein erlaubtes Nächstes Zeichen im Parse-Prozess sein.

Aufgabe 6.17

Schreiben Sie eine Funktion *printTab* als Methode der Klasse *Grammatik*, die die durch *tabCalc* berechnete Syntaxanalysetabelle in lesbarer Form ausgibt. Beispiel:
>>> **print** *G.printTab*()

	|	+	(	)	id	*	$	E'	E	T	F
0	|		s6		s11				1	9	10
1	|	s2					acc				
2	|		s6		s11					3	10
3	|	r1		r1		s4	r1				
		...					...				

6.4.6   Der Kellerautomat

Das in Listing 6.8 gezeigte Skript implementiert den eigentlichen Parser in Form eines Kellerautomaten. Dieser Kellerautomat greift in jedem Schritt auf Einträge der Syntaxanalysetabelle zu und bestimmt daraus die nächste auszuführende Aktion.

```
1  class Grammatik(object):
2    ...
3    def parse(self,s):
4      s = s.split() + ['$']
5      stack = [(0,None)] ; zustand = 0 ; i=0 ; prods=[]
6      while True:
7        x = s[i]
8        if x not in self.aktionTab[zustand]:
9          print "error at",x
10         return
11       aktion = self.aktionTab[zustand][x]
12       if aktion[0] == SHIFT:
13         stack.append((aktion[1], x))
14         i+=1
15       elif aktion[0] == REDUCE:
16         p = self.P[aktion[1]] # Reduktion mit p = A → α
17         prods.append(p)
18         stack = stack[:-len(p[1])] # Stack um |α| erniedrigen
19         stack.append((self.sprungTab[stack[-1][0]][p[0]],p[0])) # stack.append(GOTO(A))
20       elif aktion[0] == ACCEPT:
21         return prods
22       zustand = stack[-1][0]
```

Listing 6.8: Implementierung des Kellerautomaten

Die Variable s enthält das zu parsende Wort in Form einer Liste von Terminalsymbolen. Der Stack wird in der Variablen *stack* gehalten. Innerhalb der **while**-Schleife wird das Wort s durchlaufen. Hierbei enthält x immer den aktuellen Buchstaben. Der Zustand *zustand* des Kellerautomaten ist immer der im obersten Tupel des Stacks gespeicherte Zustand (siehe Zeile 22).

Sollte die Syntaxanalysetabelle für den aktuellen Zustand *zustand* und das aktuelle Zeichen x keinen Eintrag enthalten, (der entsprechende Test erfolgt in Zeile 8) so wird eine Fehlermeldung ausgegeben. Andernfalls enthält *aktion* die durchzuführende Aktion; hier sind 3 Fälle zu unterscheiden:

1. *aktion* ist eine Shift-Operation – dies wird in Zeile 12 geprüft: In diesem Fall wird der Zustand *aktion*[1] zusammen mit dem aktuellen Eingabezeichen als Tupel auf den Stack gelegt.

2. *aktion* ist eine Reduce-Operation – dies wird in Zeile 15 geprüft: In diese Fall wird mit der Produktion $p = self.P[aktion[1]]$ reduziert. Hierbei wird zunächst der Stack um die Länge der rechten Seite α von p reduziert (Zeile 18); mit Hilfe des nun oben auf dem Stack liegenden Zustands $stack[-1][0]$ und der linken Seite A der Produktion p wird aus der Sprungtabelle der Folgezustand bestimmt und diesen zusammen mit A auf den Stack gelegt (Zeile 19).

3. *aktion* ist die Accept-Operation – dies wird in Zeile 20 geprüft. Dies bedeutet, dass die Eingabe akzeptiert wird und die *parse*-Funktion mit der Rückgabe der für den Parse-Vorgang verwendeten Produktionen abbricht.

Der vollständige Ablauf einer Parse-Operation des Beispielworts „(**id** * **id**)" ist in Abbildung 6.7 gezeigt.

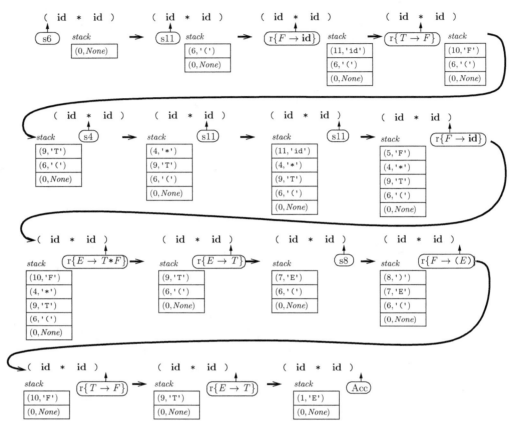

Abb. 6.7: *Darstellung aller Aktionen des Kellerautomaten, um das Wort „(id * id)“ zu parsen. In jedem Schritt wird der Zustand des Stacks, die momentane Position innerhalb des zu parsenden Wortes und die aus der Syntaxanalysetabelle ausgelesene Aktion (innerhalb des abgerundeten Kästchens) dargestellt. Die Shift-Operationen beginnen mit einem „s“, die Reduce-Operationen mit einem „r“. Bei den Reduce-Schritten wurde statt der Nummer der Produktion (mit der die auf dem Stack befindliche Satzform reduziert werden soll) aus Gründen der besseren Lesbarkeit jeweils gleich die Produktion selbst (statt deren Nummer innerhalb der Produktionenliste self.P) angegeben.*

Nehmen wir als Beispiel den dritten Schritt: Der Kellerautomat befindet sich immer in dem im obersten Stackelement enthaltenen Zustand, hier also in Zustand E_{11}; es wird das Zeichen * gelesen. Der entsprechende Eintrag in der Syntaxanalysetabelle, also self.aktionTab[11]['*'], ist „r6“ (siehe auch Tabelle 6.3); der besseren Lesbarkeit halber ist die sechste Produktion, also self.P[6], ausgeschrieben als „$F \rightarrow \mathbf{id}$“. Diese Reduce-Aktion bewirkt, dass der Stack zunächst um $|\mathbf{id}| = 1$ erniedrigt wird; mit dem Zustand, den das oberste Stackelement dann enthält, das ist hier der Zustand E_6, und mit der linken Seite der zu reduzierenden Produktion, das ist hier F, wird dann in der Sprungtabelle der Folgezustand self.sprungTab[6]['F']=10 nachgeschlagen; dieser wird zusammen mit F auf den Stack gelegt und mit dem nächsten Schritt fortgefahren.

7   Stringmatching

Gegeben sei ein Muster M mit der Länge m und ein Text T der Länge n. Ziel des Stringmatching ist das Finden aller Stellen i in T, an denen sich das Muster M befindet. Formaler gesprochen sollen alle Stellen i gefunden werden, für die $T[i:i+m-1] == M$ gilt. Die folgende Abbildung veranschaulicht das Ergebnis eines Stringmatches des Musters $M = \texttt{kakaokaki}$ mit einem Text T. Das Ergebnis des Matches ist $i = 3$ und $i = 37$.

$M = \texttt{kakaokaki}$
$T = \texttt{die}\boxed{\texttt{kakaokaki}}\texttt{istkakaomitkakiweshalbsie}\boxed{\texttt{kakaokaki}}\texttt{heisst}$

$\qquad\qquad i = 3 \qquad\qquad\qquad\qquad\qquad\qquad\qquad\qquad i = 37$

In diesem Abschnitt lernen wir teilweise sehr unterschiedliche Techniken für schnelles (d. h. deutlich schneller als $O(n \cdot m)$) Stringmatching kennen:

- Stringmatching mit endlichen Automaten (Abschnitt 7.2).

- Eine Verfeinerung davon, der Knuth-Morris-Pratt-Algorithmus (Abschnitt 7.3).

- Ähnlich funktioniert auch der Boyer-Moore-Algorithmus, nur wird das Muster von der anderen Richtung über den Text geschoben (Abschnitt 7.4).

- Der Rabin-Karp-Algorithmus verwendet eine ganz andere Technik, nämlich Hashing (Abschnitt 7.5).

- Auch der Shift-Or-Algorithmus verwendet eine von den anderen Algorithmen grundauf verschiedene bitbasierte Technik (Abschnitt 7.6).

7.1   Primitiver Algorithmus

Ein primitiver Algorithmus ist schnell gefunden und implementiert:

```
1  def match(M, T):
2      matches = []
3      for i in range(len(T) - len(M)):
4          if all(T[i+j] == M[j] for j in range(len(M))):
5              matches.append(i)
6      return matches
```

Listing 7.1: *Die Funktion match findet alle Stellen in T, die das Muster M enthalten*

$$M = \texttt{kakaokaki}$$
$$T = \texttt{kakakaokakigibtsnicht}$$
$$\uparrow$$
Mismatch

Abb. 7.1: *Eine Beispielsituation während eines Stingmatchings: Hier könnte man gleich an Position 3 weitersuchen.*

Alle Treffer, d. h. Stellen in T an denen sich eine Kopie von M befindet, werden in der Liste *matches* aufgesammelt. Die **for**-Schleife ab Zeile 3 durchläuft alle Positionen i des Textes T und fügt die Stelle i genau dann zu *matches* hinzu, falls die nachfolgenden $len(M)$ Zeichen mit den jeweiligen Zeichen aus M übereinstimmen.

Aufgabe 7.1

Die in Listing 7.1 gezeigte Funktion *match* kann auch durch eine einzige Listenkomprehension implementiert werden. Schreiben Sie die Funktion entsprechend um, und füllen sie hierzu die in folgendem Listing freigelassene Lücke:

def *match*(M, T):
  return [...]

Die Laufzeit dieses primitiven Stringmatching-Algorithmus ist sowohl im Worst-Case-Fall als auch im Average-Case-Fall in $O(n \cdot m)$, wobei $m = len(M)$ und $n = len(T)$. Für jede der n Textpositionen in T müssen im schlechtesten Fall $O(m)$ Vergleiche durchgeführt werden, um Klarheit darüber zu erhalten, ob sich an der jeweiligen Position eine Kopie von M befindet oder nicht.

Wir werden sehen, dass die Laufzeit der schnellsten Stringmatching-Algorithmen in $O(n + m)$ liegen.

7.2   Stringmatching mit endlichen Automaten

Entdeckt der primitive Stringmatching-Algorithmus aus Listing 7.1 einen Mismatch an Position i, so fährt er mit der Suche an Position $i + 1$ fort. Passt jedoch der Teil des Musters, der sich vor dem Mismatch befand, zu einem Anfangsteil des Musters, so könnte man – verglichen mit der Funktionsweise des primitiven Stringmatching-Algorithmus – Vergleiche sparen. Betrachten wir als Beispiel die folgende in Abbildung 7.1 dargestellte Situation. Hier wäre es ineffizient nach diesem Mismatch an Position 1 von T weiterzusuchen, denn offensichtlich stellen die zuletzt gelesenen Zeichen `kak` ein Präfix, d. h. ein Anfangsstück, eines Matches dar.

Man kann einfach einen deterministischen endlichen Automaten konstruieren, der die zuletzt gelesenen Zeichen als Präfix des nächsten Matches deuten kann. Während es bei einem nichtdeterministischen endlichen Automaten für ein gelesenes Eingabezeichen eventuell mehrere (oder auch gar keine) Möglicheiten geben kann, einen Folgezustand auszuwählen, muss bei einem deterministischen endlichen Automaten immer eindeutig klar sein, welcher Zustand als Nächstes zu wählen ist, d. h. jeder Zustand muss für jedes Zeichen des „Alphabets" (das je nach Situation $\{0, 1\}$, die Buchstaben des deutschen Alphabetes, oder jede andere endlichen Menge von Symbolen sein kann) genau eine Ausgangskante besitzen. Dies trifft auch auf den in Abbildung 7.2 dargestellten deterministischen endlichen Automaten zu, der effizient alle Vorkommen von `kakaokaki` in einem Text T erkennt. Der Automat startet in Zustand „1"; dies ist durch die aus dem „Nichts" kommende Eingangskante angedeutet. Basierend auf den aus T gelesenen Zeichen verändert der Automat gemäß den durch die Pfeile beschriebenen Zustandsübergangsregeln seinen Zustand. Immer dann, wenn er sich im Endzustand (darstellt durch den Kreis mit doppelter Linie) befindet, ist ein Vorkommen von `kakaokaki` in T erkannt. Eine Kantenmarkierung von beispielsweise „`[^ok]`" bedeutet – in Anlehnung an reguläre Ausdrücke – dass der entsprechende Übergang bei allen Eingabezeichen außer „o" und „k" gewählt wird.

Wie wird ein solcher Automat konstruiert? Um dies besser nachvollziehen zu können be-

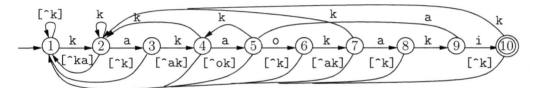

Abb. 7.2: *Endlicher Automat, der ein effizientes Erkennen aller Vorkommen des Wortes* **kakaokaki** *erlaubt.*

trachteten wir beispielsweise die Ausgangskanten des Zustands „5": Die Ausgangskante mit Markierung „o" gehört zum sog. *Skelettautomaten* , dessen Kantenbeschriftungen von links nach rechts gelesen genau dem zum matchenden Wort `kakaokaki` entsprechen. Wird im Zustand „5" das Zeichen „k" gelesen, so *muss* in den Zustand „4" gesprungen werden – und nicht etwa in Zustand „2" oder gar Zustand „1", denn: Befindet sich obiger Automat in Zustand „5" heißt dies immer, dass das zuletzt gelesene Zeichen ein „a" und das vorletzte Zeichen ein „k" war; diese beiden Zeichen könnten ein Anfangsteil des zu suchenden Wortes `kakaokaki` darstellen und dies wird dadurch berücksichtigt, indem der Automat nach Lesen von „k" als Nächstes in Zustand „4" springt.

Man kann die Funktionsweise eines endlichen Automaten direkt in einem Programm umsetzen:

```
1  def dfa( T):
2    zustand = 1
3    for t in T:
4      if zustand == 1:
5        if t ≠ "k": zustand = 1
6        if t == "k": zustand = 2
7      if zustand == 2:
```

```
 8        if  t == "k": zustand = 2
 9        elif  t == "a": zustand = 3
10        else: zustand = 1
11        ...
```

Listing 7.2: Ein Teil der Implementierung des endlichen Automaten aus Abbildung 7.2.

Aufgabe 7.2

Vervollständigen Sie die in Listing 7.2 gezeigte Implementierung des endlichen Automaten aus Abbildung 7.2.

Aufgabe 7.3

Sie wollen alle Vorkommen des Strings **ananas** in einem Text suchen:

(a) Erstellen Sie den passenden endlichen Automaten, der immer dann in einem Endzustand ist, wenn er ein Vorkommen des Strings gefunden hat.

(b) Erstellen Sie eine entsprechendes Python-Skript, das die Funktionsweise dieses endlichen Automaten implementiert.

Die Laufzeit setzt sich zusammen aus der Konstruktion des deterministischen endlichen Automaten und dem anschließenden Durchlauf des Automaten bei der Eingabe des Textes T. Dieser Durchlauf benötigt offensichtlich $O(n)$ Schritte, denn genau daraufhin wurde der Automat ja konstruiert: Bei jedem Eingabezeichen führt der Automat einen wohl-definierten Zustandsübergang durch. Um den Automaten effizient zu konstruieren, ist jedoch ein raffinierter Algorithmus notwendig. Wir gehen jedoch nicht näher darauf ein, da der im folgenden Abschnitt beschriebene Algorithmus zwar dasselbe Prinzip verwendet, jedoch auf die Konstruktion des Automaten verzichten kann.

7.3   Der Knuth-Morris-Pratt-Algorithmus

Der Knuth-Morris-Pratt-Algorithmus verfolgt prinzipiell die gleiche Idee, wie sie bei der Konstruktion eines deterministischen endlichen Automaten zum Tragen kommt; nur vermeidet er, die aufwändige Konstruktion eines kompletten deterministischen endlichen Automaten und beschränkt sich auf das Wesentliche: die Suche nach Präfixen des Musters innerhalb des Musters selbst. Ein solches Präfix liegt innerhalb des Musters beispielsweise dann vor, wenn sich der deterministische Automat aus Abbildung 7.2 in Zustand „5" befindet – dann wurden als letzte Zeichen nämlich „ka" gelesen, was ein Präfix von „kakaokaki" ist. Immer dann, wenn sich innerhalb des Musters ein Präfix des Musters befindet, kann um mehr als eine Position weitergeschoben werden; dies ist etwa in der in Abbildung 7.1 dargestellten Situation der Fall. Die Information, um wie viele Positionen das Muster bei einem Mismatch weitergeschoben werden kann, wird in der sog. Verschiebetabelle P festgehalten, die wie folgt definiert ist:

$$P[i] \; := \; max(\; [k \; \textbf{for} \; k \; \textbf{in} \; range(len(M)) \; \textbf{if} \; M[:k]{==}M[i{-}k{+}1:i{+}1]] + [0]) \quad (7.1)$$

An der Stelle i der Verschiebetabelle ist also die Länge des (maximalen) Präfixes gespeichert, der sich *vor* Position i befindet. Die folgende Abbildung verdeutlicht dies:

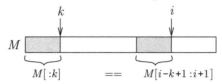

Als Beispiel betrachten wir die Verschiebetabelle für das Muster $M = $ `kakaokaki`:

i	:	0	1	2	3	4	5	6	7	8
$P[i]$	:	0	0	1	2	0	1	2	3	0
$M[i]$	:	k	a	k	a	o	k	a	k	i

Der Eintrag $P[7]$ ist beispielsweise deshalb „3", weil die drei Zeichen vor der Position 7 (nämlich `'kak'` ein Präfix des Musters sind; zwar ist auch das eine Zeichen (nämlich `'k'`) an Position 7 ein Präfix des Musters, Formel (7.1) stellt durch die Maximumsbildung jedoch sicher, dass immer das längste Teilwort vor Position i gewählt wird, das ein Präfix des Musters ist.

7.3.1 Suche mit Hilfe der Verschiebetabelle

Abbildung 7.3 zeigt Situationen in einem Lauf des Knuth-Morris-Pratt-Algorithmus, in denen das Muster auf Basis der in der Verschiebetabelle enthaltenen Werte weitergescho-

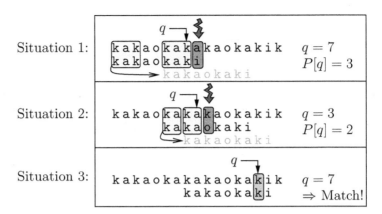

Abb. 7.3: *Drei ausgewählte Schritte bei der Suche nach einem Vorkommen von kakaokaki mit dem Knuth-Morris-Pratt-Algorithmus. Die Zeichen des Musters werden mit den Zeichen des Textes verglichen. Tritt schließlich ein Mismatch auf (d. h. stimmt ein Zeichen des Musters nicht mit dem entsprechenden Zeichen des Textes überein), so wird das Muster weitergeschoben. Um wie viele Stellen das Muster weitergeschoben werden kann, ist in der Verschiebetabelle P hinterlegt.*

ben wird. Das sind immer Situationen, in denen die jeweilige Stelle von Text und Muster nicht übereinstimmen (d. h. Situationen, in denen die Bedingung der **while**-Schleife in Listing 7.3 erfüllt ist). Sei q immer die Position im Muster, die zuletzt erfolgreich auf Gleichheit mit dem Text überprüft wurde. Betrachten wir die drei in Abbildung 7.3 dargestellten Situationen im Detail:

Situation 1: Muster M und Text T stimmen bisher bis zur Stelle $q = 7$ überein. Beim Vergleich des nächsten Zeichens von M mit der nächsten Textposition tritt ein Mismatch auf. Aus der Verschiebetabelle P geht nun hervor, dass die $P[q] = 3$ letzten Zeichen *vor* dem Mismatch ein Präfix (genauer: das maximal lange Präfix) des Musters darstellen – diese drei Zeichen und auch das darauf passende Präfix des Musters sind in Abbildung 7.3 in einem hell gefüllten Rechteck dargestellt. Um mit der Suche fortzufahren, wird nun die Variable q auf „3" gesetzt, was einer Verschiebung des Musters entspricht, wie sie unten in Situation 1 in hell gedruckter Schrift dargestellt ist.

Situation 2: Muster M und Text T stimmen bisher bis zur Stelle $q = 3$ überein. Beim Vergleich des nächsten Zeichens von M mit der nächsten Textposition tritt ein Mismatch auf. Aus der Verschiebetabelle P geht nun hervor, dass die $P[q] = 2$ letzten Zeichen *vor* dem Mismatch ein Präfix des Musters darstellen – diese zwei Zeichen und auch das darauf passende Präfix des Musters sind in Abbildung 7.3 in einem gelben Rechteck dargestellt. Um mit der Suche fortzufahren, wird die Variable q auf „2" gesetzt, was einer Verschiebung des Musters entspricht, wie sie unten in Situation 2 in hell gedruckter Schrift dargestellt ist.

Situation 3: Muster M und Text T stimmen bisher bis zur Stelle $q = 3$ überein. Da sich auch beim Vergleich von $M[-1]$ mit der entsprechenden Stelle des Textes T Gleichheit ergab, wird ein Match zurückgeliefert.

Listing 7.3 zeigt eine Implementierung des Knuth-Morris-Pratt-Algrithmus.

```
1  def KMP(M,T):
2    P = ...  # Berechnung der Verschiebetabelle
3    erg = []
4    q=-1
5    for i in range(len(T)):
6      while q≥0 and M[q+1]≠T[i]: q=P[q]
7      q+=1
8      if q==len(M)-1:
9        erg.append(i+1-len(M))
10       q=P[q]
11   return erg
```

Listing 7.3: Implementierung des Knuth-Morris-Pratt-Algorithmus

In Zeile 2 wird die Verschiebetabelle P berechnet; einen schnellen Algorithmus hierfür beschreiben wir im nächsten Abschnitt. Wie auch im Beispiel aus Abbildung 7.3 gehen wir davon aus, dass q immer die Position im Muster M enthält, die zuletzt erfolgreich auf Gleichheit mit der entsprechenden Textposition geprüft wurde; zu Beginn setzen wir in Zeile 3 also q auf den Wert -1 – es wurde ja noch keine Position des Musters erfolgreich auf Gleichheit getestet. Die **for**-Schleife ab Zeile 4 durchläuft alle Positionen des Textes T. Immer dann, wenn die aktuelle Position im Text, also $T[i]$ mit der aktuell zu vergleichenden Position im Muster, also $M[q+1]$, übereinstimmt, wird q um eins erhöht und die **for**-Schleife geht in den nächsten Durchlauf und es wird mit der nächsten Textposition verglichen. Wenn jedoch $M[q+1]$ *nicht* mit $T[i]$ übereinstimmt, so wird q auf den entsprechenden in der Verschiebetabelle eingetragenen Wert erniedrigt; dies kann durchaus wiederholt geschehen, solange bis Muster und Text in der nachfolgenden Position übereinstimmen.

Aufgabe 7.6

Verwenden Sie Pythons *timeit*-Modul, um die Laufzeit der in Listing 7.1 gezeigten primitiven Implementierung mit der Knuth-Morris-Pratt-Algorithmus an einigen praktischen Beispielen zu vergleichen. Was fällt auf?

7.3.2 Laufzeit

Wir stellen zunächst fest, dass in einem Durchlauf (der insgesamt $n = len(T)$ Durchläufe) der **for**-Schleife, die **while**-Schleife schlimmstenfalls $m = len(M)$-mal durchlaufen wird, q also schimmstenfalls in Einerschritten bis -1 erniedrigt wird. Die Gesamtkomplexität des Algorithmus ist jedoch nicht in $\Theta(n \cdot m)$[1]; dies zeigt folgende einfache Amortisationsanalyse.

Die Variable q kann nicht bei jedem Durchlauf der **for**-Schleife um m Werte erniedrigt werden. Die Bedingung der **while**-Schleife stellt sicher, dass q immer nur bis zum Wert -1 erniedrigt werden kann. Um es daraufhin erneut zu erniedrigen, muss es zunächst erhöht worden sein. Jede Erhöhung von q kann aber nur mit einer nachfolgenden Erhöhung von i einhergehen. Ein schlimmster denkbarer Fall wäre also der, dass q immer in Einerschritten erniedrigt und danach (zusammen mit i) wieder erhöht wird. Der Verlauf von i (auf der x-Achse) und q (auf der y-Achse) zeigt die folgende Abbildung:

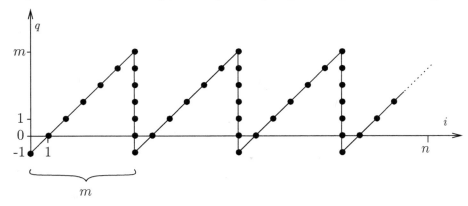

Man erkennt, dass insgesamt n Schritte nach „oben" (verursacht durch eine gemeinsame Erhöhung von q und i außerhalb der **while**-Schleife) und n Schritte nach unten (verursacht durch eine Erniedrigung von q innerhalb der **while**-Schleife) gegangen werden. Der Algorithmus hat also eine worst-case-Komplexität von $O(2 \cdot n) = O(n)$.

7.3.3   Berechnung der Verschiebetabelle

Die Berechnung der Verschiebetabelle erfolgt analog zur Knuth-Morris-Pratt-Suche, nur dass hier das Muster nicht in einem Text, sondern im Muster selbst gesucht wird. Listing 7.4 zeigt eine Implementierung.

```
1  def VerschTab(M):
2    q = -1 ; P = [q]
3    for i in range(1, len(M)):
4      while q≥0 and M[q]≠M[i]: q=P[q]
5      q+=1
6      P.append(q)
7    return P
```

Listing 7.4: Implementierung der Berechnung der Verschiebetabelle.

---

[1]Während man mit dem Landau-Symbol O eine obere Schranke beschreibt, kann man mit dem Landau-Symbol Θ die – bis auf multiplikative und additive Konstanten – exakte Laufzeit eines Algorithmus beschreiben; zur Definition der Landau-Symbole siehe Abschnitt 1.1.1

Die Variable i durchläuft alle Positionen des Musters M; Die Variable q zeigt immer auf das Ende des längsten Präfixes, das mit den Zeichen vor der Position i im Muster M übereinstimmt. Unmittelbar nach Zeile 5 gilt immer, dass alle Positionen vor q mit den q Positionen vor i übereinstimmen, d. h. es gilt $M[:q] == M[i-q+1:i+1]$, d. h. die Zeichen vor Position i bilden ein Präfix der Länge q des Musters. Ein entsprechender Eintrag in die Verschiebetabelle erfolgt in Zeile 6.

Die Laufzeitbetrachtung ist analog zur Suche und beträgt Worst-Case $O(2 \cdot m) = O(m)$.

7.4   Der Boyer-Moore-Algorithmus

Der Boyer-Moore-Algorithmus wurde einige Jahre nach dem Knuth-Morris-Pratt-Algorithmus entdeckt [3]. Er lässt das Muster von links nach rechts über den Text laufen und versucht das Muster bei einem Mismatch um möglichst viele Positionen weiterzuschieben. Er nutzt jedoch die Tatsache aus, dass man mehr Informationen über Verschiebemöglichkeiten erhalten kann, wenn man die Musterpositionen von rechts nach links mit den aktuellen Textpositionen vergleicht, d. h. Nach einer Verschiebung des Musters M wird zuerst das Zeichen $M[-1]$ mit der entsprechenden Textposition verglichen, dann das Zeichen $M[-2]$, usw. Durch dieses Rückwärtsvergleichen ist der Boyer-Moore-Algorithmus – zumindest was die Average-Case-Komplexität betrifft – effizienter als der im letzten Abschnitt vorgestellte Knuth-Morris-Pratt-Algorithmus.

Um nach einem Mismatch zu entscheiden, um wie viele Positionen das Muster weitergeschoben werden kann, verwendet der Algorithmus zwei Tabellen: die erste Tabelle liefert einen Vorschlag gemäß der sog. Bad-Character-Heuristik, die zweite Tabelle liefert einen Vorschlag gemäß der sog. Good-Suffix-Heuristik. Beide Tabellen können unter Umständen verschiedene Vorschläge darüber abgeben, wie weit das Muster geschoben werden kann; der Boyer-Moore-Algorithmus schiebt das Muster um den größeren der beiden vorgeschlagenen Werte weiter.

7.4.1   Die Bad-Character-Heuristik

Am einfachsten zu konstruieren ist die Sprungtabelle *delta1* gemäß der sog. Bad-Character-Heuristik; diese basiert alleine auf dem Zeichen c des zu durchsuchenden Textes T, das den Mismatch verursacht hat, d. h. auf dem ersten Zeichen von rechts gesehen, das nicht mit der entsprechenden Stelle im Muster übereinstimmt. Kommt c überhaupt nicht im Muster vor, so kann das Muster an die Stelle nach dem Mismatch weitergeschoben werden. Dies tritt etwa in der in Abbildung 7.4 gezeigten „Situation 2" ein, die eine Stringsuche ausschließlich basierend auf der Bad-Character-Heuristik zeigt. Kommt das Zeichen c, das den Mismatch verursacht, im Muster vor, so wird das Muster so weit nach rechts verschoben, dass das von rechts gesehen erste Vorkommen von c im Muster mit dem Mismatch-verursachenden Zeichen c im Text gleichauf liegt. Es kann vorkommen, dass die Bad-Charakter-Heuristik eine Linksverschiebung des Musters vorschlägt – dies wäre etwa in „Schritt 5" der Fall: das von rechts gesehen erste Vorkommen von „a" im Muster befindet sich hier rechts des Zeichens „a" im Text, das den Mismatch ausgelöst hat; in diesem Fall wird das Muster einfach um eine Position weitergerückt.

Schritt 1:	`kakaok`⬚`o`⬚`kikxkaokako-ist-kakaakakis` `kaka`⬚`o`⬚`kaki`
Schritt 2:	`kakaokokik`⬚`x`⬚`kaokako-ist-kakaakakis` `kakaokaki`
Schritt 3:	`kakaokokikxkaokako`⬚`-`⬚`ist-kakaakakis` `kakaokaki`
Schritt 4:	`kakaokokikxkaokako-ist-kaka`⬚`o`⬚`aakis` `kaka`⬚`o`⬚`kaki`
Schritt 5:	`kakaokokikxkaokako-ist-kakao`⬚`a`⬚`akis` `kakaok`⬚`a`⬚`ki`
Schritt 6:	`kakaokokikxkaokako-ist-kakaoaaki`⬚`s`⬚ `kakaokaki`

Abb. 7.4: *Es sind die sechs Suchschritte dargestellt, die notwendig sind, um das Muster*
kakaokaki in einem bestimmten Text alleine mit Hilfe der Bad-Charakter-Heuristik zu su-
chen. Für jeden Schritt ist jeweils immer der Text oben und das Muster unter dem Teil des
Textes dargestellt, der auf Gleichheit mit dem Muster überprüft wird. Das Zeichen, das den
Mismatch verursacht und das dazu passende Zeichen im Muster ist jeweils farbig hinterlegt.

Aufgabe 7.7

Angenommen, wir suchen nach einem Muster M der Länge m in einem Text T
der Länge n und angenommen alle mit $M[-1]$ verglichenen Zeichen kommen nicht
im Muster vor – mit zunehmender Größe des verwendeten Alphabets wird dieser
Fall natürlich wahrscheinlicher. Wie viele Suchschritte benötigt der Boyer-Moore-
Algorithmus, bis er festgestellt hat, dass das Muster nicht im Text vorkommt?

Aufgabe 7.8

Es stehe a^n für die n-malige Wiederholung des Zeichens „a". Wie viele Suchschritte
benötigt der Boyer-Moore-Algorithmus um ...

(a) ... das Muster ba^9 (also das Muster baaaaaaaaa) im Text a^{1000} (also einem Text
bestehend aus 1000 as) zu finden?

(b) ... das Muster a^9b (also das Muster aaaaaaaaab) im Text a^{1000} zu finden?

(c) ... das Muster a^9b (also das Muster aaaaaaaaab) im Text c^{1000} zu finden?

Folgendes Listing zeigt die Implementierung der Bad-Character-Heuristik.

```
1  def makedelta1(M):
2    delta1 = {}
3    for i in range(len(M) -1):
4      delta1[M[i]] = i
5    return delta1
6
7  def badChar(delta1,c,j):
8    if c in delta1:
9      return j - delta1[c]
10   else:
11     return j+1
```

Listing 7.5: *Berechnung der Sprungtabelle gemäß der Bad-Character-Heuristik*

Die Funktion *makedelta1* erstellt für ein bestimmtes Muster M einmalig eine Sprungtabelle *delta1*, die sie als Dictionary-Objekt repräsentiert zurückliefert. Die **for**-Schleife ab Zeile 3 durchläuft alle Positionen i des Musters und erstellt in der Sprungtabelle für das i-te Zeichen $M[i]$ des Musters einen Eintrag mit Wert i. Weiter rechts auftretende Vorkommen dieses Zeichens überschreiben diesen Eintrag und so enthält nach Ende der **for**-Schleife der Eintrag *delta1*[c] automatisch die von rechts gesehen erste Position eines Vorkommens von c im Muster. Der Wert dieser Position ist entscheidend zur Bestimmung der Verschiebepositionen des Musters.

Die Funktion *badChar* kann nun basierend auf der Verschiebetabelle *delta1*, dem „Bad Character" c und der Position j des Mismatches im Muster die Anzahl der Postionen bestimmen, die das Muster weitergeschoben werden darf. Gibt es einen Eintrag c in *delta1*, d. h. kommt c im Muster vor, so kann das Muster um $j-delta1[c]$ Positionen nach rechts verschoben werden. Dadurch deckt sich das am weitesten rechts befindliche Vorkommen von c im Muster mit dem Mismatch des Textes. Für den Fall, dass dieser Verschiebewert negativ ist (wie dies etwa in „Situation 5" aus Abbildung 7.4 der Fall ist), wird einfach „1" zurückgegeben. Sollte *delta1* keinen Eintrag für das Zeichen c enthalten, gilt also c **not in** *delta1*, so wird der **else**-Zweig ab Zeile 10 gegangen und der Wert $j+1$ zurückgeliefert. Das Muster kann in diesem Fall also an die auf den Mismatch folgende Stelle weitergeschoben werden.

Tabelle 7.1 zeigt die Rückgabewerte von *delta1* und der Funktion *badChar* für die in Abbildung 7.4 dargestellten Beispielsituationen. Wie man sieht, entspricht der Rückgabewert der Funktion *badChar* genau den Verschiebepositionen des Musters in der jeweiligen Situation.

Situation 1	Situation 2	Situation 3
$delta1$[`'o'`]=4	$delta1$[`'x'`]=$KeyError$	$delta1$[`'-'`]=$KeyError$
$badChar(d1,$`'o'`$,6)=2$	$badChar(d1,$`'x'`$,8)=9$	$badChar(d1,$`'-'`$,7)=8$

Situation 4	Situation 5	Situation 6
$delta1$[`'o'`]=4	$delta1$[`'a'`]=6	$delta1$[`'s'`]=$KeyError$
$badChar(d1,$`'o'`$,8)=4$	$badChar(d1,$`'a'`$,5)=\max(-1,1)$	$badChar(d1,$`'s'`$,8)=9$

Tabelle 7.1: *Rückgabewerte der in Listing 7.5 gezeigten Funktionen für die Beispielsituationen aus Abbildung 7.4.*

Aufgabe 7.9

(a) Geben Sie eine alternative Implementierung der in Listing 7.5 gezeigten Funktion *makedelta1* an, die für jedes Zeichen des verwendeten Alphabets einen passenden Eintrag enthält und so eine entsprechende Abfrage in der Funktion *badChar* vermeidet.

(b) Testen sie die Perfomance der beiden Implementierungen aus den ersten beiden Teilaufgaben zusammen mit der in Listing 7.5 gezeigten Implementierung. Welche Variante ist die schnellste? Warum?

7.4.2   Die Good-Suffix-Heuristik

Die etwas komplexer zu konstruierende zweite Tabelle gibt Verschiebevorschläge gemäß der sog. Good-Suffix-Heuristik. Während die Bad-Character-Heuristik das Zeichen c, das den Mismatch verursacht, in Betracht zieht, zieht die Good-Suffix-Heuristik den übereinstimmenden Teil von Muster und Text rechts des Zeichens c in Betracht – den „hinteren" Teil des Musters also, sprich: das Suffix. Die Good-Suffix-Heuristik schlägt eine Verschiebung des Musters so vor, so dass ein weiter links stehender mit diesem „Good-Suffix" übereinstimmender Teil des Musters auf dieser Textstelle liegt. Abbildung 7.5 zeigt als Beispiel das Muster „**entbenennen**" und einige Mismatch-Situationen. Wie man sieht, wird nach jedem Mismatch das Muster so verschoben, dass ein weiter links stehender Teil des Musters, auf dem „Good-Suffix" (d. h. den Suffix des Musters, der mit dem Text übereinstimmt) liegt.

Schauen wir uns nun etwas systematischer an, wie die Verschiebetabelle für das Beispielmuster $M=$'**entbenennen**' erstellt wird. Wir bezeichnen hierfür mit j die Länge des mit dem Text übereinstimmenden Suffixes des Wortes **entbenennen**; $j = 0$ bedeutet also, dass schon das von rechts gesehen erste Zeichen des Musters nicht mit dem Text übereinstimmt; $j = len(M)$-1 bedeutet, dass alle Zeichen des Musters mit dem Text übereinstimmen, d. h. ein Match gefunden wurde. Das von rechts gesehen erste nicht mehr matchende Zeichen des Suffixes stellen wir durchgestrichen dar. Den im Muster weiter links befindlichen Teil, der mit dem Suffix – inklusive der Mismatch-Stelle – übereinstimmt, stellen wir unterstrichen dar. Wir stellen uns ferner virtuelle Musterpositionen vor dem ersten Eintrag $M[0]$ des Musters vor, die wir mit „·" notieren; wir

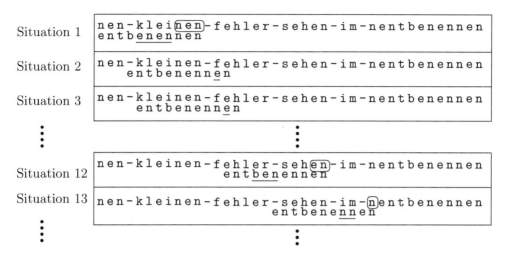

Abb. 7.5: *Beispiele für Mismatch-Situationen und entsprechende Verschiebungen gemäß der Good-Suffix-Heuristik.*

nehmen an, dass das Zeichen „·" mit jedem beliebigen Zeichen (auch mit einem durchgestrichenen) matcht; diese virtuellen Musterpositionen werden etwa in Fällen $i \geq 4$ mit einbezogen.

$j = 0$: Das matchende Suffix ist also **n**. Der am weitesten rechts befindliche Teilstring von **entbenennen**, der auf **n** passt, ist das Zeichen „e" an Stringposition 9. Durch Verschiebung des Musters um eine Position kann dieses Zeichen mit **n** in Deckung gebracht werden. Daher schlägt die Good-Suffix-Strategie hier eine Verschiebung um eine Position vor.

$j = 1$: Das matchende Suffix ist also **en**. Der am weitesten rechts befindliche passende Teilstring ist **entbenennen**. Durch eine Verschiebung um 2 Positionen kann dieser mit dem matchenden Suffix in Deckung gebracht werden.

$j = 2$: Das matchende Suffix ist also **nen**. Der am weitesten rechts befindliche passende Teilstring ist **entbenennen**. Durch eine Verschiebung um 5 Postionen kann dieser mit dem Suffix in Deckung gebracht werden.

$j = 3$: Das matchende Suffix ist also **nnen**. Der passende Teilstring ist **entbenennen**. Durch eine Verschiebung um 3 Positionen kann dieser mit dem matchenden Suffix in Deckung gebracht werden.

$j = 4$: Das matchende Suffix ist also **ennen**. Eigentlich gibt es keinen passenden Teilstring; durch oben beschriebene Expansion des Musters kann man sich den „passenden" Teilstring jedoch denken als $\cdots$**entbennenen**. Um den „passenden" Teil $\cdots$**en** mit dem matchenden Suffix in Deckung zu bringen, muss das Muster um 9 Positionen nach rechts verschoben werden.

$j = 5$: Das matchende Suffix ist also nennen. Genau wie im Fall $j = 4$ ist auch hier der passende Teilstring $\cdots$entbennenen; entsprechend wird auch hier eine Verschiebung um 9 vorgeschlagen.

$j = 6, j = 7, j = 8, j = 9$: Mit analoger Argumentation wird auch hier jeweils eine Verschiebung um 9 vorgeschlagen.

Die in Listing 7.6 gezeigte Funktion *makedelta2* implementiert die Berechnung der Verschiebetabelle (die als Dictionary-Objekt *delta2* zurückgeliefert wird) gemäß der Good-Suffix-Heuristik. Im j-ten Durchlauf der **for**-Schleife ab Zeile 9 wird der Eintrag *delta2*$[j]$ berechnet; dieser gibt die Verschiebung an, falls ein „Good-Suffix" der Länge j erkannt wurde. Die Variable *suffix* enthält immer die Zeichen des „Good-Suffix" und die Variable *mismatch* enthält das von rechts gesehen erste Zeichen, das nicht mehr gematcht werden konnte (oben immer durch ein durchgestrichenes Zeichen notiert). In der **for**-Schleife ab Zeile 12 werden dann alle Musterpositionen k von rechts nach links durchlaufen und mittels der *unify*-Funktion überprüft, ob der an Stelle k befindliche Teilstring des Musters zu dem „Good-Suffix" passt. Falls ja, wird der passende Verschiebebetrag in *delta2*$[j]$ gespeichert und die „**for** k"-Schleife mittels **break** verlassen – so ist sichergestellt, dass der am weitesten rechts befindliche Teilstring von M gefunden wird, der auf das Suffix passt. Immer dann, wenn zwischen der Position k und der Position 0 sich weniger als j Zeichen befinden, werden links von Position 0 entsprechend viele „DOT"s angehängt; dies geschieht in Zeile 13.

```
1   DOT=None
2   def unify(pat, mismatch, suffix):
3       def eq(c1,c2): return c1==DOT or c1==c2
4       def not_eq(c1,c2): return c1==DOT or c1≠c2
5       return not_eq(pat[0], mismatch) and all(map(eq, pat[1:], suffix))
6
7   def makedelta2(M):
8       m = len(M) ; delta2 = {}
9       for j in range(0,m):          # Suffix der Länge j
10          suffix = [] if j==0 else M[-j:]
11          mismatch = M[-j-1]
12          for k in range(m-1,0,-1):
13              pat = [DOT for i in range(-k+j)] + list(M[max(0,k-j):k+1])
14              if unify(pat, mismatch, suffix):    # Good-Suffix im Muster gefunden!
15                  delta2[j]=m-1-k ; break
16          if j not in delta2: delta2[j]=m
17      return delta2
```

Listing 7.6: Implementierung der Good-Suffix-Heuristik

Aufgabe 7.10

Beantworten Sie folgende Fragen zu Listing 7.6:

(a) Erklären Sie die Zuweisung in Zeile 10; was würde passieren, wenn diese einfach „ *suffix* $= M[-j:]$" heißen würde?

(b) Welchen Typ hat der Paramter *pat* im Aufruf der Funktion *unify* in Zeile 13? Welchen Typ hat der Parameter *suffix*?

(c) Es sei $M = $ 'ANPANMAN'. Was sind die Werte von *suffix* und *mismatch* und in welchem Durchlauf bzw. welchen Durchläufen der „**for** k"-Schleife liefert dann der Aufruf von *unify* den Wert *True* zurück, wenn wir uns ...

  1. ... im **for**-Schleifendurchlauf für $j=1$ befinden.

  2. ... im **for**-Schleifendurchlauf für $j=2$ befinden.

Die Funktion *unify* prüft, ob der Teilstring *pat* des Musters (der ggf. links mit *DOT*s aufgefüllt ist) mit dem „Good-Suffix" *suffix* und dem den Mismatch verursachenden Zeichen *mismatch* „vereinbar" ist. Wichtig ist, dass die eigens definierten Gleichheits- und Ungleichheitstests *eq* bzw. *not_eq* bei einem Vergleich mit *DOT* immer *True* zurück-liefern.

7.4.3 Implementierung

Listing 7.7 zeigt die Implementierung der Stringsuche mit Hilfe der Bad-Character-Heuristik *delta1* und der Good-Suffix-Heuristik *delta2*. Für jeden Durchlauf der **while**-Schleife ist i die Position im Text T und j die Position im Muster M die miteinander verglichen werden. Die Variable *i_old* enthält immer die Position im Text, die als erstes mit dem Muster verglichen wurde (d. h. die Position im Text, die über dem rechtesten Zeichen des Musters M liegt). Nach Durchlauf der **while**-Schleife in Zeile 7 zeigen i und j auf die von rechts gesehen erste Mismatch-Stelle von Text und Muster. Gibt es keine Mismatch-Stelle (gilt also $j== -1$ nach dem **while**-Schleifendurchlauf) wurde das Muster im Text gefunden. Andernfalls wird i in Zeile 13 um den durch die Bad-Character-Heuristik bzw. die Good-Suffix-Heuristik vorgeschlagenen Verschiebebetrag erhöht.

```
1  def boyerMoore(T,M):
2    delta1 = makedelta1(M)
3    delta2 = makedelta2(M)
4    m = len(M) ; n = len(T) ; i=m−1
5    while i < n:
6      i_old=i ; j=m−1
7      while j≥0 and T[i] == M[j]:
8        i −=1 ; j −=1
9      if j== −1:
10       print "Treffer: ",i+1
```

```
11        i = i_old + 1
12     else:
13   \    i = i_old + max( badChar( delta1, T[i],j), delta2[m-1-j])
```

Listing 7.7: Implementierung des Boyer-Moore-Algorithmus

Aufgabe 7.11

Modifizieren Sie die in Listing 7.7 vorgestellte Funktion *boyerMoore* so, dass sie die Liste aller Matches des Musters M im Text T zurückliefert.

Aufgabe 7.12

Gerade für den Fall, dass man mit einem bestimmten Muster komfortabel mehrere Suchen durchführen möchte, bietet sich eine objekt-orientierte Implementierung mittels einer Klasse *BoyerMoore* an, die man beispielsweise folgendermaßen anwenden kann:

```
>>> p = BoyerMoore('kakaokaki')
>>> p.search( T1)
... .
>>> p.search( T2)
```

Implementieren Sie die Klasse *BoyerMoore*.

7.4.4   Laufzeit

Wie viele Suchschritte benötigt der Boyer-Moore-Algorithmus zum Finden aller Vorkommen des Musters M (mit $m = len(M)$) im Text T (mit $n = len(T)$)?

Im günstigsten Fall sind dies lediglich $O(n/m)$ Schritte – dann nämlich, wenn entweder „viele" Zeichen des Textes gar nicht im Muster vorkommen oder wenn „viele" Suffixe kein weiteres Vorkommen im Muster haben; in diesen Fällen wird eine Verschiebung um m Positionen vorgeschlagen.

Im Worst-Case benötigt der Boyer-Moore-Algorithmus etwa $3n$ Schritte; die mathematische Argumentation hierfür ist nicht ganz einfach und es brauchte auch immerhin bis ins Jahr 1991, bis diese gefunden wurde; wir führen diese hier nicht aus und verweisen den interessierten Leser auf die entsprechende Literatur [6]. Die Worst-Case-Laufzeit ist also in $O(n)$.

7.5   Der Rabin-Karp-Algorithmus

Der Rabin-Karp-Algorithmus geht einen ganz anderen Weg, um ein Muster in einem Text zu suchen: Er berechnet unter Verwendung einer Hashfunktion h den Hashwert

$h(M)$ des Musters M, und sucht nach Stellen im Text T, die denselben Hashwert auf-
weisen. Wird die Hashfunktion h geschickt gewählt, so ist mit diesem Algorithmus eine
gute Laufzeit gesichert.

Der Rabin-Karp-Algorithmus ist zwar in vielen Fällen – was die Performance betrifft –
dem Boyer-Moore-Algorithmus unterlegen, es gibt jedoch einige Fälle, in denen sich der
Einsatz des Rabin-Karp-Algorithmus lohnt. Dies betrifft insbesondere die Suche sehr
langer (evtl. auch mehrerer) Muster in einem Text. Denkbar wäre etwa der Einsatz
in einer Software, die Dokumente automatisch nach Plagiaten überprüft, indem sie
mehrere längere (Original-)Textausschnitte in dem zu überprüfenden Text sucht.

7.5.1 Rollender Hash

Ein rollender Hash ist eine Hashfunktion, die ihre Eingabe aus einem „Fenster" konstanter Größe bezieht, das von links nach rechts über die Eingabe geschoben wird.

Zur Implementierung des Rabin-Karp-Algorithmus genügt die Verwendung einer sehr
einfachen rollenden Hashfunktion h, die einen String s folgendermaßen abbildet:

$$h(s) = B^{k-1}s[0] + B^{k-2}s[1] + \ldots + B^1 s[k-2] + B^0 s[k-1] \mod p \quad (7.2)$$

Um das aufwändige Rechnen mit sehr großen Zahlen zu vermeiden, rechnet die Hashfunktion mit modularer Arithmetik; entscheidend ist hier die Wahl der Basis B und
die Wahl von p. Aus Performance-Gründen ist es sinnvoll eine Zweierpotenz als p, d. h.
$p = 2^k$, zu wählen. Die modulare Arithmetik mit einer solchen Zweierpotenz 2^k entspricht nämlich einfach dem Abschneiden der binären Stellen ab Position k. Dies kommt
der natürlichen Funktionsweise eines Rechner auf Ebene der Maschinensprache nahe:
Entsteht bei einer arithmetischen Berechnung ein Überlauf, so werden die höherwertigen
Stellen einfach abgeschnitten. In Python können wir dieses Abschneiden der höherwertigen Stellen durch eine binäre Und-Verknüpfung mit der Zahl $2^k - 1$ erreichen. Es gilt
also:

$$x \mod 2^k = x \,\&\, \underbrace{11\cdots\cdots 1}_{k-\text{mal}}b = x \,\&\, (2^k - 1)$$

Wir wählen also im Folgenden $p = M = 2^{k-1}$ und ein $k \in \mathbb{N}$. Konkret könnten B und
M etwa wie folgt gewählt werden:

B = 103
M= 2**16 -1

Aufgabe 7.13

Wäre auch die Konstante *sys.maxint* (aus dem Modul *sys*) ein sinnvoller Wert für M? Begründen Sie.

Listing 7.8 zeigt eine primitive Implementierung dieser Hashfunktion. Die **for**-Schleife durchläuft den zu hashenden String s rückwärts; die Variable i enthält hierbei immer den von rechts gezählten Index, der als Potenz der Basis B verwendet wird. In jedem **while**-Schleifendurchlauf wird durch die Zuweisung $h = h \,\&\, M$ sichergestellt, dass nur die k niederwertigsten Bits weiter verwendet werden (um das aufwändige Rechnen mit sehr großen Zahlen zu vermeiden).

Durch Verwendung des sog. *Horner-Schemas* (siehe auch Abschnitt 3.4.1 auf Seite 74) kann die Berechnung dieses Hashwertes deutlich schneller erfolgen. Anstatt Formel 7.2 direkt zu implementieren ist es günstiger, die folgende Form zu verwenden, in der die B-Werte soweit als möglich ausgeklammert sind:

$$h(s) = (((s[0] \cdot B + s[1]) \cdot B + \ldots) \cdot B + s[k-2]) \cdot B + s[k-1] \quad \bmod\ p \quad (7.3)$$

Listing 7.9 zeigt die Implementierung des Horner-Schemas mittels der *reduce*-Funktion.

```
1  def rollhash(s):
2      h = 0
3      for i,c in enumerate(s[::-1]):
4          h += (B**i) *ord(c)
5          h = h &M
6      return h
```

Listing 7.8: Primitive Berech-nung der Hashfunktion

```
1  def rollhash2(s):
2      return reduce(
3          lambda h,c: (c + B*h) &M,
4          map(ord,s))
```

Listing 7.9: Berechnung der Hashfunktion mittels des Horner-Schemas

Aufgabe 7.14

Verwenden sie Pythons *timeit*-Modul, um die Laufzeiten der in Listing 7.8 und 7.9 gezeigten Funktionen *rollhash* und *rollhash2* zu vergleichen. Vergleichen Sie die Werte der timeit-Funktion für einen String S mit Länge 10, Länge 20 und Länge 50.

Angenommen in einem langen Suchtext T ist momentan der Hash h eines „Fensters" an Position i der Länge l berechnet, d. h. es gilt $h = h(s[i : i + l])$. Will man nun dieses „Fenster" dessen Hash h berechnet werden soll nach rechts bewegen, so erhält man den entsprechenden neuen Hashwert durch Subtraktion des Wertes $b^{l-1}s[i]$, einer nachfolgenden Multiplikation dieses Wertes mit der Basis b und einer Addition mit $s[i + l]$; alle Rechnungen erfolgen mit modularer Arithmetik; der Wert h muss also folgendermaßen angepasst werden:

$$h = (h - B^{l-1}s[i]) \cdot B + s[i + l] \tag{7.4}$$

Will man dagegen dieses „Fenster" dessen Hash h berechnet werden soll nach links bewegen, so erhält man den entsprechenden neuen Hashwert durch Subtraktion des Wertes $b^0 s[i + l - 1]$, einer nachfolgenden Division durch die Basis b (d. h. einer Multiplikation mit b^{-1}) und einer abschließenden Addition mit $b^{l-1} s[i - 1]$; der Wert h muss also folgendermaßen angepasst werden:

$$h = (h - B^0 s[i + l - 1]) \cdot B^{-1} + B^{l-1} s[i - 1] \tag{7.5}$$

7.5.2   Implementierung

Listing 7.10 zeigt eine Implementierung des Rabin-Karp-Algorithmus in Form der Funktion $rabinKarp$. Diese erhält zwei Parameter: eine Liste von Mustern Ms, und ein Text T, der nach Vorkommen der Muster durchsucht werden soll. Wir gehen hier davon aus, dass alle in Ms befindlichen Mustern die gleiche Länge haben.

```
1  def rabinKarp(Ms, T):
2      hashs = set(map(rollhash, Ms))
3      l = len(Ms[0])
4      h = rollhash(T[:l])
5      i=0
6      if h in hashs:
7          if T[i:i + l] in Ms: print "Treffer bei", i
8      while i + l < len(T) - 1:
9          h = (h - ord(T[i]) * B**(l-1)) * B + ord(T[i+l]) & M
10         i += 1
11         if h in hashs:
12             if T[i:i + l] in Ms: print "Treffer bei", i
```

Listing 7.10: *Implementierung des Rabin-Karp-Algorithmus*

In Zeile 2 wird mittels der map-Funktion der Hashwert jedes in Ms gespeicherten Musters berechnet und in einer Menge $hashs$ gespeichert; die Verwendung eines set-Objektes macht hier insbesondere aus Performance-Gründen Sinn, da so unter Anderem der Test auf Enthaltensein (der ja innerhalb der **while**-Schleife in Zeile 11 wiederholt durchgeführt werden muss) laufzeitoptimiert ist. Anfangs wird in Zeile 4 der Hashwert der ersten l Zeichen des Textes T berechnet. Jeder **while**-Schleifendurchlauf schiebt dann das „Fenster" der zu hashenden Zeichen in T um eine Position nach rechts. In Zeile 9 wird hierfür der Hashwert gemäß Formel (7.4) angepasst. Immer dann, wenn der Hashwert h des „Fensters" in der Menge $hashs$ zu finden ist, ist es wahrscheinlich – jedoch keineswegs sicher –, dass eines der Muster gefunden wurde; um sicher zu gehen, dass sich an dieser Stelle auch tatsächlich eines der Muster befindet, muss der ungehashte Text mit den Mustern abgeglichen werden; dies geschieht in den Zeilen 7 und 12.

Wurden die Basis B und das Modul M geschickt gewählt, so sollte es sehr selten vorkommen, dass „h in $hashs$" jedoch nicht „$T[i:i+l]$ in Ms" gilt. Somit kann man davon ausgehen, dass die Laufzeit des Rabin-Karp-Algorithmus in $O(n)$ liegt.

7.6   Der Shift-Or-Algorithmus

Der erst 1992 beschriebene Shift-Or-Algorithmus [17] nutzt Bitoperationen und arbeitet entsprechend äußerst effizient. Eine Variante dieses Stringmatching-Algorithmus verwendet das Unixtool grep.

Der Shift-Or-Algorithmus simuliert einen nichtdeterministischen endlichen Automaten (NEA) . Im Gegensatz zum deterministischen endlichen Automaten (DEA), der für jedes Eingabezeichen immer eindeutig einen Zustandsübergang wählt, also jeder Zustand genau $|A|$ Ausgangskanten – eine für jedes Zeichen des Alphabets – besitzen muss, gibt es solche Beschränkungen bei NEAs nicht. Beispielsweise erkennt folgender NEA Vorkommen des Wortes ananas:

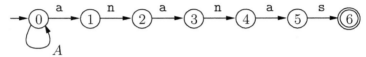

Der Nichtdeterminismus dieses Automaten zeigt sich beispielsweise dann, wenn er sich in Zustand „0" befindet und das Eingabezeichen „a" liest; dann gibt es nämlich zwei mögliche Zustandsübergänge: Er kann entweder über die mit „a" beschriftete Kante in Zustand „1" wechseln oder er kann über die mit „A" beschriftete Kante[2] im Zustand „0" verbleiben. Man sagt, ein NEA akzeptiert ein bestimmtes Wort w, wenn der Endzustand durch Lesen der Buchstaben in w erreichbar ist.

Aufgabe 7.15

Erstellen Sie einen *deterministischen* endlichen Automaten, der Vorkommen des Wortes ananas erkennt.

Enthält der nichtdeterministische Automat m Zustände, so wird die Menge der nach Lesen der ersten j Zeichen des Textes (also nach Lesen von $T[\,:j]$) erreichbaren Zustände in einem m-Bit-breiten Datenwort Z kodiert. Hierbei enthält das von rechts gesehen i-te Bit von Z genau dann eine Eins, wenn Zustand $i \in \{0, \ldots, m-1\}$ des NEA durch Lesen von $T[\,:j]$ erreichbar ist. Wird ein Zustand Z erreicht, dessen Bit an Position „Null" gesetzt ist (d. h. $Z = 1\, z_1\, z_2 \cdots z_{m-1}$), dann ist der Endzustand $m-1$ erreichbar, und es wurde an der momentanen Textposition ein Vorkommen des Wortes erkannt.

Wie genau wird nun die Funktionsweise des NEA simuliert? Hierfür assoziieren wir mit jedem Buchstaben $x \in A$ des Alphabets A einen sog. charakteristischen Vektor $b[x]$, der folgendermaßen definiert ist:

$$b[x]_i = \begin{cases} 1, & \text{falls } M[-i] == x \\ 0, & sonst \end{cases}$$

---

[2]Kanten können auch mit Zeichen-Mengen beschriftet sein; eine solche Kante kann immer dann gegangen werden, wenn eines der in der Menge befindlichen Zeichen gelesen wurde.

Für das Muster **ananas** über dem Alphabet $A = \{\mathtt{a}, \ldots, \mathtt{z}\}$ hätten die charakteristischen Vektoren die folgende Form:

$$
\begin{aligned}
b[\mathtt{a}] &= 0\,1\,0\,1\,0\,1 \\
b[\mathtt{n}] &= 0\,0\,1\,0\,1\,0 \\
b[\mathtt{s}] &= 1\,0\,0\,0\,0\,0 \\
b[x] &= 0\,0\,0\,0\,0\,0 \text{ für } x \in A \setminus \{\mathtt{a}, \mathtt{n}, \mathtt{s}\}
\end{aligned}
$$

Der Shift-Or-Algorithmus speichert die charakteristischen Vektoren – ebenso wie die Zustände – in einem Datenwort der Breite m.

Der Algorithmus beginnt in Zustand „$0\,0\,0\,0\,0\,0$", initialisiert die Variable Z also mit dem Wert „0". Befindet sich der Algorithmus nach Lesen der ersten j Zeichen des Textes T in Zustand Z und liest er anschließend das Zeichen $T[j]$, so erhält man den neuen Zustand dadurch, indem man die folgenden bit-basierten Operationen ausführt:

1. Die Bits des alten Zustands werden um eine Position nach links verschoben – dies entspricht beim NFA dem Weitrücken um (jeweils) einen Zustand im Skelettautomaten. Zusätzlich wird das rechteste Bit auf Eins gesetzt – dies entspricht dem Weiterrücken des Zustands „0" in den Zustand „1".

2. Dieses Weiterrücken ist jedoch nur dann „erlaubt", wenn das Zeichen, mit dem der Zustandsübergang markiert ist, gelesen wurde. Daher erfolgt eine bitweise UND-Verknüpfung der verschobenen Bits mit dem charakteristischen Vektor $b[T[j]]$ des aktuellen Zeichens $T[j]$. Nur dann nämlich, wenn die passenden Zustandsübergänge mit dem Zeichen $T[j]$ markiert sind, können die Zustände eine Position weitergerückt werden.

Betrachten wir zur Illustration die folgende Beispielsituation: Wir nehmen an, dass durch den bisher gelesenen Text im NEA die Zustände „1", „3" und „5" erreichbar wären und als Nächstes das Zeichen „n" gelesen wird – diese Situation ist in Abbildung 7.6(a) dargestellt. Der entsprechende Kreuzproduktautomat des obigen Beispiel-NEA hat insgesamt 2^m Zustände, die mit Teilmengen der Zustände des NEA markiert sind. Dieser Kreuzproduktautomat würde sich in eben beschriebener Beispielsituation in Zustand „$\{1, 3, 5\}$" befinden; dies würde im Falle des Shift-Or-Algorithmus dem Zustand $Z = 0\,1\,0\,1\,0\,1$ (bzw. in Dezimalschreibweise $Z = 21$) entsprechen – also das von rechts gesehen erste, dritte und fünfte Bit des Zustands wären gesetzt; durch Lesen des Zeichens „n" gelangt der Kreuzproduktautomat in Zustand „$\{2, 4\}$" – der entsprechende Ausschnitt des Kreuzproduktautomaten ist in Abbildung 7.6(b) dargestellt. Abbildung 7.6(c) zeigt das Weiterrücken der Zustände auf Bitebene (durch Anwendung der Operation „$\ll 1\,|\,1$") und das anschließende Ausfiltern derjenigen Übergänge, die durch Lesen des Zeichens „n" erlaubt sind; dies geschieht durch die bitweise UND-Verknüpfung mit dem charakteristischen Vektor $b[\mathtt{n}]$).

Abbildung 7.7 zeigt einen Beispiellauf des Shift-Or-Algorithmus, der zeigt, wie das Muster „**ananas**" im Text „**anananas**" gesucht wird. Es ist für jeden Leseschritt immer das Ergebnis der „$\ll 1\,|\,1$"-Operation, der charakteristische Vektor des gelesenen Zeichens und deren bitweise UND-Verknüpfung dargestellt, woraus sich der nächste Zustand ergibt.

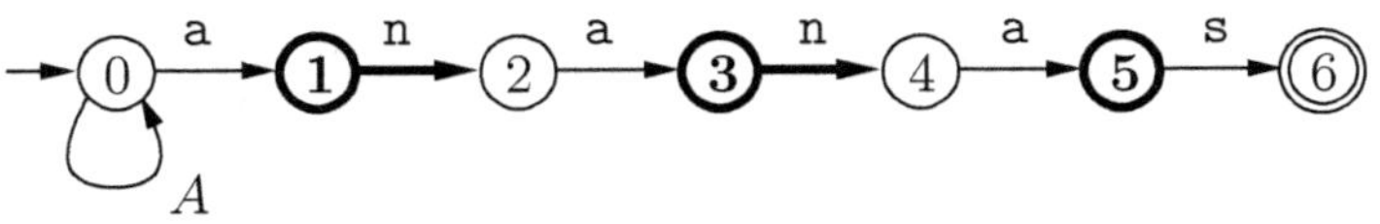

(a) Beispiel-Situation während eines Durchlaufs des NEA.

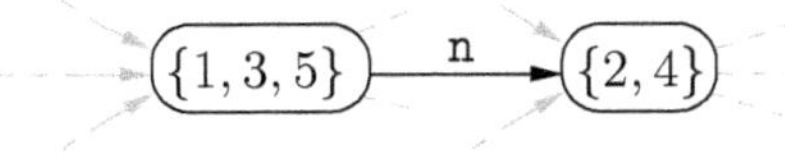

(b) Beispiel-Situation während des Durchlaufs des entsprechenden Kreuzproduktautomaten.

$$
010101 \xrightarrow{\;\ll 1\,|\,1\;} 101011 \longrightarrow \begin{array}{l} Z : 1\,0\,1\,0\,1\,1 \\ b[\mathbf{n}] : 0\,0\,1\,0\,1\,0 \;\&\; \\ \hline \phantom{b[\mathbf{n}] :\;} 0\,0\,1\,0\,1\,0 \end{array}
$$

(c) Entsprechende Bit-basierte Operationen um vom alten Zustand „$\{1,3,5\}$" nach Lesen des Eingabe-zeichens „n" zum neuen Zustand „$\{2,4\}$" zu kommen. Im ersten Schritt werden die Bits um eine Position nac links verschoben und durch die Oder-Operation das rechteste Bit gesetzt. Im zweiten Schritt erfolgt eine bitweise UND-Verknüpfung mit dem charakteristischen Vektor des gelesenen Zeichens „n".

Abb. 7.6: *Darstellung der folgenden Beispielsituation: Nach dem Lesen des bisherigen Einga-betextes sind die Zustände „1", „3" und „5" des NEA erreichbar und das Zeichen „n" wurde gelesen. Abbildung 7.6(a) stellt dies am NEA direkt dar, Abbildung 7.6(b) stellt dies am ent-sprechenden Kreuzproduktautomaten dar und Abbildung 7.6(c) zeigt die entsprechenden Bit-Operationen des Shift-Or-Algorithmus.*

Aufgabe 7.16

Konstruieren sie sich den (Teil-)Kreuzproduktautomat, der für den in Abbildung 7.7 gezeigten Lauf des NEA relevant ist.

7.6.1   Implementierung

Listing 7.11 zeigt eine Implementierung des Shift-Or-Algorithmus. Zwischen Zeile 3 und Zeile 6 werden die charakteristischen Vektoren in Form eines *dict*-Objektes b berechnet. In Zeile 4 werden zunächst alle Einträge von b mit 0 initialisiert. Dann wird das Muster M einmal durchlaufen und für jedes Zeichen c des Musters wird im charakteristischen Vektor $b[c]$ das Bit an der entsprechenden Position gesetzt – dies geschieht in Zeile 6.

Ab Zeile 8 erfolgt die Simulation des NEA: Zunächst wird der Anfangszustand Z auf „0" gesetzt; der Endzustand des simulierten NEA wird in der Variablen *endZst* gespeichert. Die **for**-Schleife ab Zeile 9 durchläuft nun den zu durchsuchenden Text T zeichenweise und führt bei jedem Durchlauf die im letzten Abschnitt beschriebenen Operationen durch. In Zeile 12 wird durch bitweise UND-Verknüpfung mit *endZst* geprüft, ob der Endzustand erreichbar ist. Ist dies der Fall, so wird der entsprechende Index – hier $i - len(M) + 1$ – der Ergebnisliste *matches* angefügt.

Der Algorithmus hat offensichtlich eine Laufzeit von $O(n)$.

$$000000 \xrightarrow{\;a\;} \frac{\begin{array}{l}\ll 1\,|\,1\ \ 000001\\ b[a]\quad 010101\end{array}}{000001} \xrightarrow{\;n\;} \frac{\begin{array}{l}\ll 1\,|\,1\ \ 000011\\ b[n]\quad 001010\end{array}}{000010} \xrightarrow{\;a\;} \frac{\begin{array}{l}\ll 1\,|\,1\ \ 000101\\ b[a]\quad 010101\end{array}}{000101} \xrightarrow{\;n\;}$$

$$\frac{\begin{array}{l}\ll 1\,|\,1\ \ 001011\\ b[n]\quad 001010\end{array}}{001010} \xrightarrow{\;a\;} \frac{\begin{array}{l}\ll 1\,|\,1\ \ 010101\\ b[a]\quad 010101\end{array}}{010101} \xrightarrow{\;n\;} \frac{\begin{array}{l}\ll 1\,|\,1\ \ 101011\\ b[n]\quad 001010\end{array}}{001010} \xrightarrow{\;a\;}$$

$$\frac{\begin{array}{l}\ll 1\,|\,1\ \ 010101\\ b[a]\quad 010101\end{array}}{010101} \xrightarrow{\;s\;} \frac{\begin{array}{l}\ll 1\,|\,1\ \ 101011\\ b[s]\quad 100000\end{array}}{100000}$$

Abb. 7.7: *Erkennen des Musters „ananas" im Text „anananas" durch Ausführung der Bit-operationen des Shift-Or-Algorithmus. Das Muster ist immer dann erkannt, wenn – in diesem Fall – das sechste Bit von rechts gesetzt wurde, wenn also der Zustand „6" des entsprechenden NEA erreichbar ist.*

```
 1  def shiftOr(M,T):
 2      # Berechnung der charakteristischen Vektoren
 3      b={}
 4      for i in range(256): b[chr(i)]=0
 5      for i,c in enumerate(M):
 6          b[c] = b[c] | 1≪i
 7      # Simulation des NEA
 8      Z=0 ; endZst = 1≪(len(M)-1) ; matches = []
 9      for i,c in enumerate(T):
10          Z = Z≪1 | 1
11          Z = Z & b[c]
12          if Z & endZst: matches.append(i-len(M)+1)
13      return matches
```

Listing 7.11: *Implementierung des Shift-Or-Algorithmus*

Aufgabe 7.17

Führen Sie einen direkten Performance-Vergleich der bisher vorgestellten String-Algorithmen durch.

- Der Vergleich sollte mit einem relativ kurzen Muster (10 Zeichen) und einem relativ langen Muster (50 Zeichen) auf einer relativ kleinen Datenmenge (1000 Zeichen) und einer relativ großen Datenmenge (ca. 1 Million Zeichen) durchgeführt werden.

- Der Vergleich sollte mit dem naiven String-Matching-Algorithmus, dem Knuth-Morris-Pratt-Algorithmus, dem Boyer-Moore-Algorithmus, dem Rabin-Karp-Algorithmus und dem Shift-Or-Algorithmus durchgeführt werden.

8 Schwere Probleme und Heuristiken

8.1 Das Travelling-Salesman-Problem

Ein für viele logistische Anwendungen relevantes Problem ist das Problem des Handlungsreisenden, auch in der deutschsprachigen Literatur oft als das *Travelling-Salesman-Problem* (kurz: TSP) bezeichnet. Gegeben ist eine Menge von Städten und Abständen zwischen den Städten, modelliert in der Regel als kantengewichteter Graph. Gesucht ist die kürzeste Rundtour, die jede Stadt genau einmal besucht. Abbildung 8.1 zeigt eine kürzeste Tour durch die 20 größten deutschen Städte.

Das TSP ist ein NP-vollständiges Problem. Man kann also davon ausgehen, dass es keinen effizienten Algorithmus zur Lösung des TSP gibt, d. h. keinen Algorithmus mit polynomieller Laufzeit. Schon für eine Problemgröße von $n = 50$ Städten wäre der für die in Abbildung 8.1 gezeigte Lösung verwendete Algorithmus nicht mehr geeignet eine Lösung innerhalb einer vernünftigen Zeitspanne (etwa zu Lebzeiten der Leser) zu berechnen – siehe hierzu auch Aufgabe 8.4.

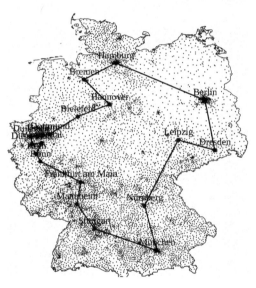

Abb. 8.1: *Eine Lösung des Travelling-Salesman-Problems für die 20 größten Städte Deutschlands. Die Länge dieser Tour beträgt 2430 km. Diese Lösung wurde mit dem in Listing 8.2 gezeigten Code berechnet.*

8.1.1 Lösung durch Ausprobieren

Die einfachste, aber auch denkbar langsamste Möglichkeit, das TSP zu lösen, besteht darin, alle möglichen Touren, d. h. alle Permutationen der Knotenmenge V, durchzuprobieren und die minimale Tour zurückzuliefern. Eine solche auch oft als *Brute-Force* bezeichnete Lösung zeigt Listing 8.1.

```
1  def TSPBruteForce(graph):
2      nodeList = graph.V()[1:]
3      return min([graph.pathVal(perm + [perm[0]]) for perm in perms(nodeList)])
```

Listing 8.1: *Implementierung des brute-force-Algorithmus, der alle möglichen Touren durchprobiert.*

Die Funktion *perms(xs)*, wie in Listing B.1 auf Seite 318 gezeigt, liefert eine Liste aller Permutationen der Liste *xs* zurück. Die Methode *pathVal* der Klasse *Graph* (siehe Aufgabe 5.2 auf Seite 151) berechnet den Wert bzw. die Länge eines als Knotenliste übergebenen Pfades. Der Ausdruck *perm+perm*[0] erzeugt aus der Knotenpermutation *perm* eine Rundtour.

8.1.2   Lösung durch Dynamische Programmierung

Für das Travelling-Salesman-Problem gilt das sog. *(Bellmannsche) Optimalitätsprinzip*: Eine optimale Lösung setzt sich aus „kleineren" optimalen Lösungen zusammen. Probleme, für die dieses Optimalitätsprinzip gilt, können durch *Dynamische Programmierung* gelöst werden. In gewissem Sinne muss man ein Problem, das über Dynamische Programmierung gelöst werden soll, genau invers durchdenken als wenn es über Rekursion gelöst werden soll: Während man bei einer rekursiven Implementierung Lösungen gedanklich top-down konstruiert, geht man bei einer Lösung über Dynamische Programmierung bottom-up vor. Man berechnet zunächst die Lösungen der „kleinen" Teilprobleme und speichert diese Zwischenergebnisse in einer Tabelle. Bei der Berechnung der größeren Teilprobleme (insbesondere des Gesamtproblems) greift man auf die in der Tabelle gespeicherten Werte zurück.

Im Falle des Travelling-Salesman-Problems gilt, dass sich die kürzeste Rundtour über die Knoten aus der Menge S zusammensetzt aus einem Startknoten j und einer um eins kleineren kürzesten Rundtour über alle Knoten aus S, ausgenommen dem Knoten j. Nennen wir $T(i, S)$ den Wert der kürzesten Tour, startend bei Knoten i, die alle Knoten aus S genau einmal besucht und schließlich bei Knoten 1 endet; dann gilt also, dass

$$T(i, S) = \min_{j \in S} \left(w(i, j) + T(j, S \setminus \{j\}) \right) \qquad (8.1)$$

Modellieren wir die „Tabelle" T als Python-Dictionary und nehmen an, dass der Graph als Python-Objekt *graph* gegeben sei, so lässt sich dies analog in Python folgendermaßen formulieren:

$$T[(i,S)] = min(graph.w(i,j) + T[(j, diff(S, [j]))]) \text{ for } j \text{ in } S) \qquad (8.2)$$

Der Wert $T(1, \{2, \ldots n\})$ ist der gesuchte Wert der kürzesten Rundtour.

Formel (8.2) ließe sich zwar direkt in einer rekursiven Implementierung umsetzen, diese ist aber in diesem Fall ineffizient, da eine sehr große Zahl rekursiver Aufrufe entstehen würde[1]. Hier ist also eine Implementierung über Dynamische Programmierung sinnvoll.

---

[1]Genauer: es wären $|S| - 1$ rekursive Aufrufe notwendig, um die Instanz $T(i,S)$ zu berechnen. Schon der Vergleich mit der rekursiven Implementierung von Quicksort, die bei jeder Instanz höchstens 2 rekursive Aufrufe benötigt, zeigt, dass die $|S| - 1$ Aufrufe sehr „viel" ist.

Aufgabe 8.1

Geben Sie eine direkt rekursive Implementierung einer Lösung des Travelling-Salesman-Problems in Python an, basierend auf Formel (8.2).

Listing 8.2 zeigt die Verwendung Dynamischer Programmierung bei der Lösung des Travelling-Salesman-Problems.

```
1  def tsp(graph):
2    n = graph.numNodes
3    T = {}
4    for i in range(1,n+1): T[(i,())] = graph.w(i,1)
5    for k in range(1,n-1):
6      for S in choice(range(2,n+1),k):
7        S = tuple(S)    # Listen nicht hashbar ⇒ umwandeln in Tupel
8        for i in diff(range(2,n+1),S):   # for i ∈ S̄
9          T[(i,S)]= min( graph.w(i,j) + T[(j,diff(S,[j]))] ) for j in S )
10   S = tuple(range(2,n+1))
11   return min( graph.w(1,j) + T[(j,diff(S,[j]))] ) for j in range(2,n+1) )
```

Listing 8.2: Implementierung eines Algorithmus, basierend auf Dynamischer Programmierung, zur Lösung des Travelling-Salesman-Problems

Diese Implementierung verwendet ein Dictionary T, um die schon berechneten kürzeren optimalen Touren zu speichern. Die Schlüssel sind hierbei Tupel (i,S) bestehend aus einem Startknoten i und einer Knotenmenge S, die als Tupel repräsentiert ist (in Python ist es nicht möglich, Listen als Schlüsselwerte zu verwenden); $T[(i,S)]$ sollte also immer die kürzeste Rundtour durch Knoten aus S, beginnend bei i, und endend bei Knoten 1 enthalten. In Zeile 4 werden zunächst die „einfachsten" Einträge in T erzeugt, die nämlich, für die $S = \emptyset$ gilt.

Das in Zeile 6 verwendete $choice(range(2,n+1),k)$ liefert die Liste aller k-elementigen Teilmengen (jeweils repräsentiert als Python-Listen) der Menge $\{2,\ldots,n\}$ (ebenfalls repräsentiert als Python-Liste) zurück. Eine Implementierung von $choice$ – eingebettet in eine kurze Einführung in Binomialkoeffizienten und kombinatorische Grundlagen – findet sich in Listing B.2.

Zunächst berechnet der Algorithmus die Einträge $T(i,S)$ für alle „kleinen" Teilmengen von $\{2,\ldots,n\}$ – also zunächst für alle 1-elementigen Teilmengen (Schleifendurchlauf für $k = 1$ der in Zeile 5 beginnenden **for**-Schleife), dann für alle 2-elementigen (Schleifendurchlauf für $k = 2$), usw. Die eigentliche Berechnung von $T(i,S)$ erfolgt nach Formel (8.2) – Zeile 9 in Listing 8.2 entspricht genau Formel (8.2). Wurden, nach Beendigung der in Zeile 5 beginnenden **for**-Schleife, die Werte $T(i,S)$ aller Touren für alle $S \subseteq \{2,\ldots,n\}$ (und alle $i \in \bar{S}$) berechnet, so kann schließlich der Wert der minimalen Rundtour $T(1,\{2,\ldots,n\})$ in Zeile 11 berechnet werden – dies geschieht wiederum gemäß Formel (8.2).

Aufgabe 8.2

Modifizieren Sie den in Listing 8.2 gezeigten Algorithmus so, dass er – zusätzlich zur Länge der kürzesten Route – die kürzeste Route selbst als Liste von zu besuchenden Knoten zurückliefert.

8.1.3   Laufzeit

Es gibt 2^{n-1} Teilmengen der Menge $\{2, \ldots, n\}$. Für jede dieser Teilmengen S und für jedes $i \in \overline{S}$ muss eine Minimums-Bestimmung durchgeführt werden, die $|S|$ Schritte benötigt. Die Teilmengen S und ebenso deren inverse Mengen $\overline{S}$ haben im Mittel eine Größe von $n/2$ – entsprechend dem Median der Binomialverteilung. Für jede Teilmenge müssen also im Mittel $n/2$ (durchschnittlicher Wert von $|\overline{S}|$) Minimumsbestimmungen durchgeführt werden. Jede Minimumsbestimmung ihrerseits benötigt im Mittel $n/2$ (durchschnittlicher Wert von $|S|$) Schritte um die $|S|$ Schritte miteinander zu vergleichen. Ingesamt benötigt die auf Dynamischer Programmierung beruhende Implementierung tsp also

$$(n/2)^2 \cdot 2^{n-1} = O(n^2 2^n)$$

Schritte.

Aufgabe 8.3

Vergleichen Sie die Implementierung in Listing 8.1, die eine Lösung des TSP-Problems durch Ausprobieren aller Möglichkeiten berechnet, mit der Implementierung aus Listing 8.2, die Dynamische Programmierung verwendet.

(a) Zur Berechnung der in Abbildung 8.1 gezeigten Lösung, die kürzeste Rundtour durch die 20 größten Städte Deutschlands zu finden, hat der tsp-Algorithmus aus Listing 8.2 auf dem Rechner des Autors etwa 4 Minuten benötigt. Schätzen Sie ab, wie lange der Algorithmus aus Listing 8.1 zur Berechnung dieser Lösung benötigen würde.

(b) Wie viel mal mehr Schritte benötigt der Algorithmus aus Listing 8.1 wie der auf Dynamsicher Programmierung basierende Algorithmus um eine Rundreise durch n Städte zu berechnen?

Aufgabe 8.4

Schätzen Sie ab, wie lange der in Listing 8.2 gezeigte, auf Dynamische Programmierung beruhende Algorithmus benötigen würde, um die kürzeste Rundtour über 30, 40, 50 und 60 Städte zu berechnen.

Gehen Sie wiederum davon aus, dass der in Listing 8.2 gezeigte Algorithmus zur Berechnung einer kürzesten Tour durch 20 Städte etwa 4 Minuten benötigt.

8.2 Heuristiken für das Travelling-Salesman-Problem

Als „Heuristik" bezeichnet man eine Strategie, um eine „gute" – jedoch i. A. keine optimale – Lösung eines i. A. schweren Problems in relativ kurzer Zeit zu finden. Hierbei werden spezielle Eigenschaften der Problemstellung ausgenutzt. Aufgrund der NP-Vollständigkeit des Travelling-Salesman-Problems hat man zur Berechnung von Rundtouren über mehr als 30 Städte eigentlich keine andere Wahl als Heuristiken zu verwenden und sich mit einer evtl. nicht-optimalen Lösung zufrieden zu geben – siehe Aufgabe 8.4.

Wir präsentieren im Folgenden mehrere Heuristiken zur Lösung des Travelling-Salesman-Problems, die in allgemeinerer Form auch zur Lösung anderer schwerer Probleme verwendet werden können.

8.3 Greedy-Heuristiken

Mit dem Dijkstra-Algorithmus (siehe Listing 5.5 auf Seite 163) und dem Kruskal-Algorithmus (siehe 5.7 auf Seite 172) haben wir schon zwei sog. Greedy-Algorithmen kennengelernt, die in jedem Schritt einfach die momentan am besten erscheinende Erweiterung zur Lösung wählen. Im Falle des Dijkstra- und Kruskal-Algorithmus gelangt man über diese Greedy-Strategie tatsächlich zur optimalen Lösung.

Dies funktioniert für das Travelling-Salesman-Problem nicht: Eine Greedy-Strategie führt hier i. A. *nicht* zu einer optimalen Lösung – jedoch in vielen Fällen zu einer Lösung die für viele Anwendungen genügend nahe am Optimum liegt. Für das Travelling-Salesman-Problem sind mehrere Greedy-Heuristiken denkbar.

8.3.1 Nearest-Neighbor-Heuristik

Die vielleicht einfachste Möglichkeit besteht darin, von der Stadt aus, in der man sich aktuell befindet, immer die dazu nächstliegende noch nicht besuchte Stadt zu wählen. Diese Heuristik liefert jedoch nur mäßig gute Werte: Verhältnismäßig gute Verbindungen werden relativ früh (aufgrund noch besserer Verbindungen) ausgeblendet; Folge ist, dass gegen Ende einer Nearest-Neighbor-Tour oft sehr lange Wegstrecken in Kauf genommen werden müssen. Im Falle eines nicht vollständigen Graphen (d. h. eines Graphen, bei dem nicht alle Städte miteinander verbunden sind) kann diese Heuristik gar in eine Sackgasse führen.

Die Laufzeit der Nearest-Neighbor-Heuristik beträgt $O(n^2)$ (n Minimumsfindungen aus durchschnittlich $n/2$ Elementen).

Aufgabe 8.5

Implementieren Sie die Nearest-Neighbor-Heuristik für das Travelling-Salesman-Problem und testen Sie diese durch Berechnung der kürzesten Tour durch die ...

(a) ...größten 20 deutschen Städte.

(b) ...größten 40 deutschen Städte.

Hinweis: Die einfachste Möglichkeit, sich einen Graphen zu erzeugen, der die 20 bzw. 40 größten deutschen Städte enthält, besteht in der Verwendung des Python-Moduls *pygeodb*. Mittels *pygeodb. distance* erhält man etwa den Abstandswert zweier Städte.

8.3.2   Nearest-, Farthest-, Random-Insertion

Eine in vielen Fällen etwas bessere Strategie liefert die folgende Greedy-Heuristik: Man beginnt mit einer sehr kurzen (z. B. zwei Städte umfassenden) Tour und man fügt sukzessive weitere Knoten zu der bestehenden Tour möglichst gut ein. Es gibt nun mehrere Möglichkeiten, nach welchen Kriterien der nächste einzufügende Knoten ausgewählt werden kann:

- „Nearest Insertion": Als nächtes wird derjenige Knoten zur bestehenden Tour hinzugefügt, der zur momentanen Tour den geringsten Abstand hat.

- "Farthest Insertion": Als nächtes wird derjenige Knoten zur bestehenden Tour hinzugefügt, der zur momentanen Tour den größten Abstand hat.

- "Random Insertion": Als nächtes wird zufällig ein noch nicht in der Tour befindlicher Knoten zur Tour hinzugfügt.

Die Abbildungen 8.2 und 8.3 zeigen jeweils Momentaufnahmen bei dem Aufbau einer Tour nach der Nearest- bzw. Farthest-Insertion-Heuristik.

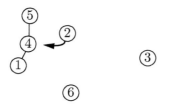

Abb. 8.2: Momentaufnahme beim Aufbau einer Tour mittels der Nearest-Insertion-Heuristik.

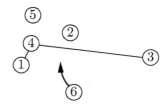

Abb. 8.3: Momentaufnahme beim Aufbau einer Tour mittels der Farthest-Insertion-Heuristik.

Tatsächlich liefert schon die Random-Insertion-Heuristik sehr gute Ergebnisse – insbesondere bessere als die Nearest-Insertion-Heuristik. Das folgende Listing zeigt eine Implementierung der Random-Insertion-Heuristik:

```
1  from random import choice
2  def tspRandomInsertion(graph):
3      n = graph.numNodes
4      (w,a,b) = min([(graph.w(i,j), i, j)
5                        for i in range(1,n+1) for j in range(1,n+1) if i≠j])
6      tour = [a,b]
7      while len(tour)<n:
8          v = choice([i for i in range(1,n+1) if i not in tour])
9          pos = min([ (graph.w(tour[i],v) + graph.w(v,tour[i+1]) −graph.w(tour[i],tour[i+1]), i)
10                         for i in range(0,len(tour)−1)  ])[1]
11         tour.insert(pos+1,v)
12     tour = tour + [tour[0]]     # Rundtour daraus machen
13     return pathVal(graph,tour), tour
```

Listing 8.3: Implementierung der Random-Insertion-Heuristik

Die Listenkomprehension in den Zeilen 4 und 5 bestimmt die beiden Knoten mit der kürzesten Verbindung im Graphen. Wir beginnen mit einer aus diesen beiden Knoten bestehenden Tour $[a,b]$. In der in Zeile 7 beginnenden **while**-Schleife werden nun sukzessive Knoten zur Tour hinzugefügt, bis schließlich eine komplette Rundtour entsteht. Die Listenkomprehension in Zeile 8 erzeugt alle Knoten, die sich noch nicht in der bisherigen Tour befinden und daraus wird mittels der Funktion *choice* zufällig ein Knoten ausgewählt. In den Zeilen 9 und 10 wird die optimale Einfügeposition in die bestehende Tour bestimmt. Man fügt einfach an derjenigen Position ein, die die bestehende Tour am geringsten vergrößert; man wählt also diejenige Position i der Tour *tour*, die den Ausdruck

$$w(tour_i, v) + w(v, tour_{i+1}) - w(tour_i, tour_{i+1})$$

minimiert. Die Listenkomprehension in den Zeilen 9 und 10 generiert hierzu eine Liste von Tupeln, deren erste Komponente jeweils die zu minimierende Tourvergrößerung ist – die Miniumsbildung läuft auch über diese erste Komponente – und deren zweite Komponente jeweils die Einfügeposition ist. Über die Indizierung $min(\dots)[1]$ erhalten wir schließlich die zweite Komponente des optimalen Tupels – die optimale Einfügeposition also.

Die Laufzeit des in Listing 8.3 gezeigten Algorithmus ist $O(n^2)$: Es gibt $n-2$ **while**-Schleifendurchläufe und in jedem Schleifendurchlauf muss die (vorläufige) Tour zur Bestimmung der optimalen Einfügeposition durchlaufen werden; deren Länge der vorläufigen Tour ist im i-ten Schleifendurchlauf genau i. Insgesamt sind dies also

$$\sum_{i=0}^{n-2} i = \frac{(n-1)\cdot(n-2)}{2} = O(n^2)$$

Schritte.

Aufgabe 8.6

Implementieren Sie die Nearest-Insertion-Heuristik zum Finden einer möglichst optimalen Lösung des Travelling-Salesman-Problems.

Aufgabe 8.7

Implementieren Sie die Farthest-Insertion-Heuristik zum Finden einer möglichst optimalen Lösung des Travelling-Salesman-Problems.

Aufgabe 8.8

Vergleichen Sie die Güte der gefundenen Lösungen durch die in Listing 8.3 gezeigte Implementierung der Random-Insertion mit den durch ...

- ... Nearest-Insertion

- ... Farthest-Insertion

... gefundenen Lösungen.

Bei der Lösung der vorangegangenen drei Aufgaben konnte man sehen, dass die Nearest-Insertion-Heuristik deutlich schlechtere Ergebnisse liefert als die Farthest-Insertion-Heuristik. Der Grund dafür ist, dass bei der Nearest-Insertion-Heuristik gegen Ende des Algorithmus, wenn nur noch wenige weit entfernte Knoten übrig bleiben, sehr lange Wege entstehen können.

8.3.3   Tourverschmelzung

Eine sich in der Praxis gut bewährende Heuristik ist die der *Tourverschmelzung*: Man wählt zunächst einen beliebigen Startknoten v und generiert $n-1$ Stichtouren zu den verbleibenden $n-1$ Knoten. In jedem Schritt werden zwei der vorhandenen Stichtouren verschmolzen (siehe Abbildung 8.4), und zwar immer so, dass die sich daraus ergebende Kostenersparnis maximal ist. Aus einem Graphen $G = (V, E)$ werden also zwei Touren $tour_i$ (mit Knoten $x \in tour_i$, $\{v, x\} \in E$) und $tour_j$ (mit $u \in tour_j$ und $\{v, u\} \in E$) so gewählt, dass der Ausdruck

$$w(v, u) + w(v, x) - w(u, x) \tag{8.3}$$

maximiert wird.

Folgendes Listing 8.4 implementiert die Tourenverschmelzung: In Zeile 7 wird zunächst mittels *choice* ein Knoten v zufällig aus der Knotenmenge ausgewählt. In Zeile 8 wird der Anfangszustand hergestellt, bestehend aus einer Liste von $n-1$ einelementigen Touren. In jedem Durchlauf der **while**-Schleife ab Zeile 9 werden zwei Touren $t1$ und $t2$ verschmolzen, indem eine Verbindung zwischen Knoten u und Knoten x eingefügt wird,

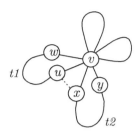

Abb. 8.4: *Sukzessive Verschmelzung von Touren. Die zwei zu verschmelzenden Touren t1 und t2 werden so gewählt, dass die aus der Verschmelzung entstehende Kostenersparnis maximal ist.*

```
1  from random import choice
2  def tspMelt(graph):
3     def melt(t1, t2):
4        return [(graph.w(v,u) + graph.w(v,x) − graph.w(u,x), u==t1[C], t1, x==t2[0], t2)
5                    for u in [t1[0], t1[−1]] for x in [t2[0], t2[−1]]]
6     n = graph.numNodes
7     v = choice(graph.V())
8     tours = [[i] for i in range(1, n+1) if i≠v]
9     while len(tours)>1:
10       (fst_u, t1, fst_x, t2) = max([m for t1 in tours for t2 in tours if t1≠t2
11                                        for m in melt(t1,t2)])[−4:]
12       t1[:] = (t1[:: −1] if fst_u else t1) + \
13               (t2 if fst_x else t2[:: −1])
14       tours.remove(t2)
15    return [v] + tours[0] + [v]
```

Listing 8.4: *Implementierung der Tourverschmelzung.*

und dafür die beiden Kanten $\{v, u\}$ und $\{v, x\}$ gelöscht werden. Über die Listenkomprehension in den Zeilen 10 und 11 werden die beiden Touren so ausgesucht, dass die Einsparung gemäß Gleichung (8.3) maximiert wird. Die Listenkomprehension erstellt eine Liste aller Verschmelzungen von Touren $t1, t2 \in$ *tours*. Was eine „Verschmelzung" ist, wird durch die ab Zeile 3 definierte lokale Funktion *melt* bestimmt: Nämlich die Liste aller möglichen Verbindungen (davon gibt es 4: Der erste/der letzte Knoten von *t1* kombiniert mit dem ersten/letzten Knoten von *t2*) der beiden Touren. Jede der 4 Kombinationen ist ein 5-Tupel: Die erste Komponente ist die Einsparung, die sich aus der Kombination ergibt. Da die spätere Maximumsbildung sich an der Einsparung orientiert, ist es wichtig, dass dieser Wert an der ersten Stelle steht. Die zweite Komponente gibt an, ob u der erste Knoten aus *t1* ist, die dritte Komponente ist die Tour *t1* selbst, die vierte Komponente gibt an, ob x der erste Knoten aus *t2* ist und die letzte Komponente ist die Tour *t2*. Die Maximumsbildung in Zeile 10 liefert das 5-Tupel mit der maximalen Einsparung und die Indizierung [−4:] selektiert die letzten 4 Komponenten dieses 5-Tupels.

In den Zeilen 12 und 13 wird schließlich die Tour *t1* um die Tour *t2* erweitert. Wie dies zu geschehen hat, hängt davon ab, ob sich u, bzw. x, am Anfang oder am Ende der jeweiligen Tour befinden. Schließlich wird in Zeile 14 die Tour *t2* aus *tours* gelöscht. Bleibt schließlich nur noch eine Tour in *tours* übrig, so wird diese eine Tour zusammen mit dem Knoten v als Start- und Endknoten als Rückgabewert von *tspMelt* zurückgeliefert.

Die Laufzeit dieser Implementierung ist $O(n^3)$: Es gibt $n-2$ **while**-Schleifendurchläufe. In jedem Durchlauf werden alle Kombinationen zweier Touren – das sind jeweils $len(tours)^2 - len(tours)$ viele – in Betracht gezogen und die günstigste dieser Kombinationen ausgewählt. Die Laufzeit von *melt* ist eine Konstante, also in $O(1)$. Insgesamt ergibt sich damit als Laufzeit

$$\sum_{i=n-2}^{1} i^2 - i = O(n^3)$$

.

Aufgabe 8.9

Was die Laufzeit betrifft, kann die in Listing 8.4 gezeigte Implementierung der Tourverschmelzung verbessert werden. Anstatt die optimalen Verschmelzungs-Knoten jedesmal neu zu berechnen – wie in den Zeilen 9 und 10 in Listing 8.4 – kann man sich jeweils die optimalen Nachbarn der Anfangs- und Endknoten einer Teiltour merken und – nach einer Verschmelzung – gegebenenfalls anpassen.

Entwerfen Sie eine entsprechend optimierte Version der in Listing 8.4 gezeigten Implementierung und analysieren Sie, welche Laufzeit der Algoritmus nach diese Optimierung hat.

8.4   Lokale Verbesserung

Die Heuristik „lokale Verbesserung" nimmt eine durch eine andere Heuristik vorgeschlagene Lösung als Ausgangspunkt und nimmt auf dieser (mehr oder weniger gezielte) Veränderungen vor; in diesem Zusammenhang werden diese Veränderungen meist als *Mutationen* bezeichnet. Eine die aktuelle Tour verbessernde Mutation – falls es überhaupt eine solche geben sollte – wird als Ausgangspunkt für die nächste Iteration genommen, usw. Dies wird solange fortgesetzt, bis keine verbessernde Mutation mehr gefunden werden kann. Man beachte, dass im Allgemeinen durch eine lokale Verbesserungsstrategie *nicht* das globale Optimum, sondern lediglich ein *lokales* Optimum erreicht wird.

Für die Lösung des Travelling-Salesman-Problems hat sich in der Praxis das sog. 2-Opt-Verfahren bzw. das allgemeinere k-Opt-Verfahren als praktikabel erwiesen.

8.4.1   Die 2-Opt-Heuristik

Die 2-Opt-Heuristik löscht in einer vorhandenen Tour zwei Kanten und verbindet die dabei frei gewordenen vier Knoten über Kreuz; Abbildung 8.5 zeigt dies graphisch.

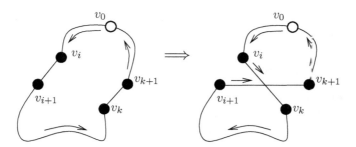

Abb. 8.5: *Eine durch die 2-Opt-Heuristik durchgeführte Mutation einer Tour $(v_0, v_1, \ldots, v_n, v_0)$. Zwei Tourkanten (v_i, v_{i+1}) und (v_k, v_{k+1}) werden gelöscht und stattdessen die Kanten (v_i, v_k) und (v_{i+1}, v_{k+1}) in die Tour eingefügt; sollte dies eine Verbesserung (bzw. die größte Verbesserung) gegenüber der ursprünglichen Variante ergeben, so wird diese Mutation als Ausgangspunkt für weitere Mutationen verwendet.*

Listing 8.5 zeigt eine Python-Implementierung der 2-Opt-Strategie. Man beachte, dass die Funktion *tsp2Opt* neben dem zugrundeliegenden Graphen einen Algorithmus *heuristik* übergeben bekommt. Die durch diesen Algorithmus berechnete Tour dient (siehe Zeile 3 in Listing 8.5) als Ausgangspunkt für die Durchführung der 2-Opt-Heuristik.

```
1  def tsp2Opt(graph, heuristik):
2      n = graph.numNodes
3      tour = heuristik(graph)
4      while True:
5          (opt, i, k) = max( [(graph.w(tour[i], tour[i+1]) + graph.w(tour[k], tour[k+1]) -
6                      graph.w(tour[i], tour[k]) - graph.w(tour[i+1], tour[k+1]), i, k)
7                      for i in range(n) for k in range(i+2, n) ])
8          if opt ≤ 0: return tour
9          else:       tour = tour[:i+1] + tour[k:i:-1] + tour[k+1:]
```

Listing 8.5: Implementierung der 2-Opt-Strategie

Die Listenkomprehension in den Zeilen 5 bis 7 ermittelt die Mutation der Tour, die sich am ehesten lohnt. Es werden also die beiden Tourkanten (v_i, v_{i+1}) und (v_k, v_{k+1}) mit $i, k \in range(0, n)$ und $i \leq k - 2$ ausgewählt, für die die Kostenersparnis

$$w(v_i, v_{i+1}) + w(v_k, v_{k+1}) - w(v_i, v_k) - w(v_{i+1}, v_{k+1})$$

maximal ist. Sollte durch Mutation keine Kostenersparnis mehr möglich sein, d. h. sollte die maximal mögliche Kostenersparnis *opt* kleiner Null sein (dies wird in Zeile 8 geprüft), so wird die 2-Opt-Strategie abgebrochen und die aktuelle Tour zurückgeliefert. Andernfalls wird in Zeile 9 die Mutation durchgeführt. Hierbei muss – das ist in Abbildung 8.5 schön zu sehen – die bisherige Tour bis zu Knoten i übernommen werden (was genau dem Ausdruck $tour[:i+1]$ entspricht), daran Knoten k bis Knoten $i-1$ in umgekehrter Reihenfolge angefügt werden (was genau dem Ausdruck $tour[k:i:\texttt{-1}]$ entspricht) und schließlich alle Knoten ab k ans Ende gehängt werden (was genau dem Ausdruck $tour[k+1:]$ entspricht).

8.4.2   Die 2.5-Opt-Heuristik

Die 2.5-Opt-Heuristik löscht drei Tourkanten, von denen zwei benachbart sind. Dadurch entsteht, wie in Abbildung 8.6 veranschaulicht, (jeweils) eine mögliche Neuverbindung einer so zerfallenen Tour. Die 2.5-Opt-Heuristik prüft, ob es eine Neuverbindung dieser Art gibt, mit der eine bestehende Tour verkürzt werden kann.

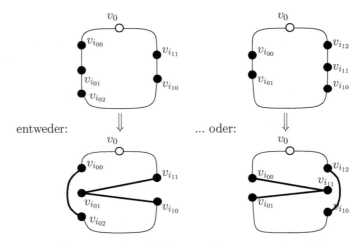

Abb. 8.6: *Die 2.5-Opt-Heuristik erlaubt jeweils genau eine Mutation einer Tour* $(v_0, v_1, \ldots, v_n, v_0)$, *die durch Entfernung von 3 Kanten (davon zwei benachbarten) Kanten entsteht.*

Die in Listing 8.6 implementierte Funktion $crossTour2\_5$ erzeugt die in Abbildung 8.6 gezeigte Neuverbindung einer Tour $tour$. Der Parameter i spezifiziert die Kanten, die in der Tour zu entfernen sind. Der in der linken Hälfte von Abbildung 8.6 gezeigten Situation würde der Parameter $i = ((i_{00}, i_{01}, i_{02}), (i_{10}, i_{11}))$ entsprechen, wobei $i_{01} = i_{00} + 1$, $i_{02} = i_{00} + 2$ und $i_{11} = i_{10} + 1$. Der in der rechten Hälfte von Abbildung 8.6 gezeigten Situation würde der Parameter $i = ((i_{00}, i_{01}), (i_{10}, i_{11}, i_{12}))$ entsprechen, wobei $i_{01} = i_{00} + 1$, $i_{11} = i_{10} + 1$ und $i_{12} = i_{10} + 2$.

```
1  def crossTour2_5(tour,i):
2    if len( i[0])==3:
3      return tour[:i[0][0]+1] + tour[i[0][2]:i[1][0]+1] +\
```

```
4        [tour[i[0][1]]]    + tour[i[1][1]:]
5    else:
6        return tour[:i[0][0]+1]       + [tour[i[1][1]]] + \
7                tour[i[0][1]:i[1][0]+1] + tour[i[1][2]:]
```

Listing 8.6: *Erzeugung einer Neuverbindung einer durch Löschung von drei (wobei zwei davon benachbart sind) Kanten zerfallenen Tour.*

Mit Hilfe dieser Funktion erfolgt dann die Implementierung der 2.5-Opt-Heursitik so wie in folgendem Listing 8.7 gezeigt:

```
1    def tsp2_5Opt(graph,tour):
2        crTrs = map(lambda i: crossTour2_5(tour,i) ,all2_5Cuts(len(tour)))
3        return min( [(pathVal(graph,c),c) for c in crTrs])
```

Listing 8.7: *Implementierung der 2.5-Opt-Heuristik.*

Zeile 2 wendet die in Listing 8.6 gezeigte Funktion $crossTour2\_5$ auf *jede* mögliche durch Entfernung von drei Kanten (zwei davon benachbart) zerfallene Tour an. Die Funktion $all2\_5Cuts(n)$ erzeugt die Spezifikationen aller möglichen Löschungen dreier Kanten aus einer Tour der Länge n. In Zeile 3 wird dann diejenige Neuverbindung mit minimalem Gewicht zurückgeliefert.

Aufgabe 8.10

Implementieren Sie die Funktion $all2\_5Cuts(n)$, die alle Spezifikationen aller möglichen Löschungen dreier Kanten erzeugt. Beispiel-Anwendungen:

```
>>> all2_5Cuts(10)
>>> [ ((0,1),(3,4,5)),    ((0,1),(4,5,6)),    ... ,    ((5,6,7),(8,9)) ]
```

Aufgabe 8.11

(a) Verwenden Sie statt der *map*-Funktion in Zeile 2 in Listing 8.7 eine Listenkomprehension.

(b) Schreiben Sie die in Listing 8.7 gezeigte Funktion $tsp2\_5Opt$ so um, dass der Funktionskörper lediglich aus einem **return**-Statement besteht.

Aufgabe 8.12

Implementieren Sie die 2.5-Opt-Heuristik performanter: Überprüfen Sie dazu nicht jedesmal die Länge der gesamten Tour (die durch Neuverbindung entsteht), sondern vergleichen Sie immer nur die Längen der durch Neuverbindung neu hinzugekommenen Kanten mit den Längen der gelöschten Kanten – analog wie in Listing 8.5 realisiert.

8.4.3   Die 3-Opt- und k-Opt-Heuristik

Die k-Opt-Heuristik entfernt k disjunkte Kanten (d. h Kanten ohne gemeinsame Knoten) aus der Tour und versucht die frei gewordenen Knoten so zu verbinden, dass die entstehende Kostenersparnis maximiert wird. Dabei muss man darauf achten, dass durch ungeschicktes Wiederverbinden die ursprüngliche Tour nicht in mehrere Einzeltouren zerfällt. Abbildung 8.7 zeigt alle Möglichkeiten, eine durch Löschung von drei disjunkten

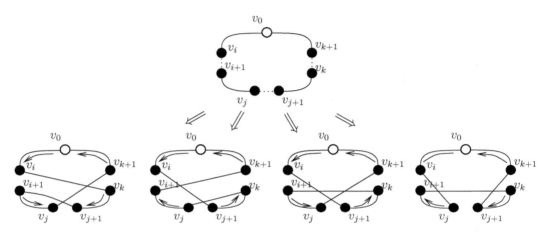

Abb. 8.7: *Es gibt vier Möglichkeiten eine durch Löschung von drei disjunkten Tourkanten zerfallene Tour neu zu verbinden – bzw. sogar acht Möglichkeiten, wenn man ursprüngliche Kanten als Neuverbindungen zulässt, d h. Kanten der Form (v_m, v_{m+1}), $m \in \{i, j, k\}$ zulässt.*

Tourkanten zerfallene Tour neu zu verbinden; aus dieser Menge von Neuverbindungen würde man im Laufe einer 3-Opt-Heuristik versuchen, eine verbessernde Neuverbindung auszuwählen.

Aufgabe 8.13

Implementieren Sie die 3-Opt-Heuristik in Python und vergleichen Sie die Güte der berechneten Touren mit denen der 2-Opt-Heuristik.

Wir wollen einen Algorithmus präsentieren, der *alle* möglichen Neuverbindungen einer durch Löschung von k Kanten zerfallenen Tour erzeugt und kümmern uns zunächst darum, wie eine „aufgeschnittene" Tour repräsentiert werden kann. Abbildung 8.8 zeigt eine Möglichkeit der Repräsentation, die sich in der Implementierung (siehe Listing 8.8) als günstig erweist: die Repräsentation erfolgt als Liste der entfernten Tourkanten – genauer: durch die Liste der Indizes der Tourknoten zwischen denen Kanten entfernt wurden. Abbildung 8.9 zeigt, wie man nach Einziehen einer neuen Tourkante diese Repräsentation anpassen muss: durch Verschmelzung zweier Tupel.

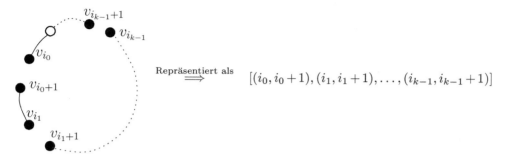

Abb. 8.8: *Eine an k Kanten aufgeschnittene Tour $(v_0, v_1, \ldots, v_n, v_0)$. Wir werden eine auf-geschnittene Tour durch die Liste der fehlenden Tourkanten repräsentieren. Hierbei ist eine Tourkante jeweils durch ein Tupel der beiden Indizes der Knoten repräsentiert, die diese Kante verbindet. Diese Darstellung ist auch für die spätere Implementierung (siehe Listing 8.8) günstig.*

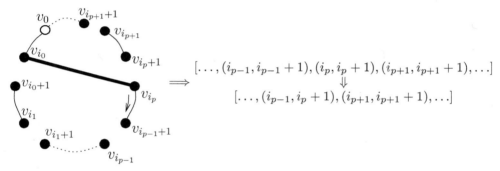

Abb. 8.9: *Die Verwendung der neuen Tourkante (v_0, v_p) zieht in der Repräsentation der feh-lenden Tourkanten eine Verschmelzung der Tupel $(i_{p-1}, i_{p-1}+1)$ und (i_p, i_p+1) zum neuen Tupel (i_{p-1}, i_p+1) nach sich.*

Aufgabe 8.14

Wie viele Möglichkeiten gibt es eine durch Löschung von k Kanten zerfallene Tour wieder neu zu verbinden? Geben Sie eine entsprechende von k abhängige Formel an.

Wir wollen zunächst eine Python-Funktion schreiben, die die Liste aller möglichen Neu-verbindungen einer durch Löschung von k (mit $k = len(i)$) Kanten zerfallenen Tour erzeugt. Die in Listing 8.8 implementierte Funktion *allCrosses* liefert die Liste aller möglichen Neuverbindungen einer an den durch den Parameter i spezifizierten Stellen aufgeschnittenen Tour. Die Liste i repräsentiert die Stellen an der die Tour aufgeschnitten ist – und zwar genau so, wie in den Abbildungen 8.8 und 8.9 erläutert; wir gehen also davon aus, dass i eine Liste von Tupeln ist. Eine der (insgesamt 48) Kreuztouren einer Tour, die an den Tourknoten mit Index 10, 20, 50 und 70 aufgeschnitten ist, erhal-ten wir beispielsweise durch den unten dargestellten Ausdruck (der einfach das zehnte

```
1  def allCrosses(i):
2    if len(i)==1: return [[]]
3    ts = []
4    for p in range(1,len(i)):
5      if p>0:
6        # Rückwärts-Teiltour
7        ts += [[(i[p][0],i[p-1][1])] + x
8              for x in allCrosses( i[:p-1] + [(i[p-1][0],i[p][1])] + i[p+1:] )]
9      if p<len(i)-1:
10       # Vorwärts-Teiltour
11       ts += [[(i[p][1],i[p+1][0])] + x
12             for x in allCrosses( i[:p] + [(i[p][0],i[p+1][1])] + i[p+2:] )]
13   return ts
```

Listing 8.8: *Funktion, die die Liste aller möglichen Neuverbindungen einer an den durch die Tupel-Liste i spezifizierten Stellen aufgeschnittenen Tour zurückliefert.*

Element, der durch *allCrosses* erzeugten Kreuztourenliste zurückliefert); die Abbildung rechts daneben stellt diese Kreuztour graphisch dar.

```
>>> allCrosses([ (10,11), (20,21), (50,51), (70,71)])[10]
>>> [(20, 11), (50, 21), (51, 70)]
```

Die in Listing 8.8 gezeigte Implementierung erfolgt rekursiv mit Rekursionsabbruch in Zeile 2. Wir gehen davon aus, dass es für eine Tour, der nur eine Kante fehlt, keine neuen Überkreuztouren gibt. Falls i mindestens zwei Tupel enthält, sammeln wir in der Liste *ts* alle Überkreuztouren systematisch auf. Nehmen wir an, die Tour wäre an k Kanten aufgeschnitten und i hätte folglich die Form $[(i_0, i_0 + 1), \ldots, (i_{p-1}, i_{p-1} + 1), (i_p, i_p + 1), (i_{p+1}, i_{p+1} + 1), \ldots, (i_{k-1}, i_{k-1} + 1)]$; siehe Abbildung 8.9 für eine graphische Veranschaulichung. Es gibt – ausgehend von dem Knoten bei dem wir uns aktuell befinden (der aufgrund vorheriger Tupel-Verschmelzungen in i nicht mehr auftaucht) – $2k - 2$ mögliche Knoten zu denen wir eine neue „Kreuz"-Kante ziehen können, nämlich $i_0 + 1$, i_1, $\ldots$ und i_{k-1}. Die Knoten i_0 und $i_{k-1} + 1$ kommen für Neuverbindungen nicht in Frage – eine „Kreuz"-Kante zu diesen Knoten würde bedeuten, die Tour in mehrere Teiltouren zerfallen zu lassen. Die beiden **if**-Anweisungen in den Zeilen 5 und 9 stellen sicher, dass diese beiden Knoten bei dieser Auswahl nicht gewählt werden.

Für jeden dieser $2k - 2$ Knoten erfolgt in einer Listenkomprehension ein rekursiver Aufruf an *allCrosses*. Wir erläutern den ersten Fall (die „Rückwärts-Teiltour" in den Zeilen 7 und 8) – die Erläuterungen der „Vorwärts-Teiltour" gehen analog. Dieser Fall entspricht der in Abbildung 8.9 graphisch dargestellten Situation. Die neu eingezogene

Kante geht also zu Knoten mit Tourindex i_p. Von da aus werden die Knoten (relativ zur ursprünglichen Richtung) *rückwärts* bis zum Tourknoten mit Tourindex $i_{p-1} + 1$ durchlaufen – daher sprechen wir auch von einer „Rückwarts-Teiltour". Die Variable x durchläuft in Zeile 8 rekursiv alle Kreuztouren. Der Parameter

$$i\,[\,:p-1\,] \;+\; [\,(\,i\,[p-1\,]\,[0\,], i\,[p\,]\,[1\,])\,] \;+\; i\,[p+1\,:]$$

des rekursiven Aufrufs von *allCrosses* in Zeile 8 repräsentiert die verbleibenden fehlenden Kanten. Diese verbleibenden fehlenden Kanten erhält man durch Verschmelzung zweier Tupel aus i – und zwar genau, wie in Abbildung 8.9 dargestellt.

Abbildung 8.10 veranschaulicht diesen sukzessiven Tupel-Verschmelzungsprozess während des Einziehens neuer Kanten am Beispiel der Wiederverbindung einer durch Löschung von 5 Kanten zerfallenen Tour.

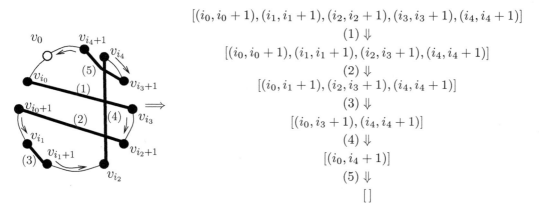

$$[(i_0, i_0 + 1), (i_1, i_1 + 1), (i_2, i_2 + 1), (i_3, i_3 + 1), (i_4, i_4 + 1)]$$
$$(1) \Downarrow$$
$$[(i_0, i_0 + 1), (i_1, i_1 + 1), (i_2, i_3 + 1), (i_4, i_4 + 1)]$$
$$(2) \Downarrow$$
$$[(i_0, i_1 + 1), (i_2, i_3 + 1), (i_4, i_4 + 1)]$$
$$(3) \Downarrow$$
$$[(i_0, i_3 + 1), (i_4, i_4 + 1)]$$
$$(4) \Downarrow$$
$$[(i_0, i_4 + 1)]$$
$$(5) \Downarrow$$
$$[\,]$$

Abb. 8.10: *Jede neu eingezogene Tourkante in einer aufgeschnittenen Tour bewirkt in der Repräsentation der Menge der fehlenden Kanten die Verschmelzung zweier Tupel in ein neues Tupel. In Listing 8.8 geschieht diese Verschmelzung zweier Tupel jeweils in den Zeilen 5, 9, und 13 im Argument des rekursiven Aufrufs von allCrosses.*

Aufgabe 8.15

Vor allem wenn k relativ groß ist (etwa $k > 5$), ist es nicht immer sinnvoll sich systematisch alle Kreuztouren generieren zu lassen; in diesen Fällen tut man besser daran, sich zufällig *eine* der vielen möglichen Kreuztouren auszuwählen. Implementieren Sie eine entsprechende Python-Funktion *randCross*, die – genau wie die Funktion *allCrosses* aus Listing 8.8 – eine Liste der fehlenden Tourkanten als Argument übergeben bekommt und eine zufällig ausgewählte Kreuz-Tour zurückliefert.

Man beachte, dass die Funktion *allCrosses* aus Listing 8.8 unabhängig von einer konkreten Tour ist. Zurückgeliefert werden lediglich Tour*positionen* an denen Kreuzkanten eingefügt werden. Mit Hilfe der in Listing 8.9 gezeigten Funktion *allCrossTours* wird aus den durch *allCrosses* erzeugten Löschpositionen eine konkrete Tour neu verbunden.

```
1  def allCrossTours(tour, i):
2    tours = []
3    for cross in allCrosses(i):
4      t = []
5      for (i0, i1) in cross:
6        t += tour[i0:i1+1] if i0<i1 else tour[i0:i1-1:-1]
7      tours.append(t)
8    return [tour[:i[0][0]+1] + t + tour[i[-1][1]+1:] for t in tours]
```

Listing 8.9: *Die Funktion crossTour wendet die durch allCrosses erzeugten Positionen der Neuverbindungen auf eine bestimmte Tour an.*

Entscheidend ist die Zeile 6: Hier wird auf Basis der in *cross* enthaltenen Tupel die Tour neu verbunden. Ist $i0 < i1$, so entsteht die Vorwärts-Teiltour $tour[i0:i1+1]$, andernfalls entsteht die Rückwärts-Teiltour $tour[i0:i1-1:-1]$. Schließlich werden in Zeile 8 noch an jede so entstandene Tour das Anfangsstück $tour[:i[0][0]+1]$ und Endstück $tour[i[-1][1]:]$ angehängt.

Aufgabe 8.16

Implementieren Sie die k-Opt-Heuristik folgendermaßen:

(a) Schreiben Sie zunächst eine Funktion $randCut(n,k)$, die aus einer Tour mit n Knoten zufällig k disjunkte Kanten auswählt und die Anfangsknoten dieser Kanten zurückliefert.

>>> randCut(100,5)
>>> [16, 30, 73, 84, 99]

(b) Schreiben Sie eine Funktion $kOpt(graph,k,m)$, die die kOpt-Heuristik implementiert. Für $j = k, k-1, \ldots, 2$ werden jeweils n-mal zufällig j zu löschende Kanten gewählt; aus dieser entsprechend zerfallenen Tour wird die kürzeste Kreuztour gewählt.

Aufgabe 8.17

Wir wollen eine Variante der kOpt-Heuristik implementieren, die gewährleistet, dass *alle* Kreuztouren, *aller* möglichen Schnitte mit in Betracht gezogen werden.

(a) Implementieren Sie eine Funktion $allCuts(n,k)$, die die Liste aller möglichen Löschungen von k Kanten aus einer Tour mit n Knoten erzeugt.

(b) Implementieren Sie eine Funktion $kOptAll(graph,k)$, die die k-Opt-Heuristik implementiert und hierbei tatsächlich alle Möglichkeiten durchspielt.

8.5 Ein Genetischer Algorithmus

Ein genetischer Algorithmus nimmt sich den Evolutionsprozess der Natur als Vorbild. Er besteht aus mehreren *Runden* ($\hat{=}$ *Generationen*); in jeder Runde erzeugt ein genetischer Algorithmus eine ganze Menge von möglichen Lösungen ($\hat{=}$ die *Population* bzw. der *Genpool*), bzw. Teillösungen. Um von Runde i nach Runde $i+1$ zu gelangen, werden die möglichen Lösungen aus Runde i gekreuzt und anschließend nach bestimmten Optimalitätskriterien selektiert; die daraus entstehenden modifizierten Lösungen bilden die Lösungen der Runde $i+1$. Die entscheidende Operation ist die *Kreuzung* (engl.: *Cross-Over*) zweier Lösungen. Im Allgemeinen erfolgt eine Kreuzung zweier Lösungen l und l' so, dass die erste Hälfte der einen Lösung mit der zweiten Hälfte der anderen Lösung kombiniert wird. In vielen Fällen (nicht jedoch beim Travelling-Salesman-Problem) besteht diese Kombination einfach in der Konkatenation[2] der beiden Lösungshälften – in Python darstellbar durch den Konkatenations-Operation „+". Die beiden Lösungskandidaten für die nächste Runde hätten dann die Form

$$l_{neu} = l\,[0:n/2] + l'\,[n/2:n] \quad ; \quad l'_{neu} = l'\,[0:n/2] + l\,[n/2:n] \tag{8.4}$$

Eine sinnvolle Wahl der Populationsgröße, d. h. der Anzahl der Lösungen in einer Runde, die Selektionskriterien und vor allem die genaue Ausgestaltung des Cross-Overs zweier Lösungen zu einer neuen Lösung, hängt sehr stark von dem konkreten Problem ab. Im Falle des Travelling-Salesman-Problems sind zwei sinnvolle Cross-Over-Techniken der Knoten-Cross-Over und der Kanten-Cross-Over.

8.5.1 Knoten-Cross-Over

Leider kann man die Knoten zweier Touren nicht ganz so einfach kreuzen, wie in Gleichung (8.4) dargestellt – diese einfache Art des Cross-Over würde doppelte oder fehlende Knoten in der entstehenden Tour nach sich ziehen. Man kann dies jedoch einfach verhindern, wenn man beim Anfügen der zweiten Hälfte der zweiten Tour schon vorhandene Knoten überspringt und am Ende alle übriggebliebenen Knoten anfügt. Abbildung 8.11 zeigt diese Art des Cross-Overs an einem Beispiel.

Dies implementiert die Funktion *nodeCrossOver*:

```
1  def nodeCrossOver(tour1,tour2):
2      n = len(tour1)
3      return tour1[:n/2] + \
4          [v for v in tour2[n/2:] if v not in tour1[:n/2]] + \
5          [v for v in tour1[n/2:] if v not in tour2[n/2:]]
```

Listing 8.10: Implementierung des Knoten-Cross-Over

8.5.2 Kanten-Cross-Over

Eine meist bessere Möglichkeit besteht darin, die Kanten der beiden zu kreuzenden Touren in einem neuen Graphen G' zusammenzufassen und dann über einen Random-

---

[2]Konkatenation = Aneinanderhängen, Verketten

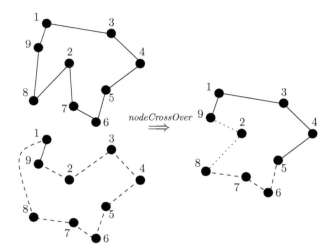

Abb. 8.11: *Knoten-Cross-Over zweier Touren: Die Knoten samt deren Verbindungen (durchgehende Linien) der oben im Bild dargestellten Tour werden übernommen; anschließend werden die fehlenden Knoten samt deren Verbindungen (gestrichelte Linien) der zweiten Hälfe der unten im Bild dargestellten Tour so weit wie möglich übernommen. Ab Knoten „8" ist dies nicht mehr möglich, denn dessen Tournachfolger, Knoten „2" wurde schon besucht.*

Walk oder eine andere Heuristik eine Rundtour in diesem Graphen G' zu erzeugen. Abbildung 8.12 veranschaulicht diese Möglichkeit anhand eines Beispiels.

Listing 8.11 zeigt eine Implementierung des Kanten-Cross-Over.

```
1  def edgeCrossOver(graph, tour1,tour2):
2      n = len(tour1) -1
3      G = graphs.Graph(n)
4      for i in range(n-1):
5          for tour in (tour1,tour2):
6              G.addEdge(tour[i],tour[i+1], graph.w(tour[i],tour[i+1]))
7          for tour in (tour1,tour2):
8              G.addEdge(tour[n-1],tour[0], graph.w(tour[n-1], tour[0]))
9      return randomWalk(G,1)
```

Listing 8.11: *Implementierung des Kanten-Cross-Over*

Entscheidend sind die Zeilen 6 und 8: Hier werden (innerhalb der **for**-Schleifen) alle auf den beiden Touren *tour1* und *tour2* befindlichen Kanten in einem neuen Graphen G zusammengefasst. Zurückgegeben wird in Zeile 9 eine zufällige Tour durch den so entstandenen Graphen.

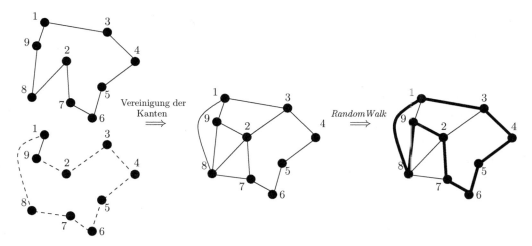

Abb. 8.12: *Kanten-Cross-Over zweier Touren: Die Kanten zweier Touren werden zu einem neuen Graphen vereint; anschließend wird auf dem so entstandenen Graphen ein Random-Walk durchgeführt.*

Aufgabe 8.18

Implementieren Sie die in Zeile 9 in Listing 8.11 verwendete Funktion *randomWalk* folgendermaßen: *randomWalk* soll mit vorhandenen Kanten versuchen eine zufällige Tour zu konstruieren. Sollte es nicht mehr „weitergehen", weil alle Nachbarn des aktuellen Knotens schon besucht wurden, dann sollte *randomWalk* zurücksetzen und bei einem vorherigen Knoten eine andere Alternative wählen (ein solches Zurücksetzen nennt man auch *Backtracking*).

8.5.3 Die Realisierung des genetischen Algorithmus

Die eigentliche Implementierung des genetischen Algorithmus kann wie in Listing 8.12 gezeigt erfolgen.

Durch den Parameter p kann die Populationsgröße spezifiziert werden; durch den Parameter g kann die Anzahl der Generationen festgelegt werden. In Zeile 2 wird auf Basis der Random-Insertion-Heuristik die erste Generation erzeugt, bestehend aus p unterschiedlichen Touren – es könnten selbstverständlich auch andere Heuristiken verwenden werden, um die initiale Population zu erzeugen, jedoch bietet sich die Random-Insertion-Heuristik dadurch an, dass sie in (nahezu) jedem Durchlauf eine andere Tour liefert. Wir gehen hier davon aus, dass *tspRandIns* immer ein Tupel bestehend aus der Tourlänge und der eigentlichen Tour zurückliefert.

Die **for**-Schleife ab Zeile 3 durchläuft die g Generationen. Wir lassen hier grundsätzlich das beste Drittel der letzten Generation überleben – dies ist jedoch eine mehr oder weniger willkürliche Festlegung mit der man experimentieren kann. Die **while**-Schleife ab Zeile 5 erzeugt dann die restlichen Individuen der neuen Population *newPop*.

```
1  def tspGen(graph, p, g):
2    pop = sorted([tspRandIns(graph) for _ in range(p)])
3    for i in range(g):
4      newPop = pop[:p/3]  # das beste Drittel überlebt
5      while len(newPop)<5*len(pop):
6        tours = random.sample(pop,2)
7        childTour = edgeCrossOver(graph, tours[0][1], tours[1][1])
8        newPop.append((pathVal(graph,childTour)/1000, childTour))
9      pop = sorted(newPop)[:p]
10   return pop
```

Listing 8.12: Realisierung des genetischen Algorithmus

Aufgabe 8.19

Der in Listing 8.12 gezeigte genetische Algorithmus für das Travelling-Salesman-Problem weist folgende Schwäche auf: Die Populationen tendieren dazu, über die Zeit (nach etwa 5 Generationen) genetisch zu verarmen – in diesem Fall heißt das: viele der erzeugten Individuen sind gleich.

(a) Passen Sie den Algorithmus so an, dass sichergestellt wird, dass eine Population keine identischen Individuen enthält.

(b) Man stellt jedoch schnell fest: Der Algorithmus „schafft" es nach einigen Generationen grundsätzlich nicht mehr, neuartige Individuen hervorzubringen. Passen Sie den Algorithmus so an, dass maximal 50-mal versucht wird ein neues Individuum hervorzubringen – danach wird einfach ein schon vorhandenes Individuum der Population hinzugefügt.

Aufgabe 8.20

Der Algorithmus in Listing 8.12 verwendet für zur Implementierung eines genetischen Algorithmus das Kanten-Cross-Over als Reproduktionsart. Implementieren Sie eine Variante, die stattdessen das Knoten-Cross-Over verwendet und vergleichen Sie die Qualitäten der Ergebnisse für die beiden Reproduktionstechniken.

8.6   Ein Ameisen-Algorithmus

Ähnlich, wie sich genetische Algorithmen ein Vorbild an der Funktionsweise natürlicher Prozesse nehmen, tun dies auch Ameisen-Algorithmen, die das Verhalten eines Schwarmes bei der Suche nach Lösungen simulieren – vorzugsweise für Lösungen von Problemen der kombinatorischen Optimierung. Die Heuristiken, die wir in diesem Abschnitt beschreiben, sind auch unter dem Namen „Ant Colony Optimization" (kurz: „ACO") bekannt.

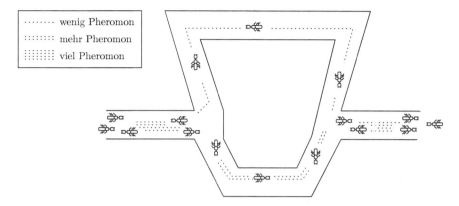

Abb. 8.13: *Je mehr Pheromon sich auf einem bestimmten Pfad befindet, desto größer ist die Wahrscheinlichkeit, dass die Ameisen den entsprechenden Pfad wählen. Da das Pheromon nach einer gewissen Zeit verdunstet, ist die Pheromonkonzentration auf dem längeren Pfad geringer als auf dem kürzeren; die Ameisen wählen also nach einer gewissen Zeit mit größerer Wahrscheinlichkeit den kürzeren Pfad.*

Auf der Wege-Suche nach Nahrung verhalten sich Ameisen in der folgenden Art und Weise: Die einzelnen Tiere (bei der Implementierung in eine Software-System auch gelegentlich als „Agenten" bezeichnet) suchen die Umgebung zunächst zufällig ab. Findet ein Tier eine Nahrungsquelle, so kehrt es zum Nest zurück und hinterlässt eine *Pheromonspur*[3]. Je größer die Pheromonkonzentration auf einem Pfad, desto größer ist die Wahrscheinlichkeit, dass eine bestimmte Ameise diesen Pfad wählt. Pheromone sind allerdings flüchtig und verdunsten nach einer gewissen Zeit. Je mehr Zeit eine bestimmte Ameise benötigt, um einen Pfad abzulaufen, desto mehr Zeit haben auch die hinterlassenen Pheromone um zu verdunsten. Dies ist genau der Grund, warum Ameisen in der Lage sind, kürzeste Wege zu finden. Abbildung 8.13 veranschaulicht diesen Sachverhalt.

Typisch für Schwärme (wie eben Ameisen, oder große Vogel- oder Insektenschwärme) ist die Beobachtung, dass das Verhalten des Schwarmes nicht durch einen Anführer oder durch hierarchische Beziehungen unter den einzelnen „Agenten" zustande kommt. Es gibt keine zentrale Abstimmung und jeder „Agent" in einem Schwarm folgt denselben einfachen Regeln. Ein solches *emergentes* (d.h. aus sich selbst heraus entstehendes) Verhalten bezeichnet man oft als *Schwarm-Intelligenz*. Es hat sich gezeigt, dass die Methoden der Schwarm-Intelligenz und insbesondere die simulierte Verhaltensweise von Ameisen, eine der effizientesten Methoden liefert, eine gute Lösung für das TSP zu finden.

Um ein lokales Optimum des Travelling-Salesman-Problems durch einen simulierten Ameisen-„Schwarm" zu suchen, muss der dem TSP-Problem zugrundeliegende Abstandsgraph wie folgt konservativ erweitert werden: Ein Kante (i, j) muss neben dem

---

[3]Als Pheromon bezeichnet man eine spezielle Art flüchtiger Dufthormone, die Insekten – speziell: Ameisen – zur Orientierung dienen.

Gewicht $w(i, j)$, das den Abstand der beiden Knoten i und j repräsentiert, noch ein weiteres Gewicht $p(i, j)$ haben. Der Wert $p(i, j)$ repräsentiert hierbei Menge an Pheromon, die sich auf der Kante (i, j) befindet.

8.6.1 Erster Ansatz

Jede Ameise durchläuft den Graphen komplett. Der jeweils nächste Knoten j von Knoten i aus wird gemäß einer bestimmten Wahrscheinlichkeit gewählt, die sich aus der Entfernung des nächsten Knotens und dem Pheromongehalt der entsprechenden Kante ergibt – je höher hierbei der Pheromongehalt $p(i, j)$ der Kante und je geringer der Abstand $w(i, j)$, desto wahrscheinlicher wird der Knoten j als nächster Knoten auf der Rundtour gewählt.

Übergangsregel. Nennen wir $\Pr_k(i, j)$ die Wahrscheinlichkeit, dass die auf Knoten i befindliche Ameise k als Nächstes den Knoten j wählt. Es erweist sich als günstig diese Wahrscheinlichkeit folgendermaßen festzulegen:

$$\Pr_k(i, j) = \begin{cases} \dfrac{p(i, j) \cdot \dfrac{1}{w(i, j)^\beta}}{\displaystyle\sum_{v \in \Gamma_k(i)} p(i, v) \cdot \dfrac{1}{w(i, v)^\beta}}, & \text{falls } j \in \Gamma_k(i) \\[1em] 0, & \text{sonst} \end{cases} \tag{8.5}$$

wobei $\Gamma_k(i)$ die Menge der Knoten bezeichnet, die von Ameise k von Knoten i aus erreichbar sind. Über den Parameter β kann man bestimmen, wie sich der Abstandswert w gegenüber der Pheromonmenge p bei der Bestimmung der Wahrscheinlichkeit $\Pr_k$ verhält: Je größer β gewählt wird, desto größer fällt die Pheromonmenge der Kante (i, j) in Gewicht und desto mehr wird der Abstandswert bei der Entscheidung darüber, welcher Knoten als Nächstes gewählt wird, ausgeblendet.

Um also zu berechnen, mit welcher Wahrscheinlichkeit die Kante (i, j) gewählt wird, wird das Verhältnis zwischen Länge und Pheromongehalt der Kante (i, j) durch die Summe der Verhältnisse aller von Knoten i aus erreichbaren Kanten geteilt.

Implementierung der Übergangsregel. Listing 8.13 zeigt den Python-Code zur Simulation einer Ameise. Im Gegensatz zu allen vorigen Anwendungen, müssen wir hier *zwei* Werte je Kante speichern: eine Entfernung und eine Pheromon-Konzentration. Der Einfachheit halber vermeiden wir Anpassungen an der in Abschnitt 5.1.2 beschriebenen *Graph*-Klasse, sondern gehen einfach davon aus, dass ein Gewicht *graph.w*(i, j) einer Kante (i, j) des betrachteten Graphen aus zwei Komponenten besteht: Die erste Komponente *graph.w*(i, j) $[0]$ speichert die Entfernung zwischen Knoten i und Knoten j, die zweite Komponenten *graph.w*(i, j) $[1]$ speichert den Pheromongehalt der Kante (i, j).

In Variable i ist immer der als Nächstes zu besuchende Knoten gespeichert. Diese wird zunächst in Zeile 4 zufällig gewählt. Die **while**-Schleife in Zeile 5 wird solange durchlaufen, bis alle Knoten des Graphen von der Ameise besucht wurden. Die Liste *tour* enthält die bisherige von der Ameise gelaufene Tour in Form eine Knotenliste. Die Knotenliste js enthält immer die noch zu besuchenden Knoten, entspricht also dem Ausdruck Γ_k in Formel (8.5). Die in Zeile 8 definierte Liste ps enthält die (noch nicht normierten) Übergangswahrscheinlichkeiten: $ps[k]$ enthält die relative Wahrscheinlichkeit, dass als Nächstes der Knoten $js[k]$ gewählt wird; dies entspricht genau dem Teilausdruck $p(i,j) \cdot \frac{1}{w(i,j)^\beta}$ aus Formel (8.5). Die Funktion $chooseIndex$ (siehe Aufgabe. 8.21) wählt auf Basis von ps per Zufallsentscheidung den nächsten Knoten aus, den die Ameise besucht.

```
1  def ant(graph):
2    def w(i,j): return graph.w(i,j)[0]
3    def p(i,j): return graph.w(i,j)[1]
4    tour = [] ; n = graph.numNodes ; i = randint(1,n)
5    while len(tour)<graph.numNodes-1:
6      tour.append(i)
7      js = [ j for j in range(1,n+1) if j not in tour ]   # Liste der verbleibenden Knoten
8      ps = [ p(i,j)*1./(w(i,j)**beta) for j in js ]        # Liste der Wahrscheinlichkeiten
9      i = js[chooseIndex(ps)]                              # Nächster Knoten
10   tour = tour + [tour[0]]                                # Rundtour!
11   return tour, pathVal(graph,tour)
```

Listing 8.13: Simulation einer Ameise

Aufgabe 8.21

Implementieren Sie die Funktion $chooseIndex$, die eine Liste von Zahlen $[x_1, \ldots x_n]$ übergeben bekommt und mit Wahrscheinlichkeit p_i die Zahl i zurückliefert, wobei

$$p_i = \frac{x_i}{\sum_{k=1}^{n} x_k}$$

Pheromon-Anpassung. Wurde der Graph von allen Ameisen vollständig durchlaufen, wird der Pheromongehalt folgendermaßen angepasst: Zum Einen verflüchtigt sich ein Teil des Pheromons; zum Anderen erhöht jede Ameise das Pheromon auf den von ihr verwendeten Kanten umgekehrt proportional zur Länge der von ihr gelaufenen Tour. Bei einer langen Tour wird das Pheromon also um einen geringen Betrag erhöht, während bei einer kurzen Tour das Pheromon um einen verhältnismäßig großen Betrag erhöht wird.

$$p(i,j) := (1 - \alpha) \cdot p(i,j) + \sum_{k=1}^{m} \Delta p_k(i,j) \tag{8.6}$$

wobei

$$\Delta p_k(i,j) = \begin{cases} \dfrac{1}{pathVal(tour_k)}, & \text{falls } (i,j) \in \ tour_k \\ 0, & \text{sonst} \end{cases}$$

Hierbei ist:

- $pathVal(t)$: die Länge der Tour t
- $tour_k$: die von Ameise k gegangene Tour
- m: die Anzahl der verwendeten Ameisen
- α: der Zerfallsparameter – je größer α, desto flüchtiger ist das modellierte Pheromon.

Implementierung der Pheromon-Anpassung. Wir teilen die Umsetzung von Formel (8.6) auf zwei Funktionen auf. Am Ende eines Zyklus, nachdem alle Ameisen über den Graphen gelaufen sind, lässt die in Listing 8.14 gezeigte Funktion *vapourize* Pheromon auf jeder Kante „verdunsten". Die Zuweisung in Zeile 5 entspricht hierbei dem ersten Summanden in Formel (8.6).

```
1  def vapourize(graph):
2    for i in range(1, graph.numNodes + 1):
3      for j in range(1, graph.numNodes + 1):
4        (w,p) = graph.w(i,j)
5        p_neu = (1. - alpha) * p
6        graph.addEdge(i,j,(w,p_neu))
```

Listing 8.14: Diese Funktion lässt einen durch α bestimmten Teil von Pheromon auf jeder Kante von „graph" verdunsten.

Die in Listing 8.15 gezeigte Funktion *adapt* setzt den zweiten Summanden aus Formel (8.6) um. Jede Ameise erhöht auf den Kanten „ihrer" Tour den Pheromonwert um den Kehrwert der Länge der Tour. In Zeile 5 in Listing 8.15 wird diese Anpassung berechnet.

```
1  def adapt(graph, tour, L_k):
2    L_kInv = 1. / L_k
3    for i in range(len(tour) - 1):
4      (w,p) = graph.w(tour[i], tour[i+1])
5      p_neu = p + L_kInv
6      graph.addEdge(tour[i], tour[i+1], (w,p_neu))
```

Listing 8.15: Diese Funktion erhöht Pheromon auf den Kanten einer Tour „tour" antiproportional zur Länge L_k dieser Tour.

Implementierung eines ACO-Zyklus. Als einen ACO-Zyklus bezeichnen wir einen kompletten Durchlauf aller Ameisen durch den Graphen zusammen mit der anschließenden Pheromon-Anpassung. Listing 8.16 zeigt die Implementierung eines ACO-Zyklus.

```
1  def acoCycle(graph):
2    tours = [ant(graph) for _ in range(M)]
3    vapourize(graph)
4    for (t, tl) in tours: adapt(graph, t, tl)
5    tours.sort(key=lambda x:x[1])
6    return tours[0][1]  # Länge der kürzesten Tour
```

Listing 8.16: Implementierung eines ACO-Zyklus: Alle M Ameisen durchlaufen den Graphen; anschließend werden die Pheromone auf den Kanten angepasst.

Zunächst werden in Zeile 2 die M Ameisen „losgeschickt" und die von ihnen gelaufenen Touren in der Liste *tours* aufgesammelt. Der Aufruf von *vapourize* in Zeile 3 lässt anschließend Pheromon verdampfen. In Zeile 4 werden die Pheromon-Werte auf allen Touren entsprechend dem zweiten Summanden aus Formel (8.6) erhöht. In Zeile 5 werden die Touren ihrer Länge nach sortiert, um schließlich die Länge der kürzesten Tour zurückzuliefern.

Aufgabe 8.22

In Zeile 5 in Listing 8.16 werden die Touren ihrer Länge nach sortiert, um schließlich die kürzeste Tour zurückzuliefern, die in diesem Zyklus von einer Ameise gelaufen wurde.

(a) Es gibt jedoch eine schnellere Methode – zumindest was die asymptotische Laufzeit betrifft – die kürzeste Tour zu erhalten. Welche?

(b) Implementieren Sie mit Hilfe dieser Methode eine schnellere Variante von *acoCylceH*.

(c) Führen mit Hilfe von Pythons *timeit*-Modul Laufzeitmessungen, um zu prüfen, ob *acoCycleH* tatsächlich performanter ist als *acoCylce*.

8.6.2 Verbesserte Umsetzung

Beim bisherigen Vorgehen durchläuft jede Ameise die Knoten des Graphen komplett; dann wird die Pheromonmenge auf allen Kanten aktualisiert und anschließend eine weitere Iteration durchgeführt, usw. Mit diesem Vorgehen kann man – bei Wahl geeigneter Parameter – zwar gute Touren finden, jedoch ist die Methode zu aufwändig, als dass sie auf große Probleme (mit mehr als 100 Knoten) angewendet werden könnte.

Wir stellen im Folgenden pragmatische Verbesserungen und Erweiterungen vor, mit denen auch größere TSP-Probleme in angemessener Zeit bearbeitet werden können.

Modifikation der Übergangsregel. Über eine Zufallszahl q_0 wird bestimmt, ob Formel (8.5) verwendet wird, oder ob einfach nicht-probabilistisch die „beste" (in Bezug auf Länge und Pheromongehalt) Kante gewählt wird. Für die Bestimmung des nächsten

Knotens j, ausgehend von einem Knoten i ergibt sich also für Ameise k die folgende neue Formel:

$$
j = \begin{cases} \max_{v \in \Gamma_k(i)} \left\{ \dfrac{p(i,v)}{w(i,v)^\beta} \right\}, \text{ falls } random() \le q_0 \\ \text{Bestimme } j \text{ aus } (8.5), \quad \text{sonst} \end{cases} \tag{8.7}
$$

wobei $random()$ eine Zufallszahl auf dem Interval $[0,1)$ ist.

Einführung einer lokalen Pheromon-Anpassung. Zusätzlich zur im nächsten Abschnitt beschriebenen (globalen) Pheromon-Anpassung, kommt nun noch eine lokale Pheromon-Anpassung: Von jeder Ameise wird auf den von ihr besuchten Kanten eine Pheromon-Anpassung folgendermaßen durchgeführt:

$$
p(i,j) = (1 - \rho) \cdot p(i,j) + \rho \cdot p_0 \tag{8.8}
$$

Hierbei ist:

- p_0 Eine Pheromon-Konstante. Ein möglicher einmalig berechneter Wert hierfür, der sich in Experimenten bewährt hat, ist:

$$
p_0 = \frac{1}{path\,Val(tour_{nn})}
$$

  wobei $tour_{nn}$ die durch die Nearest-Neighbor-Heuristik gefundene „optimale" Rundtour durch den Graphen ist.

- ρ Weiterer Zerfallsparameter

Implementierung der modifizierten Übergangsregel und lokalen Pheromon-Anpassung. Listing 8.17 zeigt den modifizierten Python-Code zur Simulation einer Ameise. Die Ameise gehorcht der in Formel (8.7) beschriebenen modifizierten Übergangsregel. Diese wird in den Zeilen 11 bis 15 umgesetzt. Zusätzlich wird auf jeder gegangenen Kante mittels der lokalen Funktion *adaptLocal* eine lokale Pheromon-Anpassung durchgeführt; dies geschieht zum Einen in Zeile 16 innerhalb der **while**-Schleife, und in Zeile 18 für die zuletzt einfügte Kante zurück zum Ausgangsknoten. Die ab Zeile 5 definierte Funktion *adaptLocal* realisiert genau die in Formel (8.8) beschriebene lokale Anpassung.

```
1  def ant(graph):
2    tour = [] ;   n = graph.numNodes ; i = randint(1,n)
3    def w(i,j): return graph.w(i,j) [0]
4    def p(i,j): return graph.w(i,j) [1]
5    def adaptLocal(i,j):
6      p_neu = (1 -rho) *p(i,j) + rho *p_0
7      graph.addEdge(i,j,( w(i,j), p_neu))
8    while len(tour)<graph.numNodes-1:
9      tour.append(i) ;  i_old = i
10     js = [j for j in range(1,n+1) if j not in tour]
```

```
11    if random()<q_0:
12        i = max(js, key=lambda j: p(i,j)*1./(w(i,j)**beta))
13    else:
14        ps = [ p(i,j)*1./(w(i,j)**beta) for j in js ]
15        i = js[chooseIndex(ps)]
16    adaptLocal( i_old , i )
17    tour = tour + [tour[0]]
18    adaptLocal(tour[-2],tour[-1])
19    return tour, pathVal(graph,tour)
```

Listing 8.17: Simulation einer Ameise, die der modifzierten Übergangsregel gehorcht.

Modifikation der (globalen) Pheromon-Anpassung. Formel (8.6) wird so angepasst, dass nicht mehr alle, sondern nur noch die kürzeste Tour der aktuellen Iteration betrachtet wird.

$$p(i,j) := (1 - \alpha) \cdot p(i,j) + \Delta p(i,j) \qquad (8.9)$$

wobei

$$\Delta p(i,j) = \begin{cases} \dfrac{1}{pathVal(tour_{gb})}, & \text{falls } (i,j) \in \ tour_{gb} \\ 0, & \text{sonst} \end{cases}$$

Hierbei ist $tour_{gb}$ die global-beste Tour der aktuellen Iteration.

Implementierung der modifizierten Pheronom-Anpassung. Listing 8.18 zeigt die Implementierung der globalen Pheromon-Anpassung, basierend auf einer bestimmten durch eine Ameise gegangenen Tour *tour* der Länge L_k.

```
1  def adaptGlobal(graph, tour, L_k):
2      L_kInv = 1./L_k
3      for i in range(len(tour) -1):
4          (w,p) = graph.w(tour[i],tour[i+1])
5          pNeu = p + L_kInv
6          graph.addEdge(tour[i],tour[i+1],(w,pNeu))
```

Listing 8.18: Die Funktion adaptGlobal implementiert die globale Pheromon-Anpassung

In der **for**-Schleife ab Zeile 3 werden die Pheromone auf allen Kanten der Tour *tour* um den Kehrwert *L_kInv* der Länge L_k der Tour erhöht. Hierbei ist p die alte Pheromonmenge und *pNeu* die neu berechnete Pheromonmenge; in Zeile 6 wird schließlich der alte Pheromonwert mit dem neuen überschrieben.

Aufgabe 8.23

Wenden Sie den „verbesserten" Ameisenalgorithmus, auf das Suchen einer kurzen Rundtour durch die 100 größten Städte Deutschlands an und vergleichen Sie Ergebnisse mit denen anderer Heuristiken (etwa der Nearest-Neighbor-Heuristik, der Farthest-Insertion-Heuristik oder der Tourverschmelzung). Halten Sie hierbei – um eine gute Vergleichbarkeit zu gewährleisten – die Berechnungszeiten möglichst gleich lang.

A   Python Grundlagen

A.1   Die Pythonshell

Pythonprogramme werden i. A. nicht compiliert sondern durch einen Interpreter ausgeführt. Python bietet eine interaktive „Shell" an, mit der Pythonausdrücke und -kommandos auch direkt am Pythoninterpreter ausprobiert werden können. Diese Shell arbeitet in einer sog. *Read-Eval-Print-Loop* (kurz: REPL): Pythonausdrücke werden also interaktiv eingelesen, diese werden ausgewertet und der Ergebniswert ausgegeben (sofern er eine Stringrepräsentation besitzt). Wird dagegen ein Python-Kommando eingegeben, so wird das Kommando einfach durch Python ausgeführt. Diese interaktive Pythonshell erweist sich besonders für das Erlernen, Ausprobieren und Experimentieren mit Algorithmen als didaktisch nützlich.

Pythons Shell kann entweder von der Kommandozeile aus durch Eingabe des Kommandos „`python`" gestartet werden – dies ist etwa unter Linux und Linux-ähnlichen Betriebssystemen üblich. Windows-Installationen bieten darüberhinaus oft die spezielle Anwendung „IDLE" an, mit der die Pythonshell betreten werden kann. Hier ein Beispiel für das Verhalten der Pythonshell (das „>>>" stellt hierbei die Eingabeaufforderung der Pythonshell dar):

```
>>> x = 2**12
>>> x/2
2048
```

In der ersten Zeile wurde ein Kommando (nämlich eine Zuweisung) eingegeben, das durch Python ausgeführt wurde (und keinen Rückgabewert lieferte). In der zweiten Zeile wurde ein Ausdruck eingegeben; dieser wird ausgewertet und die Stringrepräsentation auf dem Bildschirm ausgegeben.

A.2   Einfache Datentypen

A.2.1   Zahlen

Pythons wichtigste Zahlen-Typen sind Ganzzahlen (*int*), lange Ganzzahlen (*long int*), Gleitpunktzahlen (*float*). Einige einfache Beispiele für Python-Zahlen sind „12", „3.141", „$4.23E$-5" (Gleitpunkt-Darstellung), „$0xFE$" (hexadezimale Darstellung), „3/4" (Bruchzahlen), „12084131941312L" (long integers mit beliebig vielen Stellen).

A.2.2   Strings

Strings sind in Python Sequenzen einzelner Zeichen. Im Gegensatz zu Listen und Dictionaries (die wir später ausführlich behandeln) sind Strings *unveränderlich*, d. h. ist ein bestimmter String einmal definiert, so kann er nicht mehr verändert werden. Man hat die Wahl, Strings entweder in doppelte Anführungszeichen (also: "...") oder in einfache Anführungszeichen (also: '...') zu setzen. Die spezielle Bedeutung der Anführungszeichen kann, ganz ähnlich wie in der **bash**, mit dem Backspace (also: \) genommen werden. Syntaktisch korrekte Python-Strings wären demnach beispielsweise:
"Hallo", 'Hallo', '"Hallo"', '\'\'', "Python's", 'Hallo Welt', ...

Verwendet man dreifache Anführungszeichen (also: """...""" oder '''...'''), so kann man auch mehrzeilige Strings angeben.

Aufgabe A.1

Geben Sie mit dem Python **print**-Kommando den Text
```
Strings in Python koennen entweder mit "double ticks"
oder mit 'einfachen ticks' umschlossen werden.
```

A.2.3   Variablen

Variablen sind, genau wie in anderen Programmiersprachen auch, (veränderliche) Platzhalter für bestimmte Werte. Variablennamen müssen mit einem Buchstaben oder mit dem Zeichen „_" beginnen und dürfen keine Leerzeichen oder Sonderzeichen (außer eben dem Zeichen „_") enthalten. Korrekte Variablennamen sind beispielsweise „i", „_i", „*Kaese*" oder „*kaese*"; die Zeichenketten „*2dinge*" oder „*leer zeichen*" wären beispielsweise keine korrekten Variablennamen.

A.2.4   Typisierung

Python ist, im Gegensatz zu vielen gängigen Programmiersprachen, nicht statisch getypt; d. h. der Typ einer Variablen muss nicht vor Ausführung eines Programms festgelegt sein, sondern er wird dynamisch – also während der Programmausführung – bestimmt. Das hat den Vorteil, dass Variablen nicht deklariert werden müssen; man muss Ihnen einfach einen Wert zuweisen, wie etwa in folgendem Beispiel:

>>> $x = 2.01$

Der Python-Interpreter leitet dann einfach den Typ der Variablen aus der ersten Zuweisung ab.

Die Verwendung von Variablen kann grundsätzlich flexibler erfolgen als bei statisch getypten Programmiersprachen. Ein Beispiel (das die **if**-Anweisung verwendet, die im nächsten Abschnitt eingeführt wird):

if *gespraechig*:
  $x =$ "Guten Morgen"

else:
   $x = 12**12$
print x

Der Typ der Variablen x ist vor Programmausführung nicht bestimmt. Ob s vom Typ *str* oder vom Typ *long int* sein wird, hängt vom Inhalt der Variablen *gespraechig* ab.

A.2.5   Operatoren

Die folgende Tabelle zeigt eine Auswahl an Operatoren, die Python anbietet, um Ausdrücke zu verknüpfen.

$X + Y$, $X - Y$	Plus/Konkatenation, Minus		
Beispiele:	`>>> 2 + 3` 5	`>>> '2' + '3'` `'23'`	`>>> [1,2,3] + [10]` `[1,2,3,10]`
$X * Y$, $X ** Y$	Multiplikation, Potenzierung		
Beispiele:	`>>> 2 *6` 12	`>>> '2' *6` `'222222'`	`>>> [0,1] *3` `[0,1,0,1,0,1]`
X / Y, $X // Y$ $X \% Y$	Division, restlose Division Rest (bei der Division)		
Beispiele:	`>>> 2.0/3` 0.66666666	`>>> 2/3` 0	`>>> 17% 7` 3
$X < Y$, $X \leq Y$ $X > Y$, $X \geq Y$	kleiner, kleinergleich (lexikographisch bei Sequenzen) größer, größergleich (lexikographisch bei Sequenzen)		
Beispiele:	`>>> 4<2` *False*	`>>> 'big'<'small'` *True*	`>>> [1,100]<[2,1]` *True*
$X == Y$, $X = Y$! X **is** Y, X **is not** Y $X \& Y$, $X \mid Y$, $X \hat{\ } Y$ $\tilde{\ } X$ $X \ll Y$, $X \gg Y$	Gleichheit, Ungleichheit (Werte) Objektgleichheit, Objektungleichheit Bitweises „Und", bitweises „Oder", bitweises exkl. „Oder" Bitweise Negation Schiebe X nach links, rechts um Y Bits		
Beispiele:	`>>> 9 & 10` 8	`>>> 10	6` 14	`>>> 3 << 4` 48
X **and** Y X **or** Y **not** X X **in** S	Wenn X falsch, dann X, andernfalls Y Wenn X falsch, dann Y, andernfalls X Wenn X falsch, dann *True*, andernfalls *False* Test auf Enthaltensein eines Elements X in einer Kollektion S von Werten.		
Beispiele:	`>>>` *True* **and** *False* *False*	`>>> 'al' in 'hallo'` *True*	`>>> 4 in [1,2,3]` *False*

Einige der Operatoren sind *polymorph*, d. h. sie sind auf unterschiedliche Typen anwendbar. Die hier wirkende Art der Polymorphie nennt man auch *Überladung*. Ein überladener Operator verwendet i. A. für verschiedene Typen auch verschiedene Algorithmen. Ein typisches Beispiel stellt der Python-Operator + dar: Er kann sowohl auf Strings oder auf Listen, als auch auf Ganzzahlwerte, auf Fließkommawerte oder auf komplexe Zahlen angewendet werden; während der +-Operator Strings und Listen konkateniert (d. h. zusammenfügt) führt er auf Zahlenwerten eine klassische Addition durch.

A.3   Grundlegende Konzepte

A.3.1   Kontrollfluss

Einrücktiefe. Die *Einrücktiefe* von Python-Kommandos spielt – im Gegensatz zu vielen anderen Programmiersprachen – eine Rolle. Damit haben die Leerzeichen am Zeilenanfang eine Bedeutung und sind Teil der Syntax der Programmiersprache. Die Einrücktiefe dient dazu Anweisungsblöcke zu spezifizieren: Anweisungen, die dem gleichen Anweisungsblock angehören, müssen die gleiche Einrücktiefe haben. Der Anweisungsblock, der einer **if**-Anweisung oder einer **while**-Anweisung folgt, wird also nicht explizit eingeklammert, sondern die Anweisungen werden durch den Python-Interpreter dadurch als zugehörig erkannt, dass sie dieselbe Einrücktiefe haben.

Steuerung des Kontrollflusses. Wie beschrieben im Folgenden die drei wichtigsten Kommandos zur Steuerung des Kontrollflusses, d. h. zur Steuerung des Ablaufs der Python-Kommandos: Die **if**-Anweisung, die **while**-Anweisung und die **for**-Anweisung. Für die Syntaxbeschreibungen dieser (und weiterer) Kommandos werden die folgenden Formalismen verwendet:

- In *eckigen Klammern* eingeschlossene Teile (also: [...]) sind optionale Teile, d. h. diese Teil der Syntax können auch weggelassen werden.
- Ist der in eckigen Klammern eingeschlossene Teil von einem Stern gefolgt (also: [...]*), so kann der entsprechende Teil beliebig oft (auch 0-mal) wiederholt werden. Beispielsweise kann der **elif**-Teil der **if**-Anweisung beliebig oft (und eben auch 0-mal) hintereinander verwendet werden.

Die **for**-Schleife:

if ⟨*test*⟩ :
    ⟨*Anweisungsfolge*⟩
[**elif** ⟨*test*⟩ :
    ⟨*Anweisungsfolge*⟩]*
[**else** :
    ⟨*Anweisungsfolge*⟩]
	Die **if**-Anweisung wählt eine aus mehreren Anweisungsfolgen aus. Ausgewählt wird diejenige Anweisungsfolge, die zum ersten ⟨*test*⟩ mit wahrem Ergebnis gehört.

Beispiel:

if $a < b$:
  $x = [a,b]$
elif $a > b$:
  $x = [b,a]$
else:
  $x = a$
	Dieses Beispiel implementiert eine Fallunterscheidung: Je nachdem, ob $a < b$, ob $a > b$ oder ob keiner der beiden Fälle gilt, wird der Variablen x ein anderer Wert zugewiesen.

Die **while**-Schleife:

while $\langle test \rangle$:
  $\langle Anweisungsfolge \rangle$
[**else** :
  $\langle Anweisungsfolge \rangle$]
	Die **while**-Anweisung stellt die allgemeinste Schleife dar. Die erste $\langle Anweisungsfolge \rangle$ wird solange ausgeführt, wie $\langle test \rangle$ wahr ergibt. Die zweite $\langle Anweisungsfolge \rangle$ wird ausgeführt, sobald die Schleife normal (d. h. ohne Verwendung der **break**-Anweisung) verlassen wird.

Beispiel:

$z = 42$; $geraten = False$
while not $geraten$:
  $r = int(raw\_input($ `'Zahl?'` $))$
  if $r < z$:
    print `'Hoeher!'`
  elif $r > z$:
    print `'Niedriger!'`
  else: $geraten = True$
	Diese **while**-Schleife implementiert ein einfaches Ratespiel. Mittels der Funktion raw_input wird von Standardeingabe ein String eingelesen und in mittels der Funktion int in eine Zahl konvertiert. Ist der eingelesene Wert ungleich z, so wird eine entsprechende Meldung ausgegeben. Hat der Benutzer richtig geraten, wird die Variable $geraten$ auf den Wert „$True$" gesetzt. Daraufhin bricht die **while**-Schleife ab, da ihre Bedingung „**not** $geraten$" nicht mehr gilt.

Die **for**-Schleife:

for $\langle ziel \rangle$ **in** $\langle sequenz \rangle$:
  $\langle Anweisungsfolge \rangle$
[**else** :
  $\langle Anweisungsfolge \rangle$]
	Die **for**-Schleife ist eine Schleife über Sequenzen (also Listen, Tupel, ...). Die Variable $\langle ziel \rangle$ nimmt hierbei für jeden Schleifendurchlauf einen Wert der Sequenz $\langle sequenz \rangle$ an.

Beispiel:

$s = 0$ **for** c **in** `'12345'`: $s += int(c)$	Die **for**-Schleife durchläuft den String `'12345'` zeichenweise; es wird also fünftmal die Zuweisung $s += int(c)$ ausgeführt, wobei die Variable c immer jeweils eines der Zeichen in `'12345'` enthält. Die Variable s enthält also nach Ausführung der Schleife den Wert $\sum_{i=1}^{5} i = 15$.

for i **in** $range(10,20)$:
  print `'i ist jetzt'`$,i$
	Die Funktion $range$ erzeugt eine Liste der Zahlen von 10 bis ausschließlich 20. Dieses Programm gibt die Zahlen 10 bis (ausschließlich) 20 in der folgenden Form aus:
	`i ist jetzt 10`
	`i ist jetzt 11`
	`...`
	`i ist jetzt 19`

Im letzten Programmbeispiel wird die Pythonfunktion *range* verwendet. Diese gibt eine Liste ganzer Zahlen im angegebenen Bereich zurück; *range*(a, b) liefert alle ganzen Zahlen zwischen (einschließlich) a und (ausschließlich) b zurück. Es gilt also:

$$range(a,b) \ == \ [a, a+1, ..., \ b-2, \ b-1]$$

Optional kann man auch als drittes Argument eine Schrittweite angeben. Beispielsweise liefert *range*$(1,9,2)$ als Ergebnis die Liste [1,3,5,7] zurück. Es gilt also

$$range(a,b,c) \ == \ [a, a+c, a+2c, \ ..., \ b-2c, \ b-c]$$

übergibt man *range* nur ein einziges Argument, so beginnt die Ergebnisliste bei 0. Es gilt also

$$range(a) \ == \ [0,1, ..., \ a-2, \ a-1]$$

Aufgabe A.2

(a) Erweitern Sie das als Beispiel einer **while**-Schleife dienende Ratespiel so, dass eine Ausgabe erfolgt, die informiert, wie oft geraten wurde (etwa „Sie haben 6 Rate-Versuche gebraucht.“).

(b) Erweitern Sie das Programm so, dass das Ratespiel vier mal mit vier unterschiedlichen Zahlen abläuft; am Ende sollen Sie über den besten Rate-Lauf und den schlechtesten Rate-Lauf informiert werden, etwa so:
Ihr schlechtester Lauf: 8 Versuche; ihr bester Lauf: 3 Versuche.

Aufgabe A.3

(a) Schreiben Sie ein Pythonskript, das die Summe aller Quadratzahlen zwischen 1 und 100 ausgibt.

(b) Schreiben Sie ein Pythonskript, das eine Zahl n von der Tastatur einliest und den Wert $\sum_{i=0}^{n} i^3$ zurückliefert.

(c) Schreiben Sie ein Pythonskript, das zwei Zahlen n und m von der Tastatur einliest und den Wert $\sum_{i=n}^{m} i^3$ zurückliefert.

Aufgabe A.4

Schreiben Sie ein Pythonskript, das Ihnen die vier kleinsten perfekten Zahlen ausgibt. Eine natürliche Zahl heißt perfekt, wenn sie genauso groß ist, wie die Summe Ihrer positiven echten Teiler (d. h Teiler außer sich selbst). Beispielsweise ist 6 eine perfekte Zahl, da es Summe seiner Teiler ist, also $6 = 1 + 2 + 3$.

A.3.2   Schleifenabbruch

Die beiden im Folgenden vorgestellten Kommandos, **break** und **continue** geben dem Programmierer mehr Flexibilität im Umgang mit Schleifen; man sollte diese aber sparsam verwenden, denn sie können Programme schwerer verständlich und damit auch schwerer wartbar[1] werden lassen.

Mit der **break**-Anweisung kann man vorzeitig aus einer Schleife aussteigen; auch ein möglicherweise vorhandener **else**-Zweig wird dabei nicht mehr gegangen. Folgendes Beispiel liest vom Benutzer solange Zahlen ein, bis eine „0" eingegeben wurde.

while *True*:
    $i = int(raw\_input($`'Bitte eine Zahl eingeben: '`$))$
    if $i == 0$: **break**
print `'Fertig'`

Mit der **continue**-Anweisung kann man die restlichen Anweisungen im aktuellen Schleifendurchlauf überspringen und sofort zum Schleifen„kopf" springen, d. h. zum zur Prüfanweisung einer **while**-Schleife bzw. zum Kopf einer **for**-Schleife, der der Schleifenvariablen das nächste Element der Sequenz zuordnet.

A.3.3   Anweisungen vs. Ausdrücke

Gerade für den Programmieranfänger ist es wichtig, sich des Unterschieds bewusst zu sein zwischen ...

- ... einer *Anweisung*, die etwas „tut", d. h. eigentlich einen Rechner- oder Programminternen Zustand verändert, wie etwa das Ausführen einer Variablenzuweisung, das Verändern des Speicherinhalts, das Ausführen einer Bildschirmausgabe) und
- ... einem *Ausdruck*, der einen bestimmten Wert repräsentiert.

Beispiele. Der Python-Code x=5+3 stellt eine Anweisung dar, nämlich die, der Variablen x einen Wert zuzuweisen. Die rechte Seite dieser Zuweisung, nämlich 5+3, ist dagegen ein Ausdruck, der für den Wert 8 steht. Man beachte in diesem Zusammenhang den Unterschied zwischen „=", das immer Teil einer Zuweisung (also: eines Kommandos) ist und „==", das einen Vergleich darstellt (also einen Wahrheitswert zurückliefert) und folglich immer Teil eines Ausdrucks ist: Der Python-Code 5==3 ist also ein Ausdruck, der für den Wert *False* steht.

Aufgabe A.5

Viele Anweisungen enthalten Ausdrücke als Komponenten. Gibt es auch Ausdrücke, die Anweisungen als Komponenten enthalten?

In der interaktiven Pythonshell kann der Programmierer sowohl Anweisungen als auch Ausdrücke eingeben. Die Pythonshell geht aber jeweils unterschiedlich mit diesen um: Wird ein Kommando eingegeben, so führt die Pythonshell das Kommando aus. Wird dagegen ein Ausdruck eingegeben, so wird der Ausdruck zunächst (falls nötig) ausgewertet und anschließend die String-Repräsentation des Ausdrucks ausgegeben.

---

[1]Spricht man in der Softwaretechnik von Wartbarkeit, so an meint man damit i. A. die Einfachheit ein Programm im nachhinein anzupassen oder zu erweitern. Je übersichtlicher und besser strukturiert ein Programm bzw. Softwaresystem ist, desto besser wartbar ist es.

if-Ausdrücke. Neben der in Abschnitt A.3.1 vorgestellten **if**-Anweisung bietet Python auch die Möglichkeit Ausdrücke mit **if** zu strukturieren:

$\langle expr_1 \rangle$ **if** $\langle condition \rangle$ **else** $\langle expr_2 \rangle$	Dieser Ausdruck steht für den Wert des Ausdrucks $\langle expr_1 \rangle$ falls $\langle condition \rangle$ wahr ist, andernfalls steht dieser **if**-Ausdruck für den Wert des Ausdrucks $\langle expr_2 \rangle$

Beispiele:

`>>>` $x{=}3$; $y{=}4$
 `>>>` `'a'` **if** $x{+}1{==}y$ **else** `'b'`
 `a`
	Da $x{+}1{==}y$ wahr ist, steht der **if**-Ausdruck in der zweiten Zeile für den Wert `'a'`.

`>>>` $x{=}3$; $y{=}4$ `>>>` `'Hallo Welt'`$[7$ **if** $x{==}y$ **else** $4]$ `o`	Der als String-Index verwendete **if**-Ausdruck steht – da $x{\neq}y$ – für den Wert 4; der gesamte Ausdruck ergibt also als Wert das (von Null an gezählte) vierte Zeichen des Strings `'Hallo Welt'`, also `'o'`.

Aufgabe A.6

Welchen Wert haben die folgenden Python-Ausdrücke:

(a) `'Hallo'`$[4$ **if** $(4$ **if** $4{==}2$ **else** $3){==}3$ **else** $5]$

(b) `'Hallo'` `+'welt'` **if** $str(2{-}1){==}str(1)$ **else** `'Welt'`

(c) $[0$ **if** $i\%3{==}0$ **else** 1 **for** i **in** $range(1,15)]$

A.3.4   Funktionen

Komplexere Programme sollte man in kleinere Programmeinheiten aufteilen und diese dann zusammenfügen. Die gängigste Möglichkeit, ein Programm in einfachere Teile aufzuteilen, sind Funktionen; jede Funktion löst eine einfache Teilaufgabe und am Ende werden die Funktionen dann entsprechend kombiniert (beispielsweise durch Hintereinanderausführung).

Funktionsdefinitionen. In Python leitet man eine Funktionsdefinition mit dem Schlüsselwort **def** ein:

| def ⟨*bez*⟩(⟨*p1*⟩, ⟨*p2*⟩, . . .) :
   ⟨*kommando1*⟩
   ⟨*kommando2*⟩
   . . .
   [**return** ⟨*ausdruck*⟩] | Definiert eine Funktion mit Namen ⟨*bez*⟩, die mit den Paramtern ⟨*p1*⟩, ⟨*p2*⟩, . . . aufgerufen wird. Ein Funktionsaufruf führt dann die im Funktions„körper" stehenden Kommandos ⟨*kommando1*⟩, ⟨*kommando2*⟩, . . . aus. Mit dem **return**-Kommando wird die Funktion verlassen und der auf **return** folgende Ausdruck als Wert der Funktion zurückgeliefert. Enthält der Funktionskörper kein **return**-Kommando, so liefert die Funktion den Wert „*None*" zurück. |

Beispiele:

| def *getMax*(*a*,*b*):
   if $a > b$: **return** a
   else: **return** b

 >>> *getMax*('hallo','welt')
 'welt' | Die Funktion *getMax* erwartet zwei Parameter a und b und liefert mittels **return** den größeren der beiden Werte zurück. Die letzten beiden Zeilen zeigen eine Anwendung der Funktion *getMax* in Pythons interaktiver Shell. |

Es gibt eine weitere Möglichkeit der Parameterübergabe über sog. *benannte Parameter* . Die Übergabe eines benannten Parameters erfolgt nicht (wie bei Standard-Parametern) über eine festgelegte Position in der Parameterliste, sondern über einen Namen. Bei der Funktionsdefinition muss immer ein default-Wert für einen benannten Parameter spezifiziert werden. Die im Folgenden definierte Funktion *incr* erwartet einen Parameter x und optional einen benannten Parameter *increment*, der – falls nicht explizit spezifiziert – den Wert „1" besitzt.

>>> **def** *incr*(x, *increment*=1):
...   **return** $x +$ *increment*
...
>>> *incr*(4)
5
>>> *incr*(4, *increment*=10)
14

Übrigens müssen benannte Parameter immer rechts der Standardparameter aufgeführt sein; ein Aufruf *incr*(*increment*= −2,4) wäre also syntaktisch nicht korrekt.

Lokale Variablen. Alle in einer Funktion verwendeten Variablen sind *lokal*, d. h. außerhalb der Funktion weder sichtbar noch verwendbar und nur innerhalb der Funktion gültig. Weist man einer bestimmten Variablen, die es im Hauptprogramm bzw. aufrufenden Programm schon gibt, einen Wert zu, so wird die Hauptprogramm-Variable dadurch weder gelöscht noch verändert; in der Funktion arbeitet man auf einer Kopie, die von der Variablen des Hauptprogramms entkoppelt ist. Lässt man beispielsweise den Code auf der linken Seite durch Python ausführen, so ergibt sich die auf der rechten

Seite gezeigte Ausgabe:

```
>>>  print 'f: x ist',x
>>>  x=2
>>>
print 'f: lokales x ist',x        erzeugt
>>>                               ⟹
>>> x=50
>>> f(x)
>>> print 'x ist noch', x
```

```
f: x ist 50
f: lokales x ist 2
x ist noch 50
```

Solange x kein neuer Wert zugewiesen wurde, wird das x aus dem Hauptprogramm verwendet; erst nach der Zuweisung wird ein „neues" lokales x in der Funktion verwendet, die vom x des Hauptprogramms abgekoppelt ist; außerdem wird sichergestellt, dass das x des Hauptprogramms nicht überschrieben wird und nach dem Funktionsaufruf wieder verfügbar ist.

A.3.5   Referenzen

Eine Zuweisung wie

$x = y$

bewirkt im Allgemeinen nicht, dass eine neue Kopie eines Objektes y angelegt wird, sondern nur, dass x auf den Teil des Hauptspeichers zeigt, an dem sich y befindet. Normalerweise braucht sich der Programmierer darüber keine Gedanken zu machen; ist man sich dieser Tatsache jedoch nicht bewusst, kann es zu Überraschungen kommen. Ein einfaches Beispiel:

```
>>> a = [1,2,3]
>>> b = a
>>> a.append(5)
>>> b
[1,2,3,5]
```

Dass a und b tatsächlich auf den gleichen Speicherbereich zeigen, zeigt sich durch Verwendung der Funktion id: $id(x)$ liefert die Hauptspeicheradresse des Objektes x zurück. Für obiges Beispiel gilt:

```
>>> id(a) == id(b)
True
```

Will man, dass b eine tatsächliche Kopie der Liste a enthält und nicht nur, wie oben, einen weiteren Zeiger auf die gleiche Liste, dann kann man dies folgendermaßen angeben:

```
>>> b = a[:]
```

Dabei ist in obigem Fall $a[:]$ genau dasselbe wie $a[0:2]$ und bewirkt eine Kopie der Liste.

Aufgabe A.7

Was ist der Wert der Variablen a, b und c nach der Eingabe der folgenden Kommandos in den Python-Interpreter:

```
>>> a = ['a','ab','abc']
>>> b = a
>>> b.append('abcd')
>>> c = b[:]
>>> c[0] = '0'
```

A.4   Zusammengesetzte Datentypen

Python besitzt mehrere zusammengesetzte Datentypen, darunter Strings (*str*), Listen (*list*), Tupel (*tuple*), Mengen (*set*) und sog. *Dictionaries* (*dict*), das sind Mengen von Schlüssel-Wert-Paaren, die einen schnellen Zugriff auf die Werte über die entsprechenden Schlüssel erlauben. Strings, Listen, Tupel, Mengen und sogar Dictionaries sind *iterierbar*, d. h. man kann sie etwa mittels **for**-Schleifen durchlaufen.

Mittels der Funktionen *list*(*s*), *tuple*(*s*) und *set*(*s*) kann eine beliebige Sequenz *s* in eine Sequenz vom Typ „Liste", „Tupel" bzw. „Set" überführt werden. Im Folgenden einige Beispiele:

```
>>> list((1,2,3))
[1, 2, 3]
```

```
>>> tuple(range(10,15))
(10, 11, 12, 13, 14)
```

```
>>> set(range(5))
set([0, 1, 2, 3, 4])
```

A.4.1   Listen

Python-Listen sind Sequenzen von durch Kommata getrennten Werten, eingeschlossen in eckigen Klammern. Listen können Werte verschiedener Typen enthalten, unter Anderem können Listen wiederum Listen enthalten; Listen können also beliebig geschachtelt werden. Folgende Python-Werte sind beispielsweise Listen:

   [] (die leere Liste),   [5,3,10,23],   ['spam', [1,2,3], 3.14, [[1],[[2]]]]

Listenmethoden. Folgende Auflistung zeigt eine Auswahl der wichtigsten Methoden zur Manipulation von Listen. Alle hier gezeigten Methoden – (mit Ausnahme von *count*()) – manipulieren eine Liste destruktiv und erzeugen keinen Rückgabewert.

$l.append(x)$	Fügt x am Ende der Liste l ein. Man beachte, dass *append* ein reines Kommando darstellt, keinen Rückgabewert liefert, sondern lediglich die Liste l verändert.

Beispiel:

| $l = range(3)$
$l.append(\texttt{'last'})$ | Die Liste l hat nach Ausführung dieser beiden Kommandos den Wert $[\,0,1,2,\texttt{'last'}\,]$ |

| $l.sort()$ | Sortiert ⟨*liste*⟩ aufsteigend. Auch *sort* ist ein reines Kommando, liefert also keinen Rückgabewert sondern verändert lediglich die Liste l. |

Beispiel:

| $l = [\,4,10,3,14,22\,]$
$l.sort()$ | Die Liste l hat nach Ausführung dieser beiden Kommandos den Wert $[3, 4, 10, 14, 22]$. |

| $l.reverse()$ | Dreht die Reihenfolge der Listenelemente um. Auch *reverse* ist ein reines Kommando und liefert keinen Rückgabewert. |

Beispiel:

| $l = list(\texttt{'hallo'})$
$l.reverse()$ | Die Liste l hat nach Ausführung dieser beiden Kommandos den Wert $[\texttt{'o'}, \texttt{'l'}, \texttt{'l'}, \texttt{'a'}, \texttt{'h'}]$ |

| $l.insert(i,x)$ | Fügt ein neues Element x an Stelle i in der Liste l ein. Die Zuweisung $l[\,i\!:\!i\,] = [x]$ hätte übrigens genau den selben Effekt. |

Beispiel:

| $l = range(6)$
$l.insert(2,\texttt{'neu'})$ | Die Liste l hat nach Ausführung dieser beiden Kommandos den Wert $[0,\ 1,\ \texttt{'neu'},\ 2,\ 3,\ 4,\ 5]$ |

| $l.count(x)$
$l.remove()$ | Gibt die Anzahl der Vorkommen von x in ⟨l⟩ zurück.
Löscht das erste Auftreten von x in der Liste l. |

Beispiel:

| $l = range(3) +\,\backslash$
$\quad range(3)[\,::\,\texttt{-1}\,]$
$l.remove(1)$ | Die Liste l hat nach Ausführung dieser beiden Kommandos den Wert $[0,\ 2,\ 2,\ 1,\ 0]$. |

Man kann sich alle Methoden des Datentyps *list* mit Hilfe der Pythonfunktion *dir* ausgeben lassen. Der Aufruf

```
>>> dir( list )
[... , 'append', 'count', 'extend', 'index', 'insert', 'pop', 'remove', ...]
```

liefert eine Stringliste aller Methodennamen zurück, die für den Datentyp *list* definiert sind.

Aufgabe A.8

Geben Sie in der Python-Shell den Ausdruck

$$[1,2,3].remove(1)$$

ein. Was wird zurückgeliefert? Erklären Sie das Ergebnis!

Aufgabe A.9

Geben Sie ein möglichst kurzes Pythonkommando / Pythonskript an, das ...

(a) ... die Anzahl der für den Datentyp *dict* definierten Operationen ausgibt.

(b) ... die Anzahl der für den Datentyp *list* definierten Operationen ausgibt, die mit `'c'` beginnen.

(c) ... die Länge des längsten Operationsnamens der auf dem Datentyp *list* definierten Operationen ausgibt. Hinweis: für diese Aufgabe wäre die Pythonfunktion *map* gut geeignet, die wir zwar noch nicht behandelt haben, über die Sie sich aber mittels *help(map)* informieren können.

A.4.2 Sequenzen

Listen, Tupel und Strings sind sog. Sequenz-Typen, d. h. die enthaltenen Werte besitzen eine feste Anordnung. Dies ist sowohl beim *set*-Typ als auch bei Dictionaries nicht der Fall: In welcher Reihenfolge sich die Elemente einer Menge befinden wird nicht gespeichert; ebenso ist die Anordnung der in einem Dictionary enthaltenen Schlüssel-Wert-Paare nicht relevant.

Slicing. Sei S eine Variable, die ein Sequenz-Objekt enthält – also etwa einen String, eine Liste oder ein Tupel. Dann sind die folgenden Zugriffsoperationen auf S anwendbar.

$S[i]$	**Indizierung** Selektiert Einträge an einer bestimmten Position. Negative Indizes zählen dabei vom Ende her.

Beispiele:

$S[0]$	liefert das erste Element der Sequenz S
$S[-2]$	liefert das zweitletzte Element der Sequenz S
`['ab','xy'][-1][0]`	liefert `'x'` zurück.

	Slicing (Teilbereichsbildung)
$S[i:j]$	Selektiert einen zusammenhängenden Bereich einer Sequenz; die Selektion erfolgt von einschließlich Index i bis ausschließlich Index j.
$S[:j]$	die Selektion erfolgt vom ersten Element der Sequenz bis ausschließlich Index j
$S[i:]$	die Selektion erfolgt vom einschließlich Index i bis zum letzten Element der Sequenz.

Beispiele:

$S[1:5]$	selektiert den zusammenhängenden Bereich aller Elemente ab einschließlich Index 1 bis ausschließlich Index 5
$S[3:]$	selektiert alle Elemente von S ab Index 3
$S[:-1]$	selektiert alle Elemente von S, bis auf das letzte
$S[:]$	selektiert alles, vom ersten bis zum letzten Element

	Extended Slicing
$S[i:j:k]$	Durch k kann eine Schrittweite vorgegeben werden.

Beispiele:

$S[::2]$	selektiert jedes zweite Element
$S[::-1]$	selektiert alle Elemente von S in umgekehrter Reihenfolge
$S[4:1:-1]$	selektiert die Elemente von rechts nach links ab Position 4 bis ausschließlich 1.
`'Welt'`$[::-1]$	ergibt `'tleW'`
`'hallo welt'`$[-2::-2]$	ergibt `'lwolh'`
$range(51)[::-10]$	ergibt $[50, 40, 30, 20, 10, 0]$

Handelt es sich bei der Sequenz um eine Liste, so kann – da Listen ja veränderliche Objekte sind – auch eine Zuweisung über Slicing erfolgen. Es folgen zwei Beispiele, wie Teile von Listen mittels Zuweisungen verändert werden können.

```
>>> l = range(7)
>>> l[2:5] = ['x']*3
>>> l
[0, 1, 'x', 'x', 'x', 5, 6]
```

```
>>> l = ['x']*6
>>> l[::2]=[0]*3
>>> l
[0, 'x', 0, 'x', 0, 'x']
```

```
>>> l = range(7)
>>> l[-3::-1]=range(5)
>>> l
[4, 3, 2, 1, 0, 5, 6]
```

Funktionen auf Sequenzen. Folgende Funktionen sind auf alle Sequenzen anwendbar; die meisten der hier aufgeführten Funktionen liefern Rückgabewerte zurück.

$len(S)$	Liefert die Länge der Sequenz S zurück.
Beispiele:	
$len(\texttt{'hallo'})$	Liefert die Länge des String zurück, nämlich 5.
$len([1,[2,3]])$	Liefert die Länge der Liste zurück, nämlich 2.

$min(S)$	Liefert das minimale Element der Sequenz S zurück.
$max(S)$	Liefert das maximale Element der Sequenz S zurück.
Beispiele:	
$max(\texttt{'hallo'})$	Liefert die maximale Element des Strings, nämlich $\texttt{'o'}$ zurück.
$max([101,123,99])$	Liefert die Zahl 123 zurück.

$sum(S)$	Liefert die Summe der Elemente der Sequenz S zurück.
Beispiele:	
$sum(range((100))$	Berechnet $\sum_{i=0}^{99}$ und liefert entsprechend 4950 zurück.

del $S[i]$	Löscht einen Eintrag einer Sequenz.
del $S[i\!:\!j\!:\!k]$	**del** kann auch mit Slicing und Extended Slicing verwendet werden.
	del kann man nur auf veränderliche Sequenzen anwenden.
Beispiele:	
$l = range(10)$ **del** $l[::2]$	Löscht jedes zweite Element der Liste; l hat also nach Ausführung der beiden Kommandos den Wert $[1,\ 3,\ 5,\ 7,\ 9]$.

Aufgabe A.10

Bestimmen Sie den Wert der folgenden Ausdrücke:

(a) $range(1,100)[1], range(1,100)[2]$

(b) $[range(1,10), range(10,20)][1][2]$

(c) $['Hello',2,'World'][0][2] + ['Hello',2,'World'][0]$

(d) $len(range(1,100))$

(e) $len(range(100,200)[0:50:2])$

Hinweis: Versuchen Sie zumächst die Lösung ohne die Hilfe des Pythoninterpreters zu bestimmen.

Aufgabe A.11

Wie können Sie in folgendem Ausdruck (der eine verschachtelte Liste darstellt)
$$[[x],[[[y]]]]$$
auf den Wert von y zugreifen?

Aufgabe A.12

Lösen sie die folgenden Aufgaben durch einen Python-Einzeiler:

(a) Erzeugen Sie die Liste aller geraden Zahlen zwischen 1 und 20.

(b) Erzeugen Sie die Liste aller durch 5 teilbarer Zahlen zwischen 0 und 100.

(c) Erzeugen Sie die Liste aller durch 7 teilbarer Zahlen zwischen 0 und 100; die Liste soll dabei umgekehrt sortiert sein, d. h. die größten Elemente sollen am Listenanfang und die kleinsten Elemente am Listenende stehen.

A.4.3 Tupel

Tupel sind Listen ähnlich, jedoch sind Tupel – wie auch Strings – unveränderlich. Tupel werden in normalen runden Klammern notiert. Tupel können genauso wie andere Sequenzen auch indiziert werden. Es folgen einige Beispiele:

```
>>> x = ('Das', 'ist', 'ein', 'Tupel')
>>> x[1]
'ist'
>>> x[2][0]
'e'
>>> x[0] = 'Hier'
Traceback (most recent call last):
```

```
File "<stdin>", line 1, in <module>
TypeError: 'tuple' object does not support item assignment
```

Die letzte Zuweisung ist aufgrund der Unveränderlichkeit von Tupeln verboten. Will man in der Variablen x ein Tupelobjekt speichern, dessen erste Position den Wert `'Hier'` enthält und das ansonsten mit dem „alten" x identisch ist, so muss man wie folgt vorgehen:

>>> $x = ($`'Hier'`$,) + x[1\!:]$
>>> x
(`'Hier'`, `'ist'`, `'ein'`, `'Tupel'`)

Man beachte: Durch die Zuweisung in der ersten Zeile wurde kein Tupel-Objekt verändert, sondern ein neues Tupel-Objekt erzeugt, durch Konkatenation des ein-elementigen Tupels (`'Hier'`,) mit dem drei-elementigen Tupel $x[1\!:]$.

A.4.4 Dictionaries

Ein Dictionary-Objekt stellt eine effiziente Repräsentation einer Zuordnung von Schlüsseln auf Werte dar. Ein Anwendungsbeispiel ist ein Adressbuch, das bestimmte Namen (die Schlüssel) auf Adressen (die Werte) abbildet. Ein Dictionary-Objekt sollte die folgenden drei Operationen effizient unterstützen: **1.** Das Einfügen eines neuen Wertes v mit dem Schlüssel k. **2.** Das Finden eines bestimmten Wertes v anhand seines Schlüssels k. **3.** Das Löschen eines Schlüssels k zusammen mit dem zugehörigen Wert v.

Aufgrund der Tatsache, dass der Informatiker eine effiziente Unterstützung der Dictionary-Operationen häufig benötigt, bietet Python einen eigenen internen Typ *dict* an, der diese Operationen effizient unterstützt. Während Listen in eckigen Klammern und Tupel in runden Klammern notiert werden, werden Dictionaries in geschweiften Klammern geschrieben:

$$\{ \ \langle schlüssel1 \rangle \ : \langle wert1 \rangle, \ \langle schlüssel2 \rangle \ : \langle wert2 \rangle, \ \dots \}$$

Ein einfaches Beispiel:

>>> $ab = \{$ `'Carlo'`   : `'carlo@web.de'`,
        `'Hannes'` : `'hannes@gmail.de'`,
        `'Matilda'` : `'matilda@gmx.de'` }

Die Operationen „Einfügen" und „Suchen" werden über den Indizierungsoperator [...] angesprochen, so dass sich die Verwendung eines Dictionary-Objektes z. T. „anfühlt" wie ein Listen- oder Tupelobjekt. Beispiele:

>>> $ab[$`'Hannes'`$]$
`'hannes@gmail.de'`
>>> $ab[$`'Hannes'`$]=$`'hannes@gmx.de'`
>>> $ab[$`'Hannes'`$]$
`'hannes@gmx.de'`

Die Löschfunktion ist über die Funktion **del** implementiert.

```
>>> del ab['Matilda']
>>> print 'Es gibt',len(ab),'Eintraege in ab'
'Es gibt 2 Eintraege in ab'
```

Man kann also, genau wie bei anderen veränderbaren Sequenzen, auf einzelne Elemente zugreifen, löschen und alle für Sequenzen definierte Funktionen anwenden. Wichtig zu wissen ist, dass man nur unveränderliche Werte als Schlüssel verwenden kann – also insbesondere *keine* Listen!

Aufgabe A.13

Erklären Sie, was das Problem wäre, wenn man auch veränderliche Werte (wie beispielsweise Listen) als Schlüssel in Dictionaries zulassen würde.

Die Schlüssel müssen nicht alle den gleichen Typ haben:

```
>>> ab[(1,2,3)] = 123
>>> ab[1] = 100
>>> ab[(1,2,3)] - ab[1]
23
```

Methoden auf Dictionaries. Die folgenden Methoden auf Dictionaries werden von einigen der vorgestellten Algorithmen verwendet:

$d.values()$	Liefert eine Liste aller in d enthaltenen Werte zurück.
$d.keys()$	Liefert eine Liste aller in d enthaltenen Schlüssel zurück.
$d.items()$	Liefert alle in d enthaltenen Schlüssel-Werte-Paare als Tupel-Liste zurück.

Als Beispiele nehmen wir an, ein Dictionary d sei folgendermaßen definiert:

```
>>> d = {1:'hallo', 'welt':[1,2,3], ('x','y'):10, '20':'30', 2:{1:[], 2:[2]}, 3:[]}
```

Dann gilt beispielsweise:

```
>>> d.keys()
>>> [1, 2, 3, '20',
     ('x', 'y'), 'welt']
```

```
>>> d.values()
>>> ['hallo', {1: [], 2: [2]}, [],
     '30', 10, [1, 2, 3]]
```

```
>>> d[2].keys()
[1, 2]
```

A.4.5 Strings (Fortsetzung)

Häufig gebraucht, sowohl für große Programmierprojekte als auch für viele kleine nützliche Skripts, sind Funktionen auf Strings.

Strings sind – ebenso wie Listen und Tupel – Sequenzen und entsprechend sind alle im vorigen Abschnitt beschriebenen Sequenzoperationen anwendbar. Strings sind, ebenso wie Tupel, unveränderlich, d. h. ein einmal definierter String kann nicht verändert werden. Man kann also weder einzelne Zeichen aus einem einmal erstellten String herauslöschen, noch kann man an einen einmal definierten String Zeichen anfügen.

Es folgt eine Liste der wichtigsten String-Operationen:

Suchen

$s.find(s1)$	Liefert den Offset des ersten Vorkommens von $s1$ in s zurück.
$s.replace(s1,s2)$	Liefert einen String zurück, in dem alle Vorkommen von $s1$ durch $s2$ ersetzt sind.
$s.startswith(s1)$	Liefert *True* zurück, falls s mit $s1$ beginnt.
$s.endswith(s1)$	Liefert *True* zurück, falls s mit $s1$ endet.

Als Beispiel nehmen wir an, ein String s sei folgendermaßen definiert:

```
>>> s = 'Hallo Welt, dies, genau dies, ist ein Teststring'
```

`>>>` $s.find('s,')$
15
	`>>>` $s.replace('dies','das')$
	`'Hallo Welt, das, genau`
	`das, ist ein Teststring'`
		`>>>` $s.startswith('Ha')$
		True

Aufteilen, Zusammenfügen

$s.split(s1)$	Gibt eine Liste von Wörtern von s zurück, mit $s1$ als Trenner.
$s.partition(sep)$	Sucht nach dem Trenner sep in s und liefert ein 3-Tupel (*head*,*sep*, *tail*) zurück, wobei *head* der Teil vor *sep* und *tail* der Teil nach *sep* ist.
$s.join(l)$	Verkettet die Stringliste l zu einem einzigen String mit s als Trenner.

Beispiele:

```
>>> 'Hi hi you foo'.split()
['Hi', 'hi', 'you', 'foo']
```

```
>>> '1. Zwei. 3.'.split('.')
['1', ' Zwei', ' 3', '']
```

```
>>> ','.join([
...   'a','b','c'])
'a,b,c'
```

Aufgabe A.14

Schreiben Sie eine Pythonfunktion *zipString*, die zwei Strings als Argumente übergeben bekommt und einen String zurückliefert, der eine „verschränkte" Kombination der beiden übergebenen Strings ist.

Beispielanwendungen:

```
>>> zipString('Hello','World')
'HWeolrllod'
>>> zipString('Bla','123')
'B1l2a3'
```

A.4.6   Mengen: Der *set*-Typ

Einige Algorithmen benötigen duplikatfreie Sammlungen von Werten. Hier bietet sich Pythons *set*-Datentyp an. Etwa der in Abschnitt 6.4 beschriebene LR-Parsergenerator verwendet *set*-Objekte zur Repräsentaton und Berechnung von FIRST- und FOLLOW-Mengen.

set-Objekte können aus Sequenzen (wie Listen, Tupel oder Strings) mittels der Konstruktor-Funktion *set*() erzeugt werden. Beispielsweise erzeugt folgende Anweisung

$$s = set(range(3))$$

eine Menge, die die Zahlen „0", „1" und „2" enthält.

Es folgt eine Liste der wichtigsten Methoden auf Mengen:

Einfügen, Löschen

$s.add(x)$	Fügt ein Element x in eine Menge s ein. Befindet sich der Wert x bereits in der Menge s, so bleibt s durch dieses Kommando unverändert. Die Methode *add* ist ein reines Kommando und liefert keinen Rückgabewert.
$s.remove(x)$	Löscht ein Element x aus der Menge s. Das Element x muss in der Menge s enthalten sein – anderfalls entsteht ein `KeyError`. Auch die Methode *remove* ist ein reines Kommando und liefert keinen Rückgabewert.

Beispiele (wir gehen davon aus, die Menge s sei jeweils durch $s=set(range(3))$ definiert):

```
>>> s.add(10)
>>> s
set([0, 1, 2, 10])
```

```
>>> s.add(2)
>>> s
set([0, 1, 2])
```

```
>>> s.remove(0)
>>> s
set([1, 2])
```

```
>>> s.remove(6)
KeyError: 6
```

Vereinigung, Schnitt

$s.union(s1)$	Liefert die Vereinigung „$s \cup s1$" zurück. Es wird also ein *set*-Objekt zurückgeliefert, das alle Elemente enthält, die sich entweder in s oder in $s1$ befinden. Die *union*-Methode ist rein funktional und lässt sowohl s als auch $s1$ unverändert.
$s.intersection(s1)$	Liefert den Schnitt „$s \cap s1$" zurück. Es wird also ein *set*-Objekt zurückgeliefert, das alle Elemente enthält, die sich sowohl in s als auch in $s1$ befinden. auch die *intersection*-Methode verändert die Parameter nicht.
$s.difference(s1)$	Liefert die Mengendifferenz „$s \backslash s1$" zurück. Es wird also ein *set*-Objekt zurückgeliefert, das alle Elemente aus s enthält, die nicht in $s1$ enthalten sind. Auch die *difference*-Methode verändert die Parameter nicht.

Wir geben einige Beispiele an und gehen dabei davon aus, dass die folgenden beiden Definitionen

```
>>> s=set('hallo welt')
>>> s1=set('hello world')
```

voranstehen:

```
>>> s.union(s1)
set(['a',' ','e','d','h',
     'l','o','r','t','w'])
```

```
>>> s.intersection(s1)
set([' ','e','h','l','o','w'])
```

```
>>> s.difference(s1)
set(['a', 't'])
```

A.5   Funktionale Programmierung

Das Paradigma der *Funktionalen Programmierung* unterscheidet sich vom Paradigma der imperativen Programmierung vor allem dadurch, dass imperativen Programme überwiegend *Anweisungen* verwenden. Eine Anweisung „tut" etwas, d. h. die verändert den Zustand des Programms bzw. des Speichers bzw. den Zustand von Peripheriegeräten (wie etwa des Bildschirms). Auch **for**- oder **while**-Schleifen sind typische Anweisungen: In jedem Schleifendurchlauf verändert sich i. A. der Zustand der Schleifenvariablen.

Funktionale Programme verwenden nur oder überwiegend Ausdrücke, die strenggenommen nichts „tun", sondern lediglich für einen bestimmten Wert stehen und kei-

ne Zustände verändern. Viele Programmierfehler entstehen, da der Programmierer den
Überblick über die durch das Programm erzeugten Zustände verloren hat. Programm-
miert man mehr mit Ausdrücken, so schließt man zumindest diese Fehlerquelle aus.
Beispielsweise lohnt es sich immer in Erwägung zu ziehen, eine „imperative" Schleife
durch eine Listenkomprehension, eine *map*-Anweisung oder eine *filter* -Anweisung zu
ersetzen.

A.5.1   Listenkomprehensionen

Listenkomprehensionen sind Ausdrücke, keine Kommandos – sie stehen also für einen
bestimmten Wert. Man kann Listenkomprehensionen als das funktionale Pendant zur
imperativen Schleife betrachten. Sie sind insbesondere für Mathematiker interessant
und leicht verständlich aufgrund ihrer an die mathematische Mengenkomprehension
angelehnte Notation. Die Menge

$$\{2 \cdot x \mid x \in \{1, \ldots 20\}, \ x \text{ durch 3 teilbar } \}$$

entspricht hierbei der Python-Liste(nkomprehension)

$$[\ 2{*}x \ \textbf{for} \ x \ \textbf{in} \ range(1{,}21) \ \textbf{if} \ x\%3{==}0 \ ]$$

Jede Listenkomprehension besteht mindestens aus einem in eckigen Klammern [...]
eingeschlossenen Ausdruck, gefolgt von einer oder mehreren sogenannten **for**-Klauseln.
Jede **for**-Klausel kann optional durch eine **if**-Klausel eingeschränkt werden.

$$[[\langle ausdr \rangle \ \textbf{for} \ \langle ausdr1 \rangle \ \textbf{in} \ \langle sequenz1 \rangle \ [\textbf{if} \ \langle bedingung1 \rangle]]$$
$$\textbf{for} \ \langle ausdr1 \rangle \ \textbf{in} \ \langle sequenz2 \rangle \ [\textbf{if} \ \langle bedingung2 \rangle] \ldots]$$

Der Bedingungsausdruck dieser **if**-Klauseln hängt i. A. ab von einer (oder mehrerer)
durch vorangegangene **for**-Klauseln gebundenen Variablen. Dieser Bedingungsausdruck
„filtert" all diejenigen Ausdrücke der jeweiligen Sequenz aus für die er den Wahrheitswert „*False*" liefert.

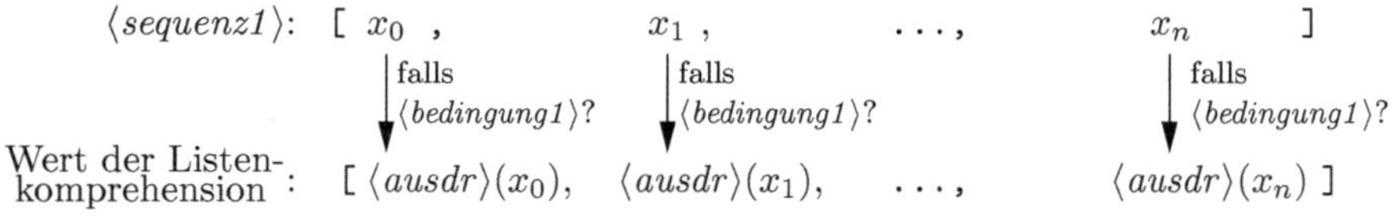

$$\langle sequenz1 \rangle\colon \ [\ x_0 \ , \qquad x_1 \ , \qquad \ldots, \qquad x_n \qquad]$$

falls $\langle bedingung1 \rangle$? falls $\langle bedingung1 \rangle$? falls $\langle bedingung1 \rangle$?

Wert der Listen-
komprehension $:$ $[\ \langle ausdr \rangle(x_0), \quad \langle ausdr \rangle(x_1), \quad \ldots, \quad \langle ausdr \rangle(x_n) \ ]$

Abb. A.1: *Funktionsweise einer Listenkomprehension mit einer **for**-Schleife und einer **if**-
Bedingung. Die Ausdrücke $\langle sequenz1 \rangle, \langle bedingung1 \rangle$ und $\langle ausdr \rangle$ beziehen sich hier auf die entsprechenden Platzhalter, die in obiger Syntaxbeschreibung verwendet wurden. Wie man sieht,
ist der Wert der Listenkomprehension immer eine Liste, deren Elemente durch Anwendung
von $\langle ausdr \rangle$ auf die einzelnen Elemente der Liste $\langle sequenz1 \rangle$ entstehen.*

Beispiele

Wir gehen in vielen der präsentierten Beispiel darauf ein, welchen Wert die einzelnen Platzhalter der obigen Syntaxbeschreibung haben, d. h. wir geben oft der Klar-
heit halber an, was der jeweilige „Wert" der Platzhalter $\langle ausdr \rangle$, $\langle ausdr1 \rangle$, $\langle sequenz1 \rangle$,
$\langle bedingung1 \rangle$, usw. ist.

i) Die Liste aller Quadratzahlen von 1^2 bis 5^2:

```
>>> [x*x for x in range(1,6) ]
[1, 4, 9, 16, 25]
```

$\langle ausdr \rangle$ entspricht hier dem Ausdruck $x*x$; $\langle sequenz1 \rangle$ entspricht $range(1,6)$. Für jeden Wert in $range(1,6)$, also für jeden Wert in $[\,1,2,3,4,5\,]$, wird ein Listeneintrag der Ergebnisliste durch Auswertung des Ausdrucks $x*x$ erzeugt. Ergebnis ist also $[1*1,\ 2*2,\ ...\ ]$. Die folgende Abbildung veranschaulicht dies nochmals:

```
   ⟨sequenz1⟩: [ 1 ,     2 ,     3 ,     4 ,     5 ]
     ⟨ausdr⟩:   |1*1    |2*2    |3*3    |4*4    |5*5
                 ▼       ▼       ▼       ▼       ▼
Wert der Listen-
  komprehension :[ 1 ,     4 ,     9 ,    16 ,    25 ]
```

ii) Die Liste aller durch 3 oder durch 7 teilbarer Zahlen zwischen 1 und 20:

```
>>> [x for x in range(1,20)
...          if x%3==0 or x%7==0 ]
[3, 6, 7, 9, 12, 14, 15, 18]
```

$\langle ausdr \rangle$ entspricht hier dem nur aus einer Variablen bestehenden Ausdruck x; $\langle sequenz1 \rangle$ entspricht $range(1,20)$; $\langle bedingung1 \rangle$ entspricht $x\%3==0$ or $x\%7==0$. Hier wird also eine Liste erzeugt die aus allen x in $range(1,20)$ besteht für die die **if**-Bedingung *True* ergibt.

Aufgabe A.15

(a) Schreiben Sie eine Pythonfunktion *teiler* (n), die die Liste aller Teiler einer als Parameter übergebenen Zahl n zurückliefert. Tipp: Am leichtesten mit Verwendung einer Listenkomprehension. Beispielanwendung:

```
>>> teiler (45)
>>> [1, 3, 5, 9, 15]
```

(b) Geben Sie – mit Verwendung der eben geschriebenen Funktion *teiler* – einen Python-Ausdruck (kein Kommando!) an, der eine Liste aller Zahlen zwischen 1 und 1000 ermittelt, die genau 5 Teiler besitzen.

(c) Geben Sie – mit Verwendung der eben geschriebenen Funktion *teiler* – einen Python-Ausdruck an, der die Zahl zwischen 1 und 1000 ermittelt, die die meisten Teiler besitzt.

iii) Die Liste aller möglichen Tupel von Zahlen aus 1 bis 10.

```
>>> [ (x,y) for x in range(1,10)
...          for y in range(1,10) ]
[(1, 1), (1, 2),  ... ,(1,9), (2,1), (2,2),  ...
(9, 9)]
```

Der Platzhalter ⟨*ausdr*⟩ entspricht in diesem Fall dem Tupel (x,y), der Platzhalter ⟨*sequenz1*⟩ entspricht $range(1,10)$ und der Platzhalter ⟨*sequenz2*⟩ entspricht $range(1,10)$. Man sieht: Es können beliebig viele **for**-Klauseln hintereinander stehen, was einer Schachtelung von **for**-Schleifen entspricht. Im ersten Durchlauf hat x den Wert 1 und y durchläuft die Zahlen von 1 bis (ausschließlich) 10; im zweiten Durchlauf hat x den Wert 2 und y durchläuft wiederum die Zahlen von 1 bis ausschließlich 10, usw. Jede dieser beiden **for**-Klauseln könnte (auch wenn dies in obigem Beispiel nicht geschieht) ein **if**-Statement verwenden, das die Werte für x bzw. y, die durchgelassen werden, einschränkt.

iv) Die jeweils ersten Zeichen von in einer Liste befindlichen Strings.

```
>>> [x[0] for x in ['alt','begin','char','do']]
['a','b','c','d']
```

Der Platzhalter ⟨*ausdr*⟩ entspricht hier dem Ausdruck $x[0]$ und der Platzhalter ⟨*sequenz1*⟩ entspricht der Stringliste ['alt','begin',...]. Die Schleifenvariable x durchläuft nacheinander die Strings 'alt', 'begin', usw. In jedem Durchlauf wird das erste Zeichen des jeweiligen Strings in die Ergebnisliste eingefügt. Die folgende Abbildung veranschaulicht dies nochmals:

```
⟨sequenz1⟩: [ 'alt' ,    'begin' , 'char' ,  'do' ]
⟨ausdr⟩:        |'alt'[0]  |'begin'[0] |'char'[0] |'do'[0]
                 v          v           v          v
Wert der Listen-
komprehension : [ 'a',      'b',        'c',       'd'    ]
```

Aufgabe A.16

Gegeben sei ein (evtl. langer) String, der '\n'-Zeichen (also Newline-Zeichen, oder Zeilentrenner-Zeichen) enthält. Geben Sie – evtl. unter Verwendung einer Listenkomprehension – einen Ausdruck an, der ...

(a) ...die Anzahl der Zeilen zurückliefert, die dieser String enthält.

(b) ...alle Zeilen zurückliefert, die weniger als 5 Zeichen enthalten.

(c) ...alle Zeilen zurückliefert, die das Wort 'Gruffelo' enthalten.

A.5.2 Lambda-Ausdrücke

Mittels des Schlüsselworts **lambda** ist es möglich „anonyme" Funktionen zu definieren – Funktionen also, die keinen festgelegten Namen besitzen, über den sie wiederholt aufgerufen werden können. Oft werden solche namenslose Funktionen in Funktionen höherer Ordnung – wie etwa *map, reduce* oder *filter* – verwendet. Folgende Tabelle beschreibt die Syntax eines Lambda-Ausdrucks.

lambda $x1,x2,...$: e	Dieser Lambda-Ausdruck repräsentiert eine Funktion, die die Argumente $x1$, $x2$, ... erwartet und den Ausdruck e (der üblicherweise von den Argumenten abhängt) zurückliefert.

Die folgenden beiden Definitionen ergeben genau dieselbe Funktion *add3*:

>>> **def** $add3(x,y,z)$: **return** $x + y + z$

>>> $add3 =$ **lambda** $x,y,z : x + y + z$

Beide der obigen Definitionen erlauben einen Aufruf wie in folgendem Beispiel gezeigt:

>>> $add3(1,2,3)$
6

Das durch den Lambda-Ausdruck erzeugte Funktionsobjekt kann auch sofort ausgewertet werden wie etwa in folgendem Beispiel:

>>> (**lambda** x,y: $x*(y-x))(2,5)$
6

A.5.3   Die *map*-Funktion

Die *map*-Funktion verknüpft mehrere Listen elementweise mit einer als Parameter übergebenen Funktion:

$map(f, l1, l2, ...)$

Die *map*-Funktion liefert als Ergebnis immer eine Liste zurück. Die *map*-Funktion ruft die Funktion f zunächst auf alle ersten Elemente der Listen $l1, l2,$ ... , auf, anschließend für alle zweiten Elemente, usw. Die Menge der so erhaltenen Werte wird als Liste zurückgeliefert.

Folgendes Beispiel zeigt die Anwendung der *map*-Funktion auf eine zweistellige Funktion f; es werden zwei Listen $[x_0, x_1, ...]$ und $[y_0, y_1, ...]$ elementweise verknüpft und daraus eine neue Liste $[e_0, e_1, ...]$ erzeugt:

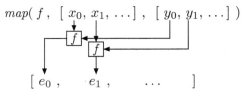

```
>>> def add(x,y): return x + y
>>> map(add, [1,3,5], [10,100,1000])
[11, 102, 1003]
```

Häufig wird ein Lambda-Ausdruck verwendet, um das als ersten Parameter erwartete Funktionsobjekt zu erzeugen – dies zeigen die folgenden beiden Beispiele:

```
>>> map(lambda x,y:x + y,
...           'Hallo','Welt!')
['HW', 'ae', 'll', 'lt', 'o!']
```

```
>>> map(lambda x,y,z: (x + y) * z,
...      [1,2,3], [4,5,6], range(10,13))
[50, 77, 108]
```

Aufgabe A.17

Verwenden Sie die *map*-Funktion, um einer (String-)Liste von Zeilen Zeilennummern hinzuzufügen. Der Ausdruck:

```
['Erste Zeile', 'Zweite Zeile', 'Und die dritte Zeile']
```

sollte also umgewandelt werden in folgenden Ausdruck:

```
['1. Erste Zeile', '2. Zweite Zeile', '3. Und die dritte Zeile']
```

A.5.4   Die *all*- und die *any*-Funktion

Die *all*-Funktion und die *any*-Funktion verknüpfen eine Menge von Wahrheitswerten mittels einer logischen Und-Verknüpfung bzw. mittels einer logischen Oder-Verknüpfung.:

$all(l)$	Liefert genau dann „*True*" zurück, wenn alle Elemente des iterierbaren Objektes l den Wahrheitswert „*True*" besitzen.
$any(l)$	Liefert genau dann „*True*" zurück, wenn mindestens ein Element des iterierbaren Objektes l den Wahrheitswert „*True*" besitzt.

Beispiele:

```
>>> all([x<10 for x in range(9)])
True
```

```
>>> any(map(str.isdigit,'124'))
True
```

A.5.5   Die *enumerate*-Funktion

Die *enumerate*-Funktion ist nützlich, wenn man sich nicht nur für die einzelnen Elemente einer Sequenz interessiert, sondern auch für deren Index in der Sequenz.

enumerate(iter)	Die *enumerate*-Funktion erhält als Argument eine iterierbares Objekt *iter* und erzeugt daraus als Ergebnis wiederum einen Iterator. Dieser enthält Paare bestehend aus einem Zähler und aus den einzelnen Elementen des als Argument übergebenen Objekts.

Beispiele:

`>>>` *enumerate(*`'Hallo'`*)* `<`*enumerate object at* ...`>`	`>>>` *[x* **for** *x* **in** *enumerate(*`'Hallo'`*)]* `[(0, 'H'), (1, 'a'), (2, 'l'), (3, 'l'), (4, 'o')]`

A.5.6 Die *reduce*-Funktion

reduce(f, l)	Verknüpft die Elemente einer Liste (bzw. einer Sequenz) nacheinander mit einer zwei-stelligen Funktion. Die Verknüpfung erfolgt von links nach rechts.

Der Aufruf ($\oplus$ stehe hierbei für einen beliebigen binären Operator)

*reduce(***lambda** *x,y:x \oplus y,* $[x_0,\ x_1,\ x_2,\ \ldots,\ x_n]$ *)*

liefert also den Wert des Ausdrucks

$$(\cdots(((x_0 \oplus x_1) \oplus x_2) \oplus \ldots) \oplus x_n)$$

zurück.

Wir verwenden die *reduce*-Funktion für die Implementierung von Hashfunktionen in Abschnitt 3.4 und für die Implementierung eines rollenden Hashs in Abschnitt 7.5.

Beispiele. Die folgende Aufzählung gibt einige Anwendungsbeispiele für die Verwendung der *reduce*-Funktion:

i) Aufsummieren aller ungeraden Zahlen von 1 bis 1000.

`>>>` *reduce(***lambda** *x,y: x + y, range(*1,1000,2*))*
250000

Berechnet die Summe $(\cdots((1+3)+5)+\ldots+999)$. Die gleiche Berechnung kann man auch mit *sum(range(*1,1000,2*))* durchführen.

ii) Verknüpfen einer Menge von Strings zu einem String der aus einer Menge von Zeilen besteht.

`>>>` *reduce(* **lambda** *x,y: x +* `'\n'` *+ y,*
    `['Erste Zeile', 'Zweite Zeile', 'Dritte Zeile'])`
`'Erste Zeile\nZweite Zeile\nDritte Zeile'`

Die als erster Parameter übergebene Funktion verkettet zwei Strings mit dem Newline-Zeichen '\n' als Trenner. Die *reduce*-Funktion verkettet ebentsprechend alle Strings in der Liste und fügt jeweils ein '\n'-Zeichen zwischen zwei Strings ein.

iii) Umwandeln einer als String repräsentierten Hexadezimal-Zahl in einen Python Integerwert unter Verwendung des *Horner-Schemas*:

Angenommen, die hexadezimale Zahl $h_0 h_1 h_2 h_3 h_4$ sei gegeben. Will man daraus die entsprechende Dezimalzahl über

$$h_0 * 16^4 + h_1 * 16^3 + h_2 * 16^2 + h_3 * 16^1 + h_4 * 16^0$$

berechnen, so ist dies wenig effizient. Es werden zur Berechnung der Potenzen sehr viele (nämlich 4+3+2) Multiplikationen durchgeführt – und Multiplikationen sind meist sehr rechenintensiv. Die gleiche Berechnung kann folgendermaßen mit weniger Multiplikationen durchgeführt werden:

$$(((h_0 * 16 + h_1) * 16 + h_2) * 16 + h_3) * 16 + h4$$

Dieses Berechnungs-Schema ist das sog. *Horner-Schema*. Eine Implementierung kann elegant mit Hilfe der *reduce*-Funktion erfolgen:

```
>>> hexNum = '12fb3a'
>>> reduce(lambda x,y: 16 * x + y,
           [c2h(h) for h in hexNum])
1243962
```

Wir nehmen an, *c2h* wandelt eine als String repräsentierte hexadezimale Ziffer in einen Zahlenwert um. Die Listenkomprehension $[c2h(h)$ **for** h **in** $hexNum]$ erzeugt zunächst eine Liste der Integerwerte, die den einzelnen Ziffern in *hexNum* entsprechen – hier wäre das die Liste [1,2,15,11,3,10]. Die *reduce*-Funktion verknüpft dann die Elemente der Liste mit als Lambda-Ausdruck spezifizierten Funktion und verwendet so das Horner-Schema um die Dezimalrepräsentation der Hexadezimalzahl '12fb3a' zu berechnen.

Aufgabe A.18

Verwenden Sie die *reduce*-Funktion, um eine Funktion *max(lst)* zu definieren, die das maximale in *lst* befindliche Element zurückliefert.

Aufgabe A.19

Verwenden Sie die *reduce*-Funktion, um eine Liste von Tupeln „flachzuklopfen" und in eine einfache Liste umzuwandeln. Beispiel: Die Liste [(1,10), ('a','b'), ([1], [2])] sollte etwa in die Liste [1,10,'a','b',[1],[2]] umgewandelt werden.

Aufgabe A.20

Implementieren Sie die Funktionen *any* und *all* mittels der *reduce*-Funktion.

A.6 Vergleichen und Sortieren

Zum Einen beschreibt Abschnitt 2 Sortieralgorithmen, zum Anderen verwenden viele in diesem Buch vorgestellten Algorithmen Sortierfunktionen – etwa einige Heuristiken zur Lösung des Travelling-Salesman-Problems (etwa der in Abschnitt 8.5.3 vorgestellte genetische Algorithmus und der in Abschnitt 8.6 vorgestellte Ameisen-Algorithmus).

A.6.1 Vergleichen

Für viele in diesem Buch vorgestellten Algorithmen ist es wichtig genau zu verstehen, wie Werte in Python verglichen werden. Während intuitiv klar sein dürfte, dass Zahlenwerte einfach ihrer Größe nach verglichen werden, bedarf es einer kurzen Erläuterung was Vergleiche von Werten zusammengesetzter Typen oder Vergleiche von Werten unterschiedlicher Typen betrifft.

Vergleiche mit *None*. Der Wert *None* wird von Python immer als kleiner klassifiziert als jeder andere Wert. Beispiele:

>>> *None* < 0 *True*	>>> *None* < -*float*(`'inf'`) *True*	>>> *None* < *False* *True*	>>> *None* < *None* *False*

Anmerkung: Der Python-Wert *float*(`'inf'`) steht für den mathematischen Wert ∞ („Unendlich"), Der Python-Wert -*float*(`'inf'`) steht entsprechend für den mathematischen Wert $-\infty$ („Minus Unendlich").

Vergleiche mit booleschen Werten. Bei Vergleichen mit Booleschen Werten muss man sich lediglich darüber im Klaren sein, dass in Python der boolesche Wert „*False*" der Zahl „0" und der boolesche Wert „*True*" der Zahl „1" entspricht:

>>> *False* == 0 *True*	>>> *True* == 1 *True*

Vergleiche zwischen booleschen Werten und Zahlen ergeben dementsprechende Ergebnisse. Beispiele:

>>> *False* < *True* *True*	>>> *False* < -1 *False*	>>> *True* < 10 *True*

Vergleiche von Sequenzen. Sequenzen sind in Python lexikographisch geordnet, d. h. zwei Sequenzen werden von links nach rechts verglichen; die erste Stelle, die sie unterscheidet, entscheidet darüber, welche der Sequenzen kleiner bzw. größer ist. Dies entspricht genau der Art und Weise, wie Namen in einem Telefonbuch angeordnet sind: Die Namen werden zunächst nach dem linkesten Buchstaben sortiert; besitzen zwei Namen denselben linkesten Buchstaben, so entscheidet der nächste Buchstabe über deren Anordnung, usw.

Beispielsweise gilt

```
>>> 'aachen' < 'aalen'
True
```

da sich die ersten beiden Stellen nicht unterscheiden und `'c' < 'l'` gilt.

Außerdem werden kürzere Sequenzen – bei identischem Präfix – als kleiner klassifiziert. Einige weitere Beispiele für Vergleiche von Sequenzen:

`>>> [2,100] < [3,1]` *True*	`>>> [0] < [1]` *True*	`>>> [0] < [0,0,0]` *True*	`>>> [] < [0]` *True*

Zahlen werden in Python immer als kleiner klassifiziert als Werte zusammengesetzter Typen. Einige Beispiele:

`>>> 0 < [0]` *True*	`>>> [0] < [[0]]` *True*	`>>> 100 < []` *True*

A.6.2   Sortieren

Python bietet eine destruktive Sortierfunktion *sort* (die keinen Rückgabewert liefert) und eine nicht-destruktive Sortierfunktion *sorted* (die die sortierte Version der Sequenz als Rückgabewert liefert) an. Die Funktion *sort* sortiert in-place, ist also speichereffizienter und schneller als die Funktion *sorted*, die zunächst eine neue Kopie der Sequenz anlegen muss.

Ein Beispiel für die unterschiedliche Funktionsweise von *sort* und *sorted*; in beiden Fällen sei definiert:

$$l = list(\texttt{'Python'})$$

`>>> sorted(l)`
`['P', 'h', 'n', 'o', 't', 'y']`
	`>>> l.sort()`
	`>>> l`
	`['P', 'h', 'n', 'o', 't', 'y']`

Sortieren nach bestimmten Eigenschaften. Häufig möchte man eine Sequenz von Werten nicht nach der üblichen (i. A. lexikographischen) Ordnung, sondern stattdessen nach einer selbst bestimmten Eigenschaften sortieren. Möchten man etwa eine Liste von Strings (anstatt lexikographisch) der Länge der Strings nach sortieren, so könnte man wie folgt vorgehen: Zunächst „dekoriert" man die Strings mit der Information, die für die gewünschte Sortierung relevant ist – in diesem Fall würde man also jeden String mit seiner Länge dekorieren und eine Liste von Tupeln der Form $(len(s), s)$ erzeugen. Ein Sortierung dieser Tupelliste bringt das gewünschte Ergebnis: Die Tupel werden nach ihrer erste Komponente (d. h. ihrer Länge nach) sortiert; besitzen zwei Tupel dieselbe erste Komponente (d. h. besitzen die entsprechenden Strings dieselbe Länge), so werden diese nach ihrer zweiten Komponente geordnet, also lexikographisch nach ihrem

Namen. Anschließend müsste man die für die Sortierung relevante „Dekoration" wieder entfernen. In dieser Weise könnte man etwa folgendermaßen Pythons Stringmethoden ihrer Länge nach sortieren:

```
1 >>> methods = [(len(s),s) for s in dir(str)]
2 >>> methods.sort()
3 >>> methods = [s for l,s in methods]
4 >>> methods
5 ['find', 'join', 'count', 'index', 'ljust', 'lower', 'rfind', 'rjust', ...]
```

(Wir erinnern uns: *dir(str)* erzeugt die Liste aller Methoden des Typs *str*.)

Die Dekoration erfolgt durch die Listenkomprehension in Zeile 1, das Entfernen der Dekoration erfolgt durch die Listenkomprehension in Zeile 3.

Pythons Sortierfunktionen bieten die Möglichkeit, sich diese „Dekorationsarbeiten" abnehmen zu lassen. Den Funktionen *sort* und *sorted* kann man mittels eines sog. *benannten Parameters „key"* eine Funktion übergeben, deren Rückgabewert für die Sortierung verwendet wird. Dadurch kann man Pythons Stringmethoden folgendermaßen ihrer Länge nach sortieren:

```
1 >>> methods = dir(str)
2 >>> methods.sort(key=len)
3 >>> methods
4 ['find', 'join', 'count', 'index', 'ljust', 'lower', 'rfind', 'rjust', ...]
```

Häufig gibt man den „*key*"-Parameter mittels eines Lambda-Ausdrucks an. Folgendermaßen könnte man etwa Pythons Stringmethoden sortiert nach der Anzahl der enthaltenen 'e's sortieren; die Sortierung erfolgt in diesem Beispiel übrigens absteigend, was durch den benannten Parameter „*reverse*" festgelegt werden kann:

```
1 >>> methods=dir(str)
2 >>> methods.sort(key=lambda s: s.count('e'), reverse=True)
3 >>> methods
4 ['__reduce_ex__', '_formatter_field_name_split', '__getattribute__', ...]
```

Aufgabe A.21

Sortieren Sie die Zeilen einer Datei `test.txt` ...

(a) ... absteigend ihrer Länge nach.

(b) ... der Anzahl der enthaltenen Ziffern nach.

(c) ... der Anzahl der enthaltenen Wörter (verwenden Sie die String-Methode *split*)
nach.

(d) ... der Länge des längsten Wortes der jeweiligen Zeile nach.

Hinweis: Die Zeilen der Datei `test.txt` können Sie folgendermaßen auslesen:
$$open('\texttt{test.txt}').readlines()$$

A.7   Objektorientierte Programmierung

Zentral für die objektorientierte Programmierung ist die Möglichkeit neue *Klassen* erzeugen zu können. Eine Klasse ist eigentlich nichts anderes als ein Python-Typ, genau wie *int*, *string*, *list* oder *dict*. Die Syntax zur Erzeugung einer neuen Klasse lautet:

class $\langle name \rangle$: $\langle kommando_1 \rangle$ ... $\langle kommando_n \rangle$	Erzeugt eine neue Klasse mit Namen $\langle name \rangle$. Jedesmal, wenn ein Objekt dieser Klasse erzeugt wird, werden $\langle kommando_1 \rangle$, ... $\langle kommando_n \rangle$ ausgeführt. Häufig befinden sich unter den Kommandos Methoden-Definitionen (d. h. relativ zur Klasse lokale Funktionen) oder Definitionen von Klassenvariablen.

Listing A.33 zeigt ein Beispiel für eine sehr einfache Klassendefinition:

```
1  class Auto:
2    typ = 'VW Golf'
3    def sagHallo(self):
4      print 'Hallo, ich bin ein Auto'
```

Listing A.33: Definition einer einfachen Klasse

In Zeile 2 wird eine relativ zur Klassendefinition lokale Variable *typ* definiert; eine solche lokale Variable nennt man im Sprachjargon der Objektorientierten Programmierung als *Klassenattribut*. In Zeile 4 wird eine Funktion *sagHallo* definiert; im Sprachjargon der Objektorientierten Programmierung wird eine solche lokale Funktion als Methode bezeichnet. Jede Methode *muss* als erstes Argument den Parameter „ *self* " übergeben bekommen; *self* enthält immer die Referenz auf das Objekt selbst; so kann innerhalb der Methode etwa auf Attribute des Objekts zugegriffen werden. Bei jedem Methodenaufruf wird self immer explizit mit übergeben.

Durch folgende Anweisung

>>> *einAuto* = *Auto*()

kann man eine *Instanz* der Klasse erzeugen, im OO-Sprachjargon üblicherweise auch als ein *Objekt* (in diesem Fall der Klasse *Auto*) bezeichnet. Auf das Attribut *typ* kann man mittels *einAuto.typ* zugreifen, und auf die Methode *sagHallo* kann man mittels *einAuto.sagHallo* zugreifen – dadurch erhält die Methode implizit als erstes Argument das Objekt *einAuto*; in der Definition von *sagHallo* wird dieses allerdings nicht verwendet.

>>> *einAuto.typ*
'VW Golf'
>>> *einAuto.sagHallo*()
'Hallo, ich bin ein Auto'

Enthält eine Klassendefinition die Methode *__init__*, so wird diese Methode bei jedem Erzeugen eines Objektes automatisch ausgeführt. Neben dem obligaten Argument *self* kann die *__init__*-Methode noch weitere Argumente enthalten; die Erzeugung von Objekten kann so abhängig von bestimmten Parametern erfolgen. Listing A.34 zeigt eine modifizierte Definition der Klasse *Auto* die bei der Objekterzeugung zwei Parameter *t* und *f* erwartet:

```
1  class Auto:
2     anzAutos = 0
3
4     def __init__ ( self, t, f):
5        self.typ = t
6        self.farbe = f
7        Auto.anzAutos += 1
8
9     def __del__ ( self ):
10       Auto.anzAutos -= 1
11
12    def ueberDich( self ):
13       print "Ich bin ein %ser %s; du hast momentan %d Autos" % \
14          ( self.farbe, self.typ, Auto.anzAutos)
```

Listing A.34: Definition einer komplexeren Auto-Klasse

Bei der Erzeugung einer neuen Instanz von *Auto* wird nun immer automatisch die *__init__*-Methode ausgeführt, die neben *self* zwei weitere Argumente erwartet, die dann in Zeile 6 und 7 den (Objekt-)Attributen *typ* und *farbe* zugewiesen werden. Man kann mittels *self.typ* bzw. *self.farbe* auf die Attribute *typ* bzw. *farbe* des aktuellen Objektes zugreifen.

Die Attribute *self.typ* und *self.farbe* gehören also zu *einem* bestimmten Objekt der Klasse *Auto* und können für unterschiedliche Objekte unterschiedliche Werte annehmen.

Dagegen ist das in Zeile 2 definierte Attribut *anzAutos* ein Klassenattribut, d. h. es gehört nicht zu einer bestimmten Instanz von *Auto*, sondern ist global für alle Objekte der Klasse sichtbar; Gleiches gilt für alle Methodendeklarationen – auch sie sind global für alle Objekte der Klasse sichtbar.

Bei jeder Erzeugung einer Klasseninstanz erhöhen wir die Variable *anzAutos* um Eins. Die in Zeile 10 definierte spezielle Methode *__del__* wird immer dann automatisch aufgerufen, wenn mittels des **del**-Kommandos ein Objekt der Klasse gelöscht wird; in Zeile 11 erniedrigen wir die Variable *anzAutos* um Eins, wenn ein Objekt gelöscht wird.

In folgendem Beispiel werden drei verschiedene Variablen vom Typ *Auto* erzeugt:

```
>>> a1 = Auto("Mercedes-Benz", "gruen")
>>> a2 = Auto("BMW", "rot")
>>> a3 = Auto("VW Golf", "schwarz")
```

Nun können wir uns mittels der Methode *ueberDich* Informationen über das jeweilige Objekt ausgeben lassen:

```
>>> a1.ueberDich()
Ich bin ein gruener Mercedes-Benz; du hast momentan 3 Autos
>>> del(a1)
>>> a2.ueberDich()
Ich bin ein roter BMW; du hast momentan 2 Autos
```

Man kann auch eine neue Klasse erzeugen, die auf den Attributen und Methoden einer anderen Klasse basiert – im OO-Jargon nennt man das auch Vererbung. Falls uns das Alter eines Autos nur dann interessiert, wenn es sich um einen Oldtimer handelt, dann könnten wir eine Klasse *Oldtimer* wie folgt definieren:

```
1  class Oldtimer(Auto):
2    def __init__ ( self, t, f, a):
3      Auto. __init__ ( self, t, f)
4      self. alter = a
5    def ueberDich(self):
6      Auto.ueberDich(self)
7      print "Ausserdem bin ich %d Jahr alt" % self.alter
```

Wie man sieht, muss man die *__init__* -Methode der Basisklasse explizit aufrufen; Gleiches gilt auch für andere gleichlautende Methoden: die Methode *ueberDich* muss die gleichlautende Methode der Basisklasse explizit aufrufen. Wir können nun ein Objekt vom Typ *Oldtimer* folgendermaßen erzeugen und verwenden:

```
>>> o1 = Oldtimer("BMW", "grau", 50)
>>> o1.ueberDich()
Ich bin ein grauer BMW; du hast momentan 3 Autos
Ausserdem bin ich 50 Jahr alt
```

Basisklassen modellieren i. A. allgemeinere Konzepte und daraus abgeleitete Klassen modellieren entsprechend spezialisiertere Konzepte, wie es ja im Falle von *Auto* und *Oldtimer* auch der Fall ist: „Oldtimer" ist ein Spezialfall von einem „Auto".

Neben der $\_init\_$-Methode und der $\_del\_$-Methode gibt es in Python noch eine Reihe weiterer Methoden mit spezieller Bedeutung, unter Anderem:

- $\_str\_$ (*self*): Diese Methode berechnet die String-Repräsentation eines bestimmten Objektes; sie wird durch Pythons interne Funktion *str*(...) und durch die **print**-Funktion aufgerufen.

- $\_cmp\_$(*self*, *x*): Diese Methode wird bei Verwendung von Vergleichsoperationen aufgerufen; sie sollte eine negative ganze Zahl zurückliefern, falls *self*<*x*; sie sollte 0 zurückliefern, falls *self*==*x*; sie sollte eine positive ganze Zahl zurückliefern, falls *self*>*x*.

- $\_getitem\_$ (*self*, *i*): Wird bei der Auswertung des Ausdrucks *self* [*i*] ausgeführt.

- $\_setitem\_$ (*self*, *i*, *v*): Wird bei einer Zuweisung *self* [*i*]=*v* ausgeführt.

- $\_len\_$ (*self*): Wird bei der Ausführung der Python internen Funktion *len*(...) aufgerufen.

A.7.1 Spezielle Methoden

Python interpretiert einige Methoden, deren Namen stets mit „$\_$" beginnen und mit „$\_$" enden, in einer besonderen Weise. Ein Beispiel haben wir hierbei schon kennengelernt: die $\_init\_$-Methode, die immer dann aufgerufen wird, wenn eine neue Instanz einer Klasse erzeugt wird. Wir lernen im Folgenden noch einige weitere (nicht alle) solcher Methoden kennen.

B   Mathematische Grundlagen

B.1   Mengen, Tupel, Relationen

B.1.1   Mengen

Eine *Menge* fasst mehrere Elemente (z. B. Zahlen, Knoten, Strings, . . .) zu einer Einheit zusammen. Üblicherweise werden die geschweiften Klammern „{" und „}" verwendet, um eine Menge darzustellen. Eine Menge, die kein Element enthält, wird als die *leere Menge* bezeichnet und üblicherweise durch das Symbol $\emptyset$ notiert. Die Notation einer Menge erfolgt entweder über das Aufzählen ihrer Elemente, wie etwa in folgenden Beispielen:

$$\{1, 10, 100, 2, 20, 200\} \qquad \{a, b, c\} \qquad \{\{1, 2\}, \{8, 9\}, \emptyset, 200\}$$

oder durch eine sog. *Mengenkomprehension*, wie etwa in folgenden Beispielen:

$$\{x \mid x \in \mathbb{N} \ \wedge (x \leq 100 \ \vee x \geq 1000) \ \} \qquad \{x^3 \mid x \in \mathbb{N} \ \wedge \ x \leq 10\}$$

Mengenkomprehensionen ähneln Python's Listenkomprehensionen.

Im Gegensatz zu (mathematischen und Python's) Tupeln und Python's Listen sind Mengen nicht geordnet, d. h. es gibt keine Reihenfolge der Elemente in einer Liste und zwei Mengen gelten als gleich, wenn sie die gleichen Elemente enthalten. Beispielsweise gilt also

$$\{1, 2, 3\} = \{3, 2, 1\} \quad \text{bzw. in Python} \quad set(\,[1,2,3\,]) \; == \; set([3,2,1])$$

B.1.2   Tupel

Auch *Tupel* fassen mehrere Elemente zu einer Einheit zusammen. Im Gegensatz zu Mengen sind sie allerdings geordnet, d. h. die Reihenfolge in der die Elemente im Tupel notiert sind spielt eine Rolle. Daher gilt beispielsweise

$$(x, y) \neq (y, x) \quad \text{falls } x \neq y$$

Das *Kreuzprodukt* zweier Mengen A und B – notiert als $A \times B$ – bezeichnet die Menge aller Tupel, deren erste Komponente Elemente aus A und deren zweite Komponente Elemente aus B enthalten. Formaler kann das Kreuzprodukt folgendermaßen definiert werden:

$$A \times B := \{(x, y) \mid x \in A \ \wedge y \in B\}$$

Kreuzprodukte werden beispielsweise bei der Definition von gerichteten Graphen (siehe Abschnitt 5) verwendet oder bei der Definition von Produktionen einer Grammatik (siehe Abschnitt 6.1).

Mathematische Tupel entsprechen Pythons Tupel und Pythons Listen in der Hinsicht, dass die Reihenfolge der Elemente eine Rolle spielt. Mathematische Mengen entsprechen Objekten mit Pythons *set*-Typ.

B.1.3 Relationen

Formal definiert sich eine Relation über den Mengen A und B als eine Teilmenge des Kreuzproduktes $A \times B$ der beiden Mengen. Relationen werden dazu verwendet, Elemente aus A mit Elementen aus B in Beziehung zu setzen. Beispielsweise stellen folgende Mengen Relationen dar über der Menge $\mathbb{N}$ und der Menge $\{a, b, c\}$ dar:

$$\{(1,a),(2,b),(3,c)\} \quad , \quad \emptyset \quad , \quad \{(i,1) \mid i \in \mathbb{N}\}$$

Im Folgenden beschreiben wir wichtige Eigenschaften, die eine Relation haben kann; insbesondere ein Verständnis davon, was „*transitiv*" bedeutet ist eine Voraussetzung für das Verständnis einiger beispielsweise einiger Graphalgorithmen (etwa dem Warshall-Algorithmus – siehe Abschnitt 5.3.2). Eine Reflexion $\mathcal{R} \subseteq A \times A$ heißt ...

- ... **reflexiv** , falls $\forall x \in A : (x,x) \in \mathcal{R}$. Eine Relation heißt also genau dann reflexiv, wenn sich alle *alle* Tupel der Form (x,x) für $x \in A$ in $\mathcal{R}$ befinden.

- ... **symmetrisch** , falls $(x,y) \in \mathcal{R} \Rightarrow (y,x) \in \mathcal{R}$. Eine Relation heißt alos genau dann symmetrisch, wenn es zu jedem (x,y) in $\mathcal{R}$ auch ein (y,x) in $\mathcal{R}$ gibt.

- ... **anti-symmetrisch** , falls $(x,y) \in \mathcal{R} \wedge (y,x) \in \mathcal{R} \Rightarrow x = y$. Eine Relation heißt also genau dann anti-symmetrisch, wenn es keine zwei Elemente (x,y) und (y,x) mit $x \neq y$ in $\mathcal{R}$ gibt. Man beachte, dass „nicht symmetrisch" nicht gleich „anti-symmetrisch" ist.

- ... **transitiv** , falls $(x,y) \in \mathcal{R} \wedge (y,z) \in \mathcal{R} \Rightarrow (x,z) \in \mathcal{R}$. Eine Relation heißt also genau dann transitiv, wenn – falls zwei Elemente x und z indirekt miteinander in Relation stehen – sie automatisch auch immer direkt miteinander in Relation stehen müssen.

Einige Beispiele:

- $\mathcal{R}_1 = \{(1,3),(1,1)\}$ ist nicht reflexiv (z.B. $(2,2)$ fehlt), nicht symmetrisch (z.B. $(3,1)$ fehlt), anti-symmetrisch, und transitiv (die Transitivitäts-Bedingung kann mit den beiden vorhandenen Tupeln nicht verletzt werden).
- $\mathcal{R}_2 = \emptyset$ ist nicht reflexiv, symmetrisch (es sind keine Tupel in der Relation, die die Symmetriebedingung verletzen könnten), anti-symmetrisch und transitiv.
- $\mathcal{R}_3 = \{(x,y) \mid x,y \in \mathbb{N}, \ x = y\}$ ist reflexiv, anti-symmetrisch und transitiv.

Aufgabe B.1

Betrachten Sie die folgenden Relationen und begründen Sie, ob diese reflexiv, symmetrisch, anti-symmetrisch oder transitiv sind.

(a) $\mathcal{R}_4 = \{(x,y) \mid x,y \in \mathbb{R}$ und x teilt $y\ \}$

(b) $\mathcal{R}_5 = \{(x,y) \mid x,y \in \mathbb{N} \wedge x \leq 10 \wedge y \geq 100\}$

(c) $\mathcal{R}_6 = \{(x,y) \mid x,y \in \{a,b,\ldots,z\}$ und x kommt im Alphabet vor $y\ \}$

(d) $\mathcal{R}_7 = \mathbb{N} \times \mathbb{N}$

Aufgabe B.2

Schreiben Sie eine Python-Funktion ...

(a) ... *isReflexive* (*A,R*), die testet, ob die als Sequenz von Paaren übergebene Relation R reflexiv ist. Der Parameter A soll hierbei die Grundmenge spezifizieren. Beispielanwendung:

```
>>> isReflexive ( [ 1,2,3,4 ], [   (1,1),(1,2),(2,2),(4,2),(3,3),(4,4)   ])
>>> True
```

(b) ... *isSymmetric*(*A,R*), die testet, ob die als Sequenz von Paaren übergebene Relation R symmetrisch ist. Der Parameter A soll hierbei die Grundmenge spezifizieren.

(c) ... *isAntiSymmetric*(*A,R*), die testet, ob die als Sequenz von Paaren übergebene Relation R anti-symmetrisch ist. Der Parameter A soll hierbei die Grundmenge spezifizieren.

(d) ... *isTransitive* (*A,R*), die testet, ob die als Sequenz von Paaren übergebene Relation R transitiv ist. Der Parameter A soll hierbei die Grundmenge spezifizieren.

Die *transitive Hülle* einer Relation $\mathcal{R}$ ist definiert als die „kleinste" (betreffend der Ordnungsrelation „$\subseteq$"; d.h. mit möglichst wenig Elementen) transitive Relation, die $\mathcal{R}$ enthält.

Aufgabe B.3

Was ist die transitive Hülle der Relation ...

(a) $\mathcal{R} = \{(1,2),(2,1),(4,1),(2,3)\}$, über $A = \{1,2,3,4,5\}$

(b) $\mathcal{R} = \{(4,2),(1,2),(2,3),(3,4)\}$, über $A = \{1,2,3,4,5\}$

B.1.4   Vollständige Induktion

Die Beweistechnik der vollständigen Induktion wird in der Mathematik häufig verwendet, wenn es um Beweise von Aussagen über ganze Zahlen geht. Aussagen dieser Art sind in der diskreten Mathematik und der Zahlentheorie – und damit auch in der Algorithmik – häufig anzutreffen.

Außerdem lohnt sich ein Verstehen dieser Beweistechnik schon allein deshalb, weil diese eng verwandt mit der Implementierungstechnik der Rekursion ist.

Ein Induktionsbeweis einer über eine ganze Zahl parametrierten Aussage $A(n)$ – die im nächsten Abschnitt vorgestellte Summenformel ist etwa eine solche Aussage – gliedert sich in zwei Teile:

Induktionsanfang: Hier wird die Aussage zunächst für den Fall $n = 0$ bzw. $n = 1$ – bzw. je nachdem ab welchem n die zu zeigende Aussage gültig ist – gezeigt. Der Induktionsanfang ist eng verwandt mit dem Rekursionsabbruch.

Induktionsschritt: Hier wird die Implikation $A(k) \Rightarrow A(k + 1)$ gezeigt. Man geht also zunächst hypothetisch davon aus, dass $A(k)$ gilt und versucht aus dieser Annahme (auch als *Induktionshypothese* bezeichnet) die Gültigkeit der Aussage $A(k+1)$ abzuleiten. Man beachte hier wiederum die Analogie mit der Rekursion: Auch bei der Programmierung des Rekursionsschritts muss man davon ausgehen, dass der Aufruf mit dem „kleineren" Argument das richtige Ergebnis liefert; aus dieser Annahme versucht man dann, das Ergebnis für das größere Argument zu konstruieren.

Wir geben ein Beispiel und zeigen über vollständige Induktion, dass für alle $n \in \mathbb{N}$ der Ausdruck $4n^3 - n$ immer durch 3 teilbar ist.

- Induktionsanfang: Es gilt $4 \cdot 1^3 - 1 = 3$ ist durch 3 teilbar.
- Induktionsschritt: Wir nehmen als an, dass $4k^3 - k$ durch 3 teilbar sei und wollen unter Verwendung dieser Annahme zeigen, dass dann auch $4(k + 1)^3 - (k + 1)$ durch 4 teilbar ist:

$$4(k + 1)^3 - (k + 1) = 4(k^3 + 3k^2 + 3k + 1) - k - 1 = 4k^3 + 12k^2 + 11k + 3$$
$$= (4k^3 - k) + (12k^2 + 12k + 3) = (4k^3 - k) + 3(4k^2 + 4k + 1)$$

Da laut Induktionshypothese der linke Summand durch drei teilbar ist und auch der rechte Summand durch 3 teilbar ist, ist der Induktionsschritt gezeigt.

B.1.5   Summenformel

Satz 1

Es gilt für alle $n \in \mathbb{N}$, dass

$$\sum_{i=1}^{n} = \frac{n \cdot (n + 1)}{2}$$

Am einfachsten lässt sich der Satz mit vollständiger Induktion über n beweisen. Ein konstruktiver Beweis, wie er wohl schon vom jungen Carl-Friedrich Gauß erfolgte, verwendet die Tatsache, dass sich die Summe der ersten n Zahlen zusammen mit der Summe der rückwärts gezählten ersten n Zahlen einfach berechnen lässt. Es gilt nämlich:

$$\sum_{i=1}^{n} + \sum_{i=n}^{1} = 1 + 2 + \ldots n - 1 + n$$
$$+ n + n - 1 + \ldots 2 + 1$$
$$= (n+1) + \ldots + (n+1)$$
$$= n \cdot (n+1)$$

B.2   Fibonacci-Zahlen

Leonardo da Pisa, auch unter dem Namen „Fibonacci" bekannt, war ein italienischer Mathematiker und vielleicht einer der bedeutensten Mathematiker des Mittelalters. Er veröffentlichte das „Buch der Rechenkunst" (Liber abbaci) das in seinem Anspruch und seiner theoretischen Durchdringung vieler mathematischer Fragestellungen (vor allem aus dem Bereich der natürlichen Zahlen) weit über Niveau anderer mittelalterlicher Werke hinausging.

Definition. Der Wert der i-ten Fibonacci-Zahl F_i (für $i \geq 0$) lässt sich wie folgt rekursiv definieren:

$$F_0 = 0$$
$$F_1 = 1$$
$$F_i = F_{i-2} + F_{i-1}, \quad \text{für } i \geq 2$$

Wenden wir diese Definition an, so erhalten wir also:

$$F_2 = F_0 + F_1 = 1,$$
$$F_3 = F_2 + F_1 = 2,$$
$$F_4 = F_3 + F_2 = 3,$$
$$\ldots$$

Folgende Pythonprozedur setzt direkt die Definition um und berechnet die n-te Fibonacci-Zahl:

```
def F(n):
    if n==0: return 0
    if n==1: return 1
    return F(n-2) + F(n-1)
```

Aufgabe B.4

(a) Erklären Sie, warum die Laufzeit von der eben vorgestellten Python-Funktion „F" sehr ungünstig ist und schätzen Sie die Laufzeit ab.

(b) Implementieren Sie eine nicht-rekursive Funktion $fib(n)$, die die Liste der ersten n Fibonacci-Zahlen berechnet. Anstatt rekursiver Aufrufe sollten die Fibonacci-Zahlen in einer Liste gespeichert werden und bei der Berechnung des nächstens Wertes auf die schon in der Liste gespeicherten Werte zurückgegriffen werden.

(c) Geben Sie unter Verwendung von fib einen Python-Ausdruck an, der überprüft, ob die Formel

$$F_{n+2} = 1 + \sum_{i=0}^{n} F_n$$

für alle $n \leq 1000$ gilt.

Eigenschaften. Um Laufzeit-Eigenschaften von Fibonacci-Heaps zu zeigen, benötigen wir einige Eigenschaften von Fibonacci-Zahlen.

Satz 2

Sei F_i die i-te Fibonacci-Zahl. Dann gilt, dass

$$F_{n+2} = 1 + \sum_{i=0}^{n} F_i$$

Wir zeigen Satz 2 durch vollständige Induktion über n.

$n = 0$: In diesem Fall ist zu zeigen, dass $F_2 = 1$; nach Definition der Fibonacci-Zahlen ist dies offensichlich der Fall.

$k - 1 \to k$: Es gilt

$$F_{k+2} = F_{k+1} + F_k \overset{\text{I.H.}}{=} (1 + \sum_{i=0}^{k-1}) + F_k = 1 + \sum_{i=0}^{k} F_i$$

womit der Induktionsschritt und damit die Aussage bewiesen ist.

Satz 3

Für alle $n \in \mathbb{N}$ gilt, dass $F_{n+2} \geq \varphi^n$, wobei $\varphi = (1 + \sqrt{5})/2$ (der „Goldene Schnitt") ist.

Auch Satz 3 können wir einfach durch vollständige Induktion über $n \geq 2$ zeigen.

$n = 2$: Es gilt, dass $F_2 = 1 \geq \varphi^0 = 1$.

$> k \to k$: Es gilt:

$$F_{k+2} = F_k + F_{k+1} \overset{\text{I.H.}}{\geq} \varphi^{k-2} + \varphi^{k-1} = \varphi^{k-2}(1 + \varphi) = \varphi^{k-2}\varphi^2$$

Zur Begründung des letzten Schritts bleibt zu zeigen, dass $1 + \varphi = \varphi^2$:

$$\varphi^2 = \left(\frac{1 + \sqrt{5}}{2}\right)^2 = \frac{1 + 2\sqrt{5} + 5}{4} = \frac{2(3 + \sqrt{5})}{4} = \frac{2 + 1 + \sqrt{5}}{2} = 1 + \varphi$$

Damit ist auch der Induktionsschritt und somit die Aussage gezeigt.

B.3   Grundlagen der Stochastik

Die Stochastik befasst sich mit der Untersuchung von Zufallsexperimenten und mit Gesetzmäßigkeiten der Eintrittswahrscheinlichkeit von Ereignissen. Für unsere Belange genügen die Grundlagen der Stochastik etwa für die Analyse der Average-Case-Laufzeiten von Algorithmen (hierfür arbeitet man häufig mit Zufallsvariablen – wie etwa bei der Average-Case-Analyse von Quicksort – siehe Abschnitt 2.3.3) oder für das Verständnis von randomisierten Algorithmen und Datenstrukturen wie etwa Bloomfilter (siehe Abschnitt 3.5) oder Skip-Listen (siehe Abschnitt 3.6).

B.3.1   Wahrscheinlichkeitsraum

Bei der Modellierung „unsicherer" Situationen definiert man sich einen *Wahrscheinlich-keitsraum*, der meist mit dem griechischen Buchstaben Ω („Omega") bezeichnet wird und folgendermaßen definiert ist.

Definition B.1   *Wahrscheinlichkeitsraum, Elementarereignis*

Ein (diskreter) Wahrscheinlichkeitsraum ist bestimmt durch ...

- ... eine Menge $\Omega = \{e_0, e_1, \ldots\}$ von Elementarereignissen.
- ... eine Zuordnung der Elementarereignisse e_i zu einer Wahrscheinlichkeit $\Pr[e_i]$, wobei gelten muss:
    1. $0 \leq \Pr[e_i] \leq 1$
    2. $\sum_{e \in \Omega} \Pr[e] = 1$

Entscheidend ist insbesondere die Eigenschaft, dass die Summe der Wahrscheinlichkeiten aller Elementarereignisse immer eins sein muss, d. h. ein Wahrscheinlichkeitsraum muss insofern „vollständig" sein, als dass immer sicher (eben mit Wahrscheinlichkeit „1") eines der Elementarereignisse eintreten muss.

Beispielsweise könnte man für die Modellierung eines Zufallsexperiments „Würfeln mit einem sechsseitigen Würfel" den Wahrscheinlichkeitsraum $\Omega = \{1, 2, 3, 4, 5, 6\}$ mit $\Pr[e] = 1/6$ für alle $e \in \Omega$ wählen.

Neben Elementarereignissen ist auch der Begriff des „Ereignisses" wichtig:

Definition B.2 *Ereignis*

Eine Menge $E \subseteq \Omega$ heißt Ereignis. Die Wahrscheinlichkeit $\Pr[E]$ ist definiert als

$$\Pr[E] = \sum_{e \in E} \Pr[e]$$

In gewissem Sinn ist also der „Operator" Pr überladen und sowohl für Elementarereignisse als auch für Mengen von Elementarereignissen definiert.

Einfache Eigenschaften. Es gilt:

- $\Pr[\emptyset] = 0$
- $\Pr[\Omega] = 1$
- $\Pr[E] = 1 - \Pr[\overline{E}]$, wobei $\overline{E} = \Omega \setminus E$. Diese Tatsache ist beispielsweise relevant für Abschnitt 3.5.3.
- $\Pr[E'] \leq \Pr[E]$, falls $E' \subseteq E$.
- $\Pr[E] = \Pr[E_1] + \ldots + \Pr[E_n]$, falls $E = \bigcup_{i=1}^{n} E_i$ und die Ereignisse E_i paarweise disjunkt.

Unabhängigkeit von Ereignissen. Der Eintritt eines Ereignisses kann von dem eines anderen Ereignisses abhängen bzw. unabhängig sein. Hierfür definieren wir formal:

Definition B.3 *Unabhängigkeit von Ereignissen*

Zwei Ereignisse A und B nennt man *unabhängig*, wenn gilt:

$$\Pr[A \cap B] = \Pr[A] \cdot \Pr[B]$$

Intuitiv bedeutet die Unabhängigkeit zweier Ereignisse A und B: Man kann aus dem Wissen, dass A eingetreten ist keine Rückschlüsse auf den Eintritt von B ziehen (und umgekehrt).

B.3.2 Laplacesches Prinzip

Spricht nichts dagegen, gehen wir (wie in obigem einfachen Beispiel eines Wahrscheinlichkeitsraums) davon aus, dass alle Elementarwahrscheinlichkeiten gleichwahrscheinlich sind und folglich gilt:

$$\Pr[e] = \frac{1}{|\Omega|} \qquad \text{bzw.} \qquad \Pr[E] = \frac{|E|}{|\Omega|}$$

Beispiel: Es gibt $\binom{49}{6}$ mögliche Lottoziehungen. Folglich ist die Wahrscheinlichkeit, 6 Richtige zu raten, genau $1/\binom{49}{6}$.

B.3.3 Zufallsvariablen und Erwartungswert

Oft will man jedem Ausgang eines Zufallsexperiments eine bestimmte Zahl zuordnen. Bei einem Würfelspiel würde etwa jedes Ereignis einem bestimmten Gewinn (bzw. negativem Gewinn bei Verlust) entsprechen; bei einem randomisierten Algorithmus würde jedes Ereignis bestimmten Rechen„kosten" entsprechen. Hierfür definieren wir:

Definition B.4 *Zufallsvariable*

Sei ein Wahrscheinlichkeitsraum auf der Ergebnismenge Ω gegeben. Eine Abbildung $X : \Omega \to \mathbb{R}$ heißt Zufallsvariable.

Ein Beispiel: Wir modellieren einen 4-maligen Münzwurf einer Münze mit „Wappen" W und Zahl Z und interessieren uns dafür, wo oft „Zahl" fällt. Hierzu verwenden wir den Wahrscheinlichkeitsraum

$$\Omega = \{W, Z\}^4 \quad (:= \{W, Z\} \times \{W, Z\} \times \{W, Z\} \times \{W, Z\})$$

d. h. Ω enthält alle möglichen 4-Tupel, deren Komponenten aus der Menge $\{W, Z\}$ kommen. Die Zufallsvariable $Y : \Omega \to \{0, 1, 2, 3, 4\}$ ordnet jedem Elementarereignis aus Ω die Anzahl der Zahlwürfe zu. Beispielsweise gilt $Y((K, Z, K, Z)) = 2$.

Oft interessiert man sich für die Wahrscheinlichkeit, mit der eine Zufallsvariable X bestimmte Werte annimmt. Man schreibt:

- $\Pr[X = i]$ für $\Pr[\{e \in \Omega \mid X(e) = i\}]$
- $\Pr[X \le i]$ für $\Pr[\{e \in \Omega \mid X(e) \le i\}]$
- $\Pr[j \le X \le i]$ für $\Pr[\{e \in \Omega \mid j \le X(e) \le i\}]$
- $\Pr[X^2 \le i]$ für $\Pr[\{e \in \Omega \mid (X(e))^2 \le i\}]$

                     $\cdots$

Für obige Beispiel-Zufallsvariable Y gilt etwa $\Pr[Y \le 3] = 1 - \Pr[Y = 4] = 1 - (1/2)^4 = 15/16$.

Man kann jeder Zufallsvariablen zwei Funktionen zuordnen:

Dichte und Verteilung. Die Funktion $f_X : \mathbb{R} \to [0, 1]$ mit $f_X(i) = \Pr[X = i]$ heißt *Dichte* von X. Die Dichte f_X ordnet also jeder reellen Zahl i die Wahrscheinlichkeit zu, dass die Zufallsvariable diesen Wert i annimmt.

Die Funktion $F_X : \mathbb{R} \to [0, 1]$ mit $F_X(i) = \Pr[X \le i]$ heißt *Verteilung* von X. Die Verteilung F_X ordnet also jeder reellen Zahl i die Warhscheinlichkeit zu, dass die Zufallsvariable einen Wert kleiner (oder gleich) i annimmt.

Die Abbildungen B.1 und B.2 zeigen jeweils ein Beispiel einer Dichte und Verteilung.

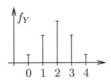

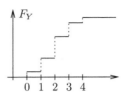

Abb. B.1: *Dichte der oben definierten Zu-*   **Abb. B.2:** *Verteilung der oben definierten*
fallsvariablen Y.   *Zufallsvariablen Y.*

Erwartungswert. Oft interessiert man sich für die Frage, welchen Wert eine Zufallsvariable im Durchschnitt liefert. Hierzu wird der Erwartungswert definiert:

Definition B.5

Sei X eine Zufallsvariable mit $X : \Omega \to W_X$. Dann ist der Erwartungswert $E[X]$
definiert als:
$$E[X] := \sum_{i \in W_X} i \cdot \Pr[X = i]$$

Bemerkung: Man kann den Erwartungswert auch alternativ über die Elementarereignisse wie folgt berechnen (was tatsächlich in vielen Fällen der einfachere Weg ist):

$$E[X] = \sum_{e \in \Omega} X(e) \cdot \Pr[e]$$

Ein Beispiel: Der Erwartungswert $E[Y]$ der oben definierten Zufallsvariablen Y (die die
Anzahl der Zahlwürfe bei einem 4-maligen Münzwurf zählt) ist gemäß obiger Definition:

$$E[Y] = 1 \cdot \Pr[Y = 1] + 2 \cdot \Pr[Y = 2] + 3 \cdot \Pr[Y = 3] + 4 \cdot \Pr[Y = 4]$$

Aufgabe B.5

Berechnen Sie das Ergebnis obiger Summe, d. h. berechnen Sie den konkreten Wert
für den Erwartungswert $E[Y]$.

B.3.4   Wichtige Verteilungen

Zufallsvariablen sind eigentlich vollständig über ihre Dichten bzw. Verteilung bestimmt.
Man kann daher auch die Verteilungen untersuchen, ohne auf ein konkretes Zufallsex-
periment Bezug zu nehmen.

Die Bernoulli-Verteilung. Die Zufallsvariable $X : \Omega \to \{0, 1\}$ mit Dichte

$$f_X(i) = \begin{cases} p & \text{für} \quad i = 1 \\ 1 - p & \text{für} \quad i = 0 \end{cases}$$

heißt *Bernoulli-verteilt*. Der Parameter p heißt *Erfolgswahrscheinlichkeit*. Es gilt, dass $E[X] = p$, d. h. der erwartete Wert ist p (der natürlich nie eintritt, aber der Erwartungswert selbst muss auch nicht notwendigerweise im Wertebereich der Zufallsvariablen liegen).

Binomialverteilung. Ist eine Zufallsvariable X als Summe $X := X_1 + \ldots + X_n$ von n unabhängigen Bernoulli-verteilten Zufallsvariablen (mit gleicher Erfolgswahrscheinlichkeit p) definiert, so heißt X *binomialverteilt* mit Parameter n und p. Man schreibt auch

$$X \sim Bin(n, p)$$

wenn man zum Ausdruck bringen möchte, dass die Zufallsvariable X binomialverteilt ist.

Für den Wertebereich W_X einer binomialverteilten Zufallsvariablen X gilt $W_X = \{0, 1, \ldots, n\}$. Für die Dichte f_X der Binomialverteilung gilt

$$f_X(i) = \binom{n}{i} \cdot p^i \cdot (1 - p)^{n-i}$$

Beispielsweise war die oben beispielhaft definierte Zufallsvariable Y, die die Zahlwürfe bei 4-maligem Münzwurf zählt, binomialverteilt mit Parameter $n = 4$ und $p = 1/2$.

Geometrische Verteilung. Diese Wahrscheinlichkeit ist insbesondere relevant bei der Bestimmung der Höhe eines neu einzufügenden Elements in einer Skip-Liste (siehe Abschnitt 3.6 auf Seite 93) und entsprechend bei der Laufzeitbetrachtung der Such-, Einfüge-, und Löschoperation auf Skip-Listen.

Eine geometrische Verteilung liegt dann vor, wenn bei einem Experiment eine Aktion so lange wiederholt wird, bis sie „erfolgreich" ist. Sei p die Wahrscheinlichkeit, dass ein Versuch erfolgreich ist. Die Zufallsvariable X enthält als Wert die Anzahl der Versuche, bis Erfolg eintritt. Die Dichte der geometrischen Verteilung ist dann

$$f_X(i) = (1 - p)^{i-1} \cdot p$$

Für den Erwartungswert $E[X]$ der geometrischen Verteilung gilt $E[X] = 1/p$.

Aufgabe B.6

Rechnen Sie mit Hilfe der Definition des Erwartungswerts nach, dass bei einer geometrisch verteilten Zufallsvariablen X gilt, dass $E[X] = 1/p$.

Ein Beispiel: Steht in einem Rechnernetz eine bestimmte Leitung nur mit einer Wahrscheinlichkeit von $p = 1/10$ zur Verfügung, dann sind durchschnittlich $1/p = 10$ Versuche notwendig, bis ein Datenpaket erfolgreich über die Leitung verschickt werden kann.

B.4 Graphen, Bäume und Netzwerke

In vielen Anwendungen (Kürzeste Wege, Optimale Flüsse in Netzwerken, Suchen) bilden Graphen das angemessenste mathematische Modell für denjenigen Ausschnitt der Wirklichkeit in dem ein bestimmtes Problem gelöst werden soll.

B.4.1 Graphen

Ein Graph $G = (V, E)$ besteht aus einer Menge V von *Knoten* und einer Menge E von Kanten (=Verbindungen) zwischen den Knoten. Man unterscheidet *gerichtete* Graphen, bei denen die Richtung der Verbindung zwischen zwei Knoten eine Rolle spielt und *ungerichtete* Graphen, bei denen diese Richtung keine Rolle spielt. Bei gerichteten Graphen werden Kanten mathematisch als Knotentupel repräsentiert; bei ungerichteten Graphen werden Kanten mathematisch als 2-elementige Teilmengen aus der Knotenmenge repräsentiert. Abbildung B.3 zeigt links ein Beispiel für einen gerichteten und rechts ein Beispiel für einen ungerichteten Graphen.

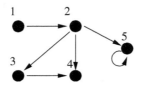 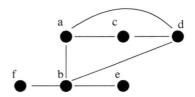

Abb. B.3: *Linkes Bild: eine graphische Veranschaulichung eines gerichteten Graphen* $G_1 = (V_1, E_1)$ *mit der Knotenmenge* $V_1 = \{1, 2, 3, 4, 5\}$ *und der Kantenmenge* $E_1 = \{(1,2), (2,3), (2,4), (3,4), (2,5), (5,5)\}$. *Rechtes Bild: eine graphische Veranschaulichung eines ungerichteten Graphen* $G_2 = (V_2, E_2)$ *mit der Knotenmenge* $V_2 = \{a, b, c, d, e, f\}$ *und der Kantenmenge* $E_2 = \{\{a,b\}, \{a,c\}, \{a,d\}, \{b,e\}, \{b,f\}, \{b,d\}, \{c,d\}\}$.

Definitionen.

Nachbarschaft Man definiert die Nachbarschaft $\Gamma(i)$ eines Knoten $i \in V$ in einem gerichteten Graphen $G = (V, E)$ folgendermaßen:

$$\Gamma(i) := \{\, j \mid (i,j) \in E \,\}$$

Die Nachbarschaft eines Knotens in einem ungerichteten Graphen definiert man, indem man einfach (i,j) durch $\{i,j\}$ ersetzt.

Grad eines Knotens Die Größe der Nachbarschaft eines Knotens i bezeichnet man auch als *Grad* des Knotens und schreibt:

$$deg(i) := |\Gamma(i)|$$

Pfad Ein (ungerichteter) Pfad eines Graphen $G = (V, E)$ ist eine Folge $(v_0, v_1, \ldots, v_n)$ von Knoten mit $\{v_i, v_{i+1}\} \in E$. Ein (gerichteter) Pfad eines Graphen $G = (V, E)$ ist eine Folge $(v_0, v_1, \ldots, v_n)$ von Knoten mit $(v_i, v_{i+1}) \in E$.
Die Länge eines Pfades ist n.

Weg Ein (ungerichteter) Weg eines Graphen ist ein Pfad dieses Graphen, in dem alle Knoten paarweise verschieden sind. Ein (gerichteter) Weg eines Graphen ist ein Pfad dieses Graphen, in dem alle Knoten paarweise verschieden sind. Die Länge eines Weges ist n.

Zyklus / Kreis Ein (ungerichteter) Kreis ist ein Pfad $(v_0, \ldots, v_n)$ für den gilt, dass $\{v_0, v_n\} \in E$. Ein (gerichteter) Kreis ist ein Pfad $(v_0, \ldots, v_n)$, $n \geq 2$, für den gilt, dass $(v_0, v_n) \in E$.
Beispiele:

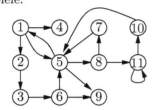

Abb. B.4: *Gerichteter Graph*
Pfade: (1,5,1,4), (7), (3,6,9), ...
Wege: (7), (3,6,9), ...
Kreise: (5,8,7), (1,5)

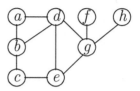

Abb. B.5: *Ungerichteter Graph*
Pfade: (d,e,g,d,a), (f), (a,b) ...
Wege: (f), (a,b), (b,c,e,g) ...
Kreise: (a,b,d), (d,e,g), ...

DAG Ein DAG (engl: Directed Acyclic Graph) bezeichnet einen gerichteten kreisfreien Graphen.

Baum Ein kreisfreier, zusammenhängender Graph. Für einen Baum $G = (V, E)$ gilt immer, dass $|E| = |V| - 1$.
Beispiel: Entfernt man etwa vom dem in Abbildung B.3 gezeigten ungerichteten Graphen die Kanten $\{a, d\}$ und $\{b, d\}$, so erhält man einen Baum – wie im linken Teil der Abbildung B.6 zu sehen. Der rechte Teil der Abbildung zeigt denselben Graphen – nur so gezeichnet, dass er als Wurzelbaum mit Wurzelknoten a gesehen werden kann.

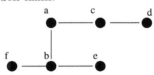 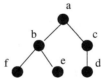

Abb. B.6: *Das linke Bild zeigt den Graphen G_3, der aus dem in Abbildung B.3 gezeigten Graphen G_2 nach Entfernen der Kanten $\{a, d\}$ und $\{b, d\}$ entstanden ist. Dieser Graph ist ein Baum. Das rechte Bild zeigt denselben Graphen G_3, der nun aber so gezeichnet ist, dass er als Wurzelbaum mit Wurzelknoten a interpretiert werden kann.*

Wurzelbaum In der Informatik werden Bäume häufig dazu verwendet, Informationen so abzulegen, dass sie schnell wiedergefunden werden können. Hierbei handelt es sich meist um sogenannte *Wurzelbäume*, in denen ein bestimmter Knoten als die Wurzel des Baumes definiert wird. Alternativ kann man einen Wurzelbaum auch definieren als einen kreisfreien gerichteten Graphen, bei dem ein spezieller Knoten als Wurzel gekennzeichnet ist.

Höhe eines Knotens (in einem Wurzelbaum) entspricht der Länge des längsten Pfades von diesem Knoten zu einem Blattknoten.

Spannbaum Als Spannbaum bezeichnet man einen Teilgraphen $G_T = (V_T, E_T)$ eines ungerichteten zusammenhängenden Graphen $G = (V, E)$, der ein Baum (also kreisfrei und zusammenhängend) ist. Der Teilgraph muss alle Knoten des Graphen enthalten, es muss also gelten: $V_T = V$ und $E_T = E$. Abbildung B.7 zeigt ein einfaches Beispiel eines Spannbaums (unter vielen Möglichen).

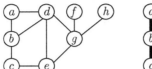 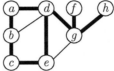

Abb. B.7: *Zwei verschiedene (von vielen möglichen) Spannbäume des in Abbildung B.5 gezeigten Graphen, zu sehen in Form der fett gezeichneten Kanten.*

Zusammenhang Ein ungerichteter Graph heißt *zusammenhängend*, wenn es für jedes Knotenpaar $i, j \in V, i \neq j$ einen Pfad von i nach j gibt.

Ein gerichteter Graph heißt schwach zusammenhängend, wenn der zugrundeliegende ungerichtete Graph (den man einfach dadurch erhält, in dem man jede Kante (i, j) durch eine entsprechende Kante $\{i, j\}$ ersetzt) zusammenhängend ist. Ein gerichteter Graph heißt stark zusammenhängend (oder kurz einfach: zusammenhängend) wenn es für jedes Knotenpaar $i, j \in V, i \neq j$ einen Pfad von i nach j gibt.

Beispielsweise ist der Abbildung B.4 gezeigte Graph zwar schwach zusammenhängend, nicht jedoch stark zusammenhängend.

(Zusammenhangs-)Komponente Ein maximaler zusammenhängender Teilgraph eines ungerichteten Graphen G heißt *Zusammenhangskomponente* (oder oft auch nur: *Komponente*).

Aufgabe B.7

Bestimmen Sie für obige Beispielgraphen:

(a) $\Gamma(2)$ und $deg(2)$

(b) $\Gamma(1)$ und $deg(1)$

B.5   Potenzmengen

Die Potenzmenge $\mathcal{P}(M)$ einer Menge M ist definiert als die Menge aller Teilmengen von M; formaler:

$$\mathcal{P}(M) := \{N \mid N \subseteq M\}$$

Beispielsweise gilt, dass

$$\mathcal{P}(\{1,2,3\}) = \{\emptyset, \{1\}, \{2\}, \{3\}, \{1,2\}, \{1,3\}, \{2,3\}, \{1,2,3\}\}$$

Wir wollen uns überlegen, wie man die Potenzmenge eine Menge M in Python berechnen kann; wir repräsentieren hierbei Mengen als Listen. Systematisch kann man sich für das eben erwähnte Beispiel folgendes Vorgehen vorstellen: Zunächst erzeugt man alle Teilmengen, die die 1 nicht enthalten und danach alle Teilmengen, die die 1 enthalten, also

$$\mathcal{P}([1,2,3]) = [\overbrace{[], \quad [2], \quad [3], \quad [2,3]}^{=\mathcal{P}([2,3])}, \quad \overbrace{[1], [1,2], [1,3], [1,2,3]}^{=\xrightarrow{[1]+}\mathcal{P}([2,3])}]$$

Man sieht, dass die erste Hälfe genau dem Wert von $\mathcal{P}([2,3])$ entspricht; auch die zweite Hälfte basiert auf den Werten aus $\mathcal{P}([2,3])$, nur dass vor jeder der Teilmengen die 1 angefügt wird. Daraus ergibt sich sehr direkt folgende Python-Implemetierung der Potenzmengen-Funktion:

```
1  def pot( l ):
2    if  l==[]: return  [[]]
3    return pot(l[1:])  + map(lambda p:  [l[0]]  + p, pot(l[1:]))
```

> **Aufgabe B.8**
>
> (a) Wieviele Elemente hat $\mathcal{P}(M)$?
>
> (b) Was ist der Wert von $len(pot(pot(pot([0,1]))))$?

B.5.1 Permutationen

Eine Permutation ist eine endliche bijektive Abbildung $\pi : X \to X$; endliche bedeutet: $|X| < \infty$, d. h. X enthält nur endlich viele Elemente; bijektiv bedeutet: für jedes $x_i \in X$ gibt es genau ein $x_j \in X$ mit $\pi(x_i) = x_j$, d. h. es gibt eins-zu-eins-Verhältnisse zwischen Bild- und einem Urbildwerten.

Da Permutationen endliche Abbildungen sind, können sie durch Auflistung aller möglichen Bild-Urbild-Paare dargestellt werden. Angenommen $X = \{1, \ldots n\}$, dann könnte man eine Permutation folgendermaßen darstellen:

$$\pi = \begin{pmatrix} 1 & 2 & \ldots & n \\ \pi(1) & \pi(2) & \ldots & \pi(n) \end{pmatrix}$$

Ist klar und eindeutig, in welcher Reihenfolge die Bildwerte angeordnet werden können, so kann die erste Zeile auch weg gelassen werden.

Es gibt immer $n!$-viele verschiedene Permutation einer n-elementigen Menge. Dies kann man mit folgender Überlegung einfach nachvollziehen: Nimmt man das erste Elemente aus der Menge, so gibt es n verschiedene Möglichkeiten dieses zu platzieren (nämlich an die Position 1 oder an die Position 2, usw.). Nimmt man anschließend das zweite Element aus der Menge, so gibt es noch $n-1$ verschiedene Möglichkeiten, dieses zu platzieren. Für *jede* der n Möglichkeiten, das erste Element zu platzieren gibt es also $n-1$ Möglichkeiten, das zweite Element zu platzieren, insgesamt also $n \cdot (n-1)$ Möglichkeiten, die ersten beiden Elemente zu platzieren, usw. Also gibt es insgesamt $n \cdot (n-1) \cdot \ldots \cdot 1 = n!$ Möglichkeiten die Elemente der n-elementigen Menge anzuordnen.

Mit Hilfe einer Listenkomprehension kann man relativ einfach eine Python-Funktion schreiben, die die Liste aller Permutation einer Menge (in Python repräsentiert als Liste) zurückliefert.

```
1  def perms(xs):
2      if xs == []: return [[]]
3      return [i for perm in perms(xs[1:]) for i in ins(xs[0], perm)]
```

Listing B.1: *Implementierung einer Funktion perms, die die Liste aller Permutationen der als Argument übergebenen Liste xs zurückliefert.*

Hierbei wird eine Hilfsfunktion $ins(x, xs)$ benötigt (siehe Aufgabe B.9), die die Liste aller möglichen Einfügungen des Elements x in die Liste xs zurückliefert.

Zeile 2 implementiert den Rekursionsabbruch: die einzige Permutation der leeren Liste ist wiederum die leere Liste. Bei der Implementierung des Rekursionsschrittes erfolgt der rekursive Aufruf $perms(xs[1:])$, angewendet auf die kürzere Liste $xs[1:]$. Wir nehmen an, der rekursive Auruf arbeitet korrekt – diese Annahme gehört zu der in Abschnitt 1.2.1 besprochenen Denk-Strategie für die Programmierung rekursiver Funktionen. Unter dieser Annahme fragen wir uns, wie wir die „kleinere" Lösung $perms(x[1:])$ anreichern müssen, um $perms(xs)$ zu erhalten. Wir betrachten das in Abbildung B.8 gezeigte Beispiel: Um aus den Permutationen der Elemente aus $[2,3]$ die Permutationen der Elemente aus $[1,2,3]$ zu erhalten, muss mittels der Funktion ins das erste Element – in diesem Fall ist das die „1" – in jede Position jeder Permutation eingefügt werden. Dies

$$
\begin{array}{ccc}
perms([2,3]) & = & [2,3] \qquad\qquad\qquad [3,2] \\
& & \Downarrow \qquad\qquad\qquad\qquad \Downarrow \\
& & ins(1,[2,3]) \qquad\qquad ins(1,[3,2]) \\
& & \Downarrow \qquad\qquad\qquad\qquad \Downarrow \\
perms([1,2,3]) & = & \overbrace{[1,2,3] \ \ [2,1,3] \ \ [2,3,1]} \ \overbrace{[1,3,2] \ \ [3,1,2] \ \ [3,2,1]}
\end{array}
$$

Abb. B.8: *Konstruktion von perms($[1,2,3]$) – der Liste aller Permutationen der Elemente aus $[1,2,3]$ – aus perms($[1,2]$): Auf jedes Element aus perms($[2,3]$) wird einfach ins($1, ...$) ausgeführt; alle daraus entstehenden Listen bilden die Permutationen aus $[1,2,3]$.*

wird durch die in Zeile 3 in Listing B.1 gezeigte Listenkomprehension implementiert. Die Variable *perm* läuft über alle Permuationen von $xs[1:]$; für jede dieser Permutationen läuft die Variable i über alle Einfügungen des ersten Elements von xs. Alle diese „Einfügungen" zusammengenommen ergeben die Liste aller gesuchten Permutationen.

Aufgabe B.9

Implementieren Sie die Funktion $ins(x, xs)$, die die Liste aller möglichen Einfügungen des Elements x in die Liste xs zurückliefert. Beispielanwendung:

```
>>> ins(1, [ 2,3,4,5 ])
>>> [[ 1,2,3,4,5 ], [ 2,1,3,4,5 ], [ 2,3,1,4,5 ], [ 2,3,4,1,5 ], [ 2,3,4,5,1 ]]
```

Tipp: Am einfachsten geht eine rekursive Implementierung. Es empfiehlt sich auch die Verwendung einer Listenkomprehension.

Aufgabe B.10

Implementieren Sie zwei Test-Funktionen, die (teilweise) überprüfen können, ob die Implementierung der in Listing B.1 korrekt war.

(a) Eine Funktion $allEqLen(xss)$ die überprüft, ob alle in der als Argument übergebenen Liste xss enthaltenen Listen die gleiche Länge haben.

(b) Eine Funktion $allEqElems(xss)$ die überprüft, ob alle in der als Argument übergebenen Liste xss enthaltenen Listen die selben Elemente enthalten.

B.5.2 Teilmengen und Binomialkoeffizient

Wie viele k-elementige Teilmengen einer n-elementigen Menge gibt es? Dies ist eine häufige kombinatorische Fragestellungen, die entsprechend häufig auch bei der Entwicklung von Optimierungs-Algorithmen auftaucht – bei der Entwicklung eines Algorithmus zur Lösung des Travelling-Salesman-Problems beispielsweise (siehe Kapitel 8.1.2 auf Seite 238).

Man kann sich wie folgt überlegen, wie viele k-elementige Teilmengen einer n-elementigen Menge es gibt. Betrachten wir zunächst eine verwandte und einfachere Fragestellung: Wie viele k-elementige Tupel aus einer n-elementigen Teilmenge gibt es? – Tupel sind, im Gegensatz zu Mengen, geordnet, d. h. die Reihenfolge, in der sich die Elemente innerhalb eines Tupels befinden, spielt eine Rolle. Für die erste zu besetzende Position haben wir noch n mögliche Elemente zur Wahl; für die zweite Position haben wir nur noch $n-1$ Elemente zu Auswahl, usw. Insgesamt gibt es also $n \cdot (n-1) \cdot \ldots \cdot (n-k+1) = n!/(n-k)!$ viele mögliche k-Tupel. Da jedes Tupel auf $k!$ viele Arten angeordnet werden kann, entsprechen immer genau $k!$ viele Tupel einer k-elementigen Teilmenge. Insgesamt gibt es also $n!/k!(n-k)!$ viele k-elementige Teilmengen einer n-elementigen Menge. Genau diese Zahl nennt man den *Binomialkoeffizienten* und schreibt dafür

$$\binom{n}{k} := \frac{n!}{k!(n-k)!} = \text{Anz. } k\text{-elementiger Teilmengen einer } n\text{-elem. Menge}$$

Für $\binom{n}{k}$ spricht man auch „n über k".

Es gibt eine rekursive Formel, mit der man den Binomialkoeffizienten ohne Verwendung der Fakultätsfunktion berechnen kann. Diese rekursive Formel kann man sich durch folgende kombinatorische Überlegung herleiten. Die k-elementigen Teilmengen aus der n-elementigen Menge lassen sich aufteilen in zwei Klassen:

1. All die Teilmengen, die das Element „1" enthalten. Diese Teilmengen bestehen also aus „1" und einer $(k-1)$-elementigen Teilmenge der $(n-1)$-elementigen Menge $\{2, \ldots, n\}$. Davon gibt es genau $\binom{n-1}{k-1}$ viele.

2. All die Teilmengen, die das Element „1" nicht enthalten. Diese Teilmengen sind also alle k-elementige Teilmengen der $(n-1)$-elementigen Menge $\{2, \ldots, n\}$. Davon gibt es genau $\binom{n-1}{k}$ viele.

Diese beiden Klassen sind überschneidungsfrei (disjunkt) und daher ist die Anzahl der k-elementigen Teilmengen einer n-elementigen Menge genau die Summe der Elemente der ersten und der zweiten Klasse, d. h. es gilt folgende rekursive Gleichung:

$$\binom{n}{k} = \binom{n-1}{k-1} + \binom{n-1}{k} \tag{B.1}$$

Diese Überlegung war konstruktiv: Es ist möglich sich daraus einen Algorithmus abzuleiten. Die in folgendem Listing B.2 gezeigte Implementierung erzeugt gemäß obiger Überlegung alle k-elementigen Teilmengen der übergebenen Liste *lst*:

```
1  def choice( lst ,k):
2    if  lst  == []: return []
3    if  len( lst ) == k: return [lst]
4    if  len( lst ) ≤ k or k==0: return [[]]
5    return  [[lst[0]]+ choices for choices in choice( lst [1:],k-1)] + choice( lst [1:],k)
```

Listing B.2: *Implementierung der Funktion choice, die eine Liste aller k-elementigen Teilmengen der Elemente aus lst zurückliefert.*

Genau wie Gleichung B.1 enthält auch die Funktion $choice(\,lst\,,k)$ zwei rekursive Aufrufe die jeweils die um Eins kleinere Liste $lst\,[1:]$ verwenden: $choice(\,lst\,[1:],k\text{-}1)$ und $choice(\,lst\,[1:],\,k)$.

Literaturverzeichnis

[1] German stoppwords. http://solariz.de/download-7, April 2010.

[2] Burton H. Bloom. Space/time trade-offs in hash coding with allowable errors. *Communications of the ACM*, 13(7):422–426, 1970.

[3] Robert S. Boyer and Strother Moore. A fast string searching algorithm. *Communications of the ACM*, 20(10), Oktober 1977.

[4] Andrei Broder and Michael Mitzenmacher. Network applications of bloom filters: A survey. *Internet Mathematics*, 1(4):485–509, 2005.

[5] Fay Chang, Jeffrey Dean, Sanjay Ghemawat, Wilson C. Hsieh, Deborah A. Wallach, Mike Burrows, Tushar Chandra, Andrew Fikes, and Robert E. Gruber. Bigtable: A distributed storage system for structured data. *7th Conference on Usenix Symposium on Operating Systems Design and Implementation*, 9, 2006.

[6] Richard Cole and Ramesh Hariharan. Tighter upper bounds on the exact complexity of string matching. *SIAM J. Comput.*, 26(3):803–856, 1997.

[7] Jeffrey Dean and Sanjay Ghemawat. Mapreduce: Simplified data processing on large clusters. In *OSDI,Sixth Symposium on Operating System Design and Implementation*, pages 137–150, 2004.

[8] M. L. Fredman, R. Sedgewick, D. D. Sleator, and R. E. Tarjan. The pairing heap: a new form of self-adjusting heap. *Algorithmica*, 1(1):111–129, 1986.

[9] Michael Fredman and Robert Tarjan. Fibonacci heaps and their uses in improved network optimization algorithms. *Journal of the ACM*, 34(3):596–615, 1987.

[10] C.A.R. Hoare. Quicksort. *Computer Journal*, 5(1):10–15, 1962.

[11] Richard M. Karp. Reducibility among combinatorial problems. In R. E. Miller and J. W. Thatcher, editors, *Complexity of Computer Computations*, pages 85–103. New York: Plenum, 1972.

[12] Donald E. Knuth. *The Art of Computer Programming. Vol. 3: Sorting and Searching.* Addison-Wesley, second edition, 1998.

[13] The Lucene Webpages. lucene.apache.org.

[14] Fredrik Lundh. Python hash algorithms. http://effbot.org/zone/python-hash.htm, 2002.

[15] Rob Pike, Sean Dorward, Robert Griesemer, and Sean Quinlan. Interpreting the data: Parallel analysis with sawzall. *Scientific Programming*, 13(4):277–298, 2005.

[16] William Pugh. Skip lists: a probabilistic alternative to balanced trees. *Communications of the ACM*, 33(6), June 1990.

[17] Gaston H. Gonnet Ricardo A. Baeza-Yates. A new approach to text searching. *Communications of the ACM*, 35(10):74–82, Oktober 1992.

[18] Jean Vuillemin. A data structure for manipulating priority queues. *Communications of the ACM*, 21:309–314, 1978.

[19] John Zelle. *Python Programming: An Introduction to Computer Science*. Franklin Beedle & Associates, Dezember 2003.

Index